Die 100-Bagger-Formel

Thomas W. Phelps

Thomas W. Phelps

Die 100-Bagger-Formel

So finden Sie
die Börsen-Superstars
von morgen

Börsenbuchverlag

Die Originalausgabe erschien unter dem Titel
100 to 1 in the Stock Market: A distinguished security analyst tells how to make more of your investment opportunitites
ISBN 978-1-62654-030-9

Cover Design: Adrienne Núñez, Echo Point Books & Media
Translated from the English language: 100 to 1 in the Stock Market: A distinguished security analyst tells how to make more of your investment opportunitites
First published by: Echo Point Books & Media

Übersetzung: Börsenmedien AG, Egbert Neumüller
Gestaltung, Satz und Herstellung: Sabrina Slopek
Lektorat: Sebastian Politz
Druck: CPI books GmbH, Leck, Germany

ISBN 978-3-68932-039-3

Bibliografische Information der Deutschen Nationalbibliothek:
Die Deutsche Nationalbibliothek verzeichnet diese Publikation in der Deutschen Nationalbibliografie; detaillierte bibliografische Daten sind im Internet über <http://dnb.d-nb.de> abrufbar.

BÖRSEN MEDIEN
AKTIENGESELLSCHAFT

Postfach 1449 • 95305 Kulmbach
Tel: +49 9221 9051-0 • Fax: +49 9221 9051-4444
E-Mail: info@plassen-buchverlage.de
www.boersenbuchverlag.de
www.facebook.com/plassenverlag
www.instagram.com/plassen_buchverlage

Vorbemerkung des Verlags

Während ich diese Zeilen schreibe, ist „Die 100-Bagger-Formel“ vergriffen, und das günstigste neue Exemplar wird auf Amazon.com für 683 Dollar verkauft! Selbst ein beschädigtes, muffig riechendes Exemplar ohne Einband kostet noch 73 Dollar. Jeder, der die „Weisheit“ der Märkte versteht, erkennt, dass diese hohen Preise (begleitet von begeisterten Rezensionen) auf den großen Wert dieses Buches hindeuten. Wenn Sie die Ratschläge von Thomas Phelps verinnerlichen und anwenden, ist dieses Buch selbst für 683 Dollar ein unglaubliches Schnäppchen, denn es hat das Potenzial, Ihre langfristige finanzielle Situation dramatisch zu verbessern. Für diejenigen unter uns, die nicht über außergewöhnliche Talente verfügen, beispielsweise über die Fähigkeit, beim Baseball einen sogenannten Fastball zu werfen – einen 95 Meilen pro Stunde (153 km/h) schnellen Ball – oder aber einen solchen heranfliegenden Ball zu schlagen, gibt es keinen besseren Weg, das Vermögen zu vermehren, als sich an den Aktien und Gewinnen eines äußerst erfolgreichen Unternehmens zu beteiligen.

Das Beeindruckende an „Die 100-Bagger-Formel" ist, dass sich die fundierten Ratschläge seit fast einem halben Jahrhundert bemerkenswert gut bewährt haben und dies wohl auch weiterhin tun dürften. Natürlich haben sich die Aktienkurse und einige der berühmten Unternehmen, auf die Bezug genommen wird, seit den frühen 1970er-Jahren geändert, aber die Ratschläge und der Esprit dieses Buches sind nach wie vor aktuell. Womöglich sind Phelps' Ratschläge heute sogar wichtiger denn je. Überwältigt von der Flut der Finanzmedien und von dem immer schnelleren Rhythmus allgegenwärtiger Nachrichten fällt es Anlegern heute schwerer denn je, einen Investitionskurs beizubehalten – was jedoch der Schlüssel zu hohen Renditen ist. Um wirklich reich zu werden, muss man in langfristige Gewinner investieren und auf einen steuerfreien Zinseszins setzen. So wurde der herausragende Investor Warren Buffett zu einem der reichsten Menschen der Welt.

Es gibt nur eine bemerkenswerte Sache, die an „Die 100-Bagger-Formel" veraltet ist: die dramatische Veränderung beim Zugang zu Anlageinformationen durch das Internet.

Moderne Leser können alle Teile des Buches ignorieren, die sie zum Erwerb von Jahresberichten oder anderen Dokumenten in Papierform auffordern. Unternehmensgewinne, Umsatzzahlen und Prognosen lassen sich leicht über Suchmaschinen wie Yahoo Finance und Google finden, ganz zu schweigen von einer Vielzahl kleinerer innovativer Websites. Das ist eine gute Nachricht, denn das Internet macht es viel einfacher, die Erkenntnisse, die uns Herr Phelps vermittelt hat, anzuwenden. Der Schlüssel liegt darin, zu verstehen, was man mit den Zahlen anfangen muss, und genau dabei ist „Die 100-Bagger-Formel" eine große Hilfe. Phelps' Ratschläge sind zeitlos.

Als jemand, der seit Jahrzehnten an der Börse investiert und Millionen von Dollar anderer Leute verwaltet hat, wünschte ich mir nur, ich hätte „Die 100-Bagger-Formel" früher gelesen. Es dauert eine Weile, bis man den Wert von Planung und Geduld erkennt, wenn man sorgfältig und überlegt auswählt, in was man investiert, und dann die Kraft hat, an seiner Entscheidung festzuhalten, solange die wichtigsten Kennzahlen erfüllt sind. Diese Klarheit und dieses Urteilsvermögen sind nicht nur an der Börse wichtig, sondern bei allem, was wir tun. Sie führen zu größeren Erfolgen und weniger Stress.

Viel Spaß beim Lesen der folgenden Seiten, die voller Witz, Weisheit und Profitchancen stecken.

– Marshall Glickman

Ehemaliger Börsenmakler, Autor von „The Mindful Money Guide“ (Ballantine Random House) und Verleger bei Echo Point Books & Media, LLC

November 2014

Inhalt

Vorwort

Dies ist eine wahre Geschichte – und keine Fiktion – über Hunderte von Möglichkeiten, an der Börse eine Million Dollar zu verdienen, indem man 10.000 Dollar in nur eine Aktie investierte und diese hielt.

Es war nicht notwendig, die *eine* richtige Aktie oder den *einen* richtigen Zeitpunkt für die Investition auszuwählen. Ab 1932 hätte man in jedem der nachfolgenden 32 Jahre eine andere Aktie kaufen können, und jeder investierte Dollar wäre bis 1971 auf 100 Dollar oder mehr angewachsen.

Das letzte Wertpapier, das Millionäre hervorbrachte, war noch 1967 zu einem Prozent seines Marktwerts von 1971 erhältlich. Dieses Buch führt mehr als 365 verschiedene Papiere auf, deren Wert 1971 mehr als das 100-Fache des Kurses betrug, zu dem sie vor vier bis 40 Jahren gekauft werden konnten. Es zeigt, wo diese Papiere standen, bevor sie durch die Decke gingen, und es gibt Hinweise, wie man die nächsten potenziellen Gewinner im Voraus erkennen kann.

„Die 100-Bagger-Formel“ richtet den Blick nach vorn und zeigt Wege auf, wie jeder Anleger – vom Einsteiger bis zum Profi, vom Kleinsparer bis zum Großinvestor – seine Rendite steigern kann.

Der Autor bedankt sich herzlich für die Unterstützung der in diesem Buch genannten Personen. Sein besonderer Dank gilt der Firma Scudder, Stevens and Clark für die hier abgedruckten Charts und für den Zugang zu den umfangreichen Research-Kapazitäten des Unternehmens, ohne die dieses Buch nicht hätte geschrieben werden können.

Dieses Buch ist Christine Reed Phelps, der Ehefrau des Autors, gewidmet – als Dank für ihren Beitrag zum Titel sowie für ihre Geduld und ihre Inspiration während der langen Recherche- und Schreibarbeit.

– T. W. P.

KAPITEL 1

Bittet, so wird euch gegeben

Fünf arme Araber schliefen im Sand. Ein helles Licht weckte sie, und aus dem Licht trat ein Engel.

„Jeder von euch hat einen Wunsch frei", sagte der Engel. „Gelobt sei Allah", jubelte der erste Araber, der wieder zu Atem kam. „Gib mir einen Esel."

Sofort stand ein Esel neben ihm.

„Was für ein Dummkopf", dachte der zweite Araber. „Er hätte mehr verlangen sollen."

„Gib mir zehn Esel", bat daher der zweite Araber. Gesagt, getan. Er bekam zehn Esel.

Der dritte Araber hatte gehört und gesehen, wie es den ersten beiden ergangen war.

„Für Allah ist alles möglich", bemerkte er. „Gib mir eine Karawane mit 100 Kamelen, 100 Eseln, dazu Zelte, Teppiche, Essen, Wein und Diener."

Sie erschienen so schnell, dass sich der dritte Araber schämte, in seinen Lumpen vor einem solchen Gefolge zu erscheinen. Aber seine

Scham hielt nicht lange an. Geschickt kleideten ihn seine Diener in Gewänder, die seinem neuen Status angemessen waren.

Der vierte Araber war mehr als bereit, als er an die Reihe kam. „Mache mich zum König", befahl er.

Die Krone befand sich so schnell auf seinem Kopf, dass er sich die Fingerknöchel aufschürfte, als er an der Stelle kratzte, an der er gerade noch Juckreiz verspürt hatte. Die Palastgärten erstreckten sich vor ihm fast so weit das Auge reichte, und die Palasttürme ragten so hoch empor, dass sich ihre Wimpel im Wüstennebel verloren. Als er erkannte, dass seine Leidensgenossen zu wenig verlangt hatten, beschloss der fünfte Araber, nicht denselben Fehler zu begehen.

„Mache mich zu Allah!", befahl er.

Im nächsten Augenblick saß er nackt im Sand und sein Körper war von eitrigen Wunden übersät.

Die Moral von der Geschichte ist natürlich, dass diejenigen von uns, die wenig vom Leben verlangen, auch wenig bekommen. Diejenigen, die viel verlangen, bekommen viel. Und diejenigen, die zu viel verlangen, bekommen gar nichts.

Aber so seltsam es auch scheinen mag, die menschliche Gier ist nun einmal so, dass die meisten von uns den Fehler machen, nur einen Esel zu verlangen. Nur wenige verlangen zu viel.

Nirgendwo trifft dies mehr zu als bei der Geldanlage. Die meisten versuchen, mit ihren Spekulationen an der Börse schnell ein paar Prozent zu verdienen, oder sie geben sich mit einer Rendite von vier oder fünf Prozent auf ihre Ersparnisse zufrieden. Nicht einer von tausend plant ernsthaft und handelt so, wie man es tun muss, um ein Vermögen zu machen. Die meisten glauben nicht, dass sie eine Chance haben. Wenn sie sehen, dass andere es schaffen, trösten sie ihr Ego, indem sie von „Korruption", „Insiderinformationen" oder „im richtigen Nest geschlüpft" sprechen, anstatt herauszufinden, wie der Erfolg bewerkstelligt wurde. Selbst wenn ihnen das Schicksal den Preis in die Hände legt, werfen sie ihn immer wieder weg. Einige können dem

Drang nicht widerstehen, ihre Gewinne zu Geld zu machen, auch wenn sie noch so gering sind. Andere verkaufen eine gute Aktie, um in etwas zu investieren, das besser zu sein scheint, vielleicht weil es gerade im Aufwind ist – und erleiden dann das Schicksal des Hundes in der Fabel von Aesop. Sie erinnern sich: Der Hund verlor das Stück Fleisch in seinem Maul, weil er nach einem scheinbar größeren Stück schnappte, das sich im Wasser spiegelte.

Kaum irgendwo sonst wimmelt es so sehr von Halbwahrheiten und scheinheiligen Sprüchen wie an der Wall Street. Aber selbst dort, wo man sich mit solchen Weisheiten gegenseitig überbietet, dürfte es kaum einen schlechteren Wahlspruch geben als „Wenn man Gewinne mitnimmt, geht man nie pleite".

Ein Vermögen macht man dadurch, dass man das Richtige kauft und es dann behält. Jetzt, da an der Wall Street mehr Transaktionen stattfinden, als sie bewältigen kann, könnten sogar Broker dieses Evangelium zum großen Nutzen ihrer Kunden predigen, ohne dadurch ihren eigenen langfristigen Interessen zu schaden. Doch nur wenige tun dies.

Seit 1932 haben mehr als 360 verschiedene Wertpapiere in den Vereinigten Staaten ihren Marktwert verhundertfacht – nicht bis zu einem vorübergehenden Höchststand, sondern bis zu ihrem Wert im Jahr 1971. Viele standen in früheren Jahren sogar noch viel höher.

Was für ein Unsinn, zu behaupten, die Gelegenheit klopfe nur einmal an die Tür. Diese schöne Dame hämmert seit mehr als einem Vierteljahrhundert unaufhörlich gegen die Türen aller Menschen.

Von 1932 an hätte jeder mit einer Investition von 10.000 Dollar in jeweils eine andere Aktie in 32 verschiedenen Jahren, zuletzt 1967, eine Million Dollar verdienen können. Dazu hätte man weder das Glück noch das Geschick benötigt, zum richtigen Zeitpunkt zu verkaufen. Jede der mehr als 360 verschiedenen Aktien, die in 32 der letzten 40 Jahre für 10.000 Dollar gekauft werden konnten, war 1971 eine Million Dollar oder mehr wert. Man musste lediglich *eine* von den Hunderten richtigen Aktien auswählen und sie dann *halten.*

Norris Darrell, Seniorpartner der renommierten Anwaltskanzlei Sullivan & Cromwell und Präsident des angesehenen American Law Institute, erzählte mir folgende wahre Geschichte, wobei er lediglich die Namen änderte:

„Ein schon etwas älterer Mandant bat mich um Rat, ob er eine wertvolle Immobilie verkaufen oder seiner Familie schenken sollte. Dies beinhaltete die Nachlassplanung einschließlich der Berechnung der jeweiligen steuerlichen Konsequenzen. Um dies ordnungsgemäß zu erledigen, musste ich das Vermögen des älteren Herrn kennen. Als ich ihn um diese Information bat, bestand er darauf, mir nur eine zugegebenermaßen willkürliche Zahl zu nennen, mit der ich arbeiten sollte. Und diese verwendete ich.

Da er mit der Hilfe, die ich ihm in der ersten Angelegenheit geleistet hatte, zufrieden war, bat derselbe Kunde mich später um Hilfe bei der Planung seines Testaments und möglicher Schenkungen zu Lebzeiten an seine Kinder. Ich sagte ihm, dass ich dies gern tun würde, betonte jedoch, wie wichtig es sei, dass ich genaue Informationen über sein Vermögen hätte. Er zögerte immer noch, diese Information preiszugeben, und wollte Bedenkzeit.

Einige Wochen später kam er mit seinem Sohn, einem Mann mittleren Alters, in meine Kanzlei. Nach der üblichen Begrüßung wartete ich auf die Entscheidung des alten Herrn. Es folgte eine lange Pause. Dann wandte er sich an seinen Sohn und fragte ihn: ‚Soll ich es tun?' ‚Ja, Vater', antwortete der Sohn, ‚ich finde, du solltest es tun.' Daraufhin griff der alte Herr in seine Seitentasche, zog einen Zettel heraus und reichte ihn mir.

Ich hatte ja schon vermutet, dass die Zahl, die er mir in der früheren Angelegenheit genannt hatte, zu niedrig war. Aber als ich die enorme Summe auf dem Zettel sah, den er mir gab und die in erster Linie den Wert seines Wertpapierportfolios darstellte, pfiff ich beeindruckt durch die Zähne und rief: ‚Herr Blank, wie haben Sie denn das geschafft?'

Darauf antwortete er: ‚Ich verkaufe nie etwas.'"

Herr Blank hätte vielleicht noch hinzufügen können, dass er das Urteilsvermögen oder das Glück hatte, nichts zu kaufen, was verkauft werden sollte.

Neben Herrn Blank ist auch Paul Garrett ein Mann, der sich nie einen einzigen Esel gewünscht hat. Der Finanzredakteur der guten alten *New York Evening Post* wurde von Alfred P. Sloan Jr. abgeworben, um Vizepräsident für Öffentlichkeitsarbeit bei General Motors zu werden. Garrett war der erste Mann, der diesen Titel in einer großen wettbewerbsorientierten Branche erlangte. Die Geschichte seiner dortigen Pionierarbeit verdient ein eigenes Buch, aber hier geht es uns nur um seine Investitionen. Im Jahr 1956, im Alter von 64 Jahren und angesichts der Zwangsversetzung in den Ruhestand zum Jahresende, beschloss Garrett, seine letzten Jahre zu den besten seines Lebens zu machen, anstatt den Rest seines Lebens untätig zu verbringen, wie es so viele Rentner tun.

Sein erstes Ziel war es, sein Kapital zu mehren, um besser in der Lage zu sein, anderen zu helfen. Da er keine Kinder hatte, war er bezüglich seines Erbes nicht selbstsüchtig. Er entschied, dass er sein Vermögen in seinem Alter nur schnell genug vermehren konnte, wenn er in ein schnell wachsendes Unternehmen investierte. Daher machte er sich auf die Suche nach einem Unternehmen, das folgende vier Kriterien erfüllte:

1. Es musste klein sein. Schiere Größe spricht gegen starkes Wachstum.
2. Es musste relativ unbekannt sein. Beliebte Wachstumsaktien mögen zwar weiter wachsen, aber allzu oft muss man für das erwartete Wachstum zu viele Jahre im Voraus bezahlen. Um dieses Kriterium zu erfüllen, würde die von ihm gewünschte Aktie wahrscheinlich eher im Freiverkehr als an einer regulierten Börse gehandelt werden.
3. Es musste ein einzigartiges Produkt haben, das eine wichtige Aufgabe besser, billiger und/oder schneller als bisher erfüllte, oder eine neue Dienstleistung mit Aussichten auf große und anhaltende Umsatzsteigerungen anbieten.

4. Es musste über ein starkes, fortschrittliches und forschungsorientiertes Management verfügen.

So formuliert klingt die Suche vielleicht einfach, aber selbst damals gab es mehr als 50.000 Aktien, unter denen man wählen konnte. Die Chance, eine Nadel in einem Heuhaufen zu finden, wäre wohl ähnlich – vorausgesetzt, man könnte mit einem Magneten suchen.

Garrett hatte keinen Magneten, aber er hatte Freunde an der Wall Street und in der Wirtschaft. Einige von ihnen berieten oder verwalteten Pensionsfonds. Ohne vertrauliche Informationen einzuholen, fragte Garrett nach den Namen von Anlagen institutioneller Investoren, die *kleiner* als üblich waren. Er suchte nach Aktien, die professionelle Käufer mochten, bei denen sie sich aber nicht sicher waren. Am Ende hatte er 50 Aktien zur Auswahl. Da sein Ziel darin bestand, viel Geld zu verdienen, beging er nicht den üblichen Fehler, von jeder der 50 Aktien ein wenig zu kaufen. Wer bei einem Pferderennen auf alle Pferde setzt, hat immer einen Gewinner, verdient aber nie Geld.

Garrett sortierte alle bis auf drei aus, indem er Finanzberichte und Analysen studierte. Dann unternahm er das, was Wertpapieranalysten als „Exkursionen" bezeichnen: Er stattete jedem der drei Unternehmen einen Besuch ab und traf sich mit deren Geschäftsführern. Schließlich entschied er sich für eines namens Haloid, heute Xerox, und investierte zwischen 1955 und 1959 rund 133.000 Dollar in dessen Aktien. Er besitzt mehr als 53.000 Aktien, die ihn je einen Dollar gekostet haben und 1971 für mehr als zwölf Dollar gehandelt wurden.

Das klingt einfach, aber Garrett musste zunächst einmal die gewünschten Aktien finden. Dann musste er sie kaufen, obwohl ihm Menschen davon abrieten, die entweder nichts davon verstanden, andere Lieblingsaktien hatten oder um jeden Preis auf Diversifizierung setzten. Und schließlich musste er durchhalten und noch mehr kaufen, obwohl er wiederholt Verkaufsempfehlungen erhielt, noch bevor sich der Kurs der Aktie verdoppelt hatte.

Es wäre jedoch irreführend gegenüber anderen Anlegern und unfair gegenüber Garrett, wenn ich den Eindruck erwecken würde, sein Vermögen beruhe allein auf einer einzigen glücklichen Aktienauswahl. Er besitzt außerdem 50.800 Aktien von Teleprompter zu einem Durchschnittspreis von 75 Cent pro Aktie (die Aktie wurde letztes Jahr für über 30 Dollar gehandelt) und hält einen beträchtlichen Anteil an McCulloch Oil. Die eigentliche Grundlage seines Vermögens ist „Richtig kaufen und halten", eine Formel, der er seit vielen Jahren treu folgt. Funktioniert das? Selbst nach großzügigen Spenden an bedeutende Institutionen ab 1969 hatten seine Wertpapierbestände Ende 1971 einen Marktwert von mehr als 14 Millionen Dollar. Gegen 14 Millionen Dollar lässt sich schwer etwas einwenden. Was will ein 80-jähriger Mann mit so viel Geld? Weiß er denn nicht, dass er das nicht mit ins Grab nehmen kann?

Garrett hat auch auf diese Fragen eine Antwort. Seine Frau starb an Krebs. Eine Million Dollar floss in einen Krebsforschungsfonds, mit der ungewöhnlichen Klausel, dass noch Kapital zugeschossen werden kann, wenn nach Meinung der Treuhänder ein „Durchbruch" nahe genug erscheint, um eine Beschleunigung des Programms zu rechtfertigen.

Eine zweite Million Dollar ging an seine Alma Mater, das Whitman College in Walla Walla im Bundesstaat Washington, aus Dankbarkeit für die gute Ausbildung, die er dort als junger Mann erhalten hatte, und in der Hoffnung, dass er anderen Menschen eine bessere Chance bieten kann.

Eine dritte Million wurde der Graduate School of Business der Columbia University für einen Lehrstuhl zum Thema „Die öffentlichen Probleme und Verantwortlichkeiten der Wirtschaft" gespendet. Garretts Ziel und Hoffnung ist es, Wirtschaftsstudenten auf eine Karriere als Unternehmenslenker vorzubereiten, auch wenn die meisten von ihnen diesen Posten niemals erreichen werden. Die Chefetagen haben nur Platz für die besten. Wichtig ist, dass diejenigen, *die* es schaffen, alle Facetten des Berufs kennen und für ihn qualifiziert sind. Garrett ist sich bewusst, dass die spezialisierte Ausbildung in Finanzen, Marketing,

Produktion oder sogar Forschung, die die meisten erfolgreichen Führungskräfte auf ihrem Weg an die Spitze erhalten, sie nicht auf die sozialen und politischen Herausforderungen vorbereitet, denen sie als Unternehmensleiter gegenüberstehen. George V. Holton, pensionierter Vorsitzender der heutigen Mobil Oil Corporation, drückte es so aus: „Wenn ein Unternehmen, das in einem anderen Land tätig ist, sich nicht so verhält, dass die Menschen in diesem Land nach Abzug des Unternehmensgewinns bessergestellt sind, als wenn sie das Unternehmen verstaatlicht und selbst geführt hätten, dann lebt dieses Unternehmen nur auf Zeit." Holton fügte hinzu, dass ein solches Unternehmen nicht nur zum Nutzen des fremden Landes arbeiten muss, sondern auch dafür sorgen muss, dass die Menschen in diesem Land dies auch wissen. Und selbst dann, so Holton abschließend, kann ein im Ausland tätiges Unternehmen in Schwierigkeiten geraten, wenn seine Vertreter nicht persönlich den Respekt und die Freundschaft der Menschen gewinnen, in deren Land sie arbeiten.

Garrett geht sogar noch weiter. Er ist der Meinung, dass in unserer sich schnell wandelnden Welt die Worte von Holton auch für inländische Unternehmen gelten.

Wenn es hart auf hart kommt, ist niemandes Eigentum – ob Haus, Auto, Aktien oder Anleihen – mehr wert als die Fähigkeit und Bereitschaft seiner Mitmenschen, es zu verteidigen. Garrett hofft, dass ein größerer Teil der neuen Generation von Führungskräften in Unternehmen dazu erzogen wird, dies zu erkennen, *bevor* es hart auf hart kommt.

Selbst mit 80 Jahren sucht Garrett noch nach neuen Finanzwelten, die er erobern kann – nicht um reicher zu sterben, sondern um ein reichhaltigeres Leben im Dienste der Menschheit zu führen. Dabei ist er ein auf eine charmante Art und Weise bescheidener Mann. Bei unserem ersten Treffen gab er zu, dass er fünf Millionen Dollar verdient hatte. Bei unserem zweiten Treffen sagte er, zehn Millionen kämen der Wahrheit näher. Erst bei unserem dritten Treffen kam die Zahl von 14 Millionen Dollar zur Sprache.

Nur wenige Männer haben sich in so vielen Geschäftsbereichen einen Namen gemacht wie mein langjähriger Freund Karl Dravo Pettit. Der Industrielle, Erfinder, Finanzier und Anlageberater pendelt mit 82 Jahren immer noch täglich von seinem Anwesen Cherry Hill Farm in der Nähe von Princeton in New Jersey nach New York City. Er wird nicht von der Notwendigkeit getrieben, das war noch nie so. Als Seniorpartner der Investmentberatungsfirma Karl D. Pettit & Co., die er vor fast 40 Jahren gegründet hat, gilt er als der größte Grundbesitzer in der Region Princeton. Er hat einige Grundstücke für das 100-Fache ihres Kaufpreises verkauft. Und doch gibt es wahrscheinlich keinen Mann in der Finanzgeschichte, der einen besseren Grund hätte, den Rat „Kaufen Sie das Richtige und halten Sie daran fest“ zu geben.

Die Geschichte kam eines Tages beim Mittagessen zur Sprache. Er machte mir ein unverdientes Kompliment, und ich sagte: „Karl, Sie wissen gar nicht, wie dumm ich bin. Um Kapital für die Maklerfirma zu beschaffen, habe ich 1938 Dow-Jones-Aktien für 4.500 Dollar verkauft, die heute mehr als eine Million Dollar wert sind.“

„Außer um aus Erfahrungen zu lernen, sollte man niemals Zeit damit verschwenden, zurückzuschauen“, entgegnete Pettit. „Im Jahr 1925 besaß ich persönlich 6.500 Aktien von Computing-Tabulating-Recording (heute IBM). Zu dieser Zeit waren nur 120.000 Aktien im Umlauf. Ich verkaufte meine für mehr als eine Million Dollar – damals eine Menge Geld. Heute wären sie zwei Milliarden Dollar wert.“

Was hat er aus dieser Erfahrung gelernt? Zwei Dinge:

1. Bleiben Sie bei Ihren erfolgreichsten Aktieninvestitionen, solange die Unternehmen ihre Gewinne steigern.
2. Vergessen Sie niemals, dass Menschen, deren Interessen Ihren eigenen diametral entgegenstehen, jeden Tag versuchen, Sie zu einer bestimmten Handlung zu bewegen. *Wer* etwas sagt, ist oft wichtiger als das, *was* gesagt wird. Versuchen Sie, Menschen zu finden, deren Interessen mit Ihren eigenen übereinstimmen.

George Shea und ich waren Mitte der 1930er-Jahre Nachrichtenredakteure beim *Wall Street Journal.* George hat den Großteil seiner Dow-Jones-Aktien bis heute behalten. Er hält nun 9.520 Aktien, die mehr als das 100-Fache seiner ursprünglichen Investition von 4.200 Dollar wert sind. Und das, nachdem er jedem seiner beiden Kinder 820 Aktien geschenkt hat. *Jedes Jahr* erhält er Dividenden, die mehr als doppelt so hoch sind wie seine Gesamtkosten.

Einige von uns sind von solchen Geschichten etwas abgeschreckt. Es verletzt unser Ego, wenn jemand uns so weit übertrifft. Deshalb greifen wir zu Balsam für unser Ego wie: „Er hatte Insiderwissen. Er hatte die 10.000 Dollar, um anfangen zu können. Er musste keine Kapitalertragsteuer zahlen. Er hatte keine kranken Familienangehörigen, keine Kinder, denen er eine Ausbildung ermöglichen musste." Alles, um zu zeigen, dass diejenigen, die besser abgeschnitten haben als wir, Vorteile hatten, die uns verwehrt blieben. Außerdem, so sagen wir uns, seien diese Erfolgsgeschichten längst Geschichte. Niemand könne das heute noch schaffen.

Leider zeigt die Markthistorie, dass sich gerade in schwierigen Zeiten immer wieder neue Chancen aufgetan haben und dass vieles dafürspricht, dass es auch noch heute attraktive Einstiegsmöglichkeiten gibt. Viele Aktien sind in den letzten 15 Jahren in einem Tempo gestiegen, das bei anhaltendem Wachstum in weiteren 15 oder 20 Jahren zu einer 100-prozentigen Wertsteigerung führen würde. Wenn Ihnen das zu lange erscheint, denken Sie an den Ausspruch des verstorbenen George F. Baker: Um mit Aktien Geld zu verdienen, muss man „die Vision haben, sie zu sehen, den Mut, sie zu kaufen, und die Geduld, sie zu halten". Geduld ist die seltenste dieser drei Eigenschaften.

Vielleicht haben Sie keine 10.000 Dollar. Viele Menschen haben sie nicht. Aber 1.000 Dollar, die in eine der über 360 Aktien investiert wurden, die seit 1932 um das 100-Fache gestiegen sind, wären heute 100.000 Dollar wert.

Sie haben nicht einmal 1.000 Dollar? Tut mir leid, dann gibt es keine Hoffnung für Sie. Den folgenden Rat habe ich von Andrew Carnegie:

„Sie wollen wissen, ob Sie einmal reich sein werden? Die Antwort lautet: ‚Können Sie mit Geld umgehen und etwas beiseitelegen?'"

KAPITEL 2

Sindbads Tal der Diamanten

Anfang des Sommers 1932 sagte ein alter Hase an der Wall Street zu mir: „Jeder, der 10.000 Dollar hat, um bei diesen Kursen an der Börse zu investieren, ist ein reicher Mann." Damals verglich ich seine Bemerkung mit dem Bonmot, dass wir, wenn wir Schinken hätten, Schinken und Eier hätten, sofern wir Eier hätten. Das lag daran, dass ich keine 10.000 Dollar oder auch nur annähernd so viel Geld hatte. Tatsächlich war der Markt in dieser Lage, weil nur sehr wenige Menschen 10.000 Dollar zu investieren hatten.

Heute weiß jeder, dass der Aktienmarkt 1932 buchstäblich mit Aktien gespickt war, bei denen eine Investition von 10.000 Dollar heute eine Million Dollar oder mehr wert wäre. Man musste nicht einmal über den Dow Jones Industrial Average hinausschauen, um sie zu finden. Eastman Kodak war eine davon. Im Juli 1932 wechselten 144.000 Aktien zu Kursen zwischen 35-1/4 und 45-5/8 den Besitzer. Selbst zum Monatshoch hätte man für 10.000 Dollar 219 Aktien von Eastman Kodak kaufen können. Heute hätte der Käufer dieser 219 Aktien 14.191 Aktien, ohne jemals einen weiteren Dollar investiert oder einen Cent Steuern auf seinen Gewinn gezahlt zu haben. Ihr Wert im Jahr 1971 überstieg 1,4 Millionen Dollar.

Die meisten Personen, die im Juli 1932 Eastman-Kodak-Aktien gekauft haben, sind heute wahrscheinlich schon verstorben, aber ihre Erben leben noch, ebenso wie die meisten Institutionen, die 1932 auf dem Markt waren. Ich frage mich, ob noch jemand, sei es eine Privatperson oder eine Institution, Eastman-Kodak-Aktien besitzt, die zu einem Prozent ihres aktuellen Marktwerts gekauft wurden. Ich bezweifle es, würde mich aber freuen, wenn ich mich irren sollte. Und doch kenne ich keine Institution, die seit 1932 den Wert ihres Anlageportfolios um das 100-Fache gesteigert hat, ohne Kapital zuzuschießen und ohne Maklerprovisionen oder Kapitalertragsteuern zu zahlen.

Man musste nicht einmal 1932 Eastman-Kodak-Aktien kaufen, um das 100-Fache seines Einsatzes zu erzielen. Eastman-Kodak-Aktien konnten 1933 noch an der New Yorker Börse zu Preisen unter einem Prozent des Marktwerts von 1971 gekauft werden.

Aber das sagt sich im Nachhinein leicht. Wie sah es bei Eastman Kodak 1932 und 1933 aus?

Der Gewinn pro Aktie lag 1932 bei 2,52 Dollar, nach 9,57 Dollar im Jahr 1929. Der Aktienkurs lag jedoch 1932 bei einem Tiefststand von 35-1/4 und 1933 bei 46, verglichen mit dem Höchststand von 264-3/4 im Jahr 1929. Der Gewinn war gegenüber seinem Höchststand um 74 Prozent gesunken, während der Kurs 1932 um 87 Prozent und 1933 um 83 Prozent gegenüber dem Höchststand von 1929 gefallen war. Das Kurs-Gewinn-Verhältnis war von etwa dem 28-Fachen des Rekordgewinns auf das 14-Fache des Tiefstgewinns während der Depression (28 x 9,57 USD = 267 USD; 14 x 2,52 USD = 35 USD) gefallen.

Im Vergleich zum Dow Jones Industrial Average schnitt die Eastman-Kodak-Aktie in der Baisse von 1929 bis 1932 sehr gut ab. Wie der Chart der relativen Kursentwicklung[*] zeigt, stieg der Kurs von Eastman Kodak von 1929 bis 1932 deutlich schneller als der Dow Jones. Das Unternehmen hatte in der Fotobranche keinen nennenswerten Konkurrenten.

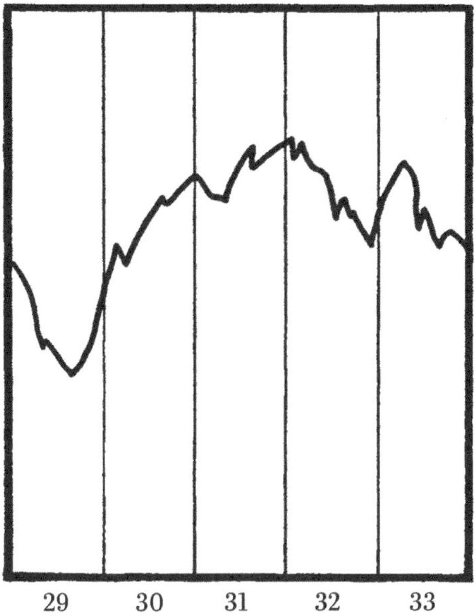

Eastman Kodak Co.

* Für eine Erläuterung der relativen Kurscharts siehe Kapitel 7, Bäume wachsen nicht in den Himmel, Seiten 103 ff.

Wer 1932 aus irgendeinem Grund Eastman Kodak nicht mochte, hätte Aktien des führenden Reifen- und Gummiunternehmens Goodyear kaufen können. Die Aktie wurde im Mai zu einem Tiefstkurs von 5-1/2, im Juni zu einem Tiefstkurs von 6-1/8 und im Juli 1932 zu einem Tiefstkurs von 6-1/4 gehandelt. Selbst bei einem Kurs von neun Dollar hätte man für 10.000 Dollar 1.111 Goodyear-Aktien kaufen können. Heute hätte der Käufer dieser 1.111 Aktien 32.441 Aktien, ohne jemals einen weiteren Dollar investiert zu haben. Auch diese Aktien waren 1971 mehr als eine Million Dollar wert. Wie Eastman Kodak war auch Goodyear im Dow Jones Industrial Average vertreten. Ebenso wie Sears, Roebuck. Auf seinem Tiefststand im Jahr 1932 hätte man für 10.000 Dollar 1.000 Aktien kaufen können, heute sind es 24.000 Aktien. Ihr Wert belief sich 1971 auf fast 2,5 Millionen Dollar.

Im Gegensatz zu Eastman Kodak meldete Goodyear für das Jahr 1932 ein Defizit von 850.000 Dollar. Goodyear verdiente zwar vor Minderheitsbeteiligungen das 1,06-Fache seiner Fixkosten, konnte jedoch die Dividenden für seine Vorzugsaktien bei Weitem nicht decken.

Wieder im Gegensatz zu Eastman Kodak verlor die Goodyear-Aktie von 1929 bis 1932 gegenüber dem Dow Jones Index stark an Boden, wie der beigefügte Chart zeigt. Dennoch sind sowohl Eastman Kodak als auch Goodyear seit 1932 um das 100-Fache gestiegen. Goodyear wurde 1971 sogar zu mehr als dem 100-Fachen seines Tiefststands von 1942 gehandelt.

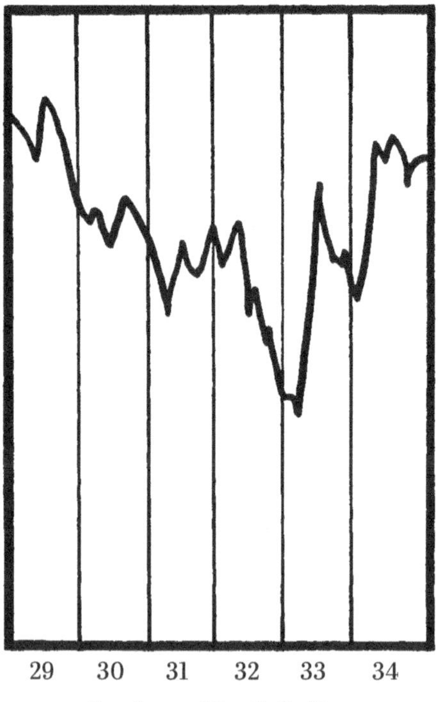

Goodyear Tire & Rubber

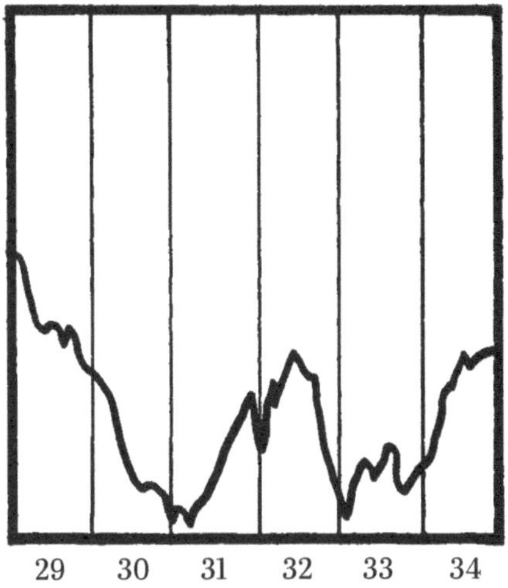

Sears, Roebuck & Co.

Sears, Roebuck meldete für 1932 ebenfalls ein Defizit, aber der relative Kurs fiel nicht unter das Niveau von 1930.

Im Nachhinein betrachtet war es 1933 vor dem Bankfeiertag fast genauso einfach, 100-Bagger zu kaufen wie 1932. Um nur einige Beispiele zu nennen: 10.000 Dollar, die man 1933 in Melville Shoe, Newmont Mining, Philip Morris oder Pitney Bowes investiert hätte, wären 1971 mehr als eine Million Dollar wert gewesen. In den ersten drei Monaten des Jahres 1933 wurden an der New Yorker Börse etwa 2.000 Aktien von Melville Shoe zu Kursen zwischen 8-3/4 und 10-7/8 gehandelt. Bei 9-7/8, dem ungefähren Durchschnittskurs, hätte man für 10.000 Dollar 1.000 Aktien kaufen können. Heute, 1971, hätte der Käufer, ohne jemals zusätzliches Geld investiert zu haben, 18.800 Aktien im Wert von mehr als einer Million Dollar.

Die Geschichte von Newmont Mining ist fast identisch, mit der Ausnahme, dass der Käufer der Aktien zum Tiefststand von 1932 mehr als drei Millionen Dollar für diese Investition von 10.000 Dollar vorzuweisen hätte, während der Käufer beim Tiefststand von 1933 nur 1,225 Millionen Dollar erhalten hätte. Der Tiefststand von 1933 lag bei

11-1/2. Zu diesem Kurs hätte man für 10.000 Dollar 868 Aktien kaufen können. Bis 1971 besaß der Käufer dieser 868 Aktien 31.248 Newmont-Aktien, ohne einen weiteren Cent zu investieren.

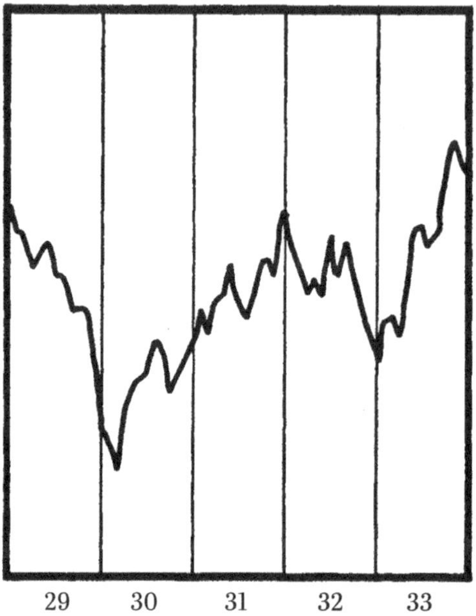

Melville Shoe

Wie sahen Melville Shoe und Newmont Shining 1932 und 1933 aus?

Melville Shoe erzielte 1932 einen Gewinn von 1,51 Dollar pro Stammaktie. Bei seinem Tiefststand von 7-7/8 im Jahr 1932 wurde das Unternehmen zum 3,2-Fachen seines Jahresgewinns gehandelt. Newmont Mining erzielte 1932 einen Gewinn von 22 Cent pro Stammaktie. Bei seinem Tiefststand von 4-5/8 im Jahr 1932 wurde Newmont zum 21-Fachen seines Jahresgewinns gehandelt.

Im Vergleich zum Dow Jones Industrial Average lag der Kurs von Melville Shoe 1932 in etwa auf dem Niveau von Anfang 1929. Der relative Kurs von Newmont war 1932 gegenüber 1929 rapide gefallen.

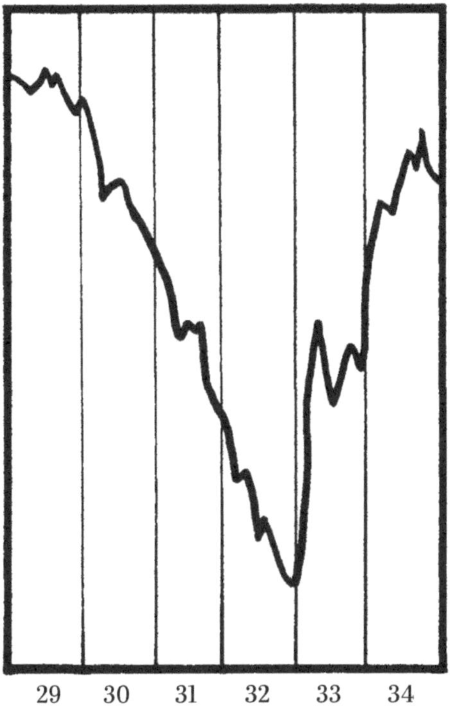

Newmont Mining Corp.

Wenn Sie die fünf relativen Kurscharts von 1932 und 1933 vergleichen, sollten Sie bedenken, dass unter Berücksichtigung von Aktiendividenden und Aktiensplits alle fünf Titel – Eastman Kodak, Goodyear Tire, Melville Shoe, Newmont Mining und Sears, Roebuck – auf mehr als das 100-Fache ihrer Tiefststände von 1932 und 1933 gestiegen sind. Zwei der fünf – Eastman Kodak und Melville Shoe – befanden sich jedoch bereits im Jahr 1932 in einem ausgeprägten relativen Aufwärtstrend. Zwei weitere – Goodyear und Newmont – hätten Mitte 1932 kaum schlechter aussehen können. Sears, Roebuck war zwar gegenüber seinem Höchststand von 1929 stark gefallen, fand jedoch bei seinem relativen Tiefststand von 1930 Unterstützung.

Ihre Kurs-Gewinn-Verhältnisse, berechnet aus ihren Tiefstständen von 1932 und den anschließend gemeldeten Gewinnen für 1932, waren wie folgt:

	Kurs-Gewinn-Verhältnis
Goodyear	nicht berechenbar
Sears, Roebuck	nicht berechenbar
Newmont	21
Eastman Kodak	14
Melville Shoe	5,2

Ob diese Diskrepanz zwischen den relativen Kursbewegungen und den Kurs-Gewinn-Verhältnissen darauf hindeutet, dass es keine sichere, einfache Faustregel gibt, mit der ein Schüler den Markt schlagen kann – diese Schlussfolgerung bleibt Ihnen überlassen. Ich versuche lediglich, umfassend und fair zu berichten. Auf der Grundlage solcher Daten, die meist auf Schätzungen einer ungewissen Zukunft beruhen, werden Aktien im Wert von Millionen von Dollar gehandelt. Wer bin ich, dass ich behaupten könnte, es gebe keinen Weihnachtsmann, und es daraufhin mit Virginia und dem Geist der *New York Sun* zu tun bekomme?

Nur wenige Menschen hätten 1933 gedacht, dass Philip Morris eine Aktie ist, mit der sich ihre Investition verhundertfachen würde. Dennoch wurde die Philip-Morris-Aktie in den ersten drei Monaten des Jahres 1933 zwischen einem Tiefststand von acht und einem Höchststand von neun gehandelt. Beim Höchststand von neun hätte man für 10.000 Dollar mehr als 1.100 Aktien kaufen können. Ohne weiteres Kapital zu investieren, hätte der Käufer dieser 1.100 Aktien heute 20.790 Aktien. Ihr Marktwert betrug 1971 fast 1,5 Millionen Dollar. Selbst 1934 hätte man Philip Morris noch für weniger als ein Prozent seines Wertes von 1971 kaufen können.

Philip Morris war während der gesamten Baisse von 1929 bis 1932 deutlich stärker als der Dow Jones.

Bei ihrem Tiefststand von sieben Dollar im Jahr 1932 wurde die Philip-Morris-Aktie zu weniger als dem 6-Fachen des Jahresgewinns gehandelt (KGV 6).

Pitney Bowes ist die letzte der Aktien, die ich erwähnt habe, die 1933 zu weniger als einem Prozent ihres Marktwerts von 1971 gekauft werden konnten (wie Tabelle I auf den Seiten 83 ff. zeigt, gab es noch Dutzende andere.) In den ersten drei Monaten des Jahres 1933 wechselten insgesamt 8.500 Aktien des Unternehmens zu Preisen zwischen 2 und 3-3/8 den Besitzer. Am Tiefpunkt hätte man für 10.000 Dollar fast 5.000 Aktien bekommen. Aus diesen 5.000 Aktien wären zum Zeitpunkt der Abfassung dieser Zeilen 32.000 Aktien geworden. Im Jahr 1971 wurden sie zu mehr als dem 100-Fachen ihres bereinigten Tiefstkurses von 1933 gehandelt.

Die Aufzählung dieser großen Gewinner wird nicht nur deshalb ermüdend, weil die meisten von uns sie nicht nutzen konnten, sondern auch weil all dies längst Geschichte ist. Was interessiert uns, dass Peter Minuit die Insel Manhattan für billige Handelswaren im Wert von 24 Dollar gekauft hat? Sie und ich müssen uns schließlich auf dem heutigen Immobilienmarkt behaupten.

Um dem ersten Einwand zuvorzukommen, habe ich in Tabelle I gezeigt, dass es in 32 der letzten 40 Jahre Möglichkeiten gab, 10.000 Dollar zu investieren und den 100-fachen Wert zu erzielen – zuletzt sogar 1967! Die in Tabelle III (siehe Anhang) aufgeführten Wertpapiere sind dieselben wie in Tabelle I, jedoch alphabetisch geordnet statt nach dem Jahr des hypothetischen Kaufs.

Neben den in meinen Listen aufgeführten Aktien sind in den letzten 40 oder weniger Jahren noch viele andere um mehr als das 100-Fache gestiegen. Um eine Verzerrung der Darstellung zu vermeiden, habe ich alle Aktien weggelassen, die bis 1971 eine 100-fache Wertsteigerung erzielt haben, deren Kurse jedoch zum Zeitpunkt des Kaufs nicht in allgemein zugänglichen Publikationen veröffentlicht wurden. Alle von mir aufgeführten Aktien wurden im *Wall Street Journal,* in den Moody's-

Handbüchern, im *Commercial and Financial Chronicle* oder im *Bank and Quotation Record* notiert, als sie zu einem Preis von einem Prozent oder weniger ihres Marktwerts von 1971 gehandelt wurden.

Da die Jahre 1932 und 1933 so lange zurückliegen und es kaum wahrscheinlich ist, dass wir jemals wieder etwas Ähnliches erleben werden, ist es sinnlos und möglicherweise ärgerlich, noch mehr Zeit darauf zu verwenden, was man damals mit 10.000 Dollar hätte erreichen können. Es genügt, dass die von mir genannten Aktien lediglich Beispiele für die Chancen sind, die damals im Überfluss vorhanden waren. Wie Sie in Tabelle I sehen können, gab es noch viele weitere. Denken Sie auch daran, dass Tabelle I nicht alle Aktien enthält, die meinen Kriterien entsprechen. Ich habe lediglich diejenigen aufgeführt, die mir aufgefallen sind. Ihnen fallen vielleicht viele weitere ein, die ich übersehen habe. Aber jede einzelne, die Sie hinzufügen, bestätigt meine Grundthese, dass der Weg zum Reichtum darin besteht, richtig zu kaufen und zu halten.

Chancen, aus einer Investition von 10.000 Dollar eine Million Dollar zu machen, waren auch 1934 noch reichlich vorhanden. Zu den Aktien, die mir dabei in den Sinn kommen, gehören Ex-Cell-O und Texas Pacific Coal & Oil.

Manchmal kann man dank einer Liquidation ein Vermögen verdienen. Von Texas Pacific Coal & Oil wurden im Juli 1934 große Mengen an der New Yorker Börse zu Preisen zwischen 2,50 und 4,00 Dollar gehandelt. Noch im Dezember 1934 wurde die Aktie zu einem Tiefstpreis von 2,75 Dollar gehandelt. 1948 schüttete das Unternehmen eine Aktiendividende von 100 Prozent aus, und 1955 tat es dies ein zweites Mal. Das Ergebnis war, dass ein Käufer, der 1934 zu 2-1/2 gekauft hatte, nun 4-mal so viele Aktien besaß wie ursprünglich. Bei einem Kurs von 2-1/2 hätte man für 10.000 Dollar 4.000 Aktien kaufen können. Multipliziert mit vier wurden aus diesen 4.000 Aktien 16.000 Aktien. 1953 und 1964 nahm Texas Pacific Coal & Oil Liquidationsausschüttungen in Höhe von insgesamt 68,53 Dollar pro Aktie vor.

Auch hier beträgt der Gewinn mehr als das 100-Fache – ohne Berücksichtigung der Erträge aus den Liquidationsausschüttungen seit 1964. Bei Hinzurechnung von Zinsen in Höhe von fünf Prozent pro Jahr würde sich die Gesamtrendite von 68,53 Dollar pro Aktie auf 96,42 Dollar erhöhen, abzüglich der Steuern auf die Zinsen.

Bitte halten Sie mir nicht vor, dass ich die Maklergebühren für den Kauf nicht berücksichtigt habe. Angesichts des Wertzuwachses der Aktie bis 1971 über eine Million Dollar hinaus brauchen wir uns nicht um Provisionen zu streiten.

Ex-Cell-O wurde am 11. Januar 1934 zu einem Tiefstkurs von 3-3/4 gehandelt, nachdem es am 24. Februar 1933 einen Tiefstkurs von 1-1/4 erreicht hatte. Für 10.000 Dollar hätte man zum Kurs von 1934 2.660 Aktien kaufen können. Heute hätte der Käufer fast 16-mal so viele Aktien, also etwas mehr als 42.300 Aktien. Im Jahr 1971 überschritt ihr Marktwert die Millionengrenze. Beim Kauf von Ex-Cell-O im Jahr 1933 war die Gewinnchance natürlich 3-mal so hoch.

Im Jahr 1935 konnte man Skelly Oil noch immer an der New Yorker Börse zu weniger als einem Prozent seines Marktwerts von 1971 kaufen. Die gleiche oder sogar eine noch größere Chance bot die Skelly-Aktie in den Jahren 1934 und 1933. Ihr Tiefststand im Jahr 1935 lag im Januar bei 6-1/2. Zu diesem Preis hätte man für 10.000 Dollar mehr als 1.530 Aktien kaufen können. Heute – Stand 1971 – hätte der Käufer 22.400 Aktien im Wert von mehr als einer Million Dollar.

Das Unternehmen, das heute als Sunbeam Corporation bekannt ist, hieß 1935 noch Chicago Flexible Shaft Company. Die beste Börse für diese Aktie war damals die Chicago Stock Exchange, wo sie im Januar 1935 von einem Tiefststand von 13-1/2 bis zu einem Höchststand von 15 gehandelt wurde. Bei 15, dem Monatshoch, hätte man für 10.000 Dollar 666 Aktien kaufen können. Hätte der Käufer sie bis heute gehalten, ohne jemals einen Cent Kapitalertragsteuer zu zahlen oder einen Dollar zusätzlich zu investieren, hätte er 34.299 Aktien, die 1971 erneut einen Wert von über einer Million Dollar hatten.

Allerdings sind solche 100:1-Chancen auf dem Aktienmarkt außer in der Rückschau schwer zu erkennen. Noch schwieriger ist es, sie zu erkennen, wenn sie durch Fusionen entstehen. Eine weitere Aktie, die 1935 für 10.000 Dollar gekauft werden konnte und 1971 einen Wert von einer Million Dollar hatte, war beispielsweise die Wilcox Oil Company. Wilcox Oil & Gas, wie das Unternehmen damals hieß, wurde im März 1935 zu einem Tiefstkurs von einem Dollar pro Aktie gehandelt. Der Höchststand in diesem Monat lag bei zwei Dollar. Durch nachfolgende Aktiendividenden und eine Fusion mit der Tennessee Gas Transmission Company (heute Tenneco) im Jahr 1964 erhielten Käufer einer Wilcox-Aktie aus dem Jahr 1935 im Jahr 1971 mehr als 3,8 Aktien von Tenneco. Ihr Marktwert im Jahr 1971 überstieg den Kaufpreis von 1935 um das 100-Fache. Diejenigen, die Aktien der Tennessee Gas Transmission Company gekauft hatten, verdienten ebenfalls Geld, aber bei Weitem nicht so viel wie die glücklichen Käufer von Wilcox im Jahr 1935.

Bis 1936 war der Dow Jones auf mehr als das 4-Fache seines Tiefststands von 1932 gestiegen. Viele von uns hatten das Gefühl, zu spät aufgewacht zu sein, um noch vom Aktienmarkt profitieren zu können. Doch während wir unser Versagen beklagten, 1932 nicht mehr gekauft zu haben, bot das Jahr 1936 andere Aktien, die bis 1971 aus 10.000 Dollar eine Million Dollar oder mehr machen sollten. Eine davon war Loft, heute PepsiCo. Loft wurde am 23. April 1936 an der New Yorker Börse zu einem Tiefstkurs von zwei Dollar gehandelt und bewegte sich das ganze Jahr über zwischen diesem Tiefstkurs und einem Höchstkurs von 3-5/8. Für 10.000 Dollar hätte man 3.475 Aktien von Loft zu einem Kurs von 2-7/8 kaufen können, was etwa in der Mitte zwischen dem Jahreshoch und dem Jahrestief lag. Aus jeder dieser Aktien wären heute 6,06 Aktien von PepsiCo geworden. Somit hätte ein Investor, der 1936 10.000 Dollar in Loft investiert hätte, 1971 21.050 Aktien von PepsiCo im Wert von fast 1,5 Millionen Dollar gehabt, ohne jemals einen weiteren Cent investiert zu haben.

Für diejenigen unter uns, die 1935 und 1936 geschlafen haben: Loft wurde 1937 zu einem Tiefstkurs von einem Dollar und einem Höchstkurs von 3-7/8 gehandelt. Dann, fast als hätte das Schicksal dafür gesorgt, dass niemand diese Gelegenheit verpasste, wurde Loft 1938 zu einem Tiefstkurs von 75 Cent pro Aktie gehandelt. Tatsächlich mussten Investoren Loft von 1932 bis 1938 sieben Jahre lang jedes Jahr den Rücken kehren, um die Chance zu verpassen, 10.000 Dollar in mehr als eine Million Dollar zu verwandeln. Die Hartnäckigkeit, mit der wir Sterblichen manchmal die Liebkosungen der Glücksgöttin zurückweisen, muss man gesehen haben, um sie zu glauben. Später werden wir uns noch näher mit solchen hartnäckig chancenreichen Aktien befassen.

Im Herbst 1937 kam es zu einem steilen Einbruch der Aktienmärkte. Damals wurde der Rückgang darauf zurückgeführt, dass die Regierung ihre Inflationsbremsen testete. Goldimporte wurden neutralisiert, das heißt, es wurde verhindert, dass sie die Geldmenge erhöhten. Die Federal Reserve erhöhte die Mindestreserveanforderungen an die Mitgliedsbanken. Und Präsident Roosevelt sprach sich nachdrücklich gegen einen Anstieg der Rohstoffpreise aus.

An der Börse gibt es für einen starken Kursrückgang oft zwei Erklärungen. Die erste – die ich gerade genannt habe – ist offensichtlich und befriedigt diejenigen, die nur zur Hälfte Bescheid wissen. Die zweite ist der wahre Grund, der leider meist erst dann offenbar wird, wenn es für die meisten von uns schon zu spät ist. In diesem Fall kam der wahre Grund mit dem Beginn des Zweiten Weltkriegs gegen Ende des Sommers 1939 ans Licht.

Der Bärenmarkt von 1937 kam für mich nicht überraschend. In einer „Studie zur Kursentwicklung“, die am 8. September 1937 auf der ersten Seite des *Wall Street Journal* erschien, schrieb ich: „Es scheint kein Zweifel daran zu bestehen, dass der Markttrend insgesamt nach unten zeigt.“ Der Dow Jones schloss am nächsten Tag bei 166 Punkten. Es dauerte mehr als siebeneinhalb Jahre – bis Mai 1945 –, bis der Markt wieder dieses hohe Niveau erreichte. Dennoch wäre ich viel besser gefahren, wenn ich mich statt auf die korrekte Vorhersage einer Baisse während des gesamten Abschwungs darauf konzentriert hätte, Aktien zu finden, mit denen sich 10.000 Dollar in eine Million Dollar verwandeln ließen. Solche Chancen gab es 1937, 1938, 1939, 1940, 1941, 1942, 1943 und 1944, wie Tabelle I und Tabelle II für mich schmerzlich deutlich zeigen.

Es gibt noch einen weiteren Grund, warum professionelle Anleger mit Ausnahme derjenigen, die Treuhandkonten verwalten, weniger Wert auf Markt-Timing legen sollten. Denn selbst wenn der Marktprognostiker recht hat, kann er andere selten davon überzeugen, seiner Meinung zu folgen. Niemand hat die Absicht, Aktien auf dem Höhepunkt des Marktes zu kaufen oder sie auf den Tiefstständen zu verkaufen. Im Gegenteil, Bullenmarkt-Hochs entstehen, wenn die Aussichten auf noch höhere Preise am überzeugendsten sind. Umgekehrt entstehen Bärenmarkt-Tiefs, wenn die Wahrscheinlichkeit noch niedrigerer Preise für die Mehrheit der vernünftigen, gut informierten Geldanleger überwältigend hoch erscheint. Da Bullen- und Bärenmärkte in erheblichem Maße Ausdruck von Veränderungen in der Massenpsychologie sind, ist es töricht, zu glauben, jemand könne eine repräsentative Gruppe von Anlegern davon überzeugen, Aktien zu verkaufen, wenn die Massenpsychologie optimistisch ist, oder Aktien zu kaufen, wenn sie pessimistisch ist. Der kluge Profi, der dies versteht, konzentriert sich auf die Auswahl der Aktien. Die meisten Anleger sind bei der Entscheidung, welche Aktien sie kaufen oder verkaufen, weit weniger emotional involviert als bei der Entscheidung, ob der Markt steigen oder fallen wird. Um das Argument zu untermauern: Es lässt sich leicht nachweisen, dass mit einer guten Aktienauswahl weitaus mehr Geld verdient werden kann als mit einem guten Timing des Aktienmarkts.

Aber kehren wir zu den 100:1-Chancen im Jahr 1937 zurück. Sharp & Dohme wurde in jenem Jahr aktiv an der New Yorker Börse gehandelt. Der Kurs lag im September bei einem Tiefststand von 6-3/4, im Oktober bei 3-3/4, im November bei 4-7/8 und im Dezember bei 4. Es hätte also ein Leichtes sein müssen, 10.000 Dollar zu einem Kurs von sechs Dollar pro Aktie in Sharp & Dohme zu investieren. Der Käufer hätte 1.666 Aktien erhalten. Im Gegenzug hätte er 1953 rund 3.748 Aktien von Merck & Company erhalten. Diese Aktien wurden 1964 im Verhältnis 3:1 gesplittet, sodass sich der derzeitige Gesamtbestand auf 11.245 Merck-Aktien beläuft, die 1971 einen Wert von fast 1,5 Millionen Dollar hatten. Noch 1943 hätte man Sharp & Dohme zu weniger als einem Prozent des Wertes der 1971 im Tausch erworbenen Merck-Aktien kaufen können. Tatsächlich hätte man Sharp & Dohme in jedem der zwölf aufeinanderfolgenden Jahre von 1932 bis 1943 für weniger als ein Prozent seines Spitzenwerts von 1971 kaufen können. Wir hätten das Unternehmen in sechs dieser zwölf Jahre zum Höchststand kaufen können und hätten immer noch unsere Investition verhundertfacht. Ein weiterer Punkt für die Auswahl gegenüber dem Timing!

1938 hätte ich 10.000 Dollar in Beech Aircraft oder Brunswick-Balke-Collender oder Carnation investieren können und hätte 1971 Aktien im Wert von weit über einer Million Dollar gehabt. Eine Investition von 10.000 Dollar in Loft zum Tiefststand von 75 Cent pro Aktie im Jahr 1938 hätte im vergangenen Jahr einen Marktwert von mehr als 5,5 Millionen Dollar gehabt.

1939 hätten Columbia River Packers oder Clark Equipment das Gleiche bewirkt. Im Jahr 1940 hätte Merck selbst uns das 100-Fache beschert, wenn wir die Aktie gekauft und bis heute gehalten hätten (tatsächlich wurde Merck 1971 zum 164-Fachen seines Tiefstkurses von 1940 gehandelt). Im Jahr 1941 (oder 1943) hätte man sein Millionenvermögen auf eine Investition von 10.000 Dollar in Gillette oder Louisiana Land gründen können. 1942 oder sogar noch 1945 hätte Plough (heute Schering-Plough) diese Aufgabe erfüllt. 1943 hätte man sich für Maytag oder Pfizer entscheiden können. 1944 waren Black & Decker und Noxzema Chemical zu Kursen erhältlich, die weniger als ein Prozent des Marktwerts von 1971 betrugen. Im Jahr 1945 boten

Minnesota Mining und National Homes ähnliche 100-Bagger-Chancen. Und auf dem Börsenhoch im Jahr 1946 und sogar noch 1948 bot Galvin (heute Motorola) die Möglichkeit, mit einem kleinen Einsatz ein großes Vermögen zu machen.

Wie Sie in Tabelle I auf den Seiten 83 ff. sehen können, waren dies keineswegs die einzigen 100-Bagger, die in diesen Jahren verfügbar waren. Sie sind lediglich Beispiele für die Schätze, die jeder hätte ergattern können. Man musste sie nur erkennen und daran festhalten.

KAPITEL 3

Von Elefanten lernen

Wie ein Baumeister, der Treppenabsätze vorsieht, damit man beim Steigen nicht übermäßig ermüdet, sollten wir an dieser Stelle innehalten und uns fragen, warum selbst professionelle Anleger trotz so vieler 100-Bagger in denselben Zeiträumen ihr Kapital so selten auch nur um das 10-Fache gesteigert haben. Die Antwort ist sowohl in der Psychologie als auch in der Statistik zu finden. Befassen wir uns zunächst mit den psychologischen Aspekten des Problems und heben wir uns die Statistik für einen anderen Treppenabsatz auf. Vor 46 Jahren, als ich mir meinen Lebensunterhalt in Äquatorialafrika mit Elfenbein verdiente und deshalb Elefanten jagte, lernte ich diesen einfachen Grundsatz: Wenn du auf Großwild aus bist, lasse dich nicht dazu verleiten, auf etwas Kleines zu schießen. Elefanten haben sehr gute Ohren. Nachdem ich einen einzigen Schuss auf ein Perlhuhn, einen Stummelaffen oder eine Antilope abgefeuert hatte, sah ich an diesem Tag keinen einzigen Elefanten mehr.

In gewisser Weise ist diese Lektion, die ich im Ituri-Regenwald gelernt habe, eine Variation der Geschichte von den fünf armen

Arabern. Als ich um ein Perlhuhn bat, bekam ich ein Perlhuhn – mehr nicht. Nur wenige Investoren, ob privat oder professionell, sind auf Großwild aus. Sie konzentrieren sich auf Chancen, hier fünf Punkte und dort zehn Punkte zu erzielen. Sie beeilen sich, auf der Grundlage von Informationen zu kaufen, dass im nächsten Quartal ein deutlicher Anstieg der Gewinne zu verzeichnen ist, oder zu verkaufen, weil sie hören, dass die Gewinnsteigerungen nachgelassen haben. Broker haben sich früher an solchen Aktivitäten bereichert. Letztendlich nahmen diese in einem Maße zu, dass Dutzende von Firmen zu einer Zeit untergingen, als sowohl die Preise als auch die Nachfrage nach ihren Produkten so hoch waren wie nie zuvor. Wenn es widersprüchlich erscheint, dass Broker sich an Aktiengeschäften bereichern und dann untergehen, wenn sie mehr Geschäfte bekommen, als sie bewältigen können, dann haben Sie eines der großen Paradoxe in der Geschichte der Wirtschaft erkannt. Ich kann mich an keinen anderen Fall in der Industrie oder im Finanzwesen erinnern, in dem zahlreiche Unternehmen an ihrem eigenen Wohlstand erstickt sind. Die Erklärung dafür war, dass sie zu viel Wert auf das Akquirieren von Geschäften (Verkaufen) und zu wenig Sorgfalt auf die Buchführung gelegt hatten. Der schnelle Handel, der so viele Makler erst reich und dann arm machte, war für die Steuerbehörden – auf Bundes-, Landes- und in vielen Fällen auch auf Kommunalebene – ein Segen. Was dies für die Anleger bedeutete, ist eine ganz andere Frage.

Für Einzelpersonen oder Institutionen, die wirklich daran interessiert sind, an der Börse ein Vermögen zu machen, lässt sich argumentieren, dass jeder Verkauf das Eingeständnis eines Fehlers ist. Ich schreibe dies in dem vollen Bewusstsein, dass Irren menschlich ist. Ich möchte niemanden dafür kritisieren, dass er ein paar Fehler macht, wie ich sie seit 45 Jahren mache. Aber ein klar definiertes Problem ist schon halb gelöst. So wie ich kein Elfenbein erlangt habe, indem ich Perlhühner als Elefanten gezählt habe, so werde ich auch kein Vermögen an der Börse erlangen, indem ich verpasste Gelegenheiten als Handelsgewinne zähle. Je kürzer die Haltedauer einer Aktie vor ihrem Verkauf ist, desto offensichtlicher ist der Fehler beim Kauf – ungeachtet der gegenteiligen Meinung von „Go-go"-Fondsmanagern (= aggressiven, risikofreudigen Fondsmanagern, Anm. d. Übers.).

Das soll nicht heißen, dass man an allem krampfhaft festhalten soll. Das Einzige, was schlimmer ist als ein Fehler bei einer Investition, ist, ihn nicht zuzugeben und nicht zu korrigieren. Je schneller ein Fehler korrigiert wird, desto geringer sind in der Regel die Kosten. Aber er bleibt verglichen mit dem richtigen Kauf und Halten einer Aktie ein Fehler, eine verpasste Chance.

In einem Bullenmarkt bedeutet das Korrigieren von Fehlern oft, Gewinne mitzunehmen. Aber wenn wir das tun, sollten wir uns nicht vormachen, dass wir Geld verdienen. In Wahrheit erkennen wir dadurch an, dass wir weitaus größere Chancen verpasst haben, und müssen obendrein noch Kapitalertragsteuern zahlen.

Das große Risiko bei der Korrektur von Fehlern an der Börse besteht darin, dass Aktien für viele von uns dann am attraktivsten sind, wenn ihre Kurse am höchsten sind, und am unattraktivsten, wenn ihre Kurse am niedrigsten sind. Wir sind fast unwiderstehlich versucht, dort zu schießen, wo das Kaninchen war, und jetzt das zu tun, was im Nachhinein betrachtet gestern, letztes Jahr oder sogar vor fünf oder zehn Jahren richtig gewesen wäre.

Die Fähigkeit, die Zukunft vorherzusehen, ist selten, die Fähigkeit, die Gegenwart wegzudiskutieren, allzu verbreitet. Wenn also eine Aktie, die wir nach sorgfältiger Prüfung gekauft haben, im Kurs fällt, finden wir sie oft weniger attraktiv als zuvor.

Die gleiche Hausfrau, die drei Rinderbraten für ihren Gefrierschrank kauft, weil sie zu einem Sonderpreis angeboten werden, wird ihre Consolidated-Doorknobs-Aktien verkaufen, weil sie nur noch die Hälfte ihres Kaufpreises wert sind.

Professionelle Anleger tun manchmal dasselbe. Sie argumentieren, oft zu Recht, dass jemand anderes mehr weiß als sie. Anstatt darauf zu warten, dass die „schlechten Nachrichten“ öffentlich werden, verkaufen sie, wodurch sie den Kursverfall der Aktie beschleunigen und möglicherweise noch andere Anleger verunsichern.

Seien wir ehrlich: Ein Großteil des Investierens entspricht dem Instinkt, der einen Fisch dazu bringt, einen ungenießbaren Spinnköder zu beißen, weil er sich bewegt.

Der Fisch denkt: „Das Letzte, was ich gegessen habe, hat sich bewegt. Es war gut. Dieses Ding bewegt sich. Es muss gut sein.“

Der Anleger denkt: „Die letzte Aktie, die ich gekauft habe, ist gestiegen. Das war gut. Diese Aktie steigt. Sie muss gut sein.“

Gute Aktien steigen, steigen und steigen. Wie wir in den Tabellen I und II sehen können, gibt es genug davon, um die Vorstellung aufrechtzuerhalten, dass jede Aktie, die steigt, gut sein muss. In regelmäßigen Abständen, wie beispielsweise 1969/1970, entdecken wir jedoch erneut, dass nicht alles Gold ist, was glänzt.

Subtilere Irrtümer behindern ebenfalls den Weg des Anlegers zum Reichtum. Einer davon ist die Vorstellung, dass Bargeld sicher sei, während alle Investitionen mehr oder weniger riskant seien. Doch in allen aufeinanderfolgenden 100-Jahres-Zeiträumen seit 1820 – also von 1820 bis 1920, von 1821 bis 1921, von 1822 bis 1922 und auch von 1870 bis 1970 – hat unser Dollar etwa 50 bis 70 Prozent seiner Kaufkraft verloren. Über aufeinanderfolgende 100-Jahres-Zeiträume war die Inflationsrate unerbittlich stabil. Mehr dazu werde ich im Abschnitt über Inflation (Seiten 197 ff.) ausführen.

Ein weiterer oft übersehener Irrtum beim Investieren ist, dass die Vermeidung von Risiken wichtiger sei als das Ergreifen von Chancen. Betrachten wir zunächst einmal die Zahlen. Wenn Sie in jedem der in Tabelle I aufgeführten Jahre den gleichen Betrag in 100 Aktien investiert hätten und *99 Ihrer 100 Aktien wertlos geworden wären,* hätten Sie immer noch Ihr ursprüngliches Kapital, wenn Sie nur *einen* der 100-Bagger gekauft hätten, die in dem von Ihnen gewählten Jahr verfügbar waren. Zugegeben, es ist nicht einfach, im Voraus einen

100-Bagger auszuwählen. Aber es wäre auch schwierig, in einem Jahr 99 Aktien auszuwählen, die alle wertlos werden. Wer das könnte, wäre an der Wall Street als Ratgeber für profitable Leerverkäufe Gold wert.*

Aus diesem zweiten subtilen Trugschluss folgt, dass Anleger dazu neigen, die Risiken von Aktieninvestitionen überzubewerten und die Kosten des Nichtkaufs oder des zu frühen Verkaufs zu unterschätzen. Eine der abgedroschensten Referenzen an der Wall Street ist der strahlende, bärtige, selbstgefällige alte Herr, dessen Gesicht über den Worten „Ich habe zu früh verkauft" abgebildet ist. Ich frage mich, wie viele Millionen Aktien dieser alte Knacker durch ungerechtfertigte Maklergeschäfte generiert hat.

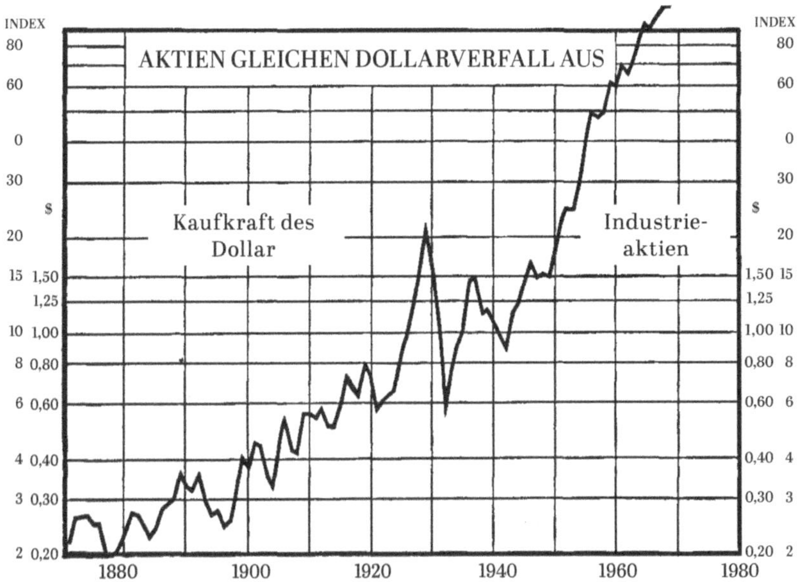

Aktien gleichen Dollarverfall aus

* Wer Aktien verkauft, die er nicht besitzt, in der Hoffnung, sie später zu einem niedrigeren Kurs zu kaufen, hat einen Leerverkauf getätigt. Er ist „short" in der Aktie, bis er sie kauft. Ein Leerverkauf, der in der Hoffnung auf einen Kursrückgang getätigt wird, ist fast das Gegenteil eines Kaufs, der in der Hoffnung auf einen Kursanstieg getätigt wird.

Zu früh zu verkaufen kann furchtbar teuer werden. So manche arme Seele verkaufte im Juli 1921 700 Aktien von Computing-Tabulating-Recording für 21.700 Dollar. Im Jahr 1971, als das Unternehmen unter dem Namen IBM firmierte, waren diese Aktien mehr als 150 Millionen Dollar wert.

Um in 25 Jahren von eins auf 100 zu kommen, muss der Kurs einer Aktie um mehr als 20 Prozent pro Jahr steigen, Dividenden nicht mitgerechnet. Der Verkäufer einer solchen Aktie erhält nach 20 Jahren dafür weniger als 40 für eine, vor Steuern und Maklerprovisionen. Die restlichen 60 kommen in den letzten fünf Jahren hinzu, wenn die Kurssteigerungsrate konstant bleibt.

Es gibt natürlich keinen Grund, zu irgendeinem Zeitpunkt zu verkaufen, nur weil man einen großen Gewinn erzielt hat, selbst wenn dieser 100:1 beträgt. Tatsächlich lautet eine der Grundregeln des Investierens:

Wenn es sich vermeiden lässt, sollten Sie *niemals* aus Gründen, die nichts mit der Investition zu tun haben, eine Investitionsentscheidung treffen.

Welche nicht investitionsbezogenen Gründe gibt es, die Zehntausende von Anlegern dazu verleiten, Fehler zu machen?

Lassen Sie mich nur einige nennen:

1. Meine Aktie steht „zu hoch".
2. Ich brauche den realisierten Kapitalgewinn, um realisierte Kapitalverluste steuerlich auszugleichen.
3. Meine Aktien bewegen sich nicht, andere schon.
4. Ich kann oder will nicht mehr Geld aufbringen, um meine Nachschusspflicht zu erfüllen.
5. Die Steuern werden nächstes Jahr höher sein.
6. Neue Geschäftsführung.
7. Neue Konkurrenz.

Die Möglichkeit, dass einer oder alle dieser Gründe einen Verkauf oder Wechsel rechtfertigen könnten, sollte natürlich sorgfältig abgewogen werden. Aber der Unterschied zwischen einer Möglichkeit und der Realität ist in etwa der gleiche wie zwischen Wildsuppe und Elchsteak. Wildsuppe ist das, was Jäger zum Abendessen essen, wenn sie mit leeren Händen nach Hause kommen.

Josh Billings sagte einmal über einen Mann, den er sehr bewunderte: „Das Problem mit ihm ist nicht, dass er unwissend ist, sondern dass er so vieles weiß, was nicht stimmt."

Seit 1932 wird viel davon geredet, dass Anleger umfassend informiert werden müssen. Manchmal frage ich mich, ob uns nicht mehr gesagt wird, als gut für uns ist. Wenn jeder Passagier in einer Boeing 747 freie Sicht auf alle Instrumente vor den Piloten hätte, würde seine Besorgnis den Korrekturmaßnahmen der Piloten hinterherhinken. So ist das Verhältnis zwischen Aktionären und einer kompetenten Unternehmensleitung.

Anleger sollten sich davor hüten, Zynismus mit Raffinesse zu verwechseln. Manchmal ist das, was Ihnen ein Verkäufer an der Börse anbietet, genauso gut oder sogar besser als alles, was Sie selbst finden könnten. Nehmen wir zum Beispiel die Aktienemission der Schering Corporation im Jahr 1952. Investoren zahlten 30,80 Millionen Dollar für 1,76 Millionen Schering-Aktien. Wenn sie diese noch besitzen, belief sich ihr *Buchgewinn* zum Höchststand im Jahr 1971 auf mehr als 1,2 Milliarden Dollar. Zwar hat die Schering-Aktie ihren Besitzern noch keine 100-fache Rendite beschert, aber diejenigen, die sie vor weniger als 20 Jahren bei der Erstemission gekauft haben, konnten bereits einen 41-fachen Anstieg ihres Kaufpreises verzeichnen. (Diejenigen, die 1945 Plough, heute Teil von Schering-Plough, zu 13-1/4 gekauft haben, haben das 100-Fache gewonnen – siehe Tabellen I und II.)

Schering wurde zu Beginn des Zweiten Weltkriegs als Feindesgut beschlagnahmt. 1952 wurde es vom Generalstaatsanwalt der Vereinigten

Staaten in einer öffentlichen Versteigerung verkauft. Den Zuschlag erhielt für 29.131.960 Dollar eine Gruppe bestehend aus Merrill Lynch, Pierce, Fenner & Beane, Kidder Peabody & Company und Drexel & Company. Das zweithöchste Gebot lag bei 26.845.544 Dollar, das niedrigste bei 14.080.000 Dollar.

Für Privatanleger dürfte interessant sein, dass das erfolgreiche Gebot 66,20 Dollar pro Schering-Aktie betrug, deren Buchwert bei 32,55 Dollar lag.

Die erfolgreichen Bieter splitteten die Aktien umgehend im Verhältnis 4:1 und verkauften die neuen Aktien zu einem Preis von 17,50 Dollar pro Stück. Bei diesem Preis beliefen sich ihre Bruttoeinnahmen auf 30.800.000 Dollar gegenüber einem Kaufpreis von 29.131.960 Dollar, was einem Gewinn von 1.668.040 Dollar entspricht. Ihr Bruttogewinn betrug somit etwa 1,40 Dollar pro 1.000 Dollar, die die Käufer ihrer Schering-Aktien in den letzten 19 Jahren erzielt haben – vorausgesetzt natürlich, dass die Käufer die Aktien gehalten haben.

Einige von ihnen haben vielleicht zu „etwas Besserem" gewechselt. Das habe ich selbst oft getan.

Übrigens brauchten Sie keinen Freund in einer Maklerfirma, um Ihnen einen Anteil an dieser „heißen Emission" Schering zu verschaffen. Die öffentliche Emission zu 17,50 Dollar erfolgte am 11. März 1952. Für den Rest des Jahres lag der Aktienkurs zwischen einem Tiefststand von 13-1/4 und einem Höchststand von 17-7/8. Hätten Sie das Glück gehabt, zum Tiefststand zu kaufen, und die Geduld, bis heute zu halten, wäre Ihre Aktie 1971 mehr als das 54-Fache Ihres Kaufkurses wert gewesen.

Sie hätten sogar anderthalb Jahre warten und die Aktie im September 1953 und erneut im Oktober desselben Jahres zu einem Kurs von elf Dollar pro Stück kaufen können. Von diesem Wert aus hätte sich Ihre Investition bis 1971 auf mehr als das 65-Fache Ihres Kaufkurses erhöht.

Das soll nicht heißen, dass Sie auf den Tiefststand warten sollten. Wenn Sie eine Aktie wirklich für attraktiv halten, kaufen Sie sie zum aktuellen Börsenkurs. Wenn sie dann zu einem niedrigeren Kurs erhältlich ist, kaufen Sie nach, wenn Sie können. Der Unterschied zwischen einer 40-fachen und einer 60-fachen Rendite ist nicht annähernd so bedeutsam wie das Verpassen der Chance insgesamt. Im folgenden Wall-Street-Sprichwort steckt viel Weisheit: „An der Börse ist Platz für Bullen und Bären, aber nicht für Gierige."

Weitere goldene Börsengänge kommen mir in den Sinn. Am 20. Mai 1941 boten Goldman Sachs & Company und Lehman Brothers 202.372 Aktien von Merck & Company zu einem Preis von 28,75 Dollar pro Stück an. Die Aktie wurde 1949 im Verhältnis 2:1, 1951 im Verhältnis 3:1 und 1964 im Verhältnis 3:1 gesplittet. Somit entspricht jede am 20. Mai 1941 begebene Aktie nun 18 Aktien. Jeder, der 100 Aktien aus der Emission von Goldman Sachs und Lehman Brothers für 52.875 Dollar gekauft und bis heute gehalten hat, besitzt nun 1.800 Aktien mit einem Spitzenmarktwert von mehr als 5.236.000 Dollar im Jahr 1971. Bei der aktuellen Dividende von 55 Cent pro Quartal erhält er seine gesamte ursprüngliche Investition 1,37-mal pro Jahr zurück. Leider sind diese Dividenden steuerpflichtig, der Kursgewinn ist es nicht.

Die gesamte Emission, die 5.818.000 Dollar einbrachte, hatte im vergangenen Jahr einen Spitzenmarktwert von mehr als 478 Millionen Dollar. Fast so, als wollte das Schicksal allen eine zweite Chance geben, brachten dieselben Emissionsbanken am 17. Dezember 1942 30.000 zusätzliche Aktien derselben Aktie zu einem Preis von 30 Dollar pro Aktie auf den Markt. Niemand kauft gern etwas für 30 Dollar, wenn er es nur sieben Monate zuvor für 28,75 Dollar hätte haben können, aber jede dieser 30-Dollar-Aktien hatte 1971 einen Spitzenmarktwert, der 78-mal so hoch war wie ihre Anschaffungskosten.

Es stimmt, dass Anleger, die auf die Verkäufer von Goldman Sachs und Lehman Brothers gewartet haben, noch nicht gesehen haben, dass ihre Merck-Aktien auf das 100-Fache ihres Kaufpreises gestiegen sind. Um dieses glückliche Ergebnis im Jahr 1971 zu erzielen, hätten die Anleger die Merck-Aktien bereits 1940 auf eigene Faust kaufen müssen.

Damit nicht der Verdacht aufkommt, ich hätte die Emissionen von Schering und Merck als Beispiele herangezogen, weil mir keine besseren eingefallen sind, wenden wir uns Pfizer zu. Am 23. Juni 1942 bot ein Konsortium unter der Führung von F. Eberstadt & Co., New York, 240.000 Aktien zu einem Preis von 24,75 Dollar pro Stück an. Wenn Sie sich von den Verkäufern von Eberstadt zum Kauf von 100 Aktien für 2.475 Dollar hätten überreden lassen und diese bis heute gehalten hätten, wären Sie heute Eigentümer von 8.100 Aktien. Bei ihrem Höchststand im Jahr 1971 betrug ihr Marktwert 349.312 Dollar, also das 141-Fache dessen, was Sie dafür gezahlt hatten. Denken Sie daran, dass Sie niemanden überlisten mussten, um diese Aktien zu kaufen. Das Unternehmen wollte mehr Geld für seinen Geschäftsbetrieb. Alles, was Sie tun mussten, um mit Pfizer ein Vermögen zu machen, war, dem Unternehmen entgegenzukommen und einen Konsortialverkäufer glücklich zu machen.

Ich kann und werde weitere Beispiele für vermögensbildende, wenig beachtete Titel nennen. Der springende Punkt ist, dass es nicht notwendig ist, im stillen Kämmerlein wenig bekannte Aktien zu kaufen, um an eine zu kommen, die das eigene Vermögen mehrt. Die meisten von uns haben irgendwann in ihrem Leben eine oder mehrere davon besessen. Unser Fehler war, dass wir sie nicht behalten haben.

Zu viel darüber nachzudenken, wie sich der Markt entwickeln wird, kann teuer werden, selbst wenn man recht hat.

Nur drei Wochen bevor das *Wall Street Journal* meine Bärenmarktanalyse von 1937 unter einer zweispaltigen Überschrift auf der ersten Seite veröffentlichte, bot Russell Maguire & Company, Inc. aus New York 83.333 Aktien der General American Oil Company of Texas zu einem Preis von 6,50 Dollar pro Stück an. Angenommen, ich wäre nicht scharfsichtig genug gewesen, um den Bärenmarkt von 1937 kommen zu sehen. Angenommen, ich hätte mich stattdessen wie die unglückselige Öffentlichkeit dazu überreden lassen, meine gesamten Ersparnisse in Höhe von 10.000 Dollar in Aktien der General American Oil Company zu investieren, und zwar am Vorabend einer großen Baisse. Was wäre aus mir geworden?

Für 10.000 Dollar hätte ich 1.538 Aktien gekauft und ein paar Cent übrig gehabt. Hätte ich diese Aktien beiseitegelegt und vergessen, hätte ich jetzt 24.930 Aktien, ohne jemals einen Cent in das Unternehmen investiert oder einen Cent Kapitalertragsteuer gezahlt zu haben. Im Jahr 1971 hatten diese 24.930 Aktien an der New Yorker Börse einen Wert von mehr als 1,2 Millionen Dollar. Meine Bardividenden hätten knapp 15.000 Dollar betragen, was einer jährlichen Rendite von 150 Prozent auf meine ursprüngliche Investition entspricht.

Ich bezweifle, dass jemand, der am 18. August 1937 eine dieser 83.333 Aktien der General American Oil Company of Texas zu einem Kurs von 6,50 Dollar pro Aktie gekauft hat, sie bis heute gehalten hat. Ebenso bezweifle ich, dass jemand, der die Aktien 1937 gekauft und später verkauft hat, um in etwas Besseres zu investieren, heute so gut dasteht, wie wenn er sie einfach 34 Jahre lang gehalten hätte. Wenn jemand noch General-American-Oil-Aktien aus dem Angebot von 1937 besitzt, sollte er im Fernsehen interviewt werden.

Wieder werden viele sagen, dass sich dies alles im Nachhinein leicht sagen lässt. Aber jeder, der sich die Liste der mehr als 360 Aktien ansieht, die in jedem der 32 Jahre zu Kursen von einem Prozent oder weniger ihres Marktwerts von 1971 hätten gekauft werden können, muss zugeben, dass sehr viele Menschen ein Millionenvermögen in greifbarer Nähe hatten, es aber verloren haben, weil sie versuchten, in etwas zu investieren, das ständig im Aufwärtstrend war.

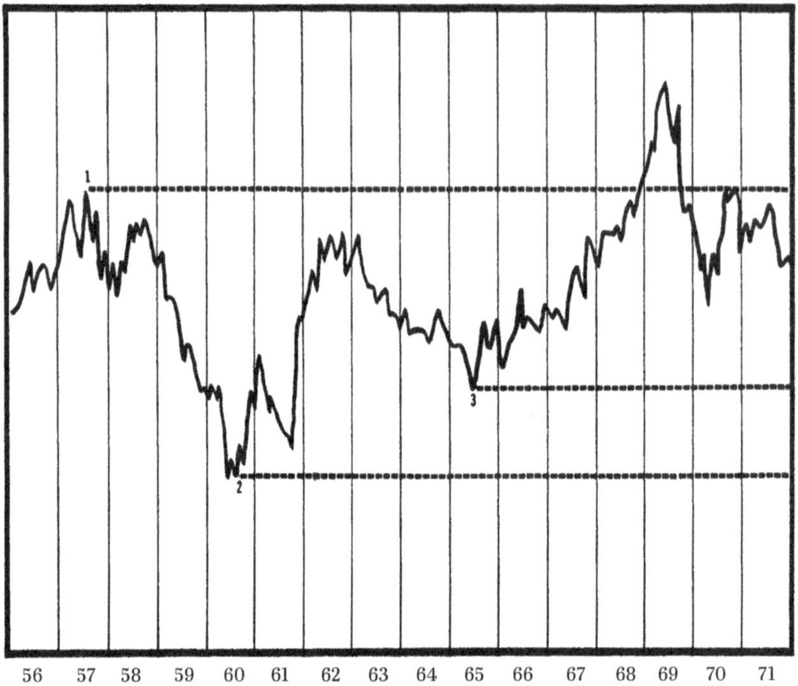

General American Oil of Texas – Monatschart der relativen Kursentwicklung zum Dow Jones Industrial Average

Um diesen Chart (und alle anderen relativen Kurscharts) zu lesen, müssen Sie lediglich beachten, dass der Dow Jones Industrial Average ab jedem beliebigen Zeitpunkt in der Zukunft eine horizontale Gerade darstellt. Wenn die relative Kurslinie von General American Oil unter diese horizontale Gerade fällt, konnte der Aktienkurs von General American Oil nicht mit dem Dow Jones Industrial Average Schritt halten, unabhängig davon, welchen Startpunkt man gewählt hatte. In der Grafik sind drei erläuternde gestrichelte Linien dargestellt. Jede davon repräsentiert den Dow Jones Industrial Average ab dem jeweils angegebenen Startpunkt. Wenn Sie im Juni 1957 (Punkt Nr. 1 in der Grafik) General-American-Oil-Aktien gekauft hätten, hätte sich Ihre Investition im Vergleich zum Dow Jones Industrial Average schlecht entwickelt. Hätten Sie General American Oil-Aktien im Mai 1960 (Punkt Nr. 2) gekauft, hätten Sie viel schneller Geld verdient als mit dem Dow Jones. Das Gleiche hätte gegolten, wenn Sie im Mai 1965 (Punkt Nr. 3) gekauft hätten.

Denken Sie auch daran, dass die Aktien der General American Oil Company of Texas keine Glamour-Papiere sind. Ich habe sie noch nie in einem Atemzug mit Polaroid, Syntex und Xerox nennen gehört. Aber wie die Schildkröte, die das Rennen gegen den Hasen gewann, indem sie einfach weiterlief, während der viel schnellere Hase die Seitenwege erkundete, war der geduldige, hartnäckige und unerschütterliche Käufer von Russell Maguires Emission aus dem Jahr 1937 im Wert von 10.000 Dollar 1971 Millionär, ohne dass er einen weiteren Dollar sparen musste.

Wie der Chart zum Kursverlauf von General American Oil im Vergleich zum Dow Jones Industrial Average deutlich zeigt, hätte niemand, der vierteljährlich oder sogar jährlich „Performance" verlangte, bei General American Oil bleiben können, um damit ein Vermögen zu machen.* 16 Jahre lang, von 1952 bis 1968, konnte die Aktie nicht mit dem Dow Jones Industrial Average mithalten. Nur wenige Kunden, wenn überhaupt, wären während einer solchen Phase bei einem Anlageberater geblieben. Ich vermute, dass noch weniger seit 1937 mit ihren Anlagen besser abgeschnitten haben als General American Oil mit seiner 100-fachen Wertsteigerung.

Eines Tages wird „Performance ist das A und O" seinen rechtmäßigen Platz in der Geschichte der 1960er-Jahre als Indiz für die Spekulati-

* Die Grafik zeigt den Kurs der Aktie von General American Oil im Monatsvergleich als Prozentsatz des Dow Jones Industrial Average. Wenn beispielsweise die General-American-Oil-Aktie zu 40 gehandelt wurde und der Dow Jones Industrial Average bei 800 stand, würde die Angabe in der Grafik lauten: 40 geteilt durch 800 = 0,05 oder fünf Prozent. Wenn der Dow Jones Industrial Average auf 900 gestiegen wäre, während die General-American-Oil-Aktie zu 81 gehandelt wurde, würde die Angabe lauten: 81 geteilt durch 900 = 0,09 oder neun Prozent. Von 1952 bis 1960 konnte der Aktienkurs von General American Oil nicht mit dem Kurs des Dow Jones Industrial Average mithalten, sodass die relative Kurslinie, wie Sie sehen können, zurückging. In diesem Zeitraum wären die Aktionäre von General American Oil besser gefahren, wenn sie stattdessen den Dow Jones Industrial Average gekauft hätten. Seit 1960 hat die General-American-Oil-Aktie den Dow wieder überholt.

onswut dieser Zeit einnehmen. Investoren haben das Recht, von professionellen Beratern Ergebnisse zu erwarten. Aber wenn die Investoren klug sind, werden sie ihre Portfoliomanager ermutigen oder es ihnen zumindest gestatten, dass sie Ergebnisse durch Steigerung von Umsatz, Gewinn und Dividenden unabhängig von Marktschwankungen erzielen anstatt durch geschickte Handelsgeschäfte.

Wer durch das Schwert lebt, wird durch das Schwert umkommen. Wenn erfahrene Anleger es ablehnen, auf Kursschwankungen an der Börse zu spekulieren, dann tun sie das nicht, weil sie kein Geld mögen, sondern weil sowohl die Erfahrung als auch die Geschichte sie davon überzeugt haben, dass man auf diese Weise kein dauerhaftes Vermögen aufbauen kann.

Eine weitere fantastische Emission war die der Air-Products-Aktie durch Reynolds & Company aus New York am 6. Mai 1946. Das Angebot umfasste: 100.000 Aktien der Klasse A und 100.000 Stammaktien in Einheiten von je einer Aktie zu elf Dollar pro Einheit; 150.000 Stammaktien zu einem Dollar pro Aktie; 40.000 Stammaktien zu einem Dollar pro Aktie für bestimmte Führungskräfte und Mitarbeiter.

Heute entspricht jede dieser Stammaktien etwas mehr als 2,5 Aktien mit einem Wert von 144 Dollar zum Höchststand von 1971. Wenn die Führungskräfte und Mitarbeiter die Aktien, die sie vor 25 Jahren für 40.000 Dollar gekauft, bis heute gehalten haben, besitzen sie 100.445 Aktien mit einem Marktwert von – Stand 1971 – mehr als 5.800.000 Dollar.

Was Sie und mich betrifft, so hätten wir für 10.000 Dollar 10.000 Aktien kaufen können. Heute – Stand 1971 – wären aus diesen 10.000 Aktien 25.111 Aktien im Wert von 1.450.000 Dollar geworden.

Ich habe keine gekauft. Vier Tage nach dem Angebot von Reynolds & Company schrieb ich einen auf den 10. Mai 1946 datierten, viel zitierten Börsenbrief, in dem ich zu dem Schluss kam: „Unter den gegebenen Umständen scheint das Festhalten an einer vollständig investierten Position in Stammaktien ebenso wie eine zweite Ehe ein Triumph der Hoffnung über die Erfahrung zu sein." Meine Markteinschätzung hätte kaum besser sein können. Der Dow Jones erreichte noch vor Ende des Monats seinen Höchststand von 212,50 Punkten und fiel dann um 24 Prozent. Fast vier Jahre lang erreichte der Dow Jones nicht wieder das Niveau, vor dem ich gewarnt hatte. Zu diesem Zeitpunkt hatte sich der Kurs der Air-Products-Aktie jedoch verdreifacht, und mir war eine weitere Gelegenheit entgangen, mit einer Investition von einem Dollar 100 Dollar zu verdienen. Was ich damit sagen will, ist natürlich, dass es selbst dann, wenn man *wüsste*, wie sich der Aktienmarkt entwickeln wird, profitabler sein kann, dies zu vergessen und sich stattdessen auf den Versuch zu konzentrieren, die richtigen Aktien zu kaufen.

Einige werden argumentieren, wie ich es seit vielen Jahren tue, dass gutes Timing plus gute Auswahl besser ist als beides allein. Aber der Rauch des Bärenmarkts trübt den Blick und macht blind für Kaufgelegenheiten, wenn man sich zu sehr auf das Markt-Timing konzentriert. Und je erfolgreicher man beim Markt-Timing ist, desto größer ist die Versuchung, sich darauf zu verlassen und dadurch die viel größeren Chancen zu verpassen, richtig zu kaufen und zu halten.

Wie ein Entdecker, der in einem Einbaumkanu einen unbekannten Fluss hinunterfährt, muss der Anleger wachsam auf die Zeichen und Geräusche achten, die vor einem unentdeckten Niagarafall warnen. Aber in den letzten 100 Jahren haben die meisten Anleger in ihrem Berufsleben nicht mehr als 1- oder 2-mal eine solche alles verschlingende Liquidation erlebt.

Im Übrigen – wenn Sie einigermaßen gelassen bleiben und geschickt sind – zeigt die Geschichte, dass Sie wahrscheinlich besser daran tun, die Stromschnellen mit gut gekauften Aktien zu durchfahren, als ihnen mit Bargeld auszuweichen. Aber Sie müssen sich selbst gut genug kennen, um sicher zu sein, dass Sie nicht mitten in der Hauptströmung die Strategie wechseln. Viel nutzloses Nachdenken, viele Schüsse dorthin, wo das Kaninchen nicht mehr ist, tarnt sich als neue Strategie, um sich veränderten Bedingungen anzupassen.

Die meisten Täuschungen sind schlimm, aber die Selbsttäuschung ist noch schlimmer – schließlich betrügt man dabei die einzige Person, die es gut mit einem meint.

KAPITEL 4

Lemminge folgen der Herde

Um in möglichst kurzer Zeit möglichst viel Geld zu verdienen, sollte man eine gute Aktie kaufen, wenn niemand sie mag. Das Problem ist, dass gute Aktien selten ohne Freunde sind. Was macht eine Aktie gut? Bei dieser Frage denken die meisten Menschen zuerst an die Gewinne. Damit haben sie bis zu einem gewissen Grad recht. Eine Aktie kann aber auch aufgrund der Vermögenswerte des Unternehmens gut sein, selbst wenn diese derzeit keine Erträge abwerfen. Gute Vermögenswerte sind potenzielle Ertragsmöglichkeiten. Da sich die meisten Menschen auf die Gewinne konzentrieren, können Sie Vermögenswerte gelegentlich zu Schnäppchenpreisen erwerben, weil die Unternehmen, denen sie gehören, Verluste schreiben und keine Anzeichen für eine Besserung zu erkennen sind.

So war die Lage in der Kohleindustrie in den 1930er-Jahren. Öl war reichlich vorhanden und zu Preisen erhältlich, die heute unglaublich niedrig erscheinen. Rohöl wurde für nur zehn Cent pro Barrel verkauft. Seine vielen Vorteile gegenüber Kohle als bequemer Brennstoff überzeugten viele Menschen davon, dass die Kohle keine Zukunft mehr habe. Aus Sicht der Kohleunternehmen war die Arbeitssituation schlecht, und mit John L. Lewis an der Spitze der Gewerkschaft namens United Mine Workers versprach sie noch schlechter zu werden.

Wie zu erwarten war, wurden einem die Wertpapiere der Kohleunternehmen förmlich nachgewofen. Die erstrangigen 1.000-Dollar-Goldanleihen der Old Ben Coal Corporation mit sechs Prozent Zinsen, die 1944 fällig wurden, konnte man 1932 für 60 Dollar kaufen. Die 7,5-prozentigen Goldanleihen der Old Ben mit Fälligkeit 1934 wurden für nur 30 Dollar pro 1.000-Dollar-Anleihe gehandelt.

Ein Kapitalbereinigungsplan von 1935 sah vor, dass für jede alte 6-Prozent-Anleihe 14 neue Stammaktien plus eine 51.000-Dollar-Anleihe mit sechs Prozent Zinsen und Fälligkeit 1948 ausgegeben wurden. Zu diesem Zeitpunkt lagen die Gebote für die neuen Anleihen bei 17 Dollar und für die neuen Stammaktien bei fünf Cent.

Elf Jahre später wurden auf die neuen Anleihen jeweils 1.010 zurückgezahlt. Zwölf Jahre später wurden die neuen Aktien im Verhältnis 5:1 gesplittet, sodass jeder der alten Anleihegläubiger zusätzlich zu den bereits erhaltenen 1.010 Dollar für seine zurückgekaufte Anleihe nun 70 neue Stammaktien bekam. 1968 wurden diese neuen Aktien im Verhältnis 1:1 gegen Stammaktien der Standard Oil Company of Ohio getauscht. 1971 wurden diese 70 Aktien zu einem Höchstpreis von 56.440 Dollar gehandelt.

Hätte ein Inhaber von Old-Ben-Coal-Anleihen, die 1946 zurückgezahlt wurden, den Erlös zum Höchstkurs dieses Jahres in Stammaktien der Old Ben Coal Corporation reinvestiert, hätte er 20-2/10 Aktien pro Anleihe erhalten. Im Jahr 1947 wurden diese Aktien im Verhältnis 5:1 gesplittet, sodass er 101 Aktien erhielt, die anschließend im Verhältnis 1:1 gegen Aktien der Standard Oil of Ohio getauscht wurden. Diese Aktien wurden 1971 für 9.292 Dollar gehandelt. Hätte also eine steuerbefreite Institution 1932 60 Dollar in eine der ersten 6-Prozent-Anleihen der Old Ben Coal Corporation investiert und bei jeder Gelegenheit in Stammaktien der Old Ben Coal Corporation umgeschichtet, hätte ihr Bestand im letzten Jahr einen Gesamtwert von 15.732 Dollar erreicht, das 262-Fache der ursprünglichen Investition. Selbst ein Privatanleger, der 1946 einem Einkommensteuersatz von 50 Prozent unterlag, hätte Aktien von Standard Oil of Ohio im Wert des 189-Fachen seines Kaufpreises erhalten können. Die Gewinnchance bei den 7,5-prozentigen Schuldverschreibungen der Old Ben Coal Corporation von 1934, die im Jahr 1932 zu 30 Dollar pro 1.000-Dollar-Anleihe gekauft werden konnten, war sogar noch größer. Hier die Punkte, die man sich für das „nächste Mal" merken sollte:

1. 1932 war die Kohlebranche bei Investoren unbeliebt.
2. Die Old Ben Coal Corporation besaß 22.000 Hektar Kohlelagerstätten, von denen 16.600 Hektar noch nicht abgebaut wurden. Sie besaß und betrieb zehn Bergwerke mit einer Jahreskapazität von sieben Millionen Tonnen bituminöser Kohle. Tausende weiterer Hektar waren gepachtet. Mit anderen Worten: Die Vermögenswerte waren vorhanden. Die Frage war, ob sie jemals eine höhere Marktbewertung erhalten würden.
3. Die Energienachfrage in den USA musste enorm steigen.

An der Wall Street gibt es ein Sprichwort, das besagt, dass eine Situation mehr wert ist als eine Statistik. In diesem Fall wären Investoren, die sich auf Wachstumstrends, Gewinnmargen, Kapitalrenditen und Kurs-Gewinn-Verhältnisse verlassen hätten, sicherlich auf der Strecke geblieben. Um Old Ben Coal im Jahr 1932 zu kaufen, hätte man außergewöhnliche Weitsicht und großes Vertrauen in die Zukunft Amerikas haben müssen. Statistische Analysen hätten nur gezeigt, wie groß die Spekulationsgewinne gewesen wären, wenn sich diese Vision und dieser Glaube als richtig erwiesen hätten.

Einige der großen Chancen der nächsten 10, 20, 30 oder 40 Jahre werden sicherlich nur von Investoren mit ähnlicher Vision und Überzeugung realisiert werden können.

Für alte Hasen wie mich ist es ein schwacher Trost, dass 1932 niemand Geld hatte. Tatsache ist, dass die ersten 6-Prozent-Anleihen von Old Ben Coal 1933 für nur 140 Dollar pro 1.000 Dollar Nennwert, 1934 für nur 150 Dollar und 1935 für nur 137,50 Dollar gekauft werden konnten. Für einen steuerbefreiten Fonds betrug das Gewinnpotenzial aus dem *höchsten* dieser Preise mehr als 100 zu 1.

Reine Spekulanten hätten den ganz großen Gewinn durch den Kauf der neuen Stammaktien der Old Ben Coal Corporation erzielen können, die im Rahmen des Umstrukturierungsplans von 1935 ausgegeben wurden. Am 19. September 1935 wurde diese neue Stammaktie für fünf Cent angeboten. Angenommen, man hätte 10.000 Dollar zum *doppelten* Preis investieren können, hätte man 100.000 neue Aktien besessen. Diese wurden 1947 im Verhältnis 5:1 gesplittet, wodurch sich der Bestand auf eine halbe Million Aktien erhöht hätte. Diese Aktien wurden 1968 im Verhältnis 1:1 gegen Aktien der Standard Oil of Ohio getauscht. Somit hätte jemand, der 10.000 Dollar auf die neuen Stammaktien von Old Ben Coal zum doppelten Gebotspreis von 1935 gesetzt hatte, heute eine halbe Million Aktien von Standard Oil of Ohio. Diese wurden 1971 mit 46 Millionen Dollar bewertet. Unser hypothetischer Spekulant hätte dieses Vermögen gemacht, ohne jemals einen Cent Steuern auf seine Kapitalerträge zu zahlen.

In Wirklichkeit wäre es wahrscheinlich unmöglich gewesen, einen solchen Gewinn zu erzielen, da nur 194.037 Aktien der neuen Stammaktien der Old Ben Coal Corporation im Umlauf waren. Aber für 5.000 Dollar hätte ein Mann in bescheidenen Verhältnissen 10.000 Aktien zu 50 Cent pro Aktie kaufen können. Im Jahr 1971 wären sie 4.600.000 Dollar wert gewesen.

Der Punkt ist, dass man keine Millionen haben muss, um Millionen zu verdienen. Tatsächlich ist es oft einfacher, eine relativ kleine Investition dieser Art zu tätigen, als eine Million Dollar zu investieren. Der Vorteil, den der kleine Mann gegenüber dem großen Mann bei der Jagd auf Elefanten an der Wall Street hat, ist, dass die Waffe des kleinen

Mannes viel weniger Lärm macht. Leider verliert der kleine Mann diesen Vorteil schnell, wenn er gut zielt, denn dann wird er zum großen Mann.

Um so einen Coup zu landen, wie ich ihn anhand von Anleihen beziehungsweise Aktien von Old Ben Coal beschrieben habe, hätte man die Weitsicht gebraucht, die Chance zu erkennen, den Mut und die Unabhängigkeit, zu kaufen, als fast niemand daran glaubte, und vor allem die Geduld, die konjunkturell schlechten späten 1930er-Jahre, den Zweiten Weltkrieg und alle seitherigen Widrigkeiten des Schicksals durchzustehen.

Wie das Sprichwort sagt: „Geduld ist eine Tugend, habe sie, wenn du kannst. Bei Frauen gibt es sie selten, bei Männern nie."

Ausnahmen bestätigen die Regel. Paul Garrett ist eine bemerkenswerte aktuelle Ausnahme, aber nicht die einzige.

Als ich in den 1940er-Jahren im Maklergeschäft tätig war, ging das Gerücht um, dass Charles Stillman eine große Position bei Houston Oil for Time, Incorporated übernommen habe.

Mit dem Eingehen dieser Position in Houston Oil vermied Stillman zwei der häufigsten Fehler, die man beim Investieren machen kann. Der erste Fehler, den ich selbst oft gemacht habe, ist, dass man viel Zeit und Mühe in eine Investitionsentscheidung steckt und dann so vorsichtig handelt, dass man keinen Schaden nimmt, wenn man sich irrt. Im Gegenzug bringt es einem dann natürlich nicht viel, wenn man richtigliegt. Wenn man mehr als zehn Prozent eines großen Unternehmens besitzt, kann man sehr viel verlieren, wenn dieses Unternehmen in Schwierigkeiten gerät. Aber wenn der Aktienkurs um mehr als das 10-Fache steigt, sind die Gewinne selbst für ein so großes Unternehmen wie Time, Incorporated beträchtlich. Am 1. Februar 1955 besaß Time 144.540 Aktien von Houston Oil, was 10,73 Prozent aller ausgegebenen Aktien entsprach. Bei einem Aktienkurs von 166,50 Dollar belief sich der Wert der Beteiligung bei der endgültigen Liquidation auf mehr als 24 Millionen Dollar.

Der zweite gängige Anlagefehler, den Stillman vermied, war, kleine Gewinne mitzunehmen.

„Gewinne mitnehmen und Verluste laufen lassen“ ist eine der sichersten Formeln, um einen Platz auf der Liste der Sozialhilfeempfänger zu ergattern.

Die gemessen an der Kapitalrendite vielleicht größte Chance, ein Vermögen zu machen, bot die notleidende 6-prozentige Goldanleihe der H. K. Porter Co. aus dem Jahr 1946. Das Handbuch *Moody's 1933 Industrials* gibt den Geldkurs der Anleihe im Jahr 1932 mit fünf Dollar an. Das bedeutete 50 Dollar je 1.000-Dollar-Anleihe. Der Ausschuss der Anleihegläubiger forderte jeden Anleihegläubiger auf, bei der Hinterlegung seiner Anleihen fünf Dollar pro Tausend zu zahlen, sodass man davon ausgehen kann, dass jeder, der die Anleihen im Jahr 1932 gekauft hat, mindestens 55 Dollar pro Anleihe bezahlt hat. Da *Moody's* nur einen Geldkurs angibt, gehen wir davon aus, dass der Käufer für mehr als eine oder zwei Anleihen den doppelten Preis hätte zahlen müssen, sodass sich seine Gesamtkosten auf 105 Dollar pro hinterlegter 1.000-Dollar-Anleihe belaufen hätten.

Der Nennwert der umlaufenden Anleihen betrug nur 840.000 Dollar. Wenn man sie zum Preis von 105 Dollar pro 1.000-Dollar-Anleihe alle aufgekauft hätte, hätte man 88.200 Dollar bezahlen müssen.

Gemäß dem 1939 gerichtlich bestätigten Sanierungsplan erhielt man auf jede bis 1946 laufende 6-prozentige 1.000-Dollar-Goldanleihe zehn mit vier Prozent verzinste und in 120 Stammaktien wandelbare Vorzugsaktien und fünf Stammaktien, was unter der Annahme der Umwandlung der Vorzugsaktien insgesamt 125 Stammaktien ergibt. Im Jahr 1945 wurden die Stammaktien im Verhältnis 30:1 gesplittet, wodurch aus den 125 Aktien 3.750 Aktien wurden. Im Jahr 1954 wurden die Stammaktien im Verhältnis 4:1 gesplittet, wodurch aus den 3.750 Aktien 15.000 Aktien wurden. Durch drei 2-prozentige Aktiendividenden in den Jahren 1958, 1959 und 1965 stieg die Anzahl der Stammaktien, die man im Austausch für jede der 6-prozentigen 1946er-

Anleihen erhielt, auf 15.918 Aktien. Im Jahr 1966 wurden die Stammaktien im Verhältnis 6:5 gesplittet, wodurch sich die Gesamtzahl der für jede Anleihe erhaltenen Aktien auf 19.101 erhöhte.

Auf dem Höchststand der Aktie von H. K. Porter im Jahr 1971 von 23-1/2 hatten die 19.101 Aktien einen Marktwert von 448.873 Dollar.

Für alle, die das Glück hatten, die Anleihen zum Geldkurs von 1932 in Höhe von 50 Dollar zu kaufen, bedeutete dies 8.977 Dollar für jeden investierten Dollar.

Für alle, die die Anleihen zum doppelten Geldkurs von 1932 in Höhe von 50 Dollar kauften und dem Anleihegläubigerausschuss zusätzlich fünf Dollar pro Anleihe zahlten, betrug der Marktwert 1971 das 4.274-Fache ihrer Gesamtinvestition.

Im Handbuch *Moody's 1943 Industrials* hieß es: „Ein wesentlicher Teil der Fabrikanlagen wurde auf die Produktion von Kriegsmaterial umgestellt." Als Unternehmenschef war T. M. Evans angegeben.

Moody's Industrials 1959 berichtete: „Am 13. November 1958 besaß T. M. Evans 815.436 Aktien (77 Prozent) als eingetragener Eigentümer und wirtschaftlicher Eigentümer." In der Liste der Führungskräfte wurde Evans als Chairman aufgeführt. Seine Aktien hatten damals einen Marktwert von 42.402.000 Dollar. Hätte er sie bis 1971 gehalten, wären aus den 815.436 Aktien 1.018.053 Aktien mit einem Spitzenmarktwert von 23.924.000 Dollar geworden, ein Rückgang, der jedoch schnell Anzeichen einer Erholung zeigte.

KAPITEL 5

Weitsicht vs. Hartnäckigkeit

Nur wenige Aktien illustrieren eine Geschichte besser und vermitteln eine Moral deutlicher als die Ogden Corporation. Vor 30 Jahren berichtete das Handbuch *Moody's 1941 Public Utilities*, dass Ende 1940 die Atlas Corporation und ihre Tochtergesellschaften 2.584.160 Aktien von Ogden Corp. besaßen, was 75,91 Prozent aller Anteile waren. Der Höchstkurs der Aktie lag in diesem Jahr bei 3-1/2. 13 Jahre später berichtete dieselbe Quelle, dass die Allen Company aus New York etwa 80 Prozent der ausgegebenen Aktien von Ogden besaß. In der Zwischenzeit war der Marktpreis der Ogden-Aktie auf einen Tiefststand von 43-3/4 Cent pro Aktie im Jahr 1950 und erneut im Jahr 1951 gefallen. Im Jahr 1950 wurden insgesamt 97.900 Aktien der Ogden Corp. an der American Stock Exchange zu Preisen zwischen 1,25 Dollar und 43-3/4 Cent gehandelt. Im Jahr 1951 wurden 235.900 Aktien der Ogden Corp. zu Preisen zwischen 1,75 Dollar und 43-3/4 Cent gehandelt.

Wenn Sie oder ich alle 1950 gehandelten Aktien der Ogden Corp. gekauft und für jede Aktie den Höchstkurs des Jahres bezahlt hätten,

hätten unsere Gesamtkosten 122.375 Dollar betragen. Hätten wir für alle 1951 gehandelten Aktien den Höchstkurs des Jahres bezahlt, hätten unsere Gesamtkosten bei 412.825 Dollar gelegen, wir wären Eigentümer von 333.800 Aktien der Ogden Corp. geworden. Im Jahr 1958 hätten wir das Recht erhalten, 83.450 Aktien von Syntex zu einem Preis von zwei Dollar pro Aktie zu kaufen. Hätten wir diese Rechte ausgeübt, hätte sich unsere Investition um 166.900 auf insgesamt 702.100 Dollar erhöht. Im Jahr 1971 hätte unser Bestand einen Marktwert von mehr als 56 Millionen Dollar gehabt. Hätten wir statt des Jahreshöchstpreises für jede Aktie den Mittelwert zwischen dem Tiefst- und dem Höchstkurs von 1950 und 1951 gezahlt, hätte unsere Gesamtinvestition einschließlich der Kosten für die Syntex-Rechte 506.634 Dollar betragen. Der Marktwert unserer Beteiligungen erreichte 1971 das 110-Fache dieses Betrags.

Hätte Allen & Company die Ogden-Aktien, die es laut *Moody's* 17 Jahren zuvor besessen hatte, behalten und alle ihre Bezugsrechte an Syntex-Aktien ausgeübt, hätte der Wert ihrer Beteiligungen im letzten Jahr mehr als 300 Millionen Dollar betragen. Laut dem Handbuch *Moody's 1959 Industrial* besaß Allen & Co. zu diesem Zeitpunkt jedoch nicht mehr 80 Prozent der Ogden Corporation, sondern nur noch etwa 61 Prozent. Selbst mit diesem stark reduzierten Anteil und unter der Annahme, dass alle Rechte an Syntex ausgeübt worden wären, hätte der Wert der Beteiligungen von Allen & Co. im Jahr 1971 mehr als 225 Millionen Dollar betragen.

Welche Lehren lassen sich aus der Geschichte der Ogden Corporation ziehen?

Zum einen, dass niemand mit Sicherheit vorhersagen kann, was die Zukunft bringt. Die Atlas Corporation als Eigentümerin von mehr als drei Vierteln der Aktien von Ogden war vermutlich so gut über das Unternehmen informiert wie nur irgend möglich. Aber wer hätte in den 1940er-Jahren vorhersehen können, dass Ogden am 29. Dezember 1953 die Mehrheitsanteile an Teleregister erwerben würde? Wer hätte vorhersehen können, dass Ogden 1956 die Kontrolle über Syntex, S.A.,

Mexico City, einen Hersteller und Vertreiber von Steroiden, und über Caribbean Chemicals erwerben würde? Und selbst wenn man diese Übernahmen vorausgesehen hätte, wer hätte die Antibabypille und die Begeisterung des Marktes dafür vorhersehen können?

Selbst im hellen Licht der Rückschau scheint es, dass die einzige Möglichkeit für einen Investor, mit einem in Ogden-Aktien investierten Dollar 100 Dollar zu verdienen, darin bestand, diese Aktien in der Überzeugung zu kaufen, dass Ogden mit Allen & Co. an Bord eine glänzende Zukunft haben müsse. Danach hätte der neue Ogden-Aktionär die Zähne zusammenbeißen und durchhalten müssen, egal was er in den nächsten 20 Jahren hörte oder las.

Vielleicht haben einige brillante Trader ihr Kapital in den letzten 20 Jahren verhundertfacht. Sicherlich hat dies kein Publikumsfonds geschafft. Aber jeder, der Ogden zu den Durchschnittspreisen von 1950 oder 1951 gekauft hat, hätte das erreichen können, indem er nichts weiter tat, als 1958 seine Syntex-Rechte auszuüben.

Die Untersuchung der großen Gewinner an der Börse zeigt immer wieder, dass richtigzuliegen wichtiger ist, als schnell zu sein. So bei Automatic Data Processing: In weniger als sieben Jahren ab Anfang 1965 verhundertfachte sich der Aktienkurs. Dennoch war die Aktie 15 Monate lang – von April 1961 bis Juni 1962 – zu Preisen erhältlich, die weniger als ein Prozent des 1971 erreichten Marktwerts betrugen.

Das Vertrauen derjenigen, die die Aktie im September 1961 kauften, als sie erstmals im *Bank and Quotation Record* mit einem Geldkurs von 4-1/8 und einem Briefkurs von 4-1/2 notierte, wurde auf eine harte Probe gestellt, als die Aktie Ende Oktober 1962 auf einen Briefkurs von 7/8 und einen Geldkurs von 1-3/8 gefallen war. Doch selbst diejenigen, die auf dem Höchststand im September 1961 den Briefkurs von 4-1/2 gezahlt hatten, sahen den Marktwert ihrer Investition bis 1971 auf das 156-Fache steigen.

Der Marktwert der Aktie war in den ersten 13 Monaten nach ihrer Notierung um 70 Prozent gefallen, erholte sich dann aber von 1965 bis

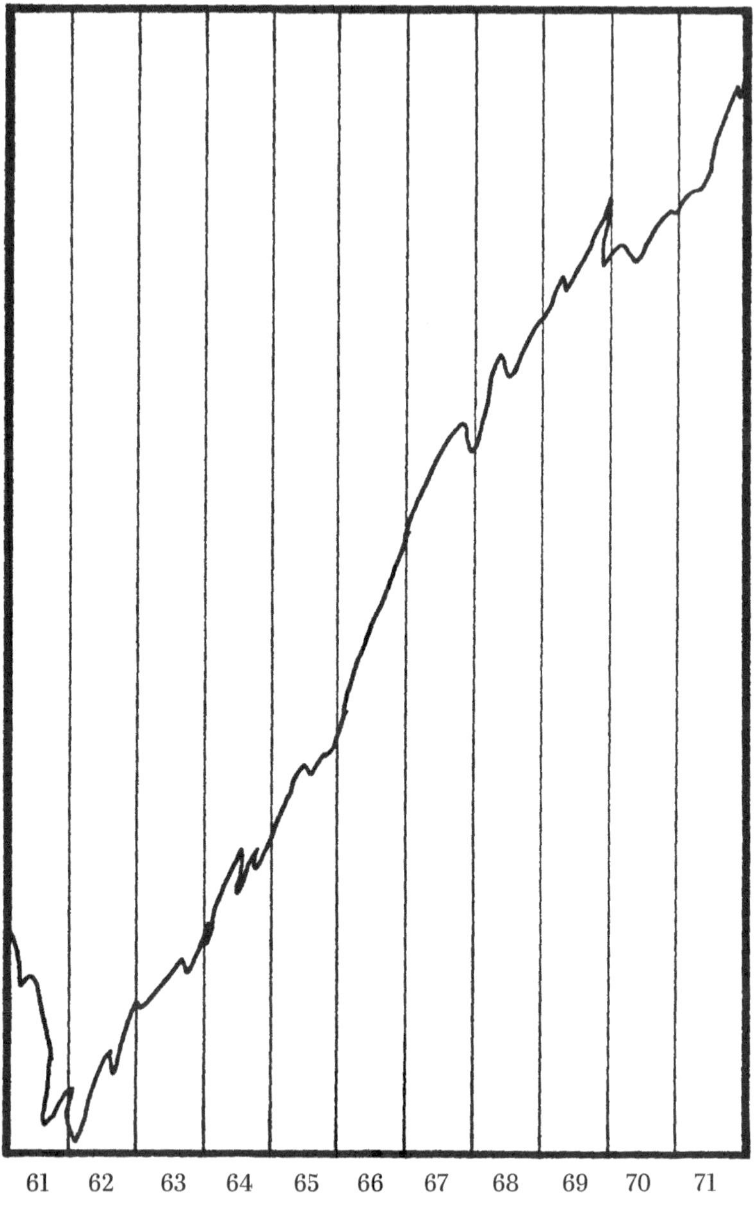

Automatic Data Processing

1971 wieder und machte aus einer Investition von einem Dollar 100 Dollar. Es dürfte schwer sein, ein besseres Beispiel für die Gefahren zu finden, die damit verbunden sind, sich bei Anlageentscheidungen allein auf Kursbewegungen zu verlassen.

Sie erinnern sich vielleicht, dass Geduld eine der drei persönlichen Eigenschaften war, die der verstorbene George F. Baker als Voraussetzung dafür nannte, an der Börse ein Vermögen zu machen. Wahrscheinlich hat keine andere Aktie jemals mehr Geduld erfordert als Occidental Petroleum. Hätte jemand 1932, als die Aktie auf ihrem Tiefststand von 25 Cent lag, 10.000 Dollar in Occidental Petroleum investiert und gehalten, hätte seine Occidental-Petroleum-Aktie im letzten Jahr einen Marktwert von 3.367.000 Dollar erreicht. In der Zwischenzeit hätte er jedoch mitansehen müssen, wie der Marktwert seiner 10.000-Dollar-Investition auf einen Tiefststand von nur 1.600 Dollar im Jahr 1941 schrumpfte. Selbst am 3. Januar 1956, nach fast einem Vierteljahrhundert ohne Dividenden auf seine Investition, hatte sein Besitz einen Marktwert von nur 18.000 Dollar, was einem Gewinn von 80 Prozent entsprach. In der Zwischenzeit war der Dow Jones Industrial Average auf mehr als das 10-Fache seines Tiefststands von 1932 gestiegen.

In der Zeit von 1932 bis 1955 hätte man Occidental-Petroleum-Aktien zu den höchsten Preisen kaufen können, die in 22 dieser 24 Jahre erreicht wurden, und jede Aktie hätte dem Käufer 1971 einen Gewinn von mehr als dem 100-Fachen eingebracht.

Unter der Oberfläche brodelte es. Mehr als 1.200.000 Aktien von Occidental Petroleum wechselten in den zwölf Jahren vor 1956, als die Aktie ihren rasanten Aufstieg begann, an den Börsen von Los Angeles und San Francisco den Besitzer.

Wie viele andere 100-Bagger wies auch Occidental Petroleum diesen Gewinn im Jahr 1971 auf, obwohl der Kurs zu diesem Zeitpunkt um fast 60 Prozent unter seinem Rekordhoch von 1968 lag.

An der Börse trägt das Glück viele Gesichter. Diese Gesichter sprechen zusammen mit der bekannten Unfähigkeit des Menschen, die

Zukunft vorherzusagen, eindeutig dafür, richtig zu kaufen und zu halten.

Nie trug die Glücksgöttin Fortuna eine undurchdringlichere Maske als die, die so viele Anleger daran hinderte, das Gewinnpotenzial von Tampax zu erkennen.

Wie die Liste der 100-Bagger zeigt, hätte man Tampax noch 1949 für weniger als ein Prozent seines Wertes von 1971 kauften können. Aber 1949 lag der Tiefststand der Aktie bei 16,50 Dollar. Die Tampax-Aktie hätte sowohl 1941 als auch 1940 zu 1-7/8 gekauft werden können. Bei diesem Preis hätten Sie und ich mit 10.000 Dollar Eigentümer von 5.000 Aktien werden können. Ohne einen weiteren Cent zu investieren, wären aus diesen 5.000 Aktien heute 45.000 Aktien geworden, die 1971 weit über 14 Millionen Dollar wert waren.

Für diejenigen, die über Gewinne spotten, die beim Kauf von Aktien zu Tiefstständen „möglich gewesen wären", weil das in der Realität unmöglich sei, sei angemerkt, dass der *Höchststand* von Tampax im Jahr 1941 bei vier Dollar und im Jahr 1942 bei 3,75 Dollar lag. Hätten wir unsere Aktien zum *Höchststand* dieser beiden Jahre gekauft, hätten wir 2.500 Aktien erworben. Bis heute wären diese auf 22.300 Aktien angewachsen, mit einem Marktwert von mehr als sieben Millionen Dollar im Jahr 1971. Bedenken Sie, dass diese Investition von 10.000 Dollar auf sieben Millionen Dollar angewachsen wäre, wenn die ursprüngliche Investition auf dem *Hoch* zweier aufeinanderfolgender Jahre getätigt worden wäre. Die Schlussfolgerung scheint unausweichlich, dass es viel wichtiger ist, *was* man an der Börse kauft, als *wann* man es kauft. Es wäre für Sie oder mich unmöglich gewesen, 1938 bis 1948 10.000 Dollar *irgendwann* in Tampax zu investieren, ohne bis 1971 mehr als das 100-Fache unserer Investition zu erzielen, *wenn* wir einfach gehalten hätten.

Wie sah Tampax vor 30 Jahren für Anleger aus?

Moody's 1943 Industrials schrieb: „Geschäftstätigkeit: Herstellung und Verkauf von Tampax, einem Monatshygieneartikel für Frauen".

Die gezierte Anspielung auf das Produkt Tampax war symptomatisch für die damalige Zeit. Hartgesottene Investoren schrieben die Zukunft des Unternehmens ab, weil „es niemals Werbung dafür machen kann". Nur die Fantasievollsten und Weitsichtigsten konnten ahnen, dass Tampax 1971 im Fernsehen beworben würde.

Eine der größten Spekulationsmöglichkeiten aller Zeiten bot sich 1941 und 1942 mit Optionsscheinen auf Tri-Continental. Die Optionsscheine wurden im Dezember 1941 und erneut im April 1942 zu einem Preis von 1/32, also 3-1/8 Cent pro Stück, gehandelt. Ihr Höchststand im Jahr 1971 lag bei 72,50 Dollar. Der Anstieg innerhalb von 30 Jahren betrug nicht das 100-Fache oder sogar das 1.000-Fache, sondern das 2.320-Fache. Mit anderen Worten: Für jeden Dollar, der 1941 bis1942 in Tri-Continental-Optionsscheine investiert wurde, hatten Spekulanten, die ihre Anteile hielten, 30 Jahre später einen Marktwert von 2.320 Dollar. Wie bei Tampax und Loft war es nicht notwendig, die täglichen Marktschwankungen im Auge zu behalten, um mit Tri-Continental-Optionsscheinen ein Vermögen zu machen. Selbst als sie von ihren Tiefstständen wieder stiegen, konnten sie 1943 und 1944 noch zu weniger als einem Prozent ihres Wertes von 1971 gekauft werden. Der Tiefststand der Tri-Continental-Optionsscheine lag 1944 bei 68-3/4 Cent. Im Jahr 1971 wurden sie zum 105-Fachen des Preises von 1944 gehandelt. Tatsächlich wurden Tri-Continental-Optionsscheine acht Jahre in Folge, von 1937 bis 1944, in großem Umfang zu Preisen von weniger als einem Prozent ihres Marktwerts von 1971 gehandelt. In einem dieser Jahre 10.000 Dollar zu riskieren hätte Ihnen und mir eine Million Dollar eingebracht. Das Timing spielte keine Rolle, außer dass es das Glück noch vergrößern konnte. In jedem dieser Jahre wartete eine Million Dollar auf die Käufer. Das perfekte Timing hätte lediglich den Unterschied zwischen einer Millionen Dollar und 23 Millionen Dollar aus einer Investition von 10.000 Dollar bedeutet.

Hätten wir nicht genauso viel Geld ohne das Spekulationsrisiko verdienen können, wenn wir Stammaktien von Tri-Continental gekauft hätten?

Leider lautet die Antwort „Nein“. Um mit Tri-Continental-Aktien 100 Dollar pro Dollar zu verdienen, hätten wir 1941 den Mut haben müssen, sie zu ihrem Tiefststand von 62,5 Cent zu kaufen. Heute hätten wir für jede Aktie, die wir 1941 gekauft hätten, zwei Aktien, und diese beiden Aktien wurden letztes Jahr zu einem Preis von bis zu 64,50 Dollar gehandelt. Der Anstieg gegenüber dem Tiefststand beträgt lediglich das 103-Fache.

Die Wall Street hat ebenso wie Paris ihre Modetrends und Modeerscheinungen. Eine Aktie, die nicht im Trend liegt, kann für ihre Besitzer großartige Ergebnisse erzielen, ohne dass sie das Interesse von Spekulanten auf sich zieht. Ein Beispiel hierfür ist Square D. Square D ist zwar keineswegs unbekannt, hat jedoch weniger Aufmerksamkeit von Marktkommentatoren erhalten als viele glamouröse Titel mit schlechteren Langzeitbilanzen.

Square D hätte zwar eine Investition von 10.000 Dollar im Jahr 1935 bei einem Höchststand von 971 Dollar auf weit über vier Millionen Dollar Marktwert verwandelt, jedoch lag die echte Chance auf einen großen Gewinn in den Jahren 1932 und 1933. In beiden Jahren lag der Aktienkurs zwischen einem Tiefststand von 1/2 und einem Höchststand von zwei Dollar pro Aktie. Das Handelsvolumen der Aktie an der Detroit Stock Exchange belief sich in den beiden Jahren auf insgesamt 3.529 Aktien. Hätten Sie und ich jede dieser Aktien zum *Höchststand* dieser beiden Jahre gekauft, hätten wir insgesamt 7.058 Dollar bezahlt. Ohne einen weiteren Cent zu investieren, würden wir heute 375.450 Aktien im Wert von weit über elf Millionen Dollar zum Höchststand von 1971 besitzen – wenn wir sie nur gehalten hätten!

Wahrscheinlich kennt jeder, der jemals eine Aktie besessen hat, Xerox. Wie die Erfahrung von Herrn Garrett zeigt, gibt es kaum ein besseres Beispiel für den Wert des richtigen Kaufens und Haltens. Aber Herr Garrett war ein Mann mit langjähriger Erfahrung im Finanzwesen und vielen Freunden in hohen Positionen. Nicht jeder hätte die Chance mit Xerox so erkennen können wie er.

Aber viele Menschen besaßen die Aktie, bevor sie zur Börsensensation wurde. Sind sie heute alle reich? Oder haben einige von ihnen ihre Gewinne mitgenommen, als die Aktie um die ersten zehn Punkte stieg? Ich kenne mehrere, die das getan haben. Kennen Sie auch welche? Die meisten Menschen denken nicht gern darüber nach, deshalb machen sie immer wieder denselben Fehler.

Es war bei Xerox nicht einmal notwendig, die Chance aufzuspüren. Man musste lediglich „Ja" zu einem Wertpapierverkäufer sagen. Bereits 1928 bot die Steel & Stone Company aus Rochester im Bundesstaat New York 5.000 Aktien von Haloid (so der alte Name von Xerox) und 5.000 7-prozentige Vorzugsaktien von Haloid in Einheiten von jeweils einer Vorzugsaktie und einer Stammaktie zu einem Preis von 110 Dollar pro Einheit an. Alle Vorzugsaktien wurden acht Jahre später zum Preis von 105 Dollar zurückgekauft. Jede der Haloid-Stammaktien aus dem Jahr 1928 entspricht heute jedoch 540 Xerox-Stammaktien mit einem Marktwert von mehr als 65.000 Dollar im Jahr 1971. Hätte sich jemand von den Wertpapierverkäufern von Steel & Stone überzeugen lassen, 10.000 Dollar in diese Einheiten zu investieren, hätte er 90-9/10 Vorzugsaktien und 90-9/10 Stammaktien erworben. Als die Vorzugsaktien 1936 zurückgenommen wurden, hätte er bis auf 555 Dollar seine gesamte Investition von 10.000 Dollar zurückerhalten. Hätte er die verbleibenden 555 Dollar in Haloid-Stammaktien riskiert, besäße er heute 49.086 Xerox-Aktien, deren Marktwert 1971 sechs Millionen Dollar überstieg.

Natürlich hatte Haloid 1928 noch nicht den fantastischen Fotokopierer von Xerox. Niemand konnte sich das auch nur vorstellen. Noch 1933 schrieb *Moody's Industrials* über Haloid: „Produziert und vertreibt ausschließlich Fotopapier. Das Werk in Rochester hat eine Beschichtungskapazität von über zehn Meilen Papier in einer Breite von 41 Zoll pro Tag."

Ich weiß, dass mehr als die Hälfte der Menschen, die heute in den Vereinigten Staaten leben, im Jahr 1933 noch gar nicht gelebt haben, aber sie können sich vielleicht darüber amüsieren, was ihr Großvater für die Familie hätte tun können, wenn er 1928 nett zu einem Wertpapierverkäufer gewesen wäre. Bedenken Sie, dass er das nur hätte tun können, wenn er durchgehalten hätte. Weitsicht hätte ihm nicht helfen können. Erst am 21. November 1935 übernahm Haloid die Rectigraph Company aus Rochester, deren Hauptprodukt die Rectigraph-Fotokopiermaschine war.

Chancen klingeln, wie der Postbote, immer mindestens 2-mal. Nach einem 3:1-Aktiensplit von Haloid im Februar 1936 boten Donoho, Moore & Company aus New York und Mitchell, Herrick & Company aus Cleveland 55.000 Stücke der neuen Aktien zu einem Preis von 20 Dollar pro Aktie an. Für 10.000 Dollar hätte man 500 Aktien kaufen können. Heute wären diese 500 Aktien 90.000 Aktien von Xerox mit einem Marktwert – Stand 1971 – von mehr als elf Millionen Dollar. Jemand hat diese 55.000 Aktien gekauft. Aber nur diejenigen, die wie Norris Darrells Kunde „niemals etwas verkaufen", konnten die fantastische Ernte einfahren, die ihnen das Schicksal beschert hatte.

Noch im Juli 1950 bot die First Boston Corporation aus New York 10.911 Haloid-Aktien zu einem Preis von 29,25 Dollar pro Aktie an. Für 10.000 Dollar hätte man 341 Aktien kaufen können. Hätte man sie behalten, besäße man heute 61.300 Xerox-Aktien, die 1971 einen Wert von mehr als 7,5 Millionen Dollar haben.

Sie und ich standen vielleicht nicht auf der Liste der Xerox-Wertpapierverkäufer. Pech, dass wir nicht zu dieser Party eingeladen wurden. Aber wir hätten bis 1958 ungebeten kommen und trotzdem mehr als 100 Dollar auf jeden Dollar verdienen können, den wir in Xerox investierten.

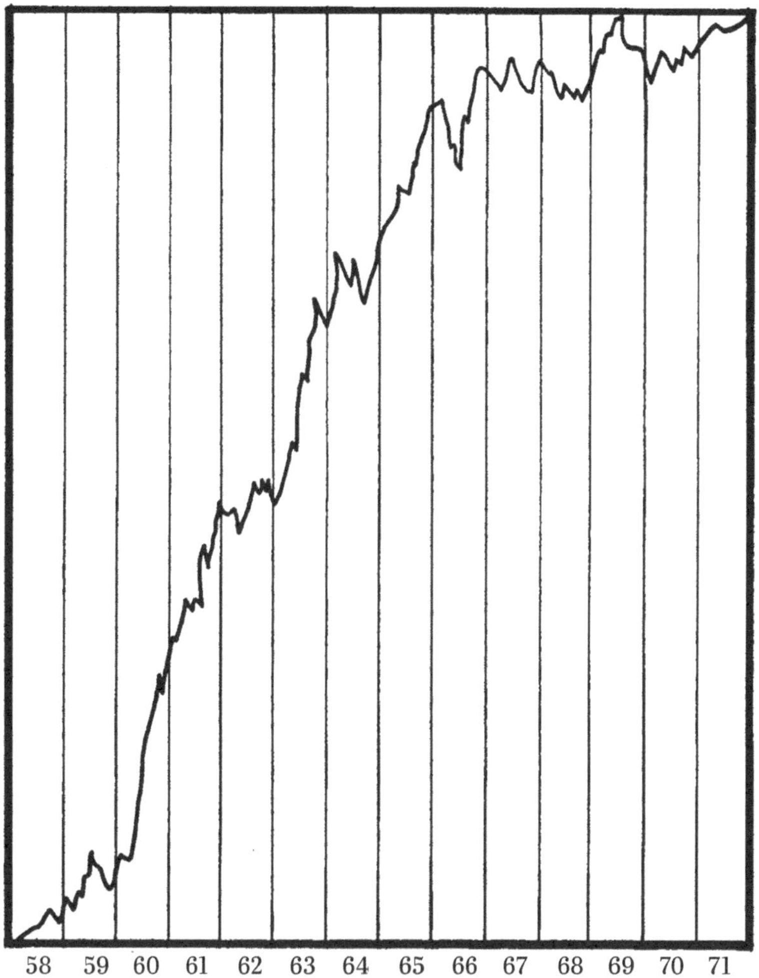

Xerox
Relativer Kurs

Wie der Kurschart von Xerox im Vergleich zum Dow Jones Industrial Average deutlich zeigt, begann Xerox 1958 einen der steilsten Kursanstiege in der Geschichte der Börse. Es dauerte neun Jahre, bis dieser Anstieg im Vergleich zum Dow Jones Industrial Average für zwölf Monate unterbrochen wurde. Beachten Sie bei der Betrachtung dieses relativen Kurscharts, dass der Dow Jones Industrial Average in dieser Zeit ebenfalls stieg. Wäre Xerox genauso schnell wie der Dow Jones gestiegen, nicht schneller, wäre diese relative Kurslinie horizontal und vollkommen gerade verlaufen. Bitte denken Sie daran, dass diese relativen Kurscharts den Kurs der Aktie geteilt durch den Kurs des Dow Jones Industrial Average am selben Tag zeigen. Wenn die Aktie zu 90 gehandelt wird und der Dow Jones Industrial Average bei 900 steht, beträgt der relative Kurs 0,10 oder zehn Prozent. Steigt die Aktie auf 150, während der Dow Jones auf 1.000 steigt, beträgt der relative Kurs 0,15 oder 15 Prozent. Eine steigende relative Kurslinie zeigt also, dass eine Aktie schneller als der Dow Jones gestiegen ist oder langsamer als der Dow Jones gefallen ist.

Viele werden argumentieren, dass niemand den fabelhaften Erfolg der Maschine hätte vorhersehen können, die Xerox innerhalb eines einzigen Jahrzehnts ebenso zu einem Synonym für Kopierer gemacht hat, wie Kodak seit Langem ein Synonym für Kameras ist. Das mag stimmen. Je näher dies der Wahrheit kommt, desto stärker ist das Argument dafür, daran festzuhalten. Vermögen, die auf diese Weise gemacht wurden, bezeichnet mein alter Freund und Kollege Dwight Rogers als „Triumph der Trägheit“. In diesem Sinne zitiert Decatur Higgins von Scudder, Stevens & Clark einen ehemaligen Mitarbeiter, der traurig feststellte: „Ich leide unter einem Mangel an Trägheit.“

KAPITEL 6

Sterben für unsere gute alte Globe and Rutgers

Hunderte von verschiedenen Wertpapieren haben uns demonstriert, wie klug es ist, richtig zu kaufen und zu halten. Die Schlussfolgerung scheint unausweichlich: Wenn man richtig kauft, wird kein noch so intensives Handeln oder Umschichten hinterher Ergebnisse bringen, die denen entsprechen, die man durch einfaches Halten erzielen kann. So vermeidet man Papierkram, Maklerprovisionen und Kapitalertragsteuern. Man verliert dabei allerdings auch den Spaß am Handeln, daran, seine Vermutungen über die morgige Marktentwicklung mit denen aller anderen Händler zu vergleichen, und die Selbstzufriedenheit, aus dem Nichts schnell Geld zu machen.

Nicht so offensichtlich ist, wie klug es ist, auch dann zu halten, wenn man nicht geschickt genug war oder nicht genug Glück hatte, richtig zu kaufen. Ein klassisches Beispiel dafür ist die Markthistorie der Globe & Rutgers Fire Insurance Company, heute American International Group.

In der panischen Marktlage unmittelbar nach dem Bankfeiertag im Jahr 1933 wurde die Stammaktie der Globe & Rutgers Fire Insurance

Company zu einem Geldkurs von nur 2-7/8 notiert. Im Jahr zuvor, 1932, hatte sie noch einen Höchststand von 257 Dollar pro Aktie erreicht. Das *Bawl Street Journal,* eine Parodie des Bond Club of New York auf das *Wall Street Journal,* machte in einer Anzeige auf der ersten Seite oben in der ersten Spalte auf die Kurskatastrophe aufmerksam. Die Anzeige lautete:

BANK- UND VERSICHERUNGSAKTIEN
Für die gute alte Globe & Rutgers würden wir sterben.
J. K. Rice, Jr. & Co.

Wer 1933 naiv genug war, Aktien von Globe & Rutgers zu kaufen, nachdem er diese Anzeige gelesen hatte, hätte dafür etwas zwischen 60,50 und 70,50 Dollar pro Stück bezahlt. Neun Jahre später, als Globe & Rutgers zu einem Tiefstkurs von fünf Dollar gehandelt wurde, hätte der naive Käufer zu dem Schluss kommen können, dass das *Bawl Street Journal* tatsächlich einen Scherz gemacht hatte. Das Lustige daran ist jedoch, dass jeder, der die Aktie aufgrund der Anzeige im *Bawl Street Journal* von 1933 für beispielsweise 65,50 Dollar gekauft und gehalten hatte, 1971 Wertpapiere im Wert des 48-Fachen seines Kaufpreises besessen hätte. Seine 10.000 Dollar von 1933 waren auf 488.000 Dollar angewachsen, obwohl der Kauf zu einem denkbar ungünstigen Zeitpunkt getätigt worden war.

Die Tri-Continental Corp. und ihre Tochtergesellschaft Selected Industries besaßen 1943 insgesamt 45.200 Aktien von Globe & Rutgers. Zum Höchststand in diesem Jahr hatten die 45.200 Aktien einen Marktwert von 723.200 Dollar. Hätte man diesen Aktienblock bis 1971 gehalten, hätte er 1.484.368 Aktien der American International Group im Wert von über 144 Millionen Dollar ergeben. Der jüngste Bericht von Tri-Continental listet unter „Finanzen und Versicherungen" nur vier Namen auf: American Re-Insurance, C.I.T. Financial, First National City und Heller International. Ihr Gesamtmarktwert belief sich zum 30. Juni 1971 auf 23.360.750 Dollar oder 3,4 Prozent des Tri-Continental-Portfolios von 679.553.693 Dollar an Anlagevermögen.

Ende 1953 hielt C. V. Starr & Co. 151.584 Stammaktien von Globe & Rutgers, was 53,37 Prozent der Gesamtaktien entsprach. Zu diesem Zeitpunkt hatte der Starr-Block einen Marktwert von 5.608.000 Dollar. 18 Jahre später hatte derselbe Block, durch Aktiensplits und Aktiendividenden auf 1.659.541 Aktien angewachsen, einen Marktwert von mehr als 160 Millionen Dollar.

Ein weiteres Beispiel dafür, wie wertvoll es ist, in guten wie in schlechten Zeiten durchzuhalten, ist die A-Aktie von Kerlyn Oil, heute Kerr-McGee. Im Jahr 1935 bot W. Earl Phinney & Co. aus Chicago 118.898 A-Stammaktien zu einem Preis von fünf Dollar pro Aktie an. Jede Class-A-Stammaktie war im Verhältnis 1:1 in Class B-Stammaktien wandelbar. Für 10.000 Dollar hätte jedermann Eigentümer von 2.000 Aktien werden können.

Fünf Jahre später wäre ihr Marktwert auf 4.500 Dollar geschrumpft. Viele Käufer der 1935 angebotenen Aktien verkauften zweifellos, weil sich ihre Aktien nicht gut entwickelten, obwohl sie eine Dividende von 35 Cent pro Jahr abwarfen. Andere, die ihre A-Aktien nicht in B-Aktien umwandelten, mussten sie 1944 zu sieben Dollar pro Aktie einziehen lassen. Das war kein schlechtes Geschäft. Wer 1935 Stammaktien der Klasse A im Wert von 10.000 Dollar kaufte und diese behielt, erhielt nicht nur Dividenden in Höhe von sieben Prozent pro Jahr, sondern erzielte bis 1944 auch einen Kapitalgewinn von 40 Prozent – aus seiner ursprünglichen Investition von 10.000 Dollar waren 14.000 Dollar geworden.

Aber wie sah es mit denjenigen aus, die 2.000 A-Aktien gekauft und sie in B-Aktien umgewandelt hatten?

Ende 1971 war so jemand, ohne jemals einen Cent zusätzlich investiert oder Kapitalertragsteuer gezahlt zu haben, Eigentümer von 35.180 Aktien von Kerr-McGee. Ihr Marktwert betrug mehr als 1,7 Millionen Dollar.

Wie in so vielen anderen vergleichbaren Fällen klopfte die Gelegenheit 2-mal an. Im Oktober 1936 bot die Straus Securities Corp. aus Chicago 125.000 Kerlyn-Oil-Aktien der Klasse A zu einem Preis von 6,50 Dollar pro Aktie an. Jeder Investor, der 10.000 Dollar in dieses Angebot investierte, hartnäckig genug war, den Kursrückgang auf 2,25 Dollar pro Aktie zu überstehen, und mutig genug, seine A-Aktien in B-Aktien umzuwandeln, besaß Ende 1971 27.053 Aktien von Kerr-McGee mit einem Spitzenmarktwert von mehr als 1,3 Millionen Dollar.

Ich frage mich, ob es noch jemanden gibt, der bei einer der beiden Emissionen Kerlyn-Oil-Aktien gekauft und sie bis heute gehalten hat. Ich bezweifle es. Dabei hatten Hunderte von Menschen ein Vermögen in greifbarer Nähe. Sie hätten nur durchhalten müssen.

Als ich sagte, die Gelegenheit habe 2-mal angeklopft, habe ich der netten Dame Fortuna Unrecht getan. Sie hat 3-mal geklopft. Fünf Jahre nach den Emissionen von Kerlyn-Oil-Aktien in den Jahren 1935 und 1936 hätte jedermann A-Aktien von Kerlyn Oil im Freiverkehr zum halben Preis der Erstemission kaufen können. Der Gewinn aus einer Investition von 10.000 Dollar zum Kurs von 1940 oder 1941 hätte, wenn der Käufer sich entschieden hätte, bis 1971 Aktionär zu bleiben, mehr als 53 Millionen Dollar betragen.

In der gesamten Geschichte der Börse lässt sich kaum ein besseres Beispiel für den Wert des Durchhaltens in schwierigen Zeiten finden als die Anleihen von Richfield Oil.

Im Dezember 1925 bot Blair & Company aus New York Pan American Petroleum Company of California 1st Convertible Gold 6s mit Fälligkeit 1940 im Wert von 15 Millionen Dollar zu 990 Dollar pro 1.000-Dollar-Anleihe an. Pan American Petroleum war eine 100-prozentige Tochtergesellschaft der Richfield Oil Company. Im Mai 1929 wurden 1st Convertible Gold 6s von Richfield Oil im Wert von 25 Millionen Dollar, Serie A, mit Fälligkeit 1944 von Hemphill Noyes Company, von Hayden Stone & Company, von Cassatt & Company und von Bank America-Blair, alle mit Sitz in New York, sowie von Bond & Goodwin & Tucker aus San Francisco und von Hunter, Dulin & Company aus Los Angeles angeboten. Diese Anleihen wurden ebenfalls zu einem Preis von 990 Dollar pro 1.000 Dollar Nennwert angeboten. Bis 1932 befanden sich sowohl Pan American Petroleum als auch die Richfield Oil Company in Konkursverwaltung. Die Pan American 6s mit Fälligkeit 1940 wurden 1932 an der New Yorker Börse zu einem Tiefstpreis von 575 pro 1.000 Dollar gehandelt, während die Einlagenzertifikate für dieselben Anleihen zu einem Tiefstpreis von 40 Dollar gehandelt wurden. Die Richfield Oil 6s mit Fälligkeit 1944 wurden 1932 zu einem Tiefstpreis von 57,50 Dollar pro 1.000 Dollar Anleihe gehandelt, während die Einlagenzertifikate zu einem Tiefstpreis von 50 Dollar pro Stück gehandelt wurden. Damit hatten die Anleger der beiden Anleiheemissionen innerhalb von drei bis sieben Jahren mehr als 90 Prozent des Wertes ihrer Investition „verloren“. Diejenigen, die 1932 verkauften, verloren tatsächlich mehr als 90 Prozent des Einsatzes, den sie bei den ursprünglichen Emissionen für die Anleihen bezahlt hatten.

Was war mit denen, die einfach die Zähne zusammengebissen und durchgehalten haben? 1937 wurden sowohl Pan American Petroleum als auch Richfield Oil umstrukturiert. Für jede 1.000-Dollar-Anleihe von Richfield Oil erhielten die Inhaber 48,5 Aktien der neuen Richfield Oil. Jede Anleihe von Pan American Petroleum wurde gegen 43,45 Aktien von Richfield Oil getauscht. Heute, nach Aktiensplits und der Fusion mit Atlantic Refining, halten Anleihegläubiger von Pan American Petroleum je 990 im Jahr 1925 investierte Dollar 147,7 Aktien von Atlantic-Richfield. Anleihegläubiger von Richfield Oil halten je 990 Dollar, die sie 1929 investiert haben, 164,9 Aktien von Atlantic-Richfield. Auf dem Höchststand von 1971 besaß ein Anleger, der eine Anleihe von Pan American Petroleum im Wert von 1.000 Dollar gekauft und trotz des Kursverfalls auf 40 Dollar im Jahr 1932 gehalten hatte, Aktien im Wert von mehr als 11.500 Dollar. Ähnlich verhielt es sich mit dem Käufer einer 1.000-Dollar-Anleihe von Richfield Oil, der trotz eines Kursrückgangs auf 50 Dollar im Jahr 1932 durchhielt und im letzten Jahr Aktien im Wert von fast 13.000 Dollar besaß. Ich bezweifle, dass es in Coney Island eine Attraktion gibt, die an das herankommt.

Die beiden Anleihen sind in der Liste der Wertpapiere enthalten, deren Wert sich mehr als verhundertfacht hat, denn natürlich hatte jeder, der das Geld und das Glück hatte, sie im Jahr 1932 zu kaufen, und der dabeigeblieben ist, seine Investition weit mehr als verhundertfacht. Als Argument für den richtigen Kauf und das Halten der Anleihen ist jedoch vielleicht noch bemerkenswerter, dass diejenigen, die die Anleihen 1925 und 1929 gekauft haben, als der Zeitpunkt kaum schlechter hätte sein können, und sie nicht verkauft haben, ihr Kapital ebenfalls um das 11,5- bis 13-Fache gesteigert haben. Eine solche Geschichte kann Ihnen vielleicht zu verstehen helfen, wie der Kunde von Norris Darrell sein Vermögen angehäuft hat, ohne jemals *irgendetwas* zu verkaufen.

Bevor wir dieses Beispiel verlassen, möchte ich noch anmerken, dass die Preise von 1932 real waren. Die Anleihen *hätten gekauft* werden können. Zwischen dem 22. April und dem 10. Juni 1932 wechselten nicht weniger als 60 Richfield-Oil-Anleihen an der New Yorker Börse zu einem Durchschnittspreis von weniger als 100 Dollar pro Anleihe den Besitzer.

Tabelle I

365 Aktien, die Sie zum Millionär gemacht hätten

Wann und wo Sie sie hätten kaufen können, ihre Kosten und ihr Wert im Jahr 1971

Hier sind die Wertpapiere, die Sie zum Millionär gemacht hätten (oder vielleicht sogar gemacht haben), wenn Sie im angegebenen Jahr 10.000 Dollar in nur eine davon investiert und sie bis 1971 gehalten hätten.

In der ersten Spalte ist der Name des Wertpapiers angegeben, das in dem angegebenen Jahr, an der angegebenen Börse und zu dem angegebenen Kurs gekauft werden konnte. Wenn ein Name später geändert wurde, ist der Name von 1971 in Klammern dahinter angegeben. Beachten Sie, dass jeder Wert im Jahr 1971 *mindestens* das 100-Fache des Kaufpreises beträgt.

Aktie/Jahr	Handelsplatz	Kosten in US-Dollar	Kurs 1971 in US-Dollar
1932			
Aetna Casualty & Surety (Aetna Life & Casualty)	Hartford S.E.	15,00	1.998,00
Aetna Life (Aetna Life & Casualty)	OTC	8,25	934,00
American Beet Sugar (American Crystal Sugar)	NYSE	0,25	80,00
American Constitution Fire Insurance (American International Group)	OTC	6,00	1.105,00
American Cyanamid	Curb	1,63	303,00
Armour & Co, (Illinois) Class A (Greyhounds)	NYSE	0,63	109,00
Armour & Co, (Illinois) Preferred (Greyhounds)	NYSE	3,50	660,00
Bliss (E.W.) (Gulf & Western)	Curb	0,63	80,00
Borg-Warner	NYSE	3,38	387,00
Butler Brothers (McCrory Corp.)	Curb	0,75	114,00
Byron Jackson (Borg-Warner)	San Francisco S.E.	0,50	70,00
Carrier Corp.	Curb	2,50	320,00
Celanese Corp.	NYSE	1,25	223,00
Chicago Rivet & Machine	Curb	3,00	337,00
Copper Range	Curb	1,13	139,00

Aktie/Jahr	Handelsplatz	Kosten in US-Dollar	Kurs 1971 in US-Dollar
1932			
Crown Cork & Seal	NYSE	7,88	935,00
Crum & Forster Insurance Shares (Crum & Forster)	OTC	3,00	428,00
Cutler-Hammer	NYSE	3,50	362,00
Douglas Aircraft (Mc Donnell Douglas)	NYSE	5,00	513,00
Dow Chemical	Curb	21,13	2.854,00
Dunhill International (Questor)	NYSE	0,63	72,00
Fansteel	Curb	0,25	67,00
Honolulu Oil	San Francisco S.E.	4,75	663,00
Inspiration Consolidated Copper	NYSE	0,75	102,00
Johnson Motor (Outboard Marine)	Curb	0,50	126,00
Magma Copper (Newmont Mining)	NYSE	4,25	467,00
Marion Steam Shovel 7% Preferred (Merritt-Chapman & Scott)	OTC	5,25	581,00
Mengel (Marcor)	NYSE	1,00	155,00
Merritt-Chapman & Scott	Curb	0,38	45,00
Midland Steel Products (Midland-Ross)	NYSE	2,00	282,00
Minnesota & Ontario Paper 6s Series A 1931-45 (Boise Cascade)	OTC	40,00	5.501,00
National Automotive Fibres A (Chris-Craft Industries)	OTC	0,50	55,00
National Bellas Hess Co., Inc. 7% Pfd. (National Bellas Hess, Inc. Common)	NYSE	0,13	28,00
National Container $2 conv. Pfd. (Owens-Illinois-Glass)	Curb	8,13	841,00
National Standard	Chicago S.E.	7,25	978,00
Natomas Co.	San Francisco S.E.	9,00	1.013,00
North American Aviation (North American Rockwell, Sperry Rand)	NYSE	1,25	371,00

Aktie/Jahr	Handelsplatz	Kosten in US-Dollar	Kurs 1971 in US-Dollar
1932			
Old Ben Coal 7,5% dbes. 1934 (Standard Oil of Ohio)	OTC	30,00	10.994,00
Pan American Petroleum (of Cal.) convertible 6s 1940 (certificates of deposit) (Atlantic Richfield)	NYSE	40,00	11.557,00
Parker Pen	Chicago S.E.	2,50	273,00
J. C. Penney Co.	NYSE	13,00	1.395,00
Phillips Petroleum	NYSE	2,00	277,00
Porter (H.K.) 1st 6s 1946	OTC	50,00	448.873,00
Republic Gas (Repulic Natural Gas)	Curb	0,13	26,00
Richfield Oil of California 1st convertible 6s 1944 (certificates of deposit) (Atlantic Richfield)	NYSE	50,00	12.903,00
Scullin Steel $3 preference (Universal Marion)	Curb	1,00	124,00
Sharp & Dohme $3,50 convertible Pfd.A (Merck Common)	NYSE	11,50	1.771,00
Shell Union Oil (Shell Oil)	NYSE	2,50	251,00
Sloss-Sheffield Steel & Iron (A-T-O Inc.)	NYSE	3,75	411,00
Starrett (L.S.)	NYSE	3,00	304,00
Sullivan Machinery (Joy Manufacturing)	C	3,25	329,00
Symington Class A (Dresser Industries)	NYSE	0,50	52,00
Thatcher Manufacturing (Dart Industries)	NYSE	2,00	252,00
Truax Traer Coal (Consolidation Coal)	NYSE	0,25	61,00
Tubize Chatillon (Celanese)	Curb	1,00	523,00
Tung-Sol Electric (Studebaker-Worthington)	Curb	1,00	100,00
U.S. Freight	NYSE	3,50	375,00
United States Rubber (Uniroyal)	NYSE	1,25	198,00
Wahl (Schick)	Chicago S.E.	0,13	15,00

Aktie/Jahr	Handelsplatz	Kosten in US-Dollar	Kurs 1971 in US-Dollar
1932			
Western Auto Supply Class A (Beneficial Corp.)	Curb	5,13	935,00
Westvaco Chemical (FMC)	NYSE	3,00	457,00
Yellow Truck & Coach (General Motors)	NYSE	1,38	182,00
1933			
Allen Industries (Dayco)	Cleveland S.E.	1,00	358,00
Amerada Corp. (Amerada Hess)	NYSE	18,50	2.574,00
American Chain & Cable	NYSE	1,63	194,00
American Investment Co. of Illinois	St. Louis S.E.	3,00	347,00
American Machine & Metals (Ametek, Inc.)	NYSE	0,75	153,00
American Metal Climax	NYSE	3,13	315,00
American Meter (Singer)	Curb	5,00	573,00
American Seating	NYSE	0,88	138,00
Armstrong Cork	Curb	4,13	550,00
Art Metal Works (Ronson Corp.)	Curb	0,63	149,00
Associated Telephone Utilities Series C 5,5% convertible bonds (General Telephone)	Curb	50,00	5.087,00
Birtman Electric (Whirlpool)	OTC	3,75	410,00
Beach (E.J.) & Sons (American Home Products)	Chicago S.E.	3,75	789,00
Briggs & Stratton	NYSE	7,25	888,00
Bulova Watch	NYSE	0,88	271,00
Butte Copper & Zinc (Jonathan Logan)	NYSE	0,50	81,00
Caterpillar Tractor	NYSE	5,50	1.447,00
Celotex (Jim Walter)	NYSE	0,50	97,00
Chicago Pneumatic Tool	NYSE	2,13	343,00
Cliffs Corp. (Cleveland Cliffs)	Cleveland S.E.	3,50	357,00
Collins & Aikman	NYSE	3,00	372,00

Aktie/Jahr	Handelsplatz	Kosten in US-Dollar	Kurs 1971 in US-Dollar
1933			
Consolidated Aircraft (General Dynamics)	Curb	1,00	107,00
Continental Casualty (CNA Financial)	OTC	5,00	754,00
Crown Zellerbach	NYSE	1,00	186,00
Dayton Rubber Manufacturing Class A (Dayco)	Chicago S.E.	1,00	119,00
Deere & Company	NYSE	5,75	668,00
S.R. Dresser mfg. Class B (Dresser Industries)	NYSE	2,13	300,00
Duval Texas Sulphur (Pennzoil United)	Curb	0,50	300,00
Eastman Kodak	NYSE	46,00	6.480,00
Eaton Manufacturing (Eaton Yale & Towne)	NYSE	3,13	358,00
Electric Boat (General Dynamics)	NYSE	1,00	100,00
Evans Products	NYSE	0,88	367,00
Federated Department Stores	NYSE	7,50	1.027,00
Gardner-Denver	Chicago S.E.	7,50	1.012,00
General Alliance (General Reinsurance)	OTC	5,00	656,00
General Cable Common	NYSE	1,25	131,00
General Tire	Curb	23,00	3.209,00
Godchaux Sugars (Gulf States Land & Industries)	Chicago S.E.	0,25	62,00
Goodrich (B.F.) Company	NYSE	3,00	315,00
Hancock Oil (Signal Cos.)	Los Angeles S.E.	3,75	436,00
Hobart mfg.	Cincinnati S.E.	10,00	1.651,00
Houdaille-Hershey Class B (Houdaille Industries)	NYSE	1,00	142,00
Indian Refining (Texaco)	NYSE	1,13	178,00

Aktie/Jahr	Handelsplatz	Kosten in US-Dollar	Kurs 1971 in US-Dollar
1933			
International Combustion Engineering convertible preferred certificates (Combustion Engineering Inc.)	NYSE	11,00	1.332,00
International Paper & Power Class A Common (International Paper)	NYSE	0,50	170,00
Intertype (Harris-Intertype)	NYSE	1,88	450,00
Lerner Stores	C	4,00	1.233,00
Marchant Calculating Machine (SCM)	San Francisco S.E.	0,50	100,00
Masonite	Curb	8,25	1.214,00
Mc Crory Stores (McCrory Corp.)	NYSE	0,38	63,00
Mc Lellan Stores (McCrory Corp. Common)	NYSE	0,25	37,00
Mc Lellan Stores Pref. (McCrory Corp. Common)	NYSE	2,13	341,00
Melville Shoe	NYSE	8,75	1.222,00
National Department Stores 7% Pfd. (International Mining)	NYSE	1,25	268,00
Newmont Mining	Curb	11,50	1.413,00
Noblitt-Sparks Industries (Arvin Industries)	Chicago S.E.	9,50	955,00
Pacific Mills (Burlington Industries)	NYSE	6,00	721,00
Pitney-Bowes	Curb	2,00	215,00
Reliable Stores	Curb	0,88	123,00
Remington-Rand (Sperry Rand)	NYSE	2,50	263,00
Savage Arms (Emhart)	NYSE	2,25	275,00
Sears, Roebuck & Co.	NYSE	12,50	2.499,00
Seton Leather (Seton Co.)	Curb	1,50	155,00
Smith (Howard) Paper Mills (Domtar)	Kanada	1,13	218,00
Snider Packing Foods (General Foods)	NYSE	0,63	279,00
Sperry (Sperry Rand)	NYSE	2,13	278,00

Aktie/Jahr	Handelsplatz	Kosten in US-Dollar	Kurs 1971 in US-Dollar
1933			
Spiegel, May, Stern (Beneficial Corp.)	NYSE	1,00	402,00
Sunray Oil (Sun Oil)	Curb	0,25	52,00
Sunstrand Machine Tool (Sunstrand Corp.)	OTC	1,50	233,00
Union Bag & Paper (Union Camp)	NYSE	5,50	1.005,00
United-Carr Fastener (TRW, Inc.)	NYSE	1,63	380,00
United Paperboard (United Board & Carton)	NYSE	0,50	57,00
U.S. & Foreign Securities (U.S. & International Securities)	Curb	0,32	53,00
Van Raalte Co. (Cluett, Peabody & Co.)	NYSE	1,63	198,00
Walker (Hiram) Gooderham & Worts)	Curb	3,50	1.014,00
Weston Electrical Instrument (Schlumberger)	NYSE	2,50	350,00
1934			
Abbott Laboratories	Chicago S.E.	40,00	4.302,00
Aloe (A.S.) Co. (Brunswick)	St. Louis S.E.	9,00	1.073,00
American Hide & Leather 7% Preferred (Tandy Common)	NYSE	17,75	1.912,00
Babcock & Wilcox Container Corp. Class A (Marcor)	Curb	18,50	2.135,00
Container Corp. Class A (Marcor)	NYSE	6,13	777,00
Edison Bros. Stores	Curb	8,00	1.199,00
Emporium Capwell (Broadway-Hale Stores)	San Francisco S.E.	5,00	527,00
Engineers Public Service (Virginia Elec. & Power) (Gulf States Utilities) (El Paso Electric)	NYSE	3,15	387,00
Ex-Cell-O	Curb	3,75	389,00
Federal-Mogul	Detroit S.E.	3,00	377,00
Food Machinery (FMC)	NYSE	10,50	1.226,00
Greyhound Corp.	Chicago S.E.	5,25	777,00

Aktie/Jahr	Handelsplatz	Kosten in US-Dollar	Kurs 1971 in US-Dollar
1934			
Hoover Ball & Bearing	Detroit S.E.	1,13	237,00
Hussman-Ligonier (Pet Inc.)	OTC	1,00	177,00
Lockheed	Los Angeles S.E.	0,90	102,00
Mc Graw Electric (McGraw-Edison)	Chicago S.E.	3,75	692,00
National Shirt Shops (McCrory Corp. Common)	OTC	1,00	224,00
Philip Morris	NYSE	11,50	1.323,00
Reece Button Hole Machine (Reece Corp.)	Boston S.E.	10,00	1.140,00
Tennessee Corp. (Cities Service)	NYSE	3,13	372,00
Texas Pacific Coal & Oil	NYSE	2,50	385,00
Union Gas of Canada	Kanada	2,00	241,00
Universal Winding (Leesona)	OTC	11,00	1.275,00
Whitman & Barnes (TRW, Inc.)	Detroit S.E.	1,88	200,00
1935			
American Manufacturing	Curb	3,50	712,00
American Power & Light $6 Pfd.	NYSE	10,13	1.160,00
Anheuser-Busch	OTC	98,00	13.610,00
Chicago Flexible Shaft (Sunbeam)	Chicago S.E.	13,50	1.622,00
Continental Baking (International Telephone)	NYSE	4,50	491,00
Dr. Pepper	St. Louis S.E.	16,00	1.938,00
Electric Power & Light $6 Pfd. (Middle South Utilities) (Pennzoil)	NYSE	2,50	966,00
Electric Power & Light $7 Pfd. (Middle South Utilities) (Pennzoil)	NYSE	3,00	1.062,00
General Cable Class A (General Cable Common)	NYSE	4,00	525,00
Gimbel Brothers	NYSE	2,13	364,00
Graniteville Manufacturing (Graniteville)	OTC	34,00	6.170,00
Line Material (McGraw-Edison)	OTC	3,63	536,00

Aktie/Jahr	Handelsplatz	Kosten in US-Dollar	Kurs 1971 in US-Dollar
1935			
Lion Oil (Monsanto)	Curb	3,50	400,00
Middle States Petroleum Class A (Tenneco)	Curb	0,88	97,00
Minneapolis Honeywell (Honeywell)	NYSE	58,00	6.660,00
Moore Corp. Ltd.	Kanada	17,00	1.842,00
Old Ben Coal New Common (Standard Oil of Ohio)	OTC	0,05	460,00
Old Ben Coal First Gold 6s 1944* (Standard Oil of Ohio)	NYSE	137,50	15.732,00
Outboard Motors Class B (Outboard Marine)	Curb	0,63	120,00
Rustless Iron & Steel (Armco Steel)	OTC	0,75	111,00
Shamrock Oil & Gas (Diamond Shamrock)	Pittsburgh S.E.	0,75	113,00
Signal Oil & Gas Class A (Signal Cos.)	Los Angeles S.E.	5,50	728,00
Skelly Oil	NYSE	6,50	770,00
Square D Class B – Common	Curb	17,00	3.361,00
Stone & Webster (Stone & Webster) (Gulf State Utilities) (El Paso Electric) (Sierra Pacific Power)	NYSE	3,76	421,00
Wilcox (H.F.) Oil & Gas (Tenneco)	NYSE	1,00	112,00
1936			
Holophane (Johns-Mansville)	Curb	6,50	752,00
Lawyers Title Insurance (Richmond Corp.)	OTC	50,00	5.830,00
Nehi (Royal Crown Cola)	Curb	4,25	861,00
Outboard Motors Class A (Outboard Marine)	Curb	11,00	1.269,00
1937			
Burlington Mills (Burlington Industries)	NYSE	5,75	656,00
Cooper Industries	Curb	3,50	375,00

* Für einen steuerbefreiten Fonds, unter der Annahme, dass der Erlös einer Anleihetilgung von Old Ben Coal im Jahr 1946 auf dem Hoch 1946 bei 50 Dollar reinvestiert wurde. Eine Person, die auf Anleiheerträge 25 Prozent Kapitalertragsteuer bezahlte, hätte im Jahr 1971 nur 13.754 Dollar gehabt.

Aktie/Jahr	Handelsplatz	Kosten in US-Dollar	Kurs 1971 in US-Dollar
1937			
General American Oil	Emission von Russell Maguire & Co.	6,50	825,00
Placer Development	Kanada	2,00	231,00
1938			
American Airlines	Curb	8,00	877,00
American Home Products	NYSE	30,75	3.384,00
Beech Aircraft	Curb	1,25	231,00
Brunswick-Balke-Collender (Brunswick Corp.)	NYSE	5,50	751,00
Carnation Company	Curb	17,88	1.872,00
Fairchild Aviation (Fairchild Camera)	Curb	2,00	320,00
General America (Safeco)	OTC	46,00	4.686,00
Loft Inc. (PepsiCo)	NYSE	0,75	427,00
Nestle-Le Mur Thompson Products (TRW)	Curb	0,25	29,00
Thompson Products (TRW)	NYSE	8,13	1.003,00
1939			
Baldwin (D.H.) Co.	Cincinnati S.E.	2,88	463,00
Clark Equipment	NYSE	15,00	1.637,00
Columbia River Packers (Castle & Cooke)	San Francisco S.E.	4,00	429,00
Hart Schaffner & Marx	OTC	10,00	1.105,00
Lindsay Chemical (Kerr-McGee)	Chicago S.E.	1,88	285,00
Linen Service Corp. Of Texas (National Service Industries)	Emission	1,00	115,00
New York Dock (Questor)	NYSE	1,75	220,00
United Chemicals (FMC)	Curb	3,25	436,00
1940			
Abitibi Power & Paper Co., Ltd. 6% Pfd. ($100 par) (Abitibi Paper Common)	Kanada	2,00	355,00*

* Unter der Annahme, dass am 30. Juni 1954 in bar erhaltene 100 Dollar eine Woche später in Abitibi-Stammaktien reinvestiert wurden.

Aktie/Jahr	Handelsplatz	Kosten in US-Dollar	Kurs 1971 in US-Dollar
1940			
Chicago, Rock Island & Pacific Convertible 4½ s, 1960 (Union Pacific)	NYSE	5,00	554,00
Eddy Paper Corp. (Weyerhaeuser)	Chicago S.E.	11,50	1.245,00
Falconbridge Nickel	Kanada	1,43*	153,00*
Indiana Steel Products (Electronic Memories & Magnetics)	Chicago S.E.	1,50	166,00
Lehigh Valley Coal Corp. 6% $50 par convertible Pfd. (Lehigh Valley Industries)	NYSE	2,00	205,00**
Merck & Co.	OTC	43,00	7.087,00
Millier Wholesale Drug (American Home Products)	Cleveland S.E.	4,38	695,00
Panhandle Producing & Refining 8% Pfd. (American Petrofina Class A)	OTC	13,00	1.598,00
Pittsburgh Railyways (Citizens Traction Common) (Pittway Corp.)	OTC	1,00	161,00
Pyrene Manufacturing (Baker Industries)	Curb	4,75	543,00
U.S. Bobbin & Shuttle Preferred (Baker Industries)	OTC	20,00	2.073,00
Ventures (Falconbridge Nickel)	Kanada	1,57***	159,00***
1941			
Alleghany Corp. Common	NYSE	0,13	18,00
Apex Electrical Mfg. (White Consolidated Industries)	Curb	6,25	646,00
Broadway Department Store (Broadway-Hale Stores)	Los Angeles S.E.	3,63	489,00
Cessna Aircraft	Curb	3,75	418,00
Chemical Research (General Development)	Kanada	0,41	43,00
Dobeckman (Dow Chemical)	Curb	2,50	313,00
International Vitamin (American Home Products)	Curb	3,13	423,00
Soss Manufacturing (SOS Consolidated)	Curb	1,13	133,00

* US-Fonds ** Einschließlich 1946 in bar erhaltene 7,50 Dollar, mit 5 Prozent verzinst. *** US-Fonds

Aktie/Jahr	Handelsplatz	Kosten in US-Dollar	Kurs 1971 in US-Dollar
1941			
South Coast (Jim Walter)	Curb	1,00	124,00
Tri-Continental Common	NYSE	0,63	64,00
U.S. Bobbin & Shuttle (Baker Industries)	OTC	1,00	128,00
U.S. Stores $7 first Preferred (Thorofare Markets)	Curb	3,25	683,00
Venezuelan Petroleum (Atlantic Richfield)	Curb	0,75	83,00
Venezuelan Petroleum (Sinclair Oil)	Curb	0,75	90,00
Warner Bros. Pictures, Inc. (Kinney National Service)	NYSE	2,75	278,00
Warren Brothers (Ashland Oil & Refining)	NYSE	0,38	39,00
1942			
Abitibi Power & Paper Common (Abitibi Paper Common)	Kanada	0,50	52,00
Air Investors (American Manufacturing)	Curb	0,94	111,00
Associated Dry Goods	NYSE	4,25	535,00
Austin, Nichols & Co. (Liggett & Myers)	NYSE	1,25	138,00
Ayrshire Patoka Collieries (American Metal Climax)	Curb	4,00	504,00
Burry Biscuit (Quaker Oats)	Curb	0,25	50,00
Chicago & Southern Air Lines (Delta Air Lines)	OTC	2,00	575,00
Cities Service	Curb	2,13	282,00
Clorox	San Francisco S.E.	24,00	2.696,00
Delta Air Lines	OTC	8,00	1.443,00
Dodge Manufacturing (Reliance Electric)	Chicago S.E.	9,13	953,00
Eason Oil Company	OTC	0,38	100,00
Electric Bond & Share (Boise Cascade)	Curb	0,88	115,00

Aktie/Jahr	Handelsplatz	Kosten in US-Dollar	Kurs 1971 in US-Dollar
1942			
Electric Shovel Coal Preferred (American Metal Climax)	OTC	6,00	1.012,00
Eyesharp (Warner Lambert)	Chicago S.E.	2,25	262,00
General Shareholdings (Tri-Continental)	Curb	0,19	35,00
Goodyear Tire & Rubber	NYSE	10,25	1.029,00
Grocery Store Products (Clorox)	Curb	0,88	152,00
Houston Oil	NYSE	2,25	340,00
Industrial Acceptance	Kanada	5,90*	644,00*
International Tel & Tel	NYSE	1,50	282,00
International Utilities Class B	Curb	0,04	5,38
Jeanette Glass	Curb	0,82	97,00
Kendall Co.	OTC	6,50	695,00
Lane Bryant	NYSE	8,38	970,00
Nineteen Hundred (Whirlpool)	Curb	5,00	799,00
North American Car (Flying Tiger Line)	Chicago S.E.	3,88	409,00
Parmelee Transportation (Checker Motors)	NYSE	0,32	81,00
Phillips-Jones (Phillips-Van Heusen)	NYSE	6,13	690,00
St. Lawrence Corp. (Domtar)	Curb	0,75	85,00
Selected Industries $1,50 convertible stock (Tri-Continental)	Curb	1,00	145,00
Signode Steel Strapping (Signode Corp.)	Chicago S.E.	9,75	995,00
Sweets Co. of America (Tootsie Roll Industries)	NYSE	3,13	444,00
Texas Gulf Producing	NYSE	2,00	239,00**
Virginia Carolina Chemical (Mobil Oil)	NYSE	1,00	144,00
Virginia Iron, Coal & Coke 5% Pfd. (Bates Manufacturing)	NYSE	14,00	2.007,00
Winn & Lovett Grocery (Winn-Dixie Stores Class B Conv.)	OTC	18,00	3.105,00

* US-Fonds ** Liquidationszahlungen 1964 bis 1967 ohne spätere Zinsen.

Aktie/Jahr	Handelsplatz	Kosten in US-Dollar	Kurs 1971 in US-Dollar
1943			
Abitibi Power & Paper Co., Ltd. 7% Pfd. ($100 par) (Abitibi Paper Common)	Kanada	12,50	1.606,00*
Connecticut General Life Insurance (Connecticut General Insurance)	OTC	27,63	3.756,00
Continental Assurance (CNA Financial)	OTC	40,50	4.403,00
Eastern Gas & Fuel 6% Pfd.	Curb	19,75	2.322,00
Electric Power & Light Common (Middle South Utilities) (Pennzoil)	NYSE	1,25	151,00
Electric Power & Light 7% second Pfd. (Middle South Utilities) (Pennzoil)	Curb	7,00	1.034,00
Empire Trust Co. (Dome Petroleum, Ltd.)	OTC	43,50	4.681,00
General Fire Extinguisher (International Telephone & Telegraph)	OTC	10,63	1.096,00
Gillette	NYSE	4,75	610,00
International Utilities Class A (International Utilities Common)	Curb	3,75	753,00
Kerlyn Oil Class A (Kerr-McGee)	OTC	3,13	861,00
Kinney (G.R.) & Co. (Brown Shoe)	NYSE	1,88	256,00
Lincoln National Life Insurance (Lincoln National Corp.)	OTC	28,50	3.630,00
Louisiana Land	Curb	5,13	624,00
Maytag	NYSE	2,50	336,00
Mc Cord Radiator & Manufacturing (McCord Corp.)	Curb	1,25	160,00
Mc Graw-Hill	NYSE	8,50	868,00
Mercantile Stores	Curb	21,00	2.702,00
Mesabi Iron (Mesabi Trust)	Curb	1,00	121,00
Michigan Bumper (Gulf & Western)	Curb	0,32	46,00
Pacific Western Oil (Getty Oil)	NYSE	9,00	1.023,00

* Unter der Annahme, dass am 1. August 1949 bar erhaltene 187,50 Dollar zu 12,25 Dollar pro Aktie, dem Hoch der Woche, die am 5. August 1949 endete, in Abitibi-Stammaktien reinvestiert wurden.

Aktie/Jahr	Handelsplatz	Kosten in US-Dollar	Kurs 1971 in US-Dollar
1943			
Pfizer (Chas.) & Co. (Pfizer, Inc.)	OTC	29,00	3.493,00
Pittston Co.	NYSE	1,75	572,00
Rapid Electrotype (Rapid-American)	Cincinnati S.E.	2,38	413,00
Raytheon	Curb	2,75	420,00
Sharp & Dohme (Merck & Co.)	NYSE	8,63	885,00
Starrett Corp. (Recrion)	Curb	0,32	66,00
Trane	Chicago S.E.	8,00	1.125,00
United Piece Dye Works Common	OTC	0,10	51,00
United Piece Dye Works 6½% Pfd. (United Piece Dye Works Common)	OTC	1,88	724,00
U.S. Foil B (Reynolds Metals)	Curb	2,63	342,00
Virginia Iron, Coal & Coke (Bates Manufacturing)	OTC	1,00	143,00
White Sewing Machine (White Consolidated Industries)	NYSE	2,63	287,00
1944			
Black & Decker	NYSE	16,50	1.835,00
Eastern States Corp. (St. Regis Paper)	Curb	0,63	67,00
Hunt Bros. Packing (Norton Simon)	Los Angeles S.E.	5,75	1.045,00
National Fireproofing (Fuqua Industries)	Pittsburgh S.E.	0,50	82,00
Noxzema Chemical (Noxell)	OTC	4,50	501,00
Pacific Portland Cement (Ideal Basic Industries)	OTC	2,75	374,00
Selected Industries (Tri-Continental Common & Warrants)	Curb	75,00	93,00
Tri-Continental Warrants	Curb	0,69	72,00
West Virginia Coal & Coke (Eastern Gas & Fuel)	Curb	5,13	553,00
1945			
Fedders	Curb	9,50	1.000,00
Minnesota Mining & Manufacturing	Curb	60,00	6.480,00

Aktie/Jahr	Handelsplatz	Kosten in US-Dollar	Kurs 1971 in US-Dollar
1945			
National Homes	Emission von Kiser, Cohn & Shumaker, Inc, Indianapolis	6,75	917,00
Philadelphia Life Insurance	OTC	4,00	714,00
Plough (Schering-Plough)	Curb	13,25	1.392,00
Prentice-Hall	Curb	51,00	5.452,00
1946			
Air Products & Chemicals	Emission von Reynolds & Co.	1,00	144,00
Johnson & Johnson	NYSE	44,00	5.174,00
Kirsch Company Common B (Kirsch Co. Common)	OTC	5,00	671,00
Kirsch Co. Preferred (Kirsch Co. Common)	OTC	14,00	1.686,00
1948			
Amerex Holding Corp. (American Express)	OTC	21,50	2.443,00
International Business Machines	NYSE	125,50	13.898,00
Motorola	NYSE	11,25	1.184,00
New England Lime (Pfizer Inc.)	OTC	4,50	582,00
Zenith Radio	NYSE	19,75	1.975,00
1949			
American Home Fire Assurance (American International Group)	OTC	7,00	1.043,00
Emerson Electric	NYSE	8,50	912,00
Fidelity Union Life Insurance	OTC	42,00	4.425,00
Flying Tiger Line	OTC	1,00	123,00
Globe & Rutgers Fire Insurance (American International Group)	OTC	27,00	3.140,00
Government Employees Life Insurance	OTC	5,00	670,00
Magnavox	NYSE	5,00	841,00
Tampax	OTC	16,50	2.961,00

Aktie/Jahr	Handelsplatz	Kosten in US-Dollar	Kurs 1971 in US-Dollar
1950			
Diebold, Inc.	OTC	11,63	1.594,00
Mc Donnell Aircraft (McDonnell Douglas)	OTC	17,00	1.924,00
Van Dorn Iron Works (Van Dorn Co.)	Midwest S.E.	6,25	714,00
1951			
Government Employees Insurance	OTC	38,00	3.938,00
Ogden Corp. (Syntex) (Ogden Corp.) (Bunker Ramo)	Curb	0,94	174,00
1952			
Intercontinental Rubber (Texas Instruments)	NYSE	3,00	322,00
1953			
Georgia-Pacific	NYSE	9,25	957,00
Henry Holt & Co. (Columbia Broadcasting System)	Amex	7,88	835,00
1954			
Disney (Walt) Productions Inc.	OTC	3,63	1.630,00
Simplicity Pattern	Amex	4,88	772,00
1955			
Avon Products	OTC	83,00	9.430,00
Emery Air Freight	Amex	7,88	829,00
New Process	Curb	58,00	7.380,00
Polaroid	OTC	42,88	5.622,00
1956			
Baxter Laboratories	OTC	11,25	1.260,00
Occidental Petroleum	San Francisco S.E.	0,45	84,00
1958			
Haloid Xerox (Xerox)	OTC	47,50	7.605,00
1959			
Monroe Auto Equipment	OTC	10,50	1.346,00

Aktie/Jahr	Handelsplatz	Kosten in US-Dollar	Kurs 1971 in US-Dollar
1961			
Masco Screw Products (Masco Corp.)	Detroit S.E.	6,25	729,00
1963			
Skyline Homes (Skyline Corp.)	Amex	11,00	1.183,00
1964			
American Laboraties (American Medical International)	OTC	0,75	129,00
1965			
Automatic Data Processing	OTC	7,00	704,00
1966			
U.S. Home & Development	OTC	0,63	78,00
1967			
Development Corp. of America	OTC	0,38	74,00

Für viele von uns ist es schmerzhaft, eine solche Aufstellung zu lesen. Angesichts zahlreicher verpasster Gelegenheiten stehen wir da wie einst Aristoteles und betrachten düster die homerische Büste unserer hochfliegenden finanziellen Ambitionen. Manche werden zweifellos wütend auf den Verfasser sein. In früheren Zeiten köpften Könige die Überbringer schlechter Nachrichten. Ihre blaublütigen Nachkommen – und auch einige normale Bürger – lassen ihren Zorn an einem harmlosen Telefonhörer aus, wenn sie 3-mal hintereinander ein Besetztzeichen hören.

Aber denken Sie daran, dass die Herabwürdigung oder gar Tötung des Überbringers die Tatsachen nicht ändern oder auslöschen kann. Ich bin seit 50 Jahren Reporter. Mehrmals habe ich meine Berufsbezeichnung geändert, und jedes Mal konnte ich für meine jeweilige Tätigkeit mehr Geld verlangen. Aber ich bin immer noch Reporter, und dies ist ein Bericht, keine Meinungsäußerung.

Wenn Sie nicht reich sind und weiterhin so über Investitionen denken wie bisher, könnte diese Bilanz Ihnen das Herz brechen. Wenn dieser Bericht Ihnen jedoch hilft, nach vorn statt zurück zu schauen und groß statt klein zu denken, könnte er Ihnen den Weg zum Glück ebnen. Dieser Weg liegt noch vor uns. Ich habe ihn noch nie verschlossen gesehen.

Selbst wenn Sie reich sind, könnte Ihnen ein Blick auf die Aufzeichnungen der letzten 40 Jahre helfen, Ihre Anlageergebnisse zu verbessern. Denken Sie bitte daran: Um ein gutes Ei von einem schlechten unterscheiden zu können, braucht man keines selbst legen zu können.

Sowohl reiche als auch arme Anleger könnten befürchten, dass sie zu einer Übung in geschönter Rückschau verleitet werden. Patrick Henry ging darauf in einer Rede vor der Virginia Convention in der St. John's Episcopal Church in Richmond, Virginia, am 23. März 1775 direkt ein: „Ich habe nur eine Lampe, die meine Schritte lenkt, und das ist die Lampe der Erfahrung. Ich kenne keinen anderen Weg, die Zukunft zu beurteilen, als anhand der Vergangenheit."

In den folgenden Kapiteln werde ich versuchen, die gemeinsamen Merkmale dieser 100-Bagger aufzuzeigen. Dabei werde ich nicht nur die gesamte Liste mit mehr als 360 Titeln betrachten, sondern auch diejenigen, die seit dem Zweiten Weltkrieg ein Vermögen verhundertfacht haben. Ich werde insbesondere zu zeigen versuchen, wie diese 100:1-Gewinner im Voraus hätten erkannt werden können, und Bereiche aufzeigen, die heute ähnlich vielversprechend sind. Der Anleger mag 1.000 Fragen stellen, aber „Was soll ich jetzt tun?" fasst sie alle zusammen.

Leser, die meine Antworten ohne die Gründe und Argumente haben wollen, können gleich zu Kapitel 23 springen. Diejenigen, die wie ich der Meinung sind, dass die Gründe für eine Meinung weitaus wertvoller sind als die Meinung selbst, bleiben bei mir, während wir einige der Aktien, die in den letzten 40 Jahren Vermögen geschaffen haben, genauer untersuchen.

KAPITEL 7

Bäume wachsen nicht in den Himmel

Manchmal verwirrt mich die Diskussion darüber, ob man Wachstumsaktien kaufen sollte. Geld verdient man, indem man alles kauft, was in Zukunft mehr wert sein wird als das, was man jetzt dafür bezahlen muss. Da die Vergangenheit für alle sichtbar ist, gibt es selten große Kapitalgewinne beim Kauf von Aktien, die in Zukunft weiterhin das verdienen, was sie in der Vergangenheit verdient haben. Jeder kann die Vergangenheit sehen. Daher sind Aktien, die im nächsten Jahr genauso viel verdienen wie im letzten Jahr, in der Regel fair bewertet. Das kann auch für Aktien gelten, deren Gewinne weiter steigen, wenn die Aussicht auf dieses weitere Wachstum für alle offensichtlich ist. Die einzige Möglichkeit, mehr als die marktübliche Rendite auf Ihr Kapital zu erzielen, besteht darin, Werte zu kaufen, die zum Zeitpunkt des Kaufs für die meisten Menschen nicht offensichtlich sind.

Da jeder Aktienkäufer Geld verdienen möchte, ist es fast eine Binsenweisheit, dass nichts eine Möglichkeit, Geld zu verdienen, schneller zunichtemacht als ihre weitverbreitete Popularität. Dies gilt für

Wachstumsaktien ebenso wie für Immobilien in Florida. Was nützt es einem Menschen, eine Aktie zu kaufen, deren Gewinn sich in den nächsten zehn Jahren vervierfacht, wenn er dafür jetzt das 4-Fache des aktuellen Gewinns bezahlen muss?

Es stimmt, dass die Zeit auf der Seite des Käufers von Wachstumsaktien ist, *wenn* das Wachstum und die Wachstumserwartungen an-

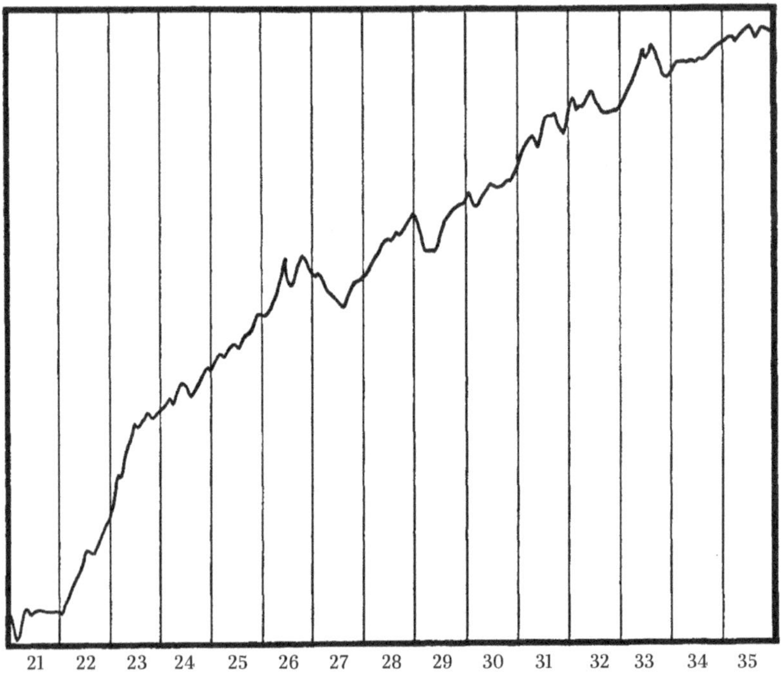

Die relative Kursentwicklung von American Can, 1921 bis 1935

Die monatlichen Angaben in diesem Chart zeigen, wie sich der Kurs von American Can im Vergleich zum Dow Jones Industrial Average entwickelt hat. Jeden Monat wurde der Kurs von American Can durch den entsprechenden Kurs des Dow Jones Industrial Average geteilt. Die sich daraus ergebenden Zahlen wurden auf einer Skala dargestellt, auf der gleiche prozentuale Veränderungen gleich groß dargestellt werden. Das heißt, ein Anstieg von fünf auf zehn Prozent erscheint genauso groß wie ein Anstieg von 50 auf 100 Prozent. American Can übertraf den Dow Jones in den Jahren 1921 bis 1935 durchgehend.

halten. Das ist ein einfaches Rechenexempel. Der Kurs einer Wachstumsaktie steigt Jahr für Jahr um den Prozentsatz, um den der Gewinn wächst, *wenn* das Kurs-Gewinn-Verhältnis der Aktie konstant bleibt. Beispiel: Gewinn in diesem Jahr 1 Dollar. Kurs 25 Dollar. Kurs-Gewinn-Verhältnis (25 Dollar geteilt durch 1 Dollar) 25. Bei einem jährlichen Gewinnwachstum von 15 Prozent muss der Gewinn im zweiten Jahr 1,15 Dollar betragen. Wenn das Kurs-Gewinn-Verhältnis bei 25 bleibt, muss der Kurs also 25 mal 1,15 betragen, was 28,75 Dollar ergibt. Das sind natürlich 15 Prozent mehr als 25 Dollar, der gleiche Prozentsatz wie beim Gewinn.

Zweifellos sind Wachstumsaktien äußerst attraktiv, wenn sie weiterhin genauso schnell wachsen wie bisher oder schneller, *wenn* die Käufer weiterhin davon ausgehen, dass sie weiterhin genauso schnell oder schneller wachsen werden, und wenn der Zinssatz, mit dem zukünftige Gewinne und Dividenden diskontiert werden müssen, nicht wesentlich steigt. Das sind drei wichtige Faktoren, an die wir im Mai 1970 schmerzlich erinnert wurden, als die Anleiherenditen auf historische Höchststände stiegen und die Kurse von Wachstumsaktien einbrachen. Ohne Berücksichtigung aller drei „Wenns" ist keine intelligente Anlageentscheidung möglich.

Die bloße Tatsache, dass eine Aktie zehn oder 15 Jahre lang eine Wachstumsaktie war, ist keine Garantie dafür, dass sie auch nur ein weiteres Jahr lang wachsen wird. Wir sehen hier den relativen Kursverlauf einer Blue-Chip-Aktie (hochwertige, hochpreisige Wertpapiere) aus dem Big Board (notiert an der New Yorker Börse) über einen Zeitraum von 15 Jahren. Personen, denen ich den Chart gezeigt habe, ohne das Unternehmen oder den Zeitraum zu nennen, haben in der Regel ausgerufen: „Ja, das ist Xerox."

Die Grafik zeigt den Marktpreis der Aktie geteilt durch den Dow Jones Industrial Average, Monat für Monat. Wenn die Aktie um 20 Prozent gestiegen wäre, als der Dow Jones um 20 Prozent stieg, und um 25 Prozent gefallen wäre, als der Dow Jones um 25 Prozent fiel, wäre der relative Kursverlauf eine horizontale gerade Linie. Ein Beispiel: Aktienkurs 10, Dow 100, Aktienkurs geteilt durch Dow-Kurs *10 Prozent.* Aktienkurs 12, Dow 120, Aktienkurs geteilt durch Dow-Kurs *10 Prozent.* Aktienkurs 9, Dow 90, Aktienkurs geteilt durch Dow-Kurs *10 Prozent.* Wie Sie sehen können, stieg diese Aktie 15 Jahre lang Monat für Monat stärker oder fiel weniger stark als der Dow, sodass ihr relativer Kurs stetig stieg.

Es handelt sich um die Aktie von American Can. Der Zeitraum umfasst die 15 Jahre von Anfang 1921 bis Ende 1935.

Seit 1935 ist der Wert der American-Can-Aktie, bereinigt um alle Dividenden und Aktiensplits, von mehr als 25 Prozent des Dow Jones auf weniger als vier Prozent gefallen. Auf dem *Höchststand* von 1971 hatte der Anleger Aktien im Wert von etwa dem, wofür er sie 42 Jahre zuvor hätte verkaufen können. In der Zwischenzeit war der Dow Jones um etwa das 2,5-Fache gestiegen.

Im Jahr 1936 lag das Kurs-Gewinn-Verhältnis von American Can etwa 50 Prozent über dem des Dow Jones. Das konnte nur bedeuten, dass die Anleger einen Anstieg der Gewinne von American Can im Verhältnis zum Dow Jones erwarteten. Im Jahr 1936 betrug der Gewinn pro Aktie von American Can mehr als 57 Prozent des Gewinns des Dow Jones. Fünf Jahre später, im Jahr 1940, betrug der Gewinn von American Can weniger als 37 Prozent des Dow Jones. Kein Wunder, dass der Kurs von American Can im Vergleich zum Dow Jones sank. Auf derselben Berechnungsgrundlage wie 1940 war der Gewinn von American Can bis 1970 auf 27 Prozent des Dow Jones gefallen. In den 1920er- und frühen 1930er-Jahren war der Nimbus, den American Can erworben hatte, jedoch so nachhaltig, dass der Markt bis 1959 weiterhin einen Aufschlag auf die Gewinne von American Can zahlte. Der Nimbus war aber letztlich nur ein geschönter Blick zurück.

Von seinem Tief im Jahr 1903 bis zu seinem Hoch im Jahr 1929 stieg American Can um 369 Prozent.

Von seinem Tiefstand im Jahr 1911 bis zu seinem Höchststand im Jahr 1929 stieg der Kurs um das 123-Fache. Von Ende 1920 bis zum Höchststand im Jahr 1929 stieg er um fast das 51-Fache.

Vom Höchststand 1929 bis zum Höchststand 1971 betrug der Anstieg null. Selbst für diejenigen, die wie Cinderella richtig kaufen, verwandeln sich schöne Kutschen in Kürbisse, wenn sie zu lange dabeibleiben.

Im Gegensatz zu Hunden hat nicht jede Aktie ihren großen Tag. An der Wall Street wird eine Aktie, die keinen großen Tag hat, als „Dog", zu Deutsch „Hund", bezeichnet.

Selbst wenn eine Aktie einmal einen guten Tag hat, gibt es keine Garantie dafür, dass sie für immer führend bleiben wird.

Wie bringe ich diese Aussage mit meinem Rat in Einklang, richtig zu kaufen und zu halten? Das ist ganz einfach. Wie wir gesehen haben, sind Hunderte von Aktien um mehr als das 100-Fache gestiegen. Einige wenige sind um das 100-Fache gestiegen und haben danach ihren Kurs noch einmal verdoppelt oder verdreifacht. Aber morgen ist für jedes Unternehmen und jedes Wertpapier ein neuer Tag. Ewige Wachsamkeit ist der Preis nicht nur der Freiheit, sondern auch der Solvenz. Mein Rat, richtig zu kaufen und zu halten, soll unproduktiven Aktivitäten entgegenwirken und nicht dazu dienen, Aktien wegzulegen und zu vergessen.

Alles, was man an der Börse kaufen kann, ist die unbekannte Zukunft. Die Vergangenheit steht nicht zum Verkauf. Jemand hat sie bereits bekommen. Die Zukunft von American Can wurde durch neue Konkurrenz, durch Tiefkühlkost und Plastikverpackungen geprägt, von denen 1935 am Investment-Horizont noch nichts zu sehen war. Es wäre ein Fehler gewesen, American Can damals zu kaufen, selbst mit einem Abschlag vom Dow. Was die Käufer 1935 doppelt verwundbar machte, war, dass sie für erwartetes überdurchschnittliches Wachstum bezahlten, obwohl sie mit einem drastischen Rückgang der relativen Rentabilität rechnen mussten.

Indem ich mich in diesem Buch auf Aktien beschränke, deren Wert sich verhundertfacht hat, möchte ich nicht den Eindruck erwecken, dass ich zu begrenzt denke und Chancen ignoriere, mit einer Aktie weit mehr als das 100-Fache zu verdienen. Nehmen wir zum Beispiel die Aktie von Avon Products. Sie und ich hätten sie im März 1955 für 83 Dollar kaufen können. Das war der Geldkurs am Ende des Monats. Jede dieser Aktien, aus der inzwischen 84,2 Aktien geworden sind, erreichte einen Marktwert von 9.430 Dollar. Wer also im Frühjahr 1955 10.000 Dollar in Avon Products investiert hatte, besaß 1971 Aktien im Wert von über einer Million Dollar.

Hier aufzuhören hieße, die viel größere Chance zu ignorieren, Avon Products 1948 oder 1949 zu kaufen. Der Tiefststand von 1948 lag bei 10-5/8, der von 1949 bei 10-3/4. Wer damals 10.000 Dollar investierte, erhielt zwischen 930 und 940 Aktien.

Ohne einen weiteren Cent zu investieren, hätte der Käufer dieser 940 Aktien heute 88.172 Aktien von Avon Products. Dieser Aktienbestand erreichte 1971 einen Marktwert von mehr als 9,875 Millionen Dollar.

Ich möchte damit nicht sagen, wie reich Sie und ich sein könnten, wenn unsere Vorausschau so gut wäre wie unsere Rückschau. So zu denken ist unangenehm und außerdem Zeitverschwendung. Nein, der springende Punkt ist, dass jemand 1948 Avon Products zu einem Kurs von 10-5/8 gekauft hat und jemand anderes 1949 zu einem Kurs von 10-3/4. Jemand hat auch im Frühjahr 1955 Avon Products für 83 Dollar pro Aktie gekauft. Jeder dieser Jemands wäre heute Millionär oder Multimillionär, wenn er nach einer Anfangsinvestition von 10.000 Dollar einfach abgewartet hätte. Das ist in der Tat die Moral dieser Geschichte von mehr als 360 Aktien, die 1971 mehr als das 100-Fache dessen wert waren, wofür man sie während meiner aktiven beruflichen Laufbahn hätte kaufen können. Jemand hat jede einzelne dieser Hunderte von Aktien zu weniger als einem Prozent ihres Wertes von 1971 gekauft. Das Tragische an dieser Investition ist, dass nur so wenige sie lange genug gehalten haben, um den Gewinn zu realisieren, der ihnen bereits sicher war.

In den meisten Fällen hätte nur ein ungewöhnlich weitsichtiger oder hartnäckiger Anleger seinen 100-Bagger während der schwierigen Phasen, die die Geschichte der meisten dieser Titel geprägt haben, behalten können. Avon Products war eine Ausnahme. Wer die relative Kursentwicklung des Unternehmens in den letzten 20 Jahren beobachtet hatte, hatte wenig Grund zur Beunruhigung. Im Vergleich zum Dow Jones Industrial Average stieg die Aktie von Avon Products in den letzten zwei Jahrzehnten außerordentlich stabil.

Bedeutet dies, dass man niemals etwas verkaufen sollte? Die Menschheit hat so viele amüsante und erbärmliche Fehler bei der Einschätzung der Zukunft der Menschheit begangen, dass man versucht ist, die Politik von Norris Darrells Kunden zu übernehmen, der nie etwas verkauft hat. Aber halten wir uns an den Grundsatz, dass jede Regel oder Formel, die zum Ersatz für das Denken wird, anstatt das Denken zu unterstützen, gefährlich ist und verworfen werden sollte. Wie wir gesehen haben und immer wieder sehen werden, wachsen Bäume nicht in den Himmel.

Wenn ein Unternehmen 50 Jahre lang jährlich um 20 Prozent wächst, muss es am Ende dieses Zeitraums 9.100-mal so groß sein wie zu Beginn. Wenn Sie ein solches Wachstum für ein Unternehmen mit einem Jahresumsatz von 100 Millionen Dollar prognostizieren, müssen Sie davon ausgehen, dass dieser Umsatz bis zum Jahr 2021 910 Milliarden Dollar pro Jahr erreichen wird. Wenn Sie von einem Unternehmen ausgehen, dessen Umsatz bereits eine Milliarde Dollar pro Jahr beträgt, müssen Sie, um mit einem jährlichen Wachstum von 20 Prozent für das nächste halbe Jahrhundert rechnen zu können, für das Jahr 2021 einen Umsatz von neun Billionen und 100 Milliarden Dollar annehmen.

Lächerlich, werden Sie sagen. Kein vernünftiger Mensch versucht, so weit in die Zukunft zu schauen. Aber ein jährliches Wachstum von 20 Prozent würde die Größe eines Unternehmens in den nächsten zehn Jahren um mehr als das 6-Fache steigern. Die Bedeutung dieser Aussage in einem Buch, das „richtig kaufen und halten“ propagiert, ist zweifach:

1. In menschlichen Beziehungen scheint es wie in der Natur ein Gesetz gegen unbegrenztes Wachstum zu geben. Ab einem bestimmten Punkt ertragen die Menschen einfach kein weiteres Wachstum mehr, egal ob es sich um das Wachstum der Wirtschaft, der Kirchengemeinde oder des Staates handelt.
2. Wenn Sie im Voraus dafür bezahlen, dass sich der Ertrag einer Aktie verdreifacht oder vervierfacht, wie Sie es tun, wenn Sie eine Aktie zum 3- oder 4-fachen Kurs-Gewinn-Verhältnis des Dow Jones Industrial Average kaufen, sollten Sie nicht nur das Wachstum einkalkulieren, für das Sie bezahlen, sondern auch ein darüber hinausgehendes überdurchschnittliches Wachstum. Das bedeutet, dass Sie die Wettbewerbsposition des Unternehmens nicht so bewerten dürfen, wie sie heute ist, sondern so, wie sie in sechs bis acht Jahren sein wird, wenn es 3- oder 4-mal so groß ist.

Um an der Börse zu gewinnen, muss man wie beim Damespiel mindestens einen Zug weiter denken als der andere.

Mehr zu diesem Thema werde ich im Kapitel „Die Chancen berechnen“ ausführen.

KAPITEL 8

Wie man argumentiert und gewinnt

Sie können jede Diskussion gewinnen, wenn Sie die Voraussetzungen festlegen dürfen. Die Erkenntnis dieser einfachen Tatsache ist für das Verständnis des Aktienmarkts unerlässlich. Niemand kauft eine Aktie, um jemand anderem einen Gefallen zu tun. Niemand verkauft eine Aktie, um jemand anderem einen guten Tipp zu geben. Die meisten Transaktionen sind das Ergebnis einer direkten Kollision diametral entgegengesetzter Meinungen über dasselbe Wertpapier zum selben Zeitpunkt. Ich beziehe mich hier natürlich auf Transaktionen mit bereits auf dem Markt befindlichen Aktien, nicht auf neue Finanzierungen.

Oft sind sowohl der Käufer als auch der Verkäufer gut informiert. Wie können zwei gut informierte Personen beim selben Aktienkurs zu gegensätzlichen Schlussfolgerungen über dieselbe Aktie kommen?

In der Regel liegt das daran, dass sie unterschiedliche Annahmen über die Zukunft des Unternehmens getroffen haben. Der eine geht vielleicht davon aus, dass die Gewinne in den kommenden Jahren um jährlich 15 Prozent steigen werden. Der andere rechnet mit einer

Verlangsamung des Wachstums. Oder der eine ist überzeugt, dass die Inflation in Amerika außer Kontrolle ist. Der andere geht vielleicht davon aus, dass die Amerikaner zwar langsam handeln, aber klug und mutig, wenn die Gefahr deutlich wird.

Der Punkt ist, dass man beim Kauf einer Aktie nur die unbekannte Zukunft kauft. Die Vergangenheit, selbst die heute Morgen gemeldeten Gewinne oder die vor einer Minute beschlossene Dividende, steht nicht zum Verkauf. Der derzeitige Eigentümer hat sie bereits bekommen. Er kann Ihnen nur verkaufen, was die Zukunft für seine Aktie bereithält. Und weder er noch Sie können wissen, was das sein wird.

Meinungen bedeuten erfahrenen Anlegern wenig. In den Grabstein so manches Anlageberaters sollte „Oft geirrt, niemals gezweifelt" eingemeißelt sein. Aber die Gründe für die Meinung eines Experten können viel mehr wert sein als ihr Gewicht in Gold. Und wenn wir von seinen Gründen sprechen, meinen wir seine Annahmen und warum er sie trifft.

Ich war von Experten hinsichtlich des Wertes von Meinungen an sich desillusioniert. Im Herbst 1929, als der Dow Jones von einem Höchststand von 381 auf knapp unter 200 fiel, erklärte uns der Chef der damals größten Bank der Welt, der Aktienmarkt habe eine gesunde Korrektur durchlaufen und das Land sei bereit, sich wieder nach vorn und nach oben zu bewegen und neue Höhen des Wohlstands zu erreichen. Der Markt erholte sich bis zum Frühjahr 1930 und stürzte dann auf den Tiefpunkt der Depression im Jahr 1932. Es dauerte 17 Jahre, bis der Dow Jones wieder auf 200 Punkte stieg.

Im gleichen Zeitraum erhielten wir aus dem Handelssaal der New Yorker Börse die Information, dass ein Broker von J.P. Morgan 190 Dollar pro Stück für Tausende Aktien von U.S. Steel bot. U.S. Steel war eine Gründung von Morgan. Niemand wusste mehr darüber als das Haus in der Wall Street 23. Aber 1932 wurde die Aktie zu einem Tiefstkurs von 21-1/4 gehandelt.

Eines Tages kam aus dem Hauptsitz von Standard Oil am Broadway 26 die Nachricht, dass der Gründer John D. Rockefeller und sein Sohn

John D. Rockefeller Jr. eine Pressekonferenz geben würden. „Mein Sohn und ich“, verkündete Rockefeller senior, „bieten 50 Dollar pro Stück für eine Million Aktien von Standard Oil of New Jersey.“ Niemand konnte besser über das Ölgeschäft im Allgemeinen und über Standard Oil of New Jersey im Besonderen informiert sein als sein Gründer und Hauptaktionär. Doch nach einer kurzen Erholung fiel der Aktienkurs von Standard Oil of New Jersey auf 20 Dollar.

Der springende Punkt ist nicht, dass die beteiligten Männer die Öffentlichkeit absichtlich in die Irre geführt haben. Ich glaube, dass sie alle aufrichtig waren. Aber diese drei Erfahrungen haben mich Folgendes gelehrt:

1. Kümmere dich nicht um Meinungen. Sie sind keinen Cent wert. Versuche, die Gründe dafür zu verstehen, die Annahmen, die dahinterstecken.
2. Niemand weiß oder kann jemals mit Sicherheit wissen, was die Zukunft bringt. Wenn der Allmächtige gewollt hätte, dass wir das wissen, hätte er uns mit einem weiteren Sinn ausgestattet, den keiner von uns hat. Ein Ire betonte dies, indem er sagte: „Ich wünschte, ich wüsste, wo ich sterben werde. Dann würde ich mich niemals in die Nähe dieses Ortes begeben.“ Wenn wir keine Gewissheit darüber haben, wann oder wo unser eigenes Leben enden wird, wie können wir dann behaupten, dass wir die zukünftige Entwicklung von Dingen, die uns nicht annähernd so nahestehen, mit Sicherheit vorhersagen können?

Ist das ein Ratschlag der Verzweiflung? Keineswegs. Es ist lediglich die Erkenntnis, dass wir es beim Investieren immer mit Wahrscheinlichkeiten und Möglichkeiten zu tun haben, niemals mit Gewissheiten. Daraus folgt sonnenklar, dass beim Investieren die Chancen entscheidend sind.

Hardwick Stires ist seit 40 Jahren Partner bei Scudder, Stevens & Clark, der wahrscheinlich ältesten und größten Anlageberatungsfirma der Welt. Genau dieser Zeitraum wird in diesem Buch behandelt. Fast ebenso lange ist er Mitglied des Business Council, einer der wichtigsten Verbindungen zwischen Wirtschaft und Regierung in Washington. Seine Anlagephilosophie wurde durch zwei große Wirtschaftskrisen, den Zweiten Weltkrieg und den noch immer ungelösten Kampf gegen die Inflation geprägt und geformt.

„Risiko“, sagt er, „ist ein wesentlicher Bestandteil der Strebens von Investoren nach Kapitalgewinnen. Lassen Sie sich von Verlusten nicht entmutigen. Betrachten Sie sie als die Kosten, ohne die Sie *unter dem Strich* keinen Gewinn hätten erzielen können.“

Beim Bridge wurde mir gesagt, dass ich, wenn ich nicht beim Reizen verliere, zu niedrig reize – nicht genug riskiere, um das bestmögliche Ergebnis zu erzielen.

Es gibt eine Legende, dass der Gründer der Morris-Plan-Banken einmal einen Manager zur Rede stellte, weil er keine Verluste zu verzeichnen hatte.

„Um das zu schaffen“, sagte der Gründer, „müssen Sie gute Kredite abgelehnt haben. Nächstes Jahr möchte ich einige Verluste sehen – nicht zu viele, wohlgemerkt, aber genug, um zu zeigen, dass Sie etwas riskiert haben.“

Das bedeutet nicht, dass das Risiko immer in einem angemessenen Verhältnis zum Gewinn stehen muss. Die Kunst der Spekulation besteht in gewisser Weise darin, zu erkennen, wann ein scheinbares Risiko kein echtes Risiko ist oder wann ein echtes Risiko nicht annähernd so groß ist, wie es der Aktienmarkt erwartet. Dennoch müsste ein Investor schon sehr blauäugig sein, um zu glauben, dass er 10.000 Dollar in eine Million Dollar verwandeln kann, ohne das Risiko einzugehen, sein Geld zu verlieren.

Ich kenne keine Regel, kein System und keine Philosophie, die einen Anleger davor bewahren würde, Fehler zu machen, oder ihn schadlos halten würde, wenn er sich irrt. Wenn wir jedoch niemals unser Geld riskieren, außer wenn wir davon überzeugt sind, dass die Chancen deutlich zu unseren Gunsten stehen, dürften unsere unvermeidlichen Verluste im Vergleich zu unseren Gewinnen gering ausfallen. Aber wie können wir die Chancen einschätzen?

Eine der hartnäckigsten Illusionen im Investmentgeschäft ist, dass man nur Informationen brauche, um Geld zu verdienen. Organisationen, die Informationen verkaufen, fördern diese Illusion. Das ist gut für ihr Geschäft.

Wenn man einmal über die beiden Parteien eines jeden Handelsgeschäfts nachdenkt, wird der Trugschluss in der Vorstellung, dass Informationen gleichbedeutend mit gewinnbringenden Investitionsentscheidungen seien, schmerzlich deutlich. Zu jedem Käufer muss es einen Verkäufer geben. Zu jedem Verkäufer muss es einen Käufer geben. Manchmal hat ein gut informierter Käufer das Glück, auf einen uninformierten Verkäufer zu treffen, und umgekehrt. Aber man kann davon ausgehen, dass in den meisten Fällen – praktisch immer, wenn auf beiden Seiten des Geschäfts Institutionen stehen – sowohl Käufer als auch Verkäufer gut informiert sind. Wenn Informationen alles sind, wie können dann zwei informierte Fachleute gleichzeitig und beim selben Kurs zu unterschiedlichen Schlussfolgerungen über dasselbe Wertpapier kommen?

Darauf gibt es mehrere Antworten. Eine davon ist, dass der Verkäufer vielleicht glaubt, er könne den Erlös besser investieren, obwohl er die verkaufte Aktie mag. Ich erinnere mich noch gut daran, wie 1949 ein enorm vermögender Investor Socony-Vacuum-Aktien verkaufte, und zwar genau zu dem Zeitpunkt, als der Markt seinen Tiefpunkt erreichte. Erst viele Monate später erfuhr ich, dass er den Erlös in Superior Oil investiert hatte, dessen Kurs mehr als doppelt so schnell stieg.

Ein zweiter Grund, warum der eine informierte Anleger etwas verkauft, was ein anderer informierter Anleger kauft, ist, dass niemand die Zukunft vorhersagen kann. Da alle Entscheidungen über die Zukunft auf Annahmen beruhen *müssen*, können informierte Anleger unterschiedliche

Annahmen treffen und daher zu gegensätzlichen Schlussfolgerungen über den Kauf oder Verkauf einer bestimmten Aktie zu einem bestimmten Zeitpunkt kommen.

Ein dritter Grund für Meinungsverschiedenheiten unter informierten Anlegern ist, dass niemand jemals vollständig informiert ist oder sein kann. Ein Anleger, der zu 98 Prozent informiert ist, kann zu einer anderen Schlussfolgerung kommen als einer, der zu 99 Prozent informiert ist.

Die Illusion, dass Informationen das A und O des Investmentgeschäfts seien, führt logischerweise dazu, dass diejenigen bestraft werden, die versuchen, von „sicheren" Insiderinformationen zu profitieren. Wenn man glaubt, dass Informationen einen auf direktem Weg zu richtigen Anlageentscheidungen führen, folgt daraus, dass jeder, der Informationen vor einem erhält, einen Vorteil hat, der nicht zugelassen werden sollte.

Als ich 1961 für *Atlantic Monthly* einen Artikel mit dem Titel „The Hazards of the Stock Market" (Die Gefahren des Aktienmarkts) schrieb, bat ich Joseph P. Kennedy um ein Interview. Ich hatte ihn 25 Jahre zuvor kennengelernt, als er Vorsitzender der Securities Exchange Commission (Börsenaufsicht) war und ich Chef des Washingtoner Büros des *Wall Street Journal*. Unsere Zeitung war damals das erste Nachrichtenunternehmen, das einen Reporter in Vollzeit zur SEC entsandte.

Kennedy erklärte sich zu einem Treffen bereit, aber da sein Sohn Präsident der Vereinigten Staaten war, musste das Interview vertraulich bleiben. Nun, da sowohl Vater als auch Sohn verstorben sind und seit dem Interview zehn Jahre vergangen sind, glaube ich, dass ich die historische Freiheit habe, über die beiden folgenden Punkte zu berichten:

1. Als ich Kennedy fragte, ob er Insiderinformationen als großes Problem oder Risiko für Anleger auf dem aufgeregten Aktienmarkt von 1961 betrachte, platzte er mit folgender Bemerkung heraus:

„Wenn ich all das Geld hätte, das durch Insiderinformationen verloren gegangen ist, wäre ich wirklich reich."

2. In Bezug auf den Wertpapierhandel erklärte Kennedy freiwillig, dass er seit seinem Amtsantritt als Vorsitzender der SEC vor mehr als 25 Jahren keine einzige Aktie verkauft habe, um sie später wieder zu kaufen. Damit meinte er, dass er kein einziges Mal eine Aktie in der Hoffnung verkauft hatte, sie später günstiger zurückkaufen zu können.

Damals war ich nicht scharfsinnig genug, um zu erkennen, dass Kennedy genau wie Garrett, die richtige Einstellung in puncto Kaufen und Halten von Aktien hatte.

Niemand sollte meine Äußerungen zu Informationen verdrehen, um mir vorzuwerfen, ich würde die Bedeutung von Fakten herabsetzen. Ich möchte lediglich darauf hinweisen, dass Informationen bestenfalls Rohmaterial sind, aus dem manche Menschen gute Investitionsentscheidungen zusammenbrauen und andere schlechte. Von Clarence W. Barron, der Herausgeber des *Wall Street Journal* war, als ich 1927 dort zu arbeiten begann, habe ich gelernt: „Fakten ohne Wahrheit sind falsch. Verbinde immer alles miteinander."

Selbst wenn die Informationen, die man hat, vollständig und korrekt sind, können sie dennoch irreführend für Investitionen sein, wenn sie zu spät kommen. Eine Zitrone, die von einer Dampfwalze plattgewalzt wurde, enthält mehr Saft als eine Information, die vom Aktienmarkt bereits eingepreist wurde. Um ein anderes Bild zu verwenden: Der Unterschied zwischen frischen und veralteten Informationen ist wie der Unterschied zwischen einer Flasche Sodawasser, die gerade geöffnet wurde, und einer, die die ganze Nacht offen gestanden hat. So wie Sodawasser ohne Verschluss schnell seine Kohlensäure verliert, so verschwinden auch entkorkte Nachrichten schnell in der Geschichte oder geraten in Vergessenheit.

Wie kann man feststellen, ob Informationen aktuell oder veraltet sind? Wie so oft im Investmentgeschäft gibt es auch hier keine 100-prozentige Gewissheit. Selbst wenn 10.000 Anleger die Nachricht vor

Ihnen gehört haben, kann sie für Sie dennoch profitabel sein, wenn zehn Millionen Anleger sie erst nach Ihnen hören und darauf reagieren. Die vielleicht beste Rechtfertigung für die Verwendung von Charts als Hilfsmittel für Anlageentscheidungen ist, dass sie in erfahrenen Händen oft darauf hindeuten, ob gute Nachrichten einen Kursanstieg ankündigen oder einen bereits erfolgten Anstieg erklären. Nachrichten sind wie Geschenke: In guten Zeiten sind sie Gold wert, in schlechten Zeiten Silber – und im Tod nur noch Blei.

Wirklich brandaktuelle Nachrichten – Nachrichten, auf die der Aktienmarkt noch nicht reagiert hat – können in der Tat Gold wert sein. Nachrichten, die für wesentliche Marktinteressen keine Überraschung sind, können dennoch genug Schwung haben, um für den Rest Silber wert zu sein. Nachrichten, die bereits vollständig eingepreist sind, sind Blei, und wer sein Handeln nach ihnen ausrichtet, ist erledigt.

Da Informationen niemals mit den Noten A, B oder C versehen sind, müssen diejenigen, die versuchen, ihre Investitionsentscheidungen darauf zu stützen, eigene Methoden entwickeln, um sie zu bewerten. Charts und Charttechniker sind keineswegs unfehlbar, aber sie sind viel besser als nichts, wenn sie zeigen, dass schlechte Nachrichten durch einen starken Kursrückgang bereits stark eingepreist sind oder dass gute Nachrichten vom Markt bereits weitgehend und sogar enthusiastisch vorweggenommen wurden.

Der Markt reagiert zwar durchaus auf Dow-Jones-Nachrichten, aber nicht unbedingt im gleichen Takt. Wenn Sie Ihre Morgenzeitung lesen, vergessen Sie beim Weglegen nicht, dass Ihre Hausaufgaben gerade erst begonnen haben. Herman Melville hat es besser ausgedrückt, als er schrieb: „Informationen gelassen zu Weisheit zusammenbrauen".

KAPITEL 9

Die Chancen berechnen

Eine gelehrte Art, die Chancen bei Aktieninvestitionen zu bezeichnen, ist das Chance-Risiko-Verhältnis (CRV). Wenn Sie beispielsweise die Chance sehen, mit einer Aktie 100 Punkte zu gewinnen, und das Risiko, zehn Punkte zu verlieren, beträgt das Chance-Risiko-Verhältnis 10:1. Leider ist die Berechnung der Chancen nicht so einfach. Ebenso wichtig ist die *Gewinnwahrscheinlichkeit* im Verhältnis zur Verlustwahrscheinlichkeit. Wenn die Wahrscheinlichkeit, dass die Aktie um 100 Punkte steigt, bei 1:10 liegt und die Wahrscheinlichkeit, dass sie um zehn Punkte fällt, bei 9:10, ist das sogenannte Chance-Risiko-Verhältnis von 10:1 nicht mehr attraktiv. Sinnvolle Chance-Risiko-Verhältnisse setzen den erwarteten Gewinn und die Wahrscheinlichkeit, ihn zu erzielen, ins Verhältnis zu dem erwarteten Verlust und dem Risiko, dass dieser eintritt.

Da wir uns ohnehin mit einer unbekannten Zukunft befassen, warum sollten wir uns dann mit solchen Überlegungen beschäftigen? Wäre es stattdessen nicht genauso gut, wenn wir uns die Augen verbinden lassen würden, mit einer Nadel auf die Kursseite des *Wall*

Street Journal stechen und die Aktien kaufen würden, die wir dabei zufällig treffen?

Die Frage erinnert mich an die Geschichte eines Spielers, der in einer Kleinstadt wegen Verstoßes gegen eine Verordnung gegen Glücksspiele verhaftet wurde. Zu seiner Verteidigung argumentierte er, Poker sei kein Glücksspiel. Um dies zu beweisen, spielte er die ganze Nacht mit dem Staatsanwalt, dem Richter und einigen führenden Bürgern der Stadt. Nachdem er ihnen am nächsten Morgen die Kleidung zurückgegeben hatte, die er ihnen abgenommen hatte, ließen sie die Anklage fallen und ihn ziehen.

Der Punkt ist, dass der kluge Anleger an der Börse wie beim Poker versucht, dann viel Geld zu setzen, wenn die Chancen stark zu seinen Gunsten stehen. Wie kann man das erreichen?

Indem man günstige Wahrscheinlichkeiten erkennt, die größer sind als allgemein angenommen, oder Aktien findet, in deren Kurs die für alle offensichtlichen ungünstigen Wahrscheinlichkeiten bereits weitgehend eingepreist sind. Im ersten Fall erkennt der Käufer einfach einen Wert, den andere nicht sehen. Im zweiten Fall sagt der Käufer im Grunde genommen: „Da der Kurs dieser Aktie bereits das Schlimmste einpreist, was einem mit ihr widerfahren kann, gibt es kein Verlustrisiko. Und da die Suppe selten so heiß gegessen wird, wie sie gekocht wird, bekommt der Käufer wahrscheinlich mehr, als er bezahlt hat."

Wie kann man messen, was andere erwarten? Wer kann die Gedanken von Millionen von Anlegern lesen, von denen er die meisten noch nie getroffen hat?

So formuliert scheint das Problem unlösbar zu sein. Aber es gibt eine logische Lösung, wenn wir uns auf drei einfache Prämissen einigen können. Diese lauten:

1. Der Wert eines Wertpapiers ist der abgezinste Barwert aller zukünftigen Zahlungen.

2. Ein Dollar Einkünfte aus einer vollständig steuerpflichtigen Quelle ist genauso viel wert wie ein Dollar Einkünfte aus irgendeiner anderen vollständig steuerpflichtigen Quelle.
3. Daraus folgt, dass Anleger, die für einen Dollar Einkünfte aus einer Quelle mehr bezahlen, als sie für einen gleichwertigen Dollar aus einer anderen Quelle bezahlen müssten, implizit die Meinung äußern, dass der Einnahmenstrom aus der ersten Quelle schneller steigen oder langsamer versiegen wird als der Einnahmenstrom aus der zweiten Quelle. Anderenfalls wäre ihr Handeln nicht sinnvoll.

Robert G. Wiese, wissenschaftlicher Vorstand für Investment Research bei Scudder, Stevens & Clark und Partner in Boston, drückt es noch prägnanter aus: „Investoren zahlen nicht unterschiedliche Preise für dieselbe Sache. Wenn es so aussieht, zahlen sie unterschiedliche Preise für unterschiedliche Erwartungen."

Zwei häufig verwendete Messgrößen für unterschiedliche Erwartungen sind:

1. die relativen Renditen von Aktien und Anleihen.
2. die relativen Kurs-Gewinn-Verhältnisse von Aktien.

Das Prinzip der relativen Werte ist mindestens so alt wie die Bibel. Der Mann, der den Schatz vergrub, den sein Herr ihm hinterlassen hatte, bewahrte zwar sein Kapital, verlor jedoch im Wettbewerb mit anderen, die ihr Kapital vermehrt hatten. Alle Werte sind in jeder Hinsicht relativ. Im Land der Blinden ist der Einäugige König.

Anleihewerte stehen in einem Verhältnis zu Aktienwerten und umgekehrt. Und Aktienwerte stehen in Verhältnissen zueinander. Vor einigen Jahren gab es einige Börsenmakler, die Anleihen keine Beachtung schenkten. Die meisten von ihnen sind heute trauriger und klüger.

Bei der Geldanlage ist zwar nichts sicher, aber die vielleicht am wenigsten unsichere unserer Annahmen ist, dass Anleihen mit höchster

Bonität ihre Zinsen und ihr Kapital bei Fälligkeit zurückzahlen. Sofern diese Anleihen nicht innerhalb von zehn Jahren oder länger gekündigt werden können, was bei vielen der Fall ist, wird der Käufer, der sein Geld mit einer Rendite von 8,5 Prozent investiert, sehr wahrscheinlich in guten wie in schlechten Zeiten 8,5 Prozent erhalten, bis die Anleihen zurückgezahlt oder refinanziert werden.

Wer Aktien mit der Hälfte dieser Rendite kauft, muss mit einer starken Erhöhung der Dividenden auf seine Aktien rechnen, sonst macht sein Handeln überhaupt keinen Sinn. Er mag Dividenden vielleicht belächeln, weil er auf Kapitalerträge aus ist, aber wenn die Gewinne und Dividenden nicht steigen, werden seine Kapitalgewinne so kurzlebig sein wie der oft zitierte Schneeball in der Hölle.

Ende 1961, als der Aktienmarkt boomte, bemerkte ich gegenüber dem ersten Vorsitzenden der SEC, Joseph P. Kennedy: „Die Menschen interessieren sich nicht mehr für Dividenden."

„Wo sind diese Menschen?", fragte Mr. Kennedy herausfordernd. „Ich habe noch nie so einen getroffen."

International Business Machines, die großartigste Wachstumsaktie von allen, wurde vor 20 Jahren mit einer Rendite von etwa 1,75 Prozent gehandelt. Man könnte meinen, dass die Käufer dieser Aktien nicht auf Dividenden aus waren. Wenn sie jedoch die Aktien, die sie 1951 zum Höchststand gekauft haben, noch immer halten, erhalten sie heute Bardividenden in Höhe von mehr als 70 Prozent ihres Kaufpreises von 1951. Ohne diese Dividendenerhöhung und die Gewinne, aus denen sie bezahlt werden, hätte der phänomenale Anstieg des IBM-Aktienkurses einfach nicht stattfinden können.

Kluge Anleger kaufen eine Aktie nicht nur, weil sie steigt oder voraussichtlich steigen wird. Kluge Anleger kaufen, weil sie einen Anstieg der Gewinne und der Dividenden erwarten, der den heutigen Preis in den kommenden Jahren günstig erscheinen lässt. Selbst die Klügsten schätzen die Zukunft von Gewinnen und Dividenden manchmal falsch ein. Nur Dummköpfe – und vielleicht einige professionelle, kurzfristig orientierte Händler – kaufen, ohne über die Zukunft nachzudenken.

Im Laufe der Jahre hat der Vergleich der Renditen von Anleihen mit denen von Aktien einen bemerkenswerten Indikator für den Optimismus und Pessimismus der Anleger geliefert, wie der beigefügte Chart zeigt. Vor 25 bis 30 Jahren waren die Dividendenrenditen von Aktien 3-mal so hoch wie die Zinsrenditen von Anleihen. Dies ergab nur dann Sinn, wenn man davon ausging, dass die Dividenden auf Aktien höchst unzuverlässig waren und in den kommenden Jahren sehr wahrscheinlich sinken würden.

Tatsächlich sind die Dividenden bis vor etwa fünf Jahren nicht etwa gesunken, sondern stetig gestiegen. Gleichzeitig stieg der Preis pro Dollar Dividende im Verhältnis zum Preis pro Dollar Anleihezinsen. Auf dem jüngsten Höchststand konnten Anleger mit den besten Unternehmensanleihen fast doppelt so hohe Renditen erzielen wie im Schnitt mit den 50 führenden Stammaktien. Mit anderen Worten: Innerhalb einer einzigen Generation stieg der Preis der Dividenden von einem Drittel des Zinspreises auf fast das Doppelte des Zinspreises. Eine dramatischere Demonstration der Auswirkungen eines Wechsels von Pessimismus zu Optimismus auf die Wertpapierpreise ist kaum vorstellbar.

Genauso wie es keinen Sinn ergab, Dividendenerträge zu einem Drittel des Zinsertrags zu verkaufen, es sei denn, man ging von einem anhaltenden Rückgang der Dividenden aus. So ergab es auch am anderen Ende des Spektrums keinen Sinn, Dividendenerträge zu fast dem doppelten Preis der Zinserträge zu verkaufen, es sei denn, man ging von einem anhaltenden Anstieg der Dividenden aus.

In den letzten 50 Jahren neigten Anleger dazu, weitere Dividendenerhöhungen optimistisch einzuschätzen, obwohl sie pessimistisch hätten sein müssen. Ebenso waren sie in Bezug auf die Zukunft der Dividenden eher pessimistisch, obwohl wir im Nachhinein erkennen können, dass sie optimistisch hätten sein sollen. Allerdings waren sie

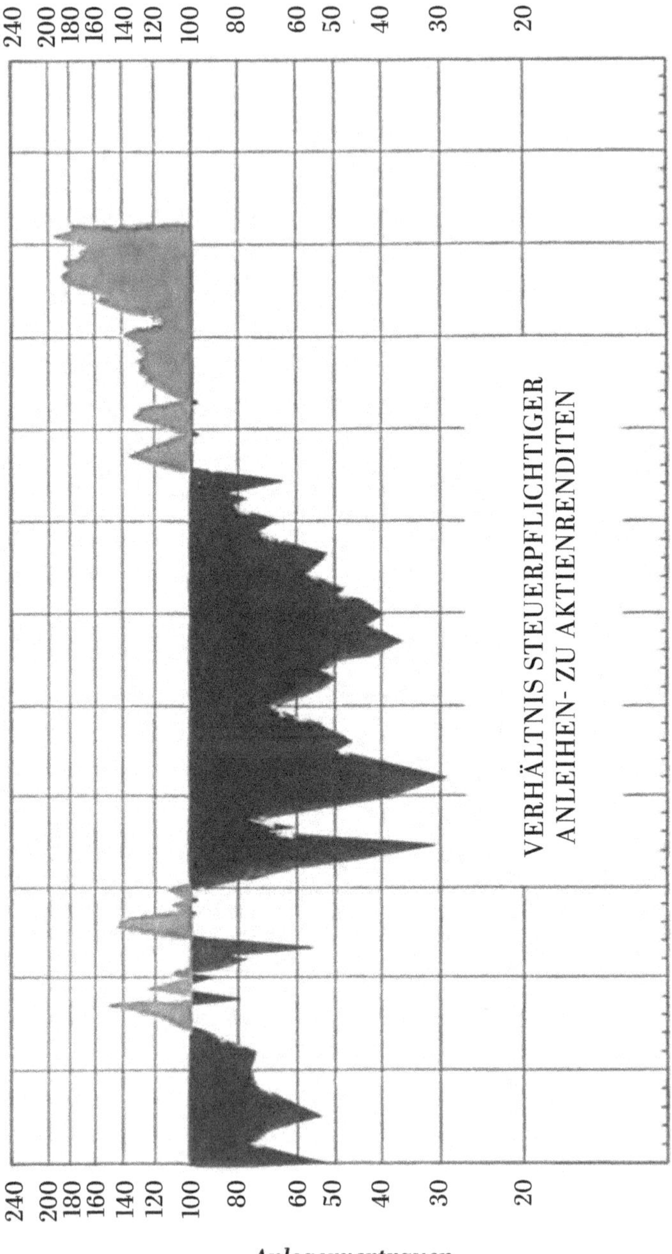

Anlegervertrauen

zu Recht optimistisch in Bezug auf die Zukunft der Dividenden, als der Dollar 1934 abgewertet wurde und als Dividenden 1958 erstmals mit einem Aufschlag gegenüber den Zinsen gehandelt wurden. Wird sich ihr relativer Optimismus heute als gerechtfertigt erweisen? Nur die die Zukunft kann dies zeigen. Was wir wissen, ist, dass die Dividenden steigen müssen, um den heutigen Aktienkäufern das zu geben, wofür sie bereits bezahlt haben. Vom jetzigen Zeitpunkt ab wird die Entwicklung des Aktienmarkts nicht davon abhängen, ob die Dividenden steigen – das ist bereits im Kurs enthalten –, sondern davon, ob der Anstieg der Dividenden *über* oder *unter* den Erwartungen liegt.

So wie das Verhältnis von Dividendenerträgen zu Zinserträgen die Erwartungen des Aktienmarkts hinsichtlich der künftigen Entwicklung der Dividenden widerspiegelt, so spiegeln die relativen Kurs-Gewinn-Verhältnisse einzelner Aktien die Erwartungen der Anleger hinsichtlich ihrer relativen künftigen Entwicklung wider.

Mit der Zeit entwickeln die meisten Branchen ihre eigene Fachsprache, die für Außenstehende bestenfalls verwirrend und schlimmstenfalls unverständlich ist. Die Wall Street bildet da keine Ausnahme. Da in der Finanzwelt von Zinserträgen auf Anleihen und Dividendenrenditen auf Aktien gesprochen wird, wäre es nur konsequent, auch von Gewinnrenditen zu sprechen. Aber als wollte man den Vorwurf vermeiden, dass Konsequenz eine Tugend kleiner Geister sei, dividiert die Finanzwelt die Dividende durch den Kurs, um die Dividendenrendite zu erhalten, und dividiert dann den Kurs durch den Gewinn, um das Kurs-Gewinn-Verhältnis zu erhalten. Wenn eine Aktie beispielsweise 3,00 Dollar Dividende pro Jahr zahlt und zu 100 gehandelt wird, beträgt ihre Dividendenrendite 3,00 Prozent. Wenn dieselbe Aktie 5,00 Dollar pro Aktie verdient, beträgt ihr Kurs-Gewinn-Verhältnis 20.

Die Bedeutung wäre dieselbe, wenn die Wall Street von einer Gewinnrendite von fünf Prozent sprechen würde, aber diese Formulierung wird einfach nicht verwendet. Wenn eine Aktie zum 10-Fachen des Gewinns gehandelt wird, während eine andere zum 20-Fachen des

Gewinns gehandelt wird, lässt sich daraus schließen, dass der Markt (also der Konsens der Anleger) davon ausgeht, dass die Gewinne des Unternehmens, das zu einem höheren Kurs gehandelt wird, viel schneller steigen (oder viel langsamer sinken) werden als die Gewinne des Unternehmens, das zu einem niedrigeren Kurs gehandelt wird.

Bei dieser Methode muss der Anleger zwar immer noch raten, was die Zukunft bringt, aber er kann relativ genau berechnen, was der Aktienmarkt von der Zukunft erwartet.

Später werde ich auf einige Fallstricke bei der kritiklosen Verwendung von Kurs-Gewinn-Verhältnissen zu Vergleichszwecken hinweisen. Wie Streichhölzer in den Händen eines Kindes können sie eine tödliche Gefahr sein. Für Fachleute sind sie ein unverzichtbares Instrument. Richtig angepasst und in Beziehung zu einem guten allgemeinen Marktindikator wie dem Dow Jones Industrial Average gesetzt, werden sie zu Hoffnungsthermometern.

Kein guter Arzt würde einem Patienten allein aufgrund einer Messung der Körpertemperatur ein Rezept ausstellen. Aber ich habe selten einen Arzt erlebt, der im Rahmen seiner Untersuchung nicht meine Temperatur gemessen hat.

Gute Investment-Ärzte verwenden Hoffnungsthermometer auf die gleiche Weise. Da ein Bild mehr sagt als tausend Worte und viel schneller gelesen werden kann, führt das Unternehmen Scudder, Stevens & Clark Hoffnungsthermometer für Tausende von Aktien. Auf Seite 127 sehen Sie eines für Polaroid über die letzten 20 Jahre. Es zeigt, dass die Hoffnungen für die zukünftigen Gewinne von Polaroid genau den Hoffnungen bezüglich der 30 führenden Unternehmen im Dow Jones Industrial Average entsprachen.

Selbst auf dem Tiefststand von 1970 war der Marktpreis eines Dollar Gewinn von Polaroid noch mehr als doppelt so hoch wie der Preis eines Dollar Gewinn des Dow Jones Industrial Average. Um *dieses* Verhältnis zu rechtfertigen, muss sich der Gewinn von Polaroid im Vergleich zu dem des Dow Jones Industrial Average mehr als verdoppeln und danach

Hoffnungschart von Polaroid

Hier ist für jedes Jahr das Kurs-Gewinn-Verhältnis von Polaroid geteilt durch das Kurs-Gewinn-Verhältnis des Dow Jones dargestellt. Dies wird als relatives Kurs-Gewinn-Verhältnis oder relativer Multiplikator von Polaroid bezeichnet. Wenn dieses relative Kurs-Gewinn-Verhältnis auf beiden Seiten des Diagramms auf der Skala den Wert 1 hat, lässt sich daraus schließen, dass der Aktienmarkt für Polaroid etwa das gleiche Wachstum wie für den Dow Jones Industrial Average erwartet. Wenn dieses relative Kurs-Gewinn-Verhältnis auf der Skala den Wert 4 erreicht, zahlt der Aktienmarkt für einen Dollar Gewinn von Polaroid 4-mal so viel wie für einen Dollar Gewinn des Dow Jones. Ab diesem Niveau muss sich der Gewinn von Polaroid vervierfachen, damit der Käufer genauso viel erhält, wie er durch den Kauf des Dow hätte erzielen können.

genauso gut entwickeln wie der Dow Jones. Es gibt jedoch keine solide Grundlage für die Erwartung, dass die Polaroid-Aktie den Dow Jones Industrial Average übertreffen wird, es sei denn, die Aussichten von Polaroid sind nach einer Verdopplung des Gewinns von Polaroid immer noch günstiger als die des Dow Jones. Tatsächlich sagte der Käufer von Polaroid-Aktien 1970 auf dem Tiefpunkt zum Verkäufer: „Ich bin so sicher, dass sich der Gewinn von Polaroid im Vergleich zum Dow mehr als verdoppeln wird, dass ich bereit bin, Ihnen jetzt den Wert zu zahlen, den Polaroid hätte, wenn sich der Gewinn bereits mehr als verdoppelt hätte. Warum ich das tue? Weil ich glaube, dass der Gewinn von Polaroid, nachdem er auf das Niveau gestiegen ist, für das ich jetzt bezahle, weiterhin schneller steigen wird als der des Dow Jones." All dies zeugt von einem hohen Maß an Vertrauen in die Zukunft von Polaroid und von großem Vertrauen des Käufers auf seine Fähigkeit, die Zukunft von Polaroid vorherzusehen. Beides mag gerechtfertigt sein. Die Zeit wird es zeigen. Aber als Investoren spielen wir Blindekuh, wenn wir nicht klären, was relative Kurse eigentlich bedeuten.

Aufmerksame Beobachter werden feststellen, dass der Kurs von Polaroid einen Rekordanstieg der Gewinne im Vergleich zum Durchschnitt der 30 führenden Aktien vorwegnahm, während die Kurse der führenden Aktien einen Rekordanstieg der Dividenden vorwegnahmen – sozusagen ein Doppelschlag!

Da wir über relative Kurse, relative Gewinne und relative Kurs-Gewinn-Verhältnisse oder relative Multiplikatoren gesprochen haben, ist es vielleicht hilfreich, sich einen Chart anzusehen, der alle drei zusammen zeigt. Hier ist ein Chart von Avon Products, der den Zeitraum von 16 Jahren abdeckt, in dem eine anfängliche Investition von 10.000 Dollar in die Aktie einen Anleger bis 1971 zum Millionär gemacht hätte.

Der Kurs einer Aktie kann steigen, weil ihre Gewinne steigen oder weil der Preis jedes Dollar dieser Gewinne steigt oder beides. Wenn ein Unternehmen zwei Dollar Gewinn pro Aktie erzielt und die Ak-

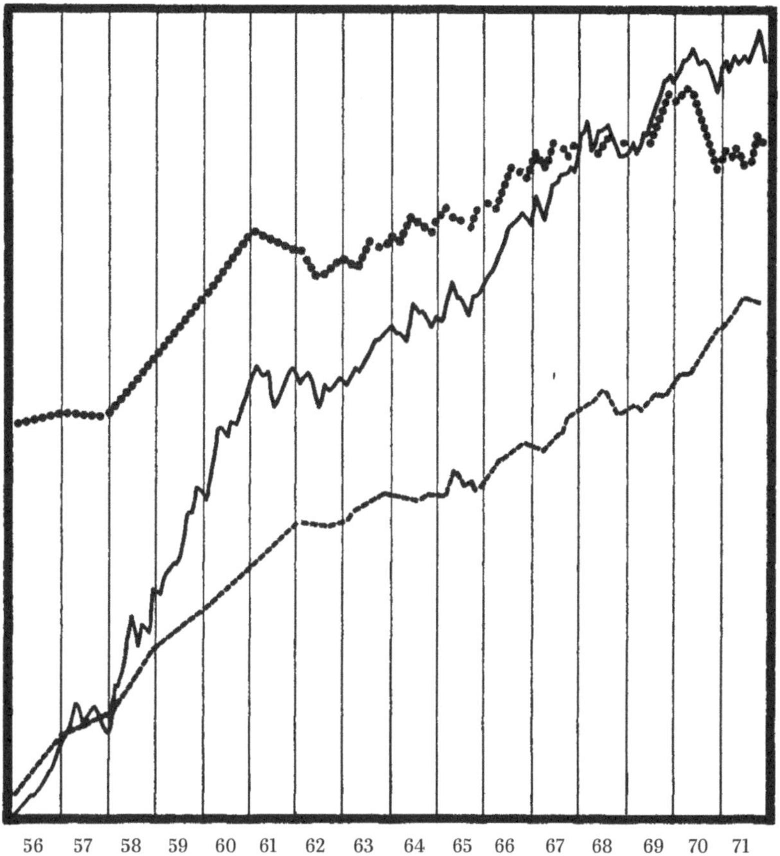

Avon Products

tie für 20 Dollar gehandelt wird, beträgt der Preis jedes Dollar dieses Gewinns zehn Dollar. Wenn der Gewinn pro Aktie im nächsten Jahr 53 Dollar beträgt und der Preis jedes Dollar dieses Gewinns bei zehn Dollar bleibt, steigt der Aktienkurs auf 30 Dollar. Wenn jedoch, wie so oft, auch der Preis jedes Dollar des Unternehmensgewinns steigt, beispielsweise von zehn Dollar auf 15 Dollar, dann steigt der Aktienkurs auf das 15-Fache von drei Dollar, also auf 45 Dollar. Die meisten großen Kursanstiege an der Börse sind auf eine solche Kombination aus steigenden Gewinnen *und* steigenden Kurs-Gewinn-Verhältnissen zurückzuführen.

Ebenso muss der Anstieg des relativen Kurses einer Aktie aus einem Anstieg ihrer relativen Gewinne zuzüglich oder abzüglich einer Änderung ihres relativen Multiplikators oder Kurs-Gewinn-Verhältnisses resultieren. Das ist einfache Arithmetik.

Wie der Chart von Avon Products zeigt, beruhte der starke Anstieg des relativen Aktienkurses auf einem steilen und anhaltenden Anstieg der relativen Gewinne von Avon Products. Ohne den damit einhergehenden Anstieg des relativen Preises, der für jeden Dollar dieser Gewinne gezahlt wurde, wäre der Anstieg des relativen Kurses von Avon Products nicht viel mehr als halb so groß gewesen. Dies mag offensichtlich erscheinen, aber viele Anleger sind so sehr auf die Unternehmensgewinne fixiert, dass sie die oft größere Bedeutung der Veränderungen des Marktpreises jedes Dollar dieser Gewinne nicht erkennen. Kurs-Gewinn-Verhältnisse und relative Kurs-Gewinn-Verhältnisse messen die Erwartungen der Anleger. Oftmals ist mehr als die Hälfte des Kursanstiegs einer Aktie einer Veränderung der Anlegerpsychologie geschuldet.

Es ist aus zwei Gründen wichtig, den psychologischen Aspekt eines Kursanstiegs zu berücksichtigen:

1. Was bei steigenden Erwartungen der Anleger steigt, kann bei sinkenden Erwartungen wieder fallen. Beides kann ohne Veränderung der ausgewiesenen Gewinne geschehen.
2. Es ist selten, dass das Kurs-Gewinn-Verhältnis altbewährter Aktien deutlich über dem 4-Fachen des Kurs-Gewinn-Verhältnisses des Dow Jones liegt. Wenn also eine Aktie ein KGV von 60 hat, während der Dow zum 15-Fachen des Gewinns gehandelt wird, sollte sich der potenzielle Käufer bewusst sein, dass (a) sein Optimismus hinsichtlich der Zukunft der Aktie von vielen geteilt wird und (b) die Chancen für einen weiteren Kursanstieg aufgrund eines weite-

> ren Anstiegs des relativen Kurs-Gewinn-Verhältnisses gering sind. Das bedeutet, dass der Käufer mit weiteren Gewinnsteigerungen rechnen muss, um die gesamte Last eines weiteren Kursanstiegs der Aktie zu tragen, der bisher sowohl durch einen Anstieg der relativen Gewinne als auch durch einen Anstieg des relativen Kurs-Gewinn-Verhältnisses getragen wurde.

Eine Aktie kann um das 100-Fache steigen, wenn ihr Gewinn um das 25-Fache steigt und sich ihr Kurs-Gewinn-Verhältnis vervierfacht (25 x 4 = 100). Bleibt ihr Kurs-Gewinn-Verhältnis jedoch unverändert, muss ihr Gewinn um das 100-Fache steigen, um denselben Kursanstieg zu erzielen. Sollte sich ihr Kurs-Gewinn-Verhältnis, was Gott verhüten möge, halbieren, muss sich ihr Gewinn verdoppeln, um ihren Kurs unverändert zu halten.

Es ist nicht unsolider, eine Aktie in Erwartung eines Anstiegs ihres relativen Kurs-Gewinn-Verhältnisses zu kaufen, als eine Aktie in Erwartung eines Anstiegs ihres relativen Gewinns zu kaufen. Kunden in Kaufhäusern wären in der Tat dumm, wenn sie Trends und Moden keine Beachtung schenken würden. Aber es ist unsolide, eine Aktie zu kaufen, ohne zu wissen, inwieweit ihr Kurs auf ihrem relativen Gewinn basiert und inwieweit er auf ihrem relativen Kurs-Gewinn-Verhältnis basiert.

Es gibt kein „richtiges" Kurs-Gewinn-Verhältnis. Es gibt auch kein „richtiges" relatives Kurs-Gewinn-Verhältnis. Alles hängt davon ab, was die unbekannte Zukunft bringt. Aber man muss kein Finanzgenie sein, um zu erkennen, dass man, wenn man eine Aktie zu einem sehr hohen relativen Kurs-Gewinn-Verhältnis kauft, jemandem jetzt bares Geld für etwas bezahlt, das man sich in einer eher fernen Zukunft erhofft.

Kehren wir noch einmal zum Chart von Avon Products zurück. Beachten Sie, dass die Avon-Aktie 1957 zu einem niedrigeren Kurs-Gewinn-Verhältnis gehandelt wurde als der Dow Jones Industrial Average. Ende 1969 wurde jeder Dollar des Gewinns von Avon Products am Markt mit mehr als dem 4,5-Fachen des Preises jedes Dollar des Dow Jones Industrial Average bewertet.

Wenn der Kurs von Avon Products von 1955 bis 1971 proportional zum Dow Jones gestiegen und gefallen wäre, dann wäre die relative Kurslinie gerade und horizontal verlaufen. Wenn der relative Gewinn von Avon Products proportional zum Dow Jones gestiegen und gefallen wäre, wäre die relative Gewinnlinie von Avon Products gerade und horizontal verlaufen. Wenn schließlich das KGV von Avon Products gleich dem des Dow Jones geblieben wäre, wäre auch diese Linie gerade und horizontal verlaufen. Wenn man von einem beliebigen Punkt auf einer der drei Linien aus in die Zukunft geht, zeigt ein Anstieg über die horizontale Linie oder ein Rückgang unter die horizontale Linie, dass der Kurs, der Gewinn oder das Kurs-Gewinn-Verhältnis von Avon Products im Vergleich zum Dow Jones Industrial Average gestiegen oder gefallen ist.

Für mich legt dieses Bild Folgendes nahe:

1. Ein weiterer Anstieg des Aktienkurses von Avon Products hängt weitgehend von weiteren Gewinnsteigerungen bei Avon Products ab.
2. Das Vertrauen der Anleger in diese weiteren Gewinne von Avon Products muss hoch bleiben oder steigen, wenn der durch steigende Gewinne verursachte Kursanstieg nicht durch ein sinkendes Kurs-Gewinn-Verhältnis aufgehoben werden soll.
3. Der Umsatz und der Gewinn von Avon Products müssen auf das 3- bis 4-Fache ihres bisherigen Höchststandes steigen, um den Kurs der Avon-Products-Aktie von 1971 zu halten, es sei denn, man geht davon aus, dass die Aussichten für weiteres Wachstum auch nach einer Verdreifachung oder Vervierfachung der Größe von Avon Products immer noch besser sind als die Aussichten für den Dow Jones.

Falls diese Bemerkungen den Anschein erwecken, nicht mit meinem Motto „Richtig kaufen und halten“ übereinzustimmen, möchte ich gern darauf eingehen. Richtig zu kaufen bringt einem wenig, wenn man nicht dabeibleibt. Aber dabeizubleiben bringt einem wenig – und kann einem sogar großen Schaden zufügen –, wenn man nicht richtig gekauft hat.

Wenn eine Aktie auf das 50-Fache ihres Kaufpreises gestiegen ist, kann man ziemlich sicher sein, dass man richtig gekauft hat. Wenn sie sich noch einmal verdoppelt, hat man einen 100-Bagger. Für eine solche Rendite kann man es sich leisten, gewisse Risiken einzugehen.

Der neue Käufer steht vor einem anderen Problem. Er muss sich folgende Frage stellen und richtig beantworten: „Wie stehen meine Chancen, von diesem Niveau aus das 100-Fache zu verdienen?“ Wie wir im Fall von American Can gesehen haben, hilft die bisherige Geschichte nicht weiter. Relevant sind nur richtige Annahmen über die Zukunft. Und solange diese Annahmen nicht wesentlich besser sind als der Aktienkurs bereits vorwegnimmt, gibt es immer noch keinen Gewinn.

Die Analyse der relativen Bewertung liefert keine endgültigen Antworten. Sie hilft jedoch dabei, die Erwartungen zu definieren und somit einen Maßstab zu schaffen, anhand dessen der Anleger das Gewinnpotenzial seiner Annahmen bewerten kann.

Im hellen Licht der Rückschau lässt sich oft erkennen, dass der Aktienmarkt ungerechtfertigte Extreme erreicht hat. Für den Anleger ist es viel sicherer, davon auszugehen, dass diese ungerechtfertigten Extreme eher auf die allgemeine Unfähigkeit des Menschen zurückzuführen sind, die Zukunft vorherzusagen, als auf Dummheit. Tatsächlich neigt Geld am Aktienmarkt dazu, von dummen in intelligente Hände zu wandern. Der dumme Round Lotter* wird zum Odd Lotter*.

Ein intelligenter Odd-Lot-Händler handelt bald mit Round Lots. Wer versucht, den Aktienmarkt zu überlisten, tritt gegen die gewieftesten

---

* Ein „Round Lotter“ ist jemand, der 100 oder mehr Aktien auf einmal kauft. Ein „Odd Lotter“ kauft weniger als 100 Aktien, oft nur zehn Aktien. Da der Odd Lotter pro Aktie etwas mehr zahlen muss als der Round Lotter, kaufen Käufer, die es sich leisten können, in der Regel mindestens 100 Aktien auf einmal.

Finanzexperten der Welt an. Ein Gedanke, der einen schnell wieder auf den Boden der Tatsachen bringt. Was dem Durchschnittsanleger Hoffnung geben sollte, ist die Erkenntnis, dass von den erfahrensten und kompetentesten Köpfen ständig welche in den Ruhestand treten oder sterben und oft von unerfahrenen jungen Leuten abgelöst werden, die darauf bestehen, ihre Lektionen auf die harte Tour zu lernen.

Ein weiterer tröstlicher Gedanke ist, dass wir – da niemand weiß, was sie bringen wird – alle das Recht haben, über die Zukunft zu spekulieren. Wir sollten jedoch nicht vergessen, dass eine fundierte Vermutung gegenüber einer wilden Spekulation im Vorteil ist.

Wie kann man dieses Hoffnungselement (das relative Kurs-Gewinn-Verhältnis) selbst berechnen?

Jeden Montag wird am Ende der ersten Spalte auf der vorletzten Seite des *Wall Street Journal* das Kurs-Gewinn-Verhältnis des Dow Jones Industrial Average mitgeteilt. Den aktuellen Kurs Ihrer Aktie können Sie jeder Zeitung entnehmen. Teilen Sie diesen Kurs durch den Gewinn pro Aktie der letzten zwölf Monate. Wenn Sie Aktionär sind, finden Sie den Gewinn im letzten Geschäftsbericht. Wenn Sie erst darüber nachdenken, Aktionär zu werden, finden Sie den Gewinn pro Aktie der letzten zwölf Monate möglicherweise in *Barron's Stock Market at a Glance.* Wenn Sie Zugang zu den Handbüchern von *Standard & Poor's* oder *Moody's* haben, finden Sie die Gewinnzahlen dort. Ihr Broker ist möglicherweise bereit, diese für Sie nachzuschlagen.

Nehmen wir an, Ihre Aktie kostet 60 Dollar und der Gewinn des letzten Jahres beträgt zwei Dollar pro Aktie. Das Kurs-Gewinn-Verhältnis beträgt dann 30 (60 geteilt durch 2 = 30). Nehmen wir an, dass das zuletzt gemeldete Kurs-Gewinn-Verhältnis des Dow Jones 15 beträgt. Teilen Sie 30, das Kurs-Gewinn-Verhältnis Ihrer Aktie, durch 15, das Kurs-Gewinn-Verhältnis des Dow Jones. Das Ergebnis lautet natürlich 2. Das bedeutet, dass der Markt für jeden Dollar Gewinn Ihrer Aktie doppelt so viel bezahlt wie für jeden Dollar Gewinn der 30 großen Unternehmen im Dow Jones Industrial Average.

Die Schlussfolgerung daraus lautet, dass der Markt (das heißt der Konsens der Anleger) davon ausgeht, dass die Gewinne Ihrer Aktie viel schneller steigen (oder viel langsamer sinken) werden als die Gewinne des Dow Jones Industrial Average. Bei dieser Methode müssen Sie zwar immer noch raten, wie sich Ihre Aktie in Zukunft entwickeln wird, aber Sie gehen von einer faktischen Grundlage aus, nämlich von dem, was der Markt für die Zukunft Ihrer Aktie im Vergleich zu anderen Aktien erwartet. Wenn Ihre Erwartungen besser sind als die des Marktes, kaufen Sie. Wenn Ihre Erwartungen geringer sind als die des Marktes, verkaufen Sie. Dies aber nur, wenn die Differenz zwischen Ihren Erwartungen und denen des Marktes groß genug ist, um Ihnen nach Einräumung einer großzügigen Fehlermarge einen Gewinn zu sichern!

Nachdem ich mich somit für die Verwendung von Kurs-Gewinn-Verhältnissen ausgesprochen habe, werde ich im Folgenden einige der damit verbundenen Gefahren aufzählen.

KAPITEL 10

Die Qualität der Erträge ist angespannt

Jedes Zeitalter hat seine eigenen Massenillusionen. Das gilt wohl auch für jede ethnische Gruppe, jede Nation und jeden Beruf. Solange eine Wahnvorstellung besteht, ist es einsam, manchmal gefährlich und immer unrentabel, zu sagen, dass der Kaiser nackt ist. Dennoch werde ich meinen Kopf unter der Decke hervorstrecken und sagen, dass meiner Meinung nach eine der schlimmsten Selbsttäuschungen im Investmentgeschäft die unkritische Verwendung von Kurs-Gewinn-Verhältnissen oder genauer gesagt der Missbrauch von Kurs-Gewinn-Verhältnissen ist, um relative Bewertungen verschiedener Aktien und Aktiengruppen zu erhalten.

Grundsätzlich besteht der Trugschluss bei der Verwendung von Kurs-Gewinn-Verhältnissen zu Vergleichszwecken in der impliziten Annahme, dass die Gewinne ebenso vergleichbar seien wie die Preise. Wir wissen, dass die Preise vergleichbar sind, solange die Notierungen in derselben Währung angegeben sind. Die Gewinne verschiedener Unternehmen variieren jedoch so stark in ihrer Qualität und damit auch in ihrem Wert, dass wir genauso gut Kühe und Pferde danach vergleichen könnten, wie schnell sie laufen können. Wenn ich Tabellen mit Aktien sehe, die nach dem Quotienten aus ihrem Kurs und dem zuletzt ausgewiesenen Gewinn sortiert sind, muss ich an einen Veteranen des Ersten Weltkriegs denken, der seinen Job verloren hatte und unter einem Plakat bettelte, auf dem stand:

Drei Jahre im Schützengraben.
Zwei Verwundungen.
Eine Frau.
Vier Kinder.
Sieben Monate arbeitslos.
Insgesamt siebzehn.
Bitte helfen Sie mir.

Ich möchte klarstellen, dass ich weder Originalität noch Neuheit für den Gedanken beanspruche, dass Kurs-Gewinn-Verhältnisse ebenso wie Martinis sehr trügerisch sein können. Ich möchte auch nicht behaupten, dass professionelle Wertpapieranalysten die Gefahren einer unkritischen Verwendung von Kurs-Gewinn-Verhältnissen ignorieren. Ganz im Gegenteil. Ich stelle lediglich infrage, ob wir als Anleger uns ausreichend bemühen, die Unterschiede in der Qualität der Gewinne zu berücksichtigen. Legen wir bezüglich dieser Unterschiede vielleicht manchmal nur Lippenbekenntnisse ab, während wir statistische Verfahren anwenden, die sie ignorieren? Verleitet uns unser dringendes Bedürfnis, schneller zu mehr Anlageentscheidungen zu gelangen, dazu, Unterschiede in der Qualität der Gewinne zu beschönigen, weil man in diesem Geschäft schließlich „praktisch" sein muss? Schauen wir mal.

Es gibt für dieses Problem zwei Ansätze. Der eine könnte als buchhalterischer Ansatz bezeichnet werden. Der andere lässt sich vielleicht am besten als konzeptionell beschreiben.

Der buchhalterische Ansatz ist zwar bekannter, aber meiner Meinung nach ist der konzeptionelle Ansatz noch wichtiger. Damit möchte ich jedoch nicht die Bedeutung von Bilanzierungsvarianten und -auslassungen herabsetzen. Sollte die Börse jemals wieder einen Crash erleben, wie es am 3. September 1929 der Fall war, dann wäre Leonard Spacek, Vorsitzender von Arthur Andersen & Company, einer derjenigen, deren Seriosität unangetastet bliebe. Niemand hat mehr als er dazu beigetragen, dass zweifelhafte, aber jahrelang akzeptierte Buchhaltungspraktiken hinterfragt und aufgedeckt werden.

Mir fehlt das Fachwissen im Bereich Rechnungslegung, um Herrn Spaceks Verdienste weiter auszuschmücken, aber ich möchte mich seiner frühen Kritik an der Unternehmensberichterstattung über Leasingfinanzierungen ausdrücklich anschließen. Wenn es eines Beweises für die Kluft zwischen den Eigentümern und den Managern einiger Unternehmen bedarf, dann ist es die Tatsache, dass einige Manager es versäumen, den Eigentümern die Höhe und die Bedingungen von Leasingfinanzierungen ebenso detailliert offenzulegen, wie sie die Höhe und die Bedingungen anderer langfristiger Verpflichtungen als Selbstverständlichkeit offenlegen.

Die Wirtschaftsprüfer haben sich jahrzehntelang aus dieser Situation herausgewunden, indem sie argumentierten, es sei nicht gängige Praxis, noch nicht angefallene Mieten als Verbindlichkeiten auszuweisen. Wenn ein Unternehmen also seine Firmenzentrale, eine Fabrik oder einen Tanker an eine Versicherungsgesellschaft verkaufte und das Objekt dann für einen Zeitraum von mehreren Jahren zu einem Mietzins mietete, der ausreichte, um den gesamten Kaufpreis zuzüglich Zinsen zurückzuzahlen, wurde die Transaktion zu einer außerbilanziellen Finanzierung, deren Bedingungen allzu oft nur den Geschäftsführern bekannt waren.

Dies sind wesentliche Fakten, deren Fehlen ich bedaure. Nehmen wir zum Beispiel drei Unternehmen mit einem Kapital von jeweils 100 Millionen Dollar. Alle wollen expandieren, da jedes Unternehmen 20 Prozent vor Steuern auf sein investiertes Kapital verdient. Nehmen wir für dieses Beispiel an, dass der effektive Steuersatz 50 Prozent beträgt.

Das erste der drei Unternehmen gibt zusätzliche Aktien aus, um sein investiertes Kapital auf 200 Millionen Dollar zu erhöhen. Das zweite verkauft 8-prozentige langfristige Anleihen, um sein investiertes Kapital auf 200 Millionen Dollar zu bringen. In beiden Fällen wissen wir zumindest, was vor sich geht, unabhängig davon, ob wir das gut finden oder nicht. Das erste Unternehmen, das vollständig mit Stammaktien finanziert ist, erzielt weiterhin 20 Prozent Gewinn vor Steuern und zehn Prozent nach Steuern auf sein investiertes Kapital und sein Eigenkapital. Das zweite Unternehmen erzielt weiterhin 20 Prozent Gewinn vor Steuern auf sein investiertes Kapital, aber aufgrund der Schuldenbelastung des Kapitals nur noch 16 Prozent nach Steuern auf sein Eigenkapital. Dieser Prozentsatz ergibt sich wie folgt: 20 Prozent von 200 Millionen Dollar entsprechen 40 Millionen Dollar, abzüglich 58 Millionen Dollar Zinsen auf 100 Millionen Dollar Fremdkapital, was 32 Millionen Dollar ergibt, abzüglich 50 Prozent Körperschaftsteuer, was 16 Millionen Dollar ergibt, die 16 Prozent des Eigenkapitals von 100 Millionen Dollar entsprechen.

Das dritte Unternehmen erwirbt zusätzliche Anlagen im Wert von 100 Millionen Dollar durch Leasingfinanzierung zu Konditionen, die auf zehn Prozent Zinsen hinauslaufen. Da weder der Betrag noch die Konditionen dieser Leasingfinanzierung gegenüber den Anlegern offengelegt werden und da die Leasingverpflichtungen nicht in der Bilanz ausgewiesen sind, wird den Anlegern nahegelegt, zu dem Schluss zu kommen, dass dieses dritte Unternehmen nun 15 Prozent auf das investierte Kapital und auf das Eigenkapital verdiene. Die 15 Prozent werden wie folgt berechnet: Der Gewinn von 20 Prozent vor nicht offengelegten Leasingraten und Steuern auf 200 Millionen Dollar Vermögen beläuft sich auf 40 Millionen Dollar abzüglich zehn Millionen Dollar Leasingraten, was 30 Millionen Dollar abzüglich 50 Prozent Körperschaftsteuer ergibt, was 15 Millionen Dollar ergibt, die 15 Prozent der 100 Millionen Dollar Eigenkapital entsprechen. Somit haben wir drei Unternehmen, die jeweils 200 Millionen Dollar an Vermögenswerten einsetzen und jeweils 20 Prozent vor Steuern und nicht offengelegten Leasingzahlungen auf jeden in ihrem Geschäft eingesetzten Dollar an Vermögenswerten verdienen, aber eines erzielt offenbar zehn Prozent Gewinn nach Steuern auf das Eigenkapital und auf das investierte Kapital, ein anderes mit offengelegter Verschuldung erzielt 16 Prozent auf das Eigenkapital und zehn Prozent auf das investierte Kapital, und das dritte mit nicht offengelegter Verschuldung erzielt anscheinend 15 Prozent sowohl auf das Eigenkapital als auch auf das investierte Kapital.

Angenommen, das Geschäft läuft schlecht, und zwar so schlecht, dass jedes unserer drei Unternehmen nur fünf Prozent vor Steuern auf jeden Dollar des in seinem Geschäft eingesetzten Vermögens verdient. Das erste Unternehmen mit einer ausschließlich aus Stammaktien bestehenden Kapitalisierung erzielt fünf Prozent vor Steuern und 2,5 Prozent nach Steuern sowohl auf das investierte Kapital als auch auf das Eigenkapital. Das zweite Unternehmen mit 100 Millionen Dollar 8-prozentigen Anleihen erzielt fünf Prozent vor Steuern auf das investierte Kapital und ein Prozent nach Steuern auf das Eigenkapital. Die Zahlen ergeben sich wie folgt: Der Vorsteuergewinn von fünf Prozent auf 200 Millionen Dollar entspricht zehn Millionen Dollar, was abzüglich acht Millionen Dollar Anleihezinsen zwei Millionen Dollar ergibt, abzüglich 50 Prozent Körperschaftssteuer dann eine Million Dollar, was ein Prozent auf 100 Millionen Dollar Eigenkapital ergibt. Die Wertpapieranalysten konnten natürlich die Auswirkungen des rückläufigen Geschäftsaufkommens auf das zweite Unternehmen vorhersehen, da sie über die relevanten Fakten zur Schuldenbelastung des Kapitals verfügten.

Aber wie sieht es mit dem dritten Unternehmen aus? Unter genau denselben Bedingungen wie für das erste und zweite Unternehmen, das heißt einem Rückgang des Vorsteuergewinns auf das investierte Kapital von 20 Prozent auf fünf Prozent, sank die Eigenkapitalrendite nach Steuern des dritten Unternehmens auf mysteriöse Weise von 15 Prozent auf null. Wir kommen zu diesem Ergebnis wie folgt: Ein Vorsteuergewinn von fünf Prozent auf 200 Millionen Dollar Vermögen (vor außerbilanziellen Leasingzahlungen zur Finanzierung) beläuft sich auf zehn Millionen Dollar. Wenn wir zehn Millionen Dollar Leasingzahlungen von zehn Millionen Dollar Vorsteuergewinn abziehen, bleibt nichts übrig.

Wenn wir es schaffen, die Details der Leasingfinanzierung, dem Bösewicht in dieser Geschichte, aufzustöbern, stellen wir fest, dass die Rendite auf das im Unternehmen eingesetzte Kapital fünf Prozent beträgt, aber die Eigenkapitalrendite durch die Notwendigkeit, zehn Prozent für Leasingraten zu zahlen, zunichtegemacht wird.

Das Management ist sich natürlich all dieser Details der Leasingfinanzierung vollständig bewusst, aber weder das Management, die Wirtschaftsprüfer noch die Börsenaufsicht halten es bisher für angebracht, solche überaus wichtigen Kennzahlen – überaus wichtig für Investoren, meine ich – als Informationen zu betrachten, auf die die Eigentümer amerikanischer Unternehmen *genauso detailliert wie auf die Schulden* Anspruch haben.

In Zeiten lang anhaltender Prosperität, in denen Preise, Gewinne und Geschäftsvolumen steigen, erscheint es übertrieben, auf solchen Dingen herumzureiten. Wenn wir jedoch diese vorab geleisteten Aufwendungen ignorieren, können wir auch alle anderen ignorieren und fortan nur noch das Eigenkapital betrachten. Es ist bedauerlich für die Geschäfts- und Finanzwelt, dass Dinge, die getan werden sollten, nicht getan werden. Früher oder später wird ein Reformer von außen die Initiative ergreifen und die Finanzwelt auf den Kopf stellen. Wir können ihn nicht daran hindern, weil wir wissen, dass er nur das tut, was wir längst hätten tun sollen. Es ließen sich viele weitere Beispiele anführen, aber sie sind alle bereits in den Nachrichten zu finden.

Ich sagte, es gibt für diese Frage der Qualität der Ertragslage zwei Ansätze: einen buchhalterischen und einen konzeptionellen. Betrachten wir den konzeptionellen Ansatz:

Ein Teil der Gewinne der meisten Unternehmen wird in Form von Dividenden ausgeschüttet. Jeder Dollar einer Dividende hat den gleichen

Wert wie ein Dollar einer anderen Gewinnausschüttung. Ihr Lebensmittelhändler interessiert sich nicht dafür, ob das Geld, das Sie ihm geben, aus Dividenden oder Zinsen stammt. Das ist ihm völlig egal.

Aber wie sieht es mit den Gewinnen aus, die nicht als Dividenden ausgeschüttet werden? Angenommen, diese Gewinnrücklagen würden gestohlen, was wären sie dann wert? Realistischer ist jedoch die Annahme, dass sie in Projekte investiert werden, die sich nicht auszahlen, sodass sie nichts zur Ertragskraft des Unternehmens beitragen. Wie hoch ist dann das angemessene Kurs-Gewinn-Verhältnis, zu dem solche Gewinne verkauft werden sollten?

Meiner Meinung nach haben solche reinvestierten Gewinne Anspruch auf etwa den gleichen Multiplikator wie die Abschreibung pro Aktie.

„Das ist Unsinn", denken Sie vielleicht. „Wir wenden doch bei der Ermittlung des Wertes einer Aktie keinerlei Multiplikator auf Abschreibungen an."

Genau das ist der Punkt, den ich ansprechen möchte. Nehmen wir an, wir als Investoren kaufen ein Unternehmen, das 1,00 Dollar pro Aktie verdient und uns jedes Jahr 50 Cent pro Aktie an Dividenden auszahlt. Wenn das Unternehmen nach fünf oder zehn Jahren immer noch 1,00 Dollar pro Aktie verdient und uns immer noch 50 Cent pro Aktie an Dividenden auszahlt, was ist dann mit den jedes Jahr einbehaltenen Gewinnen passiert? Die Antwort könnte sein, dass sie gebraucht wurden, um das aufrechtzuerhalten, was wir ursprünglich gekauft haben. Das kommt jedoch einer Definition von Abschreibungen sehr nahe. Ist es daher unrealistisch, reinvestierte Gewinne, die keine Verbesserung der Ertragskraft des Unternehmens bewirken, außer Acht zu lassen?

Beantworten wir diese Frage nicht zu voreilig. Nehmen wir an, wir haben zwei Unternehmen, die jeweils 1,00 Dollar pro Aktie verdienen, jeweils 50 Cent pro Aktie als Dividende ausschütten und aufgrund der reinvestierten Gewinne kein Gewinnwachstum verzeichnen. Bevor wir zu dem Schluss kommen, dass das eine Unternehmen ein genauso schlechtes Investment ist wie das andere, sollten wir beachten, dass der Umsatz des ersten Unternehmens jährlich um zehn Prozent gestiegen ist, während das Geschäftsvolumen des zweiten Unternehmens um zehn Prozent pro Jahr zurückgegangen ist. Ist es möglich, dass das erste Unternehmen mit seinen Vorsteuergewinnen so effektiv zusätzliche Geschäfte „gekauft" hat, dass bei einer Kapitalisierung der zusätzlichen Geschäfte der bereinigte Gewinn einen schönen Anstieg verzeichnet hätte? Ist es nicht ebenso möglich, dass das zweite Unternehmen seine ausgewiesenen Gewinne nur dadurch auf dem Ausgangsniveau halten konnte, dass es sein Geschäft faktisch in Raten liquidiert und damit Geld in die Gewinn- und Verlustrechnung aufgenommen hat, das nach der Wirtschaftstheorie eigentlich als Kapitalertrag hätte ausgewiesen werden müssen? Kaum jemand würde bestreiten, dass ein Dollar Gewinn des ersten Unternehmens mehr wert ist als ein Dollar Gewinn des zweiten Unternehmens. Wie viel mehr, ist eine andere Frage. Die Antwort darauf hängt in erster Linie davon ab, wie lange man davon ausgeht, dass die Zukunft so sein wird wie die Vergangenheit. Es gibt überwältigende Indizien dafür, dass die Zukunft für eine gewisse Zeit der Vergangenheit ähneln wird. Als der Leiter des Wetterdienstes in New York City vor einigen Jahren in den Ruhestand ging, wurde er mit den Worten zitiert, dass man als Wettervorhersager ziemlich gute Ergebnisse erzielen könne, wenn man das Wetter von morgen so vorhersagt, wie es heute ist. Da wir in der Regel nach Perioden mit schönem Wetter Regenperioden haben, wäre eine Wettervorhersage, die sich lediglich auf einen Blick aus dem Bürofenster stützt, in den meisten Fällen zutreffend.

Da für alle Menschen die Zukunft über den gegenwärtigen Moment hinaus völlig undurchsichtig ist, müssen Annahmen darüber, wie lange beobachtete Trends anhalten werden, auf Wahrscheinlichkeiten basieren, die wiederum aus der Vergangenheit abgeleitet wurden und daher möglicherweise nicht auf die Zukunft zutreffen. Das ist eine umständliche Art, zu sagen, dass alle Schätzungen über die Zukunft bis zu einem gewissen Grad subjektiv sind.

Das Geschäft der Börse besteht darin, jetzt von der Zukunft zu profitieren. Dementsprechend ist es kurzfristig gar nicht so wichtig zu wissen, wie hoch die Umsätze und Gewinne in fünf oder zehn Jahren sein werden, sondern viel wichtiger, wie andere Anleger das sehen. Im Allgemeinen gilt: Je länger ein Trend anhält, desto mehr Menschen sind bereit, ihre Ersparnisse darauf zu setzen, dass er noch länger anhält. Aus praktischer Sicht sollten wir daher davon ausgehen, dass alte Trends länger anhalten als neue, einfach weil mehr Anleger dazu neigen, dies anzunehmen, unabhängig davon, ob es tatsächlich so sein wird.

Kehren wir für einen Moment zu den beiden Unternehmen zurück, die jeweils 1,00 Dollar pro Aktie verdienen und jeweils 50 Cent pro Aktie an Dividenden ausschütten, ohne dass sich in den letzten fünf Jahren eine Verbesserung ergeben hat. Nehmen wir weiter an, dass sich die relativen Umsätze beider Unternehmen nicht verändert haben. Nun haben wir sicherlich eine Grundlage für einen aussagekräftigen Vergleich der Kurs-Gewinn-Verhältnisse. Wenn eines dieser beiden Unternehmen zum 10-Fachen des Gewinns gehandelt wird, während das andere zum 20-Fachen des Gewinns gehandelt wird, ist die Entscheidung klar. Oder etwa nicht?

Nehmen wir an, dass eines der beiden Unternehmen jährlich 1,00 Dollar pro Aktie für Grundlagenforschung ausgibt, bislang allerdings ohne jeglichen Erfolg. Das zweite Unternehmen hat nichts für Forschung ausgegeben. Die Gewinne des ersten Unternehmens sind aus zwei Gründen offensichtlich mehr wert als die Gewinne des zweiten Unternehmens:

1. Das erste Unternehmen hat jederzeit die Chance, mit seiner Forschung den großen Durchbruch zu erzielen. Das zweite Unternehmen, das keine Forschung betreibt, hat diese Chance nicht.

2. Das erste Unternehmen kann das Forschungsprogramm einstellen. In diesem Fall würden, unter sonst gleichen Bedingungen, die derzeit für die Forschung aufgewendeten Mittel zum Vorsteuergewinn hinzukommen. Das zweite Unternehmen, das keine Forschung betreibt, hat keine Möglichkeit, durch die Einstellung seines Forschungsprogramms seine Kosten zu senken.

Ersetzt man die Forschung durch die Suche nach Bodenschätzen, beispielsweise Probebohrungen nach Erdöl oder Erdgas, wirkt sich das auf den Vergleich zwischen den beiden Unternehmen in etwa genauso aus.

Einige Leser finden vielleicht, dass ich Dinge wiederhole, die sie längst wissen. Andere halten die von mir verwendeten theoretischen Beispiele vielleicht für extrem und unrealistisch.

„In der Praxis", mögen sich Letztere denken, „sind solche Abweichungen nicht groß genug, um meine Investitionsentscheidungen zu beeinflussen."

Ich werde niemandem widersprechen, der behauptet, dass *in den meisten Fällen* solche Varianten, wie ich sie genannt habe, eine Investitionsentscheidung, die ohne Berücksichtigung dieser Varianten getroffen wurde, nicht beeinflussen würden. Ich werde auch nicht behaupten, dass es in den meisten Fällen, wenn Sie in Ihr Auto steigen, keine Rolle spielt, ob Sie sich anschnallen oder nicht. Aber genauso wie das Anlegen des Sicherheitsgurts Ihnen irgendwann einmal das Leben retten kann, so kann die sorgfältige Beachtung der möglichen Qualitätsunterschiede bei den Erträgen eines Tages Ihr Vermögen retten.

Lassen Sie mich zwei oder drei weitere Beispiele nennen, in denen ein Dollar des ausgewiesenen Gewinns eines Unternehmens wesentlich mehr oder weniger wert sein kann als ein Dollar des ausgewiesenen Gewinns eines anderen Unternehmens derselben Branche zum gleichen Zeitpunkt:

1. Zwei Unternehmen, die jeweils die gleichen Gewinne ausweisen und die gleichen Dividenden pro Aktie ausschütten, jeweils die gleiche Umsatzwachstumsrate aufweisen und jeweils den gleichen Betrag für Forschung oder Bohrungen ausgeben, zeigen deutlich unterschiedliche Trends bei den Vorräten und Forderungen. Das erste Unternehmen hat seine Vorräte und Forderungen im Verhältnis zum Geschäftsvolumen in etwa auf dem Niveau der Vorjahre gehalten. Das zweite Unternehmen hat seine Produktionsstückkosten niedrig gehalten, indem es seine Werke um zehn Prozent über dem durch den Umsatz gerechtfertigten Niveau betrieben hat, was zu einem starken Anstieg der Lagerbestände geführt hat. Gleichzeitig hat das zweite Unternehmen als Verkaufsmasche seine Waren zu äußerst großzügigen Kreditbedingungen verkauft, was zu einem starken Anstieg der Forderungen im Verhältnis zum Geschäftsvolumen geführt hat. Wer würde behaupten, dass die Gewinne des zweiten Unternehmens denen des ersten Unternehmens in voller Höhe entsprechen?
2. Zwei Unternehmen gleicher Größe mit gleichen Gewinnen und Dividenden pro Aktie, die jeweils den gleichen Betrag für Forschung oder Bohrungen ausgeben, das gleiche Umsatzwachstum aufweisen und ihre Forderungen und Vorräte im gleichen Verhältnis zum Geschäftsvolumen halten, sind sicherlich ähnlich genug, um einen Vergleich ihrer Kurs-Gewinn-Verhältnisse sinnvoll zu machen.

Das erste der beiden Unternehmen ist zweifellos vorbildlich. Sein Abwasser wird gereinigt, bevor es in den Fluss zurückgeleitet wird, an dem sich seine Fabrik befindet. Aus den Abgasen, die aus seinen Schornsteinen aufsteigen, werden übelriechende Dämpfe entfernt. Der Boden, der bei seinen Tagebauarbeiten abgetragen wurde, wurde aufgeschüttet und mit Bäumen und Gras bepflanzt.

Das zweite der beiden Unternehmen hat in all diesen Bereichen gespart. Am Tag nach der Veröffentlichung der identischen Gewinnberichte wird das zweite Unternehmen mit gerichtlichen

Anordnungen zur Beseitigung der Gewässer- und Luftverschmutzung konfrontiert. Es wird von seinen wütenden Nachbarn im Namen der Ökologie auf Schadenersatz verklagt. Bevor der Rechtsstreit beendet ist, beträgt sein Gewinn nur noch die Hälfte des Gewinns des ersten Unternehmens, das rechtzeitig ökologische Maßnahmen ergriffen hat.

3. Zwei Unternehmen melden denselben Gewinn. Das eine tut dies, nachdem es wettbewerbsfähige Löhne gezahlt und seine wichtigsten Mitarbeiter weitergebildet hat. Das andere tut dies, indem es seine Mitarbeiter so stark unter Druck setzt, dass die besten Mitarbeiter das Unternehmen verlassen und die verbleibenden Mitarbeiter streikbereit sind.

Wie können Sie als Privatanleger die ausgewiesenen Gewinne um solche Qualitätsunterschiede bereinigen oder korrigieren? Beim Lesen von Jahresberichten können Sie nach solchen Variablen suchen, wie ich sie gerade genannt habe. Das ist jedoch keine Aufgabe für Amateure, schon gar nicht nach einem üppigen Abendessen. Das genaue Lesen der Finanzpresse bietet Ihnen professionelle Hilfe zu geringen Kosten. In den letzten Jahren gab es in den Nachrichten viel detaillierte Kritik an der Rechnungslegung von Unternehmen. Ob es die Finanzseiten der *New York Times*, von *Barron's* oder vom *Wall Street Journal* waren – sie alle haben im vergangenen Jahr solche Artikel veröffentlicht. Das Aufdecken von Buchhaltungstricks ist zu einem akzeptierten Teil der Arbeit von Finanzjournalisten geworden. Es ist ein wichtiger Teil der Arbeit, für die ein Wertpapieranalyst bezahlt wird.

Der beste Schutz vor Buchhaltungstricks ist, sich nicht damit zu beschäftigen und sich von den Menschen fernzuhalten, die sie anwenden – siehe das Kapitel „Gewinne durch Moral".

KAPITEL 11

Manipulation trotz Börsenaufsicht

Vor 70 Jahren schrieb Charles H. Dow in einem Leitartikel des *Wall Street Journal*: „Eine von manchen erfahrenen Börsenhändlern angewandte Methode ist die der Reaktionen. Die Theorie dahinter lautet: *Der Markt unterliegt stets mehr oder weniger starken Manipulationen. (...)*“ William Peter Hamilton, der Dow als Herausgeber des *Wall Street Journal* nachfolgte, lehnte diese Theorie zwar nicht ab, erklärte jedoch: „Wenn am Aktienmarkt einmal eine Manipulation erfolgt, wird darüber 20-mal berichtet. Das ist die Methode ineffizienter Reporter, eine Börsenbewegung zu verstehen, die zu verstehen sie sich nicht die Mühe gemacht haben.“

Seit mehr als 35 Jahren ist Manipulation gesetzlich verboten. Die Börsenaufsichtsbehörde überwacht den Markt und verfolgt Manipulatoren. Gehören Manipulationen also der Vergangenheit an?

Ich kann nicht sagen: „Einige meiner besten Freunde sind Manipulatoren.“ Ich kenne keine. Aber die Natur verabscheut das Vakuum. Wo es in einem wirklich internationalen Markt Möglichkeiten für gewinnbringende Manipulationen gibt, gehe ich davon aus, dass es auch

Manipulatoren gibt, von denen einige außerhalb der Reichweite unserer Behörden und Gesetze sind. Meine Argumentation ist dieselbe, die mich dazu veranlasst, in einer schmutzigen Küche Kakerlaken zu erwarten. Was sie fressen, ist dort vorhanden.

Was sind einige der offensichtlicheren Möglichkeiten für Manipulationen an der Börse?

S. A. Nelsons kleines Buch „The ABC of Stock Speculation", das größtenteils aus Leitartikeln von Dow zitiert, beschreibt die grundlegende Möglichkeit zur Manipulation mit folgenden Worten: „Der große Fehler der Allgemeinheit besteht darin, dass sie auf Preise statt auf Werte achtet."

Das gilt heute genauso wie zu Beginn des Jahrhunderts, vielleicht sogar noch mehr. Der gesamte Performance-Kult, der den Aktienmarkt Ende der 1960er-Jahre beherrschte, basierte darauf, dass man auf Preise statt auf Werte achtete.

Aber was bedeutet es, auf Preise statt auf Werte zu achten? Ich zitiere erneut aus „The ABC of Stock Speculation", um zu betonen, dass die menschliche Natur eine der wenigen Konstanten in einer sich ständig verändernden Welt ist: „Man kann mit Fug und Recht behaupten, dass die Allgemeinheit den Wert einer Sache selten erkennt, bevor er ihr nicht deutlich vor Augen geführt wird, und diese Demonstration ist in der Regel mit einem ziemlich hohen Preis verbunden. Die Erfahrung zeigt, dass es für sie einfacher ist, eine Aktie für billig zu halten, wenn sie relativ teuer ist, als sie für billig zu halten, wenn sie mehr als billig ist."

Dahin zu schießen, wo das Kaninchen zuvor war, ist einer der häufigsten Fehler beim Investieren. Ich habe es schon einmal gesagt und sage es noch einmal: Immer wieder, Jahr für Jahr, kaufen Männer, die Sie für verrückt halten würden, wenn Sie mit Ihrer Waffe auf die Stelle schießen würden, von der gerade ein Kaninchen weggesprungen ist, Aktien, die gestiegen sind, und verkaufen Aktien, die gefallen sind. Selbst Wertpapieranalysten sind gegen diese Krankheit nicht immun.

Zu viele von ihnen, möglicherweise als Spiegelbild der Haltung der Anleger, die sie eigentlich beraten sollten, neigen dazu, Aktien umso besser zu finden, je höher sie steigen, und umso mehr von ihnen enttäuscht zu sein, je mehr ihre Kurse fallen.

Der Aktienmarkt ist insofern fast einzigartig, als er Käufer dadurch anzieht, dass er den Preis der Ware, die man verkaufen möchte, erhöht. Umgekehrt wäre es für einen großen Akteur, der eine Position in einer Aktie mit großem langfristigen Potenzial aufbauen möchte, am wenigsten effektiv, den Preis dafür in die Höhe zu treiben. Im Gegenteil, wenn er bei jedem ersten Anzeichen eines Kursanstiegs Aktien liefern könnte, sodass Spekulanten nach ein oder zwei Jahren zu der Überzeugung gelangen, dass sich die Aktie schlecht entwickelt, würden sie ihm alle ihre Aktien zu immer niedrigeren Preisen verkaufen.

Das Geld, das durch unkluge Verkäufe von Aktien in diesem großen und wachsenden Land verloren gegangen ist, übersteigt wahrscheinlich um ein Vielfaches den Verlust durch unkluge Käufe. Dennoch hat die SEC, soweit mir bekannt ist, noch nie ihr wachsames Auge auf einen Fall von Manipulation gerichtet, in dem die Preise gedrückt oder niedrig gehalten wurden, vielleicht weil dies fast unmöglich zu beweisen wäre.

Dow schrieb einmal, dass die älteren Rothschilds angeblich nach dem Prinzip handelten, dass es gut sei, Immobilien mit bekanntem Wert zu kaufen, wenn andere verkaufen wollten, und zu verkaufen, wenn andere kaufen wollten.

„Darin liegt viel solide Weisheit", sagte Dow. „Die Öffentlichkeit als Ganzes kauft zum falschen Zeitpunkt und verkauft zum falschen Zeitpunkt. Der Grund dafür ist, dass Märkte zum Teil durch Manipulationen entstehen und die Allgemeinheit auf manipulierte Kursanstiege reagiert und erst dann kauft, wenn diese bereits weit fortgeschritten sind. Daher kauft sie zu dem Zeitpunkt, zu dem die Manipulatoren verkaufen wollen, und verkauft, wenn die Manipulatoren kaufen wollen."

Ein Bereich, in dem meiner Kenntnis nach bisher keine offizielle Aufmerksamkeit auf mögliche Manipulationen und den Missbrauch von Insiderinformationen gerichtet wurde, sind Unternehmensübernahmen oder Fusionen. Die meisten Unternehmensleitungen vermeiden es gewissenhaft, persönlich in Aktien von Unternehmen zu investieren, die sie eines Tages vielleicht übernehmen möchten. Aber wenn alle Menschen ehrlich wären, wären unsere Gefängnisse nicht so überfüllt.

Die Möglichkeiten für Unehrliche, bei Übernahmen mit gezinkten Karten zu spielen, sind groß, wie ein Blick auf die Tabellen I und II zeigt. Um solche Gelegenheiten zu nutzen, müssten Topmanager nicht einmal Aktien der Unternehmen kaufen, die sie übernehmen wollen. Sie könnten gut beraten sein, persönlich Aktien der Unternehmen zu kaufen, die ihre Freunde übernehmen wollen, und umgekehrt. Gleich und Gleich gesellt sich gern.

Viele Menschen gehen naiv davon aus, dass Aktienkurse einfach durch Absprachen manipuliert werden, um sie zu kaufen und so ihren Preis in die Höhe zu treiben. Tatsächlich war dies wahrscheinlich nie das wichtigste Instrument der Manipulatoren. Viel effektiver ist es, die Gewinne zu manipulieren.

In den schlechten alten Zeiten der 1920er-Jahre hielten es die Eisenbahnreporter des *Wall Street Journal* für selbstverständlich, dass Eisenbahnen Zyklen mit hohen Instandhaltungsausgaben und geringen Erträgen durchliefen, auf die dann geringe Instandhaltungsausgaben und hohe Erträge folgten. Das alles geschah, ohne eine Miene zu verziehen. Eine neue Geschäftsführung übernahm eine Eisenbahnlinie und „entdeckte", dass deren Gleisbett in einem schlechten Zustand war. Es folgten Jahre teurer Verbesserungsmaßnahmen. Manchmal mussten Dividenden gekürzt oder ganz gestrichen werden, um die Instandsetzung der Gleise zu finanzieren. Es überraschte daher nicht, dass der Kurs der Eisenbahnaktien sank.

Dann kam der Tag, an dem die Anlagen in einem so guten Zustand waren, dass die Instandhaltungsausgaben reduziert werden konnten.

Die Gewinne stiegen und mit ihnen der Aktienkurs. Investoren, die das Programm „verstanden" hatten, kauften, wenn die Gewinne niedrig waren, und verkauften, wenn die Gewinne von unterdurchschnittlichen Instandhaltungsquoten profitierten.

Man kann mit Fug und Recht behaupten, dass einige Unternehmen trotz aller Bemühungen der SEC und der Reformer in der Buchhalterzunft nach wie vor ihre Gewinne manipulieren.

Nichts ist für Wertpapieranalysten schwieriger vorherzusagen als plötzliche Veränderungen der Unternehmensgewinne aufgrund von Änderungen der Preispolitik der Branche. Jahrelanger Verdrängungswettbewerb weicht plötzlich einer industriellen Staatskunst, die nur von Hellsehern vorhergesagt werden könnte. Das Gegenteil ist oft leichter vorauszuahnen, da es auf eine durch eine längere Phase des Wohlstands bedingte Überstrapazierung folgt.

Die Moral dieser Geschichte führt uns zurück zu Herrn Barrons Aussage: „Fakten ohne Wahrheit sind falsch. Stellen Sie immer einen Zusammenhang her." Wenn Sie einen negativen Artikel über ein Unternehmen lesen, dessen Aktienkurs auf ein Drittel des Wertes von vor zwei oder drei Jahren gefallen ist, fragen Sie sich nicht nur, ob der Artikel wahr ist, sondern auch, warum er gerade jetzt veröffentlicht wurde. Der Artikel mag zwar den Tatsachen entsprechen, aber aufgrund des Zeitpunkts für Anleger dennoch höchst irreführend sein. Gute Reporter wissen das und versuchen, sich nicht „instrumentalisieren" zu lassen. Letztendlich müssen die Anleger selbst entscheiden.

Aber ohne leichtgläubige Menschen gäbe es keine Manipulatoren. In Afrika gibt es dort, wo keine Antilopen sind, auch keine Löwen.

KAPITEL 12

Aufmerksamkeit bei unvorhersehbaren Entwicklungen

Aktien werden gekauft und verkauft, weil *sowohl* der Käufer als auch der Verkäufer sich von ihren Handlungen einen Vorteil versprechen. Keiner von beiden will dem anderen einen Gefallen tun. Wenn ein Käufer und ein Verkäufer im selben Moment entgegengesetzte Schritte in Bezug auf dieselbe Aktie unternehmen, wie sie es tun müssen, um einen Handel zu tätigen, kann man davon ausgehen, dass sie nicht auf die gleiche Weise denken. Ohne solche Meinungsverschiedenheiten könnte der Aktienmarkt, wie wir ihn kennen, nicht existieren.

In einem Geschäft, das auf einem kontinuierlichen Fluss diametral entgegengesetzter Meinungen basiert, wäre es nicht verwunderlich, wenn es Meinungsverschiedenheiten darüber gäbe, *wie man* über Kauf oder Verkauf *entscheiden* soll. Diese Meinungsverschiedenheiten über Anlagephilosophien, Methoden, Techniken und Verfahren sind vielfältig. Unter ihnen kenne ich keine, die so emotionsgeladen ist wie die Meinungsverschiedenheit zwischen den sogenannten Fundamentalisten und den sogenannten Technikern.

Ich habe beide Seiten kennengelernt. Nach 44 Jahren der Beobachtung und des Studiums bin ich zu dem Schluss gekommen, dass die

Technische Analyse keine Alternative zur fundamentalen Wertpapieranalyse ist. Vielmehr ist sie ein Mittel, das zusätzliche Informationen von erheblichem Wert für profitable Anlageentscheidungen liefert.

Meiner Meinung nach ist es für professionelle Anleger wichtig, jederzeit nicht nur zu wissen, *was* laut fundamentaler Wertpapieranalyse *an der Börse passieren sollte*, sondern auch, *was* laut Technischer Analyse tatsächlich *an der Börse passiert.* Gute Charts zeigen lediglich Informationen, über die jeder gut informierte Anleger verfügen sollte. Ob er diese Informationen in Form von Charts oder Zahlenkolonnen erhält, ist unerheblich, solange er sie nur erhält. Für mich sagt ein Bild mehr als tausend Worte. Daher sparen Charts Zeit.

Es gibt zwei Gründe, warum fundamental orientierte Wertpapieranalysten technische Unterstützung benötigen. Der erste Grund ist, dass, egal wie gut die Analysten sind, immer die Möglichkeit besteht, dass sie nicht alle Fakten kennen. Wenn eine Aktie trotz meiner Informationen dauerhaft nicht so reagiert, wie sie sollte, komme ich zu dem Schluss, dass mir etwas entgeht, und verdoppele meine Anstrengungen, um herauszufinden, was es ist.

Der andere Grund, warum fundamental orientierte Wertpapieranalysten technische Unterstützung benötigen, ist, dass sie ihnen zu erkennen hilft, wann sie zu den Ersten gehören, die die guten Nachrichten erhalten, und wann sie zu den Letzten gehören. Was macht das für einen Unterschied? Ganz einfach: den Unterschied zwischen der Vorhersage eines Kursanstiegs und der Erklärung, warum dieser stattgefunden hat. Das Hin und Her der Preisbestätigung begleitet uns immer. Je weniger Anhaltspunkte der Käufer hat, desto vager sind die Bestätigungen und desto niedriger ist der Preis. Je solider die Bestätigung, desto höher der Preis.

Warum offenbaren Kursbewegungen manchmal etwas, das Untersuchungen nicht aufdecken können? Ganz einfach deshalb, weil niemand außer einem Manipulator seinen Broker belügt. Ein Mann kann seine Konkurrenten in die Irre führen, seine Kollegen täuschen, seine Aktionäre betrügen und seine Frau hintergehen. Aber wenn er zum Telefon greift und seinem Broker sagt, er solle kaufen oder verkaufen, drückt er damit alles aus, was er weiß, hofft und befürchtet. Selbst Manipulatoren wissen, dass der Versuch, Wasser bergauf fließen zu lassen, sinnlos ist. Die Gesamtheit dieser ultimativen Wahrhaftigkeit erzählt eine Geschichte, die kein Geschäftsmann oder Investor ignorieren kann.

Ebenso wenig kann er es sich leisten, sich allein auf Marktanalysen zu verlassen. Wenn ein erfahrener Jäger Elefantenspuren entdeckt, die zu einer Scheune führen, gibt er die Verfolgung auf und sucht nach jemandem, der ihm einen Streich gespielt hat.

Es ist nicht einfach, aus den nahezu unendlich vielfältigen Kursschwankungen einen Sinn herauszulesen. Manchmal denke ich, dass dies genauso komplex und schwierig ist wie jeder mir bekannte Veredelungsprozess. Hunderte von Einzelpersonen und Dutzende von Unternehmen haben Methoden perfektioniert, Marktdaten zueinander in Beziehung zu setzen, die sie als Geschäftsgeheimnisse betrachten. Ich werde nicht einmal versuchen, zu erraten, wie diese Methoden aussehen könnten, obwohl ich vermute, dass dabei viel doppelte Arbeit geleistet wird.

Für den Privatanleger reicht es aus, zwei Dinge zu wissen:

1. Die meisten Kurscharts lassen sich in zwei Kategorien einteilen:
   a. tatsächliche Kurse
   b. relative Kurse
2. Selbst der scharfsinnigste Chartleser kann nur sagen, was der Markt zu tun *scheint*. Ob der Markt mit seinem Verhalten richtigliegt, ist eine andere Frage.

Wen interessiert es schon, ob der Markt mit seinem Verhalten recht hat, solange man es nur als Erster weiß?

Meine Antwort lautet: Jeder, der mit einer Investition von einem Dollar 100 Dollar verdienen will, muss sich intensiv darum kümmern. Nur wenn er viele ungerechtfertigte Marktbewegungen ignoriert, kann er sein Ziel erreichen, selbst wenn er richtig gekauft hat.

Im Rückblick erwies sich der allgemeine Börsenabschwung von Mai 1946 bis Juni 1949 als unnötige Verirrung und hätte von Anlegern, die ihr Vermögen an der Börse machen wollten, ignoriert werden können und sollen.

Ein relativer Kus ist einfach ein absoluter Kurs, der als Prozentsatz eines anderen absoluten Kurses ausgedrückt wird. Die Logik dahinter habe ich von Francis I. du Pont gelernt, einem der drei oder vier wahrhaft großartigen Männer, mit denen ich die Ehre hatte, zusammenzuarbeiten.

„Das Problem mit Wirtschaft und Finanzen", sagte du Pont, „ist, dass wir immer mit schmutzigen Reagenzgläsern arbeiten." Herr du Pont kannte sich mit Reagenzgläsern aus, denn er hatte die Forschungsabteilung von E. I. du Pont de Nemours gegründet.

Die Verwendung relativer Kurse ermöglicht es uns, unsere Wirtschafts- und Finanz-Reagenzgläser etwas zu säubern. Denn wenn wir den Kurs (oder Gewinn) der Aktie eines einzelnen Unternehmens durch den Kurs (oder Gewinn) eines beliebigen guten Durchschnittswerts von Aktien (beispielsweise eines Aktienindex) dividieren, entfernen wir aus der Kursentwicklung dieser Aktie die Schwankungen, die der gesamten Wirtschaft gemeinsam sind. Was danach übrig bleibt, ist das, was für den untersuchten Gegenstand charakteristisch ist.

Nicht nur Kurse, sondern auch Gewinne und Multiplikatoren oder Kurs-Gewinn-Verhältnisse offenbaren bei dieser Analyse vieles, was bei einer Betrachtung der reinen Zahlen verborgen bleibt.

Wie zu erwarten ist, wenn man irrelevante Faktoren aus der Kursentwicklung einer Aktie herausrechnet, indem man ihren Kurs durch den Dow Jones Industrial Average dividiert, ergibt sich eine relative Kurslinie, die deutlich beständigere Trends als die absolute Kurslinie aufweist. Das sollte niemanden überraschen. Unternehmen neigen ebenso wie Einzelpersonen dazu, ihrem typischen Verhalten treu zu bleiben. Im Folgenden zeige ich Ihnen einen relativen Kurschart von United Fruit. Ich habe eine Aktie ausgewählt, die nicht mehr gehandelt wird, da ich ein Beispiel ohne auch nur den Hauch einer „Empfehlung" geben wollte.

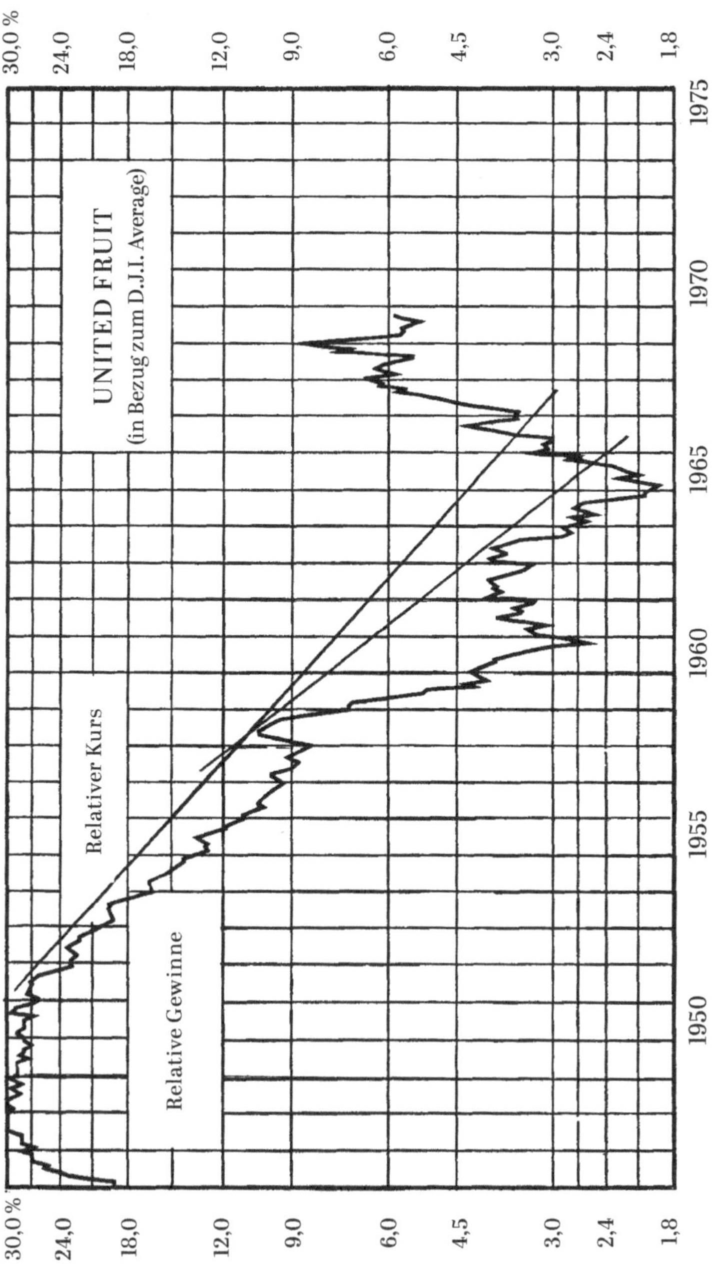

Relativer Kurschart von United Fruit

Dieser Chart umfasst den Zeitraum vom Ende des Zweiten Weltkriegs bis Ende 1968, als United Fruit mit AMK fusionierte, das heute United Brands heißt. Die dicke schwarze Linie ist der Kurs von United Fruit, ausgedrückt als Prozentsatz des Dow Jones Industrial Average am Ende jedes Monats. Wäre der Kurs von United Fruit proportional zu den Veränderungen des Dow Jones Industrial Average gestiegen und gefallen, wäre die schwarze Linie gerade und horizontal.

Beachten Sie die beeindruckende Hartnäckigkeit des Abwärtstrends von United Fruit, nachdem er 1950 eingesetzt hatte. Ich wünschte, ich könnte sagen, dass ich die Aktie konsequent gemieden hätte, bis sie 15 Jahre später ihren relativen Tiefststand erreichte. Leider teilte ich zeitweise die Hoffnungen des Managements von United Fruit, dass sich diese sich verschlechternde Situation würde umwenden lassen.

Beachten Sie, was geschah, als der relative Abwärtstrend durchbrochen wurde. Ich habe zwei gerade Linien (A und B) eingezeichnet, um zu verdeutlichen, wie klar dieser Abwärtstrend war und wie unverkennbar die Wende zum Aufwärtstrend war.

Relative Kursanalysen lassen sich nicht nur zur Erkennung langfristiger Trends, sondern auch als Gradmesser für die Erwartungen des Aktienmarkts verwenden. Um dies zu verdeutlichen, lassen Sie uns in der Erinnerung zurückkehren zu Montag, dem 13. Juni 1955. Union Carbide hatte gerade bei 100 Punkten geschlossen, was 50 bei der heutigen Aktie entspricht, die 1965 im Verhältnis 2:1 gesplittet wurde. Der Dow Jones Industrial Average hatte bei 440 Punkten geschlossen. Nehmen wir nun an, unsere Gewinnprognosen wären perfekt gewesen. Mit anderen Worten: Nehmen wir an, wir *hätten gewusst*, dass der Gewinn von Union Carbide 1966 einen Rekordwert von 146 Prozent über dem von 1954 erreichen würde und dass der Gewinn des Dow Jones Industrial Average um 102 Prozent steigen würde. Oder anders ausgedrückt: Nehmen wir an, wir hätte 1955 gewusst, dass der Gewinn von Union Carbide in den nächsten zwölf Jahren um jährlich 7,8 Prozent wachsen würde.

Hätten Sie Union Carbide gekauft?

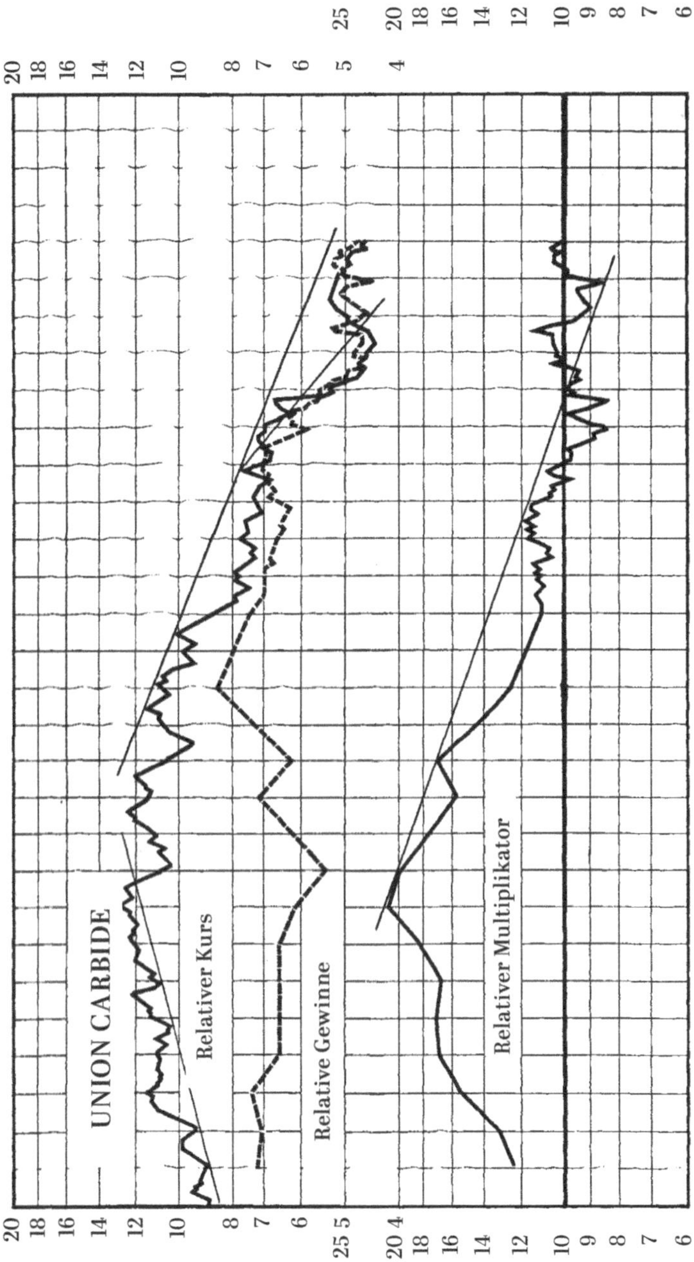

Relativer Kurschart von Union Carbide

Sehr viele Menschen taten das. Doch Ende 1966 lag Union Carbide trotz eines Gewinnanstiegs von 146 Prozent tatsächlich 5,5 Prozent unter dem Preis, zu dem das Unternehmen am Montag, dem 13. Juni 1955 gehandelt wurde. Der Dow Jones stieg unterdessen um mehr als 78 Prozent.

Wie kann so etwas sein? Auf den ersten Blick erscheint einem Fundamentalanalysten ein solches Marktgeschehen unfair. Es müsste ein Gesetz gegen solche Machenschaften an der Börse geben. Aber Moment mal. Wenn wir uns den relativen Multiplikator ansehen, stellen wir fest, dass der Markt 1955 für jeden Dollar des Gewinns von Union Carbide fast doppelt so viel zahlte wie für jeden Dollar des Gewinns des Dow Jones.

Auf der Grundlage der Mitte 1955 vorherrschenden relativen Kurse erwartete der Markt, dass der Gewinn von Union Carbide so viel schneller steigen würde als der Gewinn des Dow Jones Industrial Average, dass der Käufer von Union Carbide in absehbarer Zukunft besser dastünde als der Käufer des Dow Jones Industrial Average, obwohl der Käufer von Union Carbide anfangs viel weniger bekam. Wie Sie inzwischen wissen, stieg der Gewinn von Union Carbide zwar schneller als der Gewinn des Dow Jones Industrial Average, aber nicht ausreichend viel schneller.

Diese Reaktion des Marktes erinnert an die Geschichte vom glücklichen und vom traurigen Jungen zu Weihnachten. Beide bekamen identische Fahrräder geschenkt. Der eine Junge war glücklich, weil er bloß eine Zuckerstange erwartet hatte. Der andere Junge weinte, weil er gedacht hatte, er würde einen Mustang bekommen. Relative Multiplikatoren messen Erwartungen. Was anschließend geschieht, ist nur dann bullish oder bearish, wenn es besser oder schlechter ist als erwartet.

Was halte ich jetzt von Union Carbide? Zwischen „jetzt“, während ich dies schreibe, und „jetzt“, während Sie dies lesen, können Monate oder sogar Jahre liegen. Fragen Sie Ihren derzeitigen Anlageberater.

Ich kann jedoch sagen, dass der Markt nicht mehr davon ausgeht, dass die Gewinne der Aktie die des Dow Jones übertreffen werden. Vor dem Hintergrund dieser Erwartungen könnte die Reaktion des Marktes recht positiv ausfallen, sollte der Gewinn von Union Carbide in den nächsten zehn Jahren eine relative Verbesserung zeigen. Vor zwölf Jahren erwartete der Markt Großes von Union Carbide und war dann bitter enttäuscht, als lediglich Gutes zu hören war. Jetzt erwartet der Markt von Union Carbide wenig. Das bedeutet, dass gute Ergebnisse eine erfreuliche und sogar begeisternde Überraschung sein könnten.

Um noch einmal zu betonen, dass relative Multiplikatoren manchmal wichtiger sind als alle anderen Anlageüberlegungen, finden Sie hier einen „Was lässt Aktien steigen?“ betitelten Chart mit den relativen Kursen des Standard & Poor's Chemical Average im Vergleich zum Standard & Poor's Electronics Average für die zwölf Jahre von 1954 bis 1966. Sie sehen, wie profitabel es gewesen wäre, 1954 von Chemie auf Elektronik umzusteigen. Wie hätten wir das damals wissen können? Eine naheliegende Vermutung wäre, dass wir in die richtige Branche investiert hätten, wenn wir die Gewinne gekannt hätten.

Tatsächlich starteten die Gewinne beider Gruppen gemeinsam und endeten auch gemeinsam. Die meiste Zeit über schnitt die Chemiebranche besser ab als die Elektronikbranche.

Vielleicht meinen Sie, wir hätten einen Hinweis darauf bekommen, was zu tun gewesen wäre, wenn wir die relativen Umsätze beobachtet hätten. Auch hier gab es jedoch keine wesentlichen Unterschiede.

Was aber *machte* den Unterschied aus? Zu Beginn des Zeitraums war das Kurs-Gewinn-Verhältnis der Chemiewerte doppelt so hoch wie das des Dow Jones, während das Kurs-Gewinn-Verhältnis der Elektronikunternehmen nur halb so hoch war wie das des Dow Jones. Am Ende der zwölf Jahre war das Kurs-Gewinn-Verhältnis der Chemiewerte etwa gleich hoch wie das des Dow Jones, während das Kurs-Gewinn-Verhältnis der Elektronikunternehmen doppelt so hoch war wie das des Dow Jones.

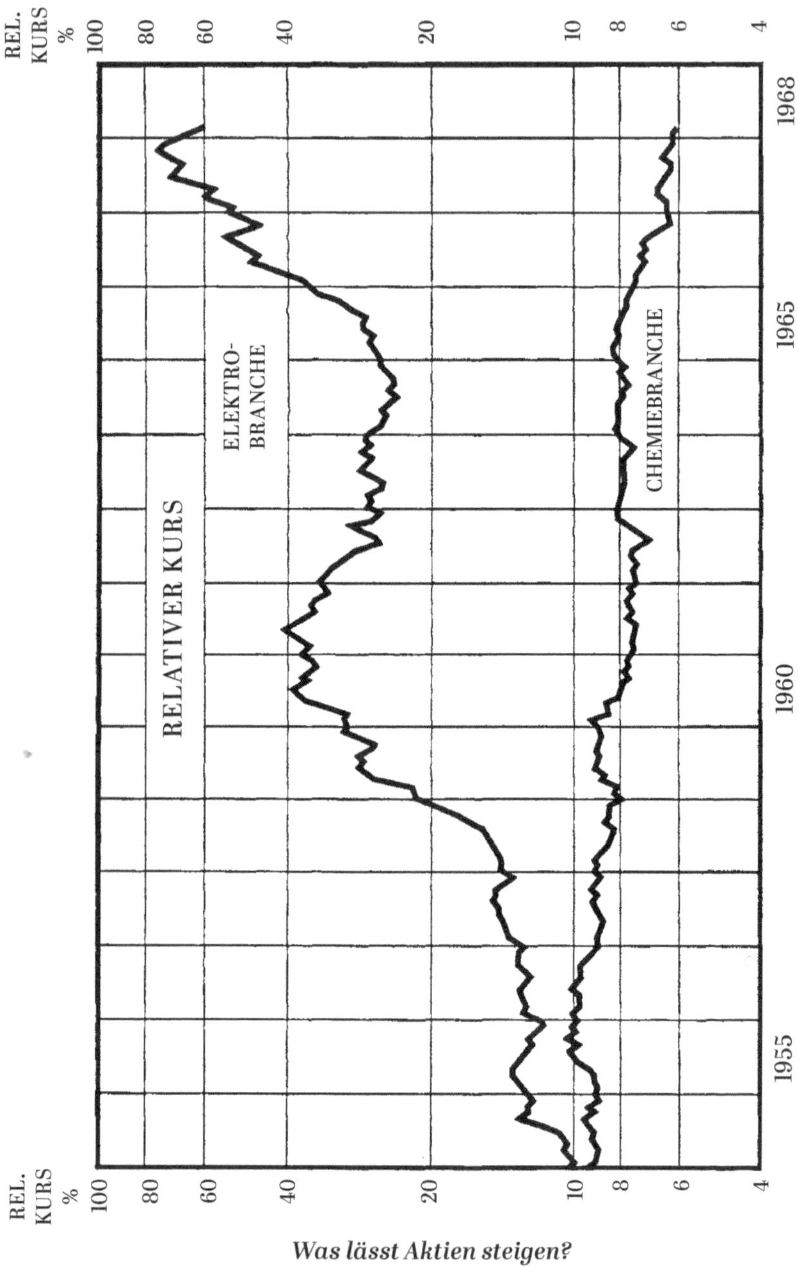

Was lässt Aktien steigen?

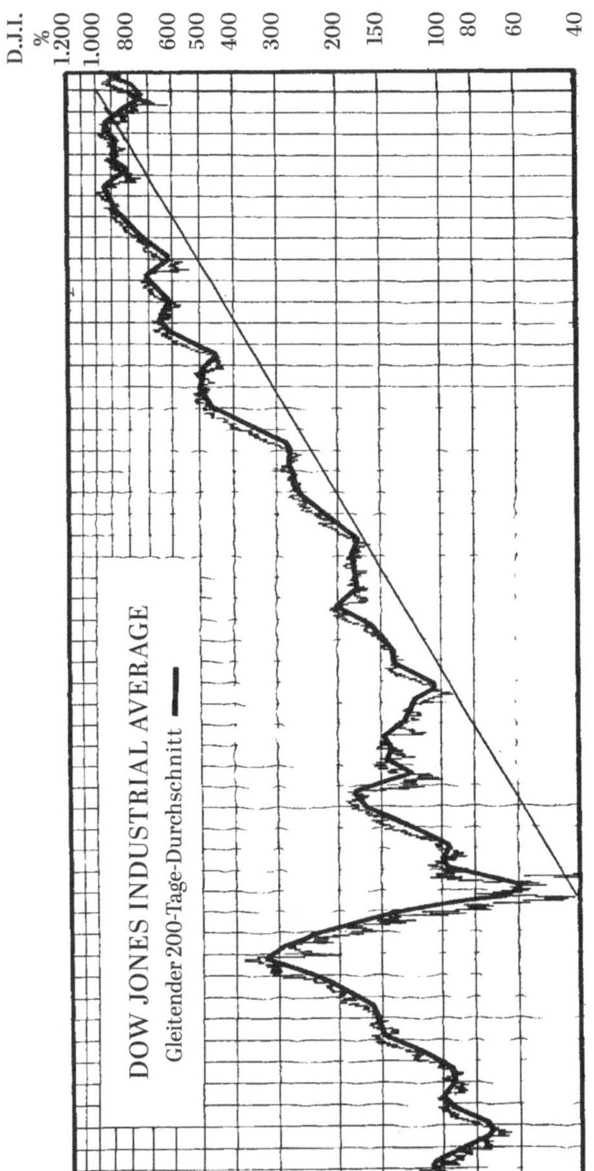

Dow Jones Industrial Average und Gleitender 200-Tage-Durchschnitt

Wenden wir uns nun den absoluten Kurscharts zu, die auf Anzeichen von Akkumulation oder Distribution sowie auf Manifestationen des großen Gesetzes von Aktion und Reaktion untersucht werden. Um Ihnen zu zeigen, was ich unter einem Trend verstehe, schauen Sie sich den über 50 Jahre reichenden Chart des Dow Jones Industrial Average an. Beachten Sie, wie sich der Markt ein Vierteljahrhundert lang über der Linie bewegte, die durch die Tiefs von 1932 und 1942 gezogen wurde. Da der Chart so skaliert ist, dass gleiche prozentuale Kursbewegungen die gleichen Ausschläge aufweisen, bedeutet die Fähigkeit des Aktienmarkts, über dieser Linie zu bleiben, dass der Kurs über mehr als 35 Jahre hinweg mit einer durchschnittlichen jährlichen Wachstumsrate von fast neun Prozent gestiegen ist. So reifte eine Generation von Menschen heran, die in der Finanzwelt eine Führungsrolle übernahm, ohne jemals einen anderen Trend als diesen erlebt zu haben. Manche hielten ihn für so selbstverständlich wie Sommer und Winter.

Die wahrscheinlich älteste und einfachste Form, Börsenkurse aufzuzeichnen, ist der sogenannte Point-and-Figure-Chart. Bei dieser Methode werden nur Kursschwankungen aufgezeichnet, ohne Berücksichtigung des Zeitablaufs. Wenn eine Aktie ein Jahr lang jeden Tag zum gleichen Kurs gehandelt wird, dann wird im Point-and-Figure-Chart kein neuer Eintrag gemacht. Wenn der Markt aktiv ist, können in einem Point-and-Figure-Chart in einem Monat so viele Einträge gemacht werden wie in den 1940er-Jahren im Laufe von fünf Jahren.

Trader finden Point-and-Figure-Charts besonders hilfreich, um Anzeichen für Akkumulation oder Distribution beziehungsweise Hinweise auf Aktionen und Reaktionen zu erkennen. Da mir bewusst ist, dass Point-and-Figure-Charts wahrscheinlich das umstrittenste der derzeit allgemein verwendeten technischen Instrumente und möglicherweise auch das am häufigsten missbrauchte sind, möchte ich nur ein Beispiel anführen. Um den Verdacht zu vermeiden, dass ich etwas beweisen will, anstatt einfach nur ein guter Berichterstatter zu sein, habe ich als Beispiel einen Point-and-Figure-Chart von United Fruit

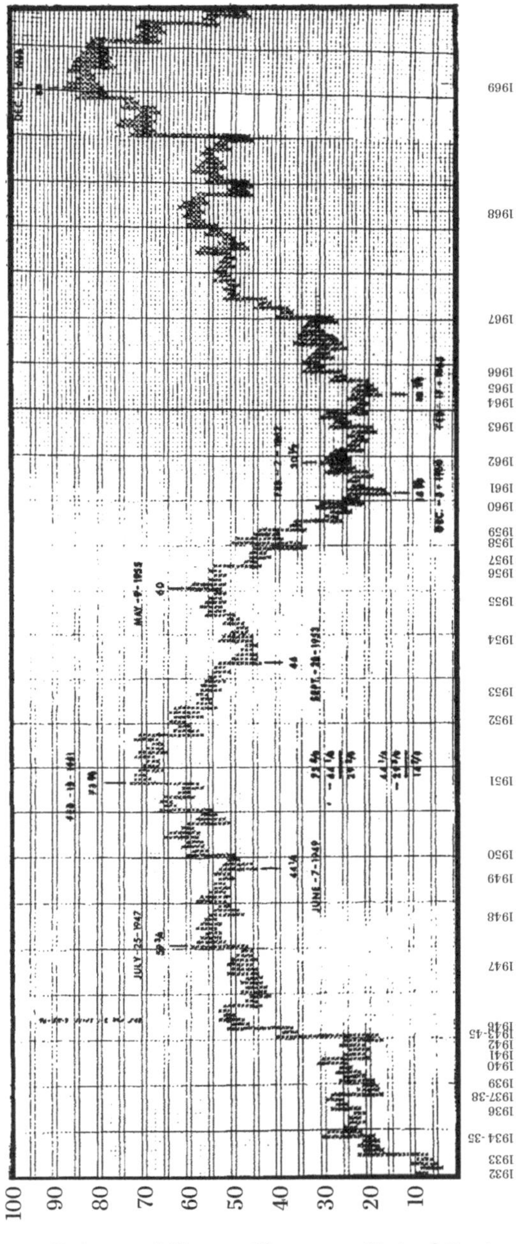

Point-and-Figure-Chart von United Fruit

gewählt – dem gleichen Unternehmen mit Sitz in Boston, das wir bereits in unseren Studien zu relativen Kursen betrachtet haben. Es ist heute Teil von United Brands.

Point-and-Figure-Fans sagen, dass ein klassisches Zeichen für eine Distribution am Aktienmarkt die sogenannte Schulter-Kopf-Schulter-Formation sei. Diese Formation ist in dem vor Ihnen liegenden Chart zu sehen. Beachten Sie die linke Schulter bei 59-3/4 am 25. Juli 1947, das linke Schlüsselbein bei 44-1/4 am 7. Juni 1949 und dann den Kopf bei 73-5/8 am 21. Februar 1951. Sie werden feststellen, dass die rechte Schulter bei 60 am 9. Mai 1955 genau 25 Cent höher ist als die linke Schulter, während das rechte Schlüsselbein genau 25 Cent tiefer liegt als das linke Schlüsselbein.

Kopf-Schulter-Formationen sind nicht immer so symmetrisch, aber eine so schöne Balance zwischen der linken und rechten Seite ist auch keineswegs ungewöhnlich. Fundamentalanalysten „wissen", dass dies nur Zufall ist. Aber wenn Chartisten eine solche Formation sehen, wie stark wird der Kurs ihrer Meinung nach dann fallen? Sie messen den Abstand vom linken Schlüsselbein zum Kopf und ziehen ihn vom Wert am linken Schlüsselbein ab. In diesem Fall stieg die Aktie um 29-3/8 Punkte vom linken Schlüsselbein bei 44-1/4 bis zum Kopf bei 73-5/8. Indem sie 29-3/8 von 44-1/4 subtrahierten, kamen sie auf 14-7/8. Das war denn auch genau der Tiefststand, den die Aktie fast zehn Jahre später, im Dezember 1960, erreichte. Zu diesem Zeitpunkt war es schwer, jemanden zu finden, der etwas Positives über die Aktie zu sagen hatte. Wer jedoch dieser Methode folgte, hatte zumindest einen Hinweis darauf, dass die Aktie zu diesem Zeitpunkt und zu diesem Kurs besonderer Aufmerksamkeit wert war. Wie fast immer in einer Baissephase waren sowohl die Nachrichtenlage als auch die Aussichten schlecht.

Selbst wenn man die Chartanalyse an sich belächelt, spricht die Tatsache, dass sie von an Performance orientierten Fonds und sogar von Banken so allgemein verwendet werden, dafür, ihnen etwas Aufmerksamkeit zu schenken. Manchmal liefern sie den einzigen Hinweis auf Anomalien am Aktienmarkt.

Durch Charts verursachte Übertreibungen am Markt sollten begrüßt werden, da sie Anlegern, die die fundamentalen Gegebenheiten der Situation verstehen, Investitionsmöglichkeiten bieten. Es ist viel einfacher, an vorübergehend außer Acht gelassene Fundamentaldaten zu glauben, wenn man die technischen Entwicklungen kennt, die hinter ungerechtfertigten Käufen oder Verkäufen stehen.

Die Fehlinterpretation von Charts ist für Anleger wahrscheinlich nicht häufiger und nicht kostspieliger als die Fehlinterpretation von so anerkannten Fundamentaldaten wie Gewinnmargen, Renditen und Umsatzwachstum. Die größte Gefahr von Charts besteht meiner Meinung nach in der Versuchung, sie als Leitfaden für den Handel zu verwenden und dadurch die größeren Chancen zu übersehen, die sich aus dem richtigen Kaufen und Halten von Wertpapieren ergeben.

Kehren wir zu United Fruit zurück. Angenommen, Sie hatten das Glück, die Aktie 1932 zu ihrem Tiefststand von 10-1/4 zu kaufen. Für 10.000 Dollar hätten Sie 975 Aktien erworben, die später im Verhältnis 3:1 gesplittet wurden. Nehmen wir an, Sie hätten die Aktien bis zur Bestätigung des Schulter-Kopf-Schulter-Tops durch einen Verkauf bei 43-1/4 gehalten, einen Dollar unter dem Tiefstkurs vom 7. Juni 1949 von 44-1/4. Hätten Sie zu diesem Kurs verkauft, hätten Sie 126.506 Dollar erzielt. Nach Abzug von Provisionen und Kapitalertragsteuern in Höhe von insgesamt 30 Prozent hätte Ihr Nettoerlös 91.555 Dollar betragen. Nehmen wir nun an, Sie hätten Ihr Geld am 5. Dezember 1960 zum Tiefstkurs von 14-7/8 wieder in United Fruit investiert. Sie hätten dann 6.154 Aktien gehabt.

Nehmen wir weiter an, dass Sie durch ein Wunder den gesamten Block zum Höchstkurs von 88 im Jahr 1968 verkauft hätten. Sie könnten zu dieser Zahl gelangen, indem Sie das Datum des 5. Dezember (12-5) vom Datum des vorherigen Höchstkurses am 13. Februar (2-13) abgezogen hätten – 213 minus 125 = 88. Ihr Bruttoerlös hätte 541.552

Dollar betragen, Ihr Nettoerlös nach Provisionen und Kapitalertragsteuern 406.553 Dollar.

Durch perfektes Timing bei diesen großen Ausschlägen hätten Sie Ihr Startkapital vervierzigfacht. In der Zwischenzeit waren Hunderte von Aktien um mehr als das 100-Fache gestiegen. Hatten Sie das richtige Ziel im Visier?

„Moment mal", denken Sie vielleicht. „Wie fantasievoll kann man denn sein – ein Kursziel zu erreichen, indem man ein Startdatum von einem Enddatum abzieht! Was für ein Unsinn!"

Diese Idee habe ich mir nicht einfach so ausgedacht. Ich habe beobachtet, dass der Anstieg von 44-1/4 auf 73-5/8 am 7. Juni (6–7) begann und am 13. Februar (2—13) endete. Wenn man 67 von 213 subtrahiert, erhält man 146, was mit 14-7/8, dem tatsächlichen Tiefststand beim nächsten Rückgang, übereinstimmt.

„Wenn das Abziehen des Datums zu Beginn eines Kursanstiegs vom Datum am Ende dieses Anstiegs den Kurs am Tiefpunkt des nächsten Rückgangs ‚signalisiert'", dachte ich, „dann signalisiert vielleicht das Abziehen des Datums am Ende dieses Rückgangs (12–5) vom Datum zu dessen Beginn (2–13) den Kurs am Höchstpunkt des nächsten Anstiegs."

Und genau so war es.

Zufällige Spaziergänge machen wie vogelkundliche Spaziergänge mehr Spaß, wenn man aufmerksam ist.

KAPITEL 13

Manchmal ist Erfahrung ein schlechter Lehrer

Wir hatten früher einen Boxer namens Prince. Er war dumm, aber nicht blöd. Bei kaltem Wetter fand er es viel bequemer, auf dem Sofa im Wohnzimmer als auf dem Boden zu liegen. Das tat dem Sofa nicht gut. Um Prince davon abzuhalten, stellten wir Mausefallen auf. Wenn er sich darauflegte, gingen sie los und zwickten das, was Sir Winston Churchill als Princes weichen Unterbauch bezeichnet hätte. Vor Schmerz aufheulend sprang Prince vom Sofa und blieb weg, bis die Erinnerung verblasste. Manchmal dauerte das ein oder zwei Wochen.

Wäre Prince intelligenter gewesen, hätte er den Schmerz mit den Mausefallen in Verbindung gebracht und nicht mit dem Sofa. Wenn die Mausefallen da waren, hätte er sich ferngehalten. Wenn das Sofa frei war, hätte er es sich darauf bequem gemacht.

Da er nicht so schlau war, verwechselte Prince Erinnerung mit Vernunft und handelte nach seiner Erinnerung.

An der Börse scheinen viele Menschen dasselbe zu tun. Sie tun jetzt das, was im Nachhinein betrachtet profitabel gewesen wäre, wenn sie es zehn Tage, zehn Monate oder zehn Jahre zuvor unter ganz anderen Bedingungen getan hätten. Sie schießen dorthin, wo das Kaninchen zuvor war. Ich habe das selbst getan. Als ich 1927 als beeindruckbarer junger Mann an die Wall Street kam, war meine erste große Erfahrung der lange und brutale Kursverfall von September 1929 bis Juli 1932.

Um zu zeigen, wie tief dieser Einbruch in meinem Unterbewusstsein verankert war, möchte ich ein konkretes Beispiel nennen. Nicht viele Monate bevor der Bullenmarkt von 1929 seinen Höhepunkt erreichte, kaufte ich Stammaktien von Southern Railway zum Preis von 140 Dollar. Nach wenigen Wochen verkaufte ich meine Aktien zu 160 Dollar pro Stück und verdoppelte damit mein Geld dank des damals zulässigen Einschusses von 20 Dollar. Ich begann, mich J. P. Morgan brüderlich verbunden zu fühlen. Sie kennen sicher diese wirklich uralte Geschichte: Als Morgan gefragt wurde, wie viel ihn der Unterhalt seiner Yacht „Corsair" koste, antwortete er: „Wenn Ihnen das wichtig ist, können Sie es sich nicht leisten." Ich wünschte, ich hätte das gesagt, und wollte es auch tun, sobald ich meine Yacht hatte.

Einige von uns beim *Wall Street Journal* sahen den Niedergang kommen. Zu Beginn der großen Talfahrt befand ich mich bei mehreren Aktien in einer Short-Position. Als der Niedergang immer schlimmer wurde und Politiker in Washington begannen, gegen die Wall Street zu sticheln, verbot unser Verleger allen Mitarbeitern der Nachrichtenredaktion Leerverkäufe. Gemäß diesem Erlass deckte ich meine Position in Curtis Publishing zu 90 Dollar pro Aktie (ich kaufte die Aktien, die ich leerverkauft hatte, zurück). Im Jahr 1932 notierte die Aktie bei sieben Dollar.

Wenn die Journalisten des *Wall Street Journal* keine Leerverkäufe tätigen durften, konnten wir uns zumindest aus dem Markt heraushalten. Das tat ich auch, bis die Southern-Railway-Aktie, die ich für 160 Dollar verkauft hatte, auf acht Dollar gefallen war. Das war die jährliche Dividende, die Southern Railway zum Zeitpunkt meines Verkaufs im Jahr 1929 gezahlt hatte.

Es schien mir brillant, die Aktien für genau die Dividende zurückzukaufen, die sie zum Zeitpunkt des Verkaufs abgeworfen hatten. Ich kaufte so viele Aktien, wie ich konnte, für acht Dollar pro Stück mit einem Einschuss von 50 Prozent. Innerhalb weniger Monate fiel der Kurs der Southern-Railway-Aktie auf 2,50 Dollar, und ich war ruiniert.

Ich habe damals nicht viel verloren, weil ich nicht viel zu verlieren hatte. Aber die „Lektion", die ich gelernt habe, hat mich Millionen gekostet. Den Rest meines Lebens habe ich nämlich zu wenig riskiert und zu früh verkauft. Obwohl ich 1935 hörte, wie Präsident Roosevelt seine Doktrin der geplanten Belebung der Wirtschaft darlegte, und obwohl ich an dem Tag, an dem die Goldklausel vom Obersten Gerichtshof der Vereinigten Staaten aufgehoben wurde, darüber berichtete, war meine Erinnerung stärker als meine Vernunft. Ich handelte weiterhin so, als ob die alten Regeln noch gelten würden. Millionen andere Menschen taten das Gleiche.

Ein College-Stiftungsfonds, mit dem ich als Broker zu tun hatte, wurde jahrelang nach einem Plan verwaltet, der vorsah, Aktien aus dem Dow Jones Industrial Average bis zu einer Höhe von 200 Punkten zu verkaufen und sie dann bis auf 100 hinab wieder zu kaufen. Im Nachhinein hätte man mit diesem Plan zwischen 1934 und 1946 viel Geld verdienen können. In der Zeit von 1946 bis 1966, in der der Dow Jones von 160 auf 1.000 stieg, war der Plan katastrophal. Wieder einmal mussten seine Befürworter den Preis dafür bezahlen, dass sie „jetzt" das taten, was sie im Nachhinein betrachtet schon zehn Jahre zuvor hätten tun sollen.

Meine erste persönliche Erfahrung mit 100-Baggern begann im April 1932, als ich 100 Aluminium-Ltd.-D-Optionsscheine in Kleinmengen zu Preisen zwischen 3-3/4 und 1-1/8 kaufte. Als die Optionsscheine ausliefen, wurde Aluminium Ltd. (jetzt Alcan) zu über 50 Dollar pro Aktie gehandelt. Ohne weiteres Geld zu investieren, ließ ich meinen Broker meine Optionsscheine zu 30 Dollar pro Aktie ausüben. Im März 1937 verkaufte ich meine letzten zehn Aktien mit einem Gewinn von mehr als 100 Dollar pro Aktie. Acht Monate später wurde die Aktie unter 60 Dollar gehandelt. Offensichtlich war ich klug gewesen oder hatte Glück gehabt, meinen Gewinn mitgenommen zu haben. Hätte ich die Aktie jedoch bis heute gehalten, wären – Stand 1971 – aus den zehn verkauften Aktien 300 Aktien mit dem fast 700-fachen Marktwert meiner ursprünglichen Investition geworden. Hätte ich sie behalten, hätte ich keine Kapitalertragsteuern oder Maklerprovisionen zahlen müssen, sondern nur Zinsen auf meine 300 Dollar Einschusskredit.

Ein solches Handelsgeschäft, das auf meine frühere Erfahrung mit Southern-Railway-Stammaktien folgte, überzeugte mich davon, dass der Weg zum Reichtum durch Schilder mit der Aufschrift „Kaufe sie günstig“ und „Verkaufe sie teuer“ markiert war. Ich hätte falscher nicht liegen können. Selbst wenn man es ganz gut schafft, Schwankungen des Marktes ausnutzen, verdient man nur Pennys im Vergleich zu den Dollar, die diejenigen verdienen, die richtig kaufen und halten.

KAPITEL 14

Warum Computer nicht die Welt regieren werden

In den letzten Jahren haben wir viel darüber gehört und gelesen, dass Computer die Welt regieren. Doch unsere prähistorischen Vorfahren haben Millionen von Jahren ohne Sprache, Logik oder Mathematik überlebt. Einige von uns sind heute hier, weil einer unserer Vorfahren vor nicht allzu langer Zeit losgerannt ist, als die Vögel zu singen aufhörten, anstatt zu warten, bis er die Indianer zählen konnte. Könnte es sein, dass wir modernen Menschen es übertreiben, wenn wir uns so sehr auf das Jonglieren mit Zahlen verlassen, um Antworten auf alle Probleme zu finden?

Probieren Sie einmal diese drei grundlegenden wirtschaftlichen Prinzipien an Ihrem Computer aus:

1. *Der gesamte Marktwert existiert nur in den Köpfen.* Nichts ist etwas wert, solange niemand es haben will. Egal wie schwer etwas zu finden ist, egal wie viel es kostet, es herzustellen – alles ist nur so viel wert, wie jemand dafür zu zahlen bereit ist, nicht mehr.

Es gibt viele Möglichkeiten, den Markt für einen Artikel oder eine Dienstleistung einzuschätzen. Sie alle basieren darauf, wie sehr jemand etwas haben möchte und wie schwer es für ihn ist, es zu bekommen. Ökonomen nennen dies Angebot und Nachfrage.

Die meisten von uns wollen leben. Daher ist die Nachfrage nach dem, was wir zum Leben brauchen, relativ konstant. Der Markt für Luft zum Atmen, Wasser zum Trinken und Nahrung zum Essen ist gesichert. Die einzige Unsicherheit besteht auf der Angebotsseite. Wenn es gerade genug Luft für alle gäbe – beispielsweise in einer Kolonie unter einer Plastikkuppel auf dem Mond –, würde jeder, der weiterleben wollte, alles dafür geben, wenn er keine andere Wahl hätte.

Wenn das Luftangebot so reichlich wäre, dass jeder so viel haben könnte, wie er wollte, ohne dafür zu bezahlen, wie auf der Erde, hätte Luft keinen Marktwert mehr, weil niemand etwas dafür geben würde, es sei denn, sie wäre so stark komprimiert, dass man damit einen Reifen aufpumpen könnte, oder so sehr gekühlt, dass man damit einen Raum kühlen oder Trockeneis herstellen könnte. Und selbst dann würde nicht die Luft vermarktet, sondern die Energie, die in der komprimierten, gekühlten oder gefrorenen Luft steckt.

Wenn die Wasserversorgung so reichlich wäre, dass niemand mehr Wasser haben wollte, wie es dem Glauben zufolge zur Zeit der Sintflut der Fall war, würde auch Wasser als solches seinen Wert verlieren, obwohl Eis, Dampf und fallendes Wasser aufgrund ihres Energiegehalts weiterhin Abnehmer finden würden. Wenn das Wasser, obwohl reichlich vorhanden, so verschmutzt wäre, dass es unangenehm oder gefährlich wäre, es zu trinken, würde sauberes Wasser einen Marktwert erlangen, wie es ihn bereits an zu vielen Orten hat. Es ist ein schrecklicher Gedanke, aber wenn die Welt ihren derzeitigen Kurs fortsetzt, könnten einige von uns den Tag erleben, an dem die privilegierteren Mitglieder der Gesellschaft saubere Luft kaufen, um sie in ihren Häusern und Büros freizusetzen, so wie sie heute sauberes Wasser kaufen.

Das Gleiche gilt für Lebensmittel, mit der Ausnahme, dass wir, da Lebensmittel im Allgemeinen immer reichlicher verfügbar sind, mehr von den Lebensmitteln essen können, die wir mögen, und auf andere Lebensmittel vielleicht ganz verzichten. An diesem Punkt verlieren diese anderen Lebensmittel ihren Marktwert – oder würden ihn verlieren, wenn wir keine Möglichkeit fänden, sie in etwas anderes zu verwandeln, das wir noch wollen. Ein Beispiel dafür ist das Verfüttern von Silage an Rinder. Ein Mensch müsste schon sehr hungrig sein, um Maisstängel zu essen, selbst wenn sie frisch sind, aber die mit ihnen gefütterten Ochsen können sehr gut schmecken.

Der entscheidende Punkt ist, dass die Kosten für die Herstellung eines Produkts wenig oder gar nichts aussagen, wenn man nicht weiß, was die Menschen jetzt und in Zukunft dafür bezahlen werden. Im Geschäftsleben ist es ein Unglück, den Menschen zu sagen, was sie wollen sollen, anstatt ihnen das zu geben, was sie wollen. Das meinen wir, wenn wir sagen, der Kunde sei König. Es hat noch nie eine erfolgreiche Revolution gegen ihn gegeben.

2. *Alle von Menschen gemachten Gesetze können von Menschen geändert werden, und das wird auch geschehen, sobald genügend Menschen zu dem Schluss kommen, dass sie ohne diese Gesetze besser dran wären.* Das gilt für die Verfassung, für die Magna Charta, die Vereinten Nationen und die Bauvorschriften in Podunk.

3. *Niemandes Titel oder Recht auf Eigentum ist mehr wert als die Fähigkeit und Bereitschaft seiner Mitmenschen, dieses Recht zu verteidigen.* Ich habe dieses Gesetz bereits zuvor zitiert, aber es kann nicht oft genug betont werden. Diese anderen Menschen können seine Mitbürger sein, oder sie können die Bürger der sogenannten Großmächte sein, die zum Rest der Welt „Hände weg!"

sagen, während kleine Nationen selbst über ihre Angelegenheiten entscheiden.

So wie die öffentliche Meinung und das Gesetz zueinander stehen wie Wasser und Eis – verschiedene Formen derselben Sache –, so verhält es sich auch mit der Politik und den Eigentumsrechten. Diese Rechte gehören nicht zu den Naturgesetzen wie etwa die Schwerkraft. Vielmehr leiten sie sich aus unserem Gesellschaftsvertrag untereinander ab. Mehr als die Hälfte der Menschheit verfügt heute über kaum oder gar keine Eigentumsrechte. Die überlegene Entwicklung derjenigen Teile der Welt, in denen Eigentumsrechte bestehen, scheint dafür zu sprechen, dass sie einen wichtigen Anreiz bieten. Aber sie sind nicht unveränderlich. Dieses dritte Gesetz bedeutet, dass niemand einen wirklich gültigen Anspruch auf Eigentum hat, das zum Nachteil der Menschen genutzt wird, die die Gesetze erlassen, von denen dieser Anspruch abhängt. Selbst wenn jemand sein Eigentum zum Wohle der Allgemeinheit nutzt, kann er so viel davon besitzen, dass ihm ein Teil davon weggenommen wird, wie wir es in unserem Land durch progressive Einkommen- und Erbschaftsteuern tun. Ob dies richtig oder falsch ist, ist für jemanden, der die Psychologie des Investierens versteht, ebenso irrelevant wie für einen Biologen die moralische Beurteilung eines Zaunkönigs, der einen Käfer frisst. Die Menschheit ist viele Male und an vielen Orten von einer Situation, in der niemand etwas besaß – selbst unsere Vorfahren, die Pilgerväter, haben das versucht –, in eine Situation getorkelt, in der einer alles besaß (*L' état c'est moi),* und wieder zurück. Beide Extreme wurden als unbequem empfunden. Die Suche nach dem goldenen Mittelweg geht weiter und wird immer weitergehen. Dieses Spiel macht keinen Spaß – und niemand gibt sich große Mühe –, wenn der Gewinner nichts behalten darf. Es kann nicht weitergehen, wenn der Gewinner alles bekommt. Das ist schon allein deshalb so, weil sich die Verlierer verständlicherweise nur zögerlich zur Verteidigung eines solchen

Status quo stark machen und der einzige Gewinner ihn nicht allein verteidigen kann.

Man muss kein Mathematiker sein, um diese drei Grundgesetze der Wirtschaft zu verstehen. Das Rechnen kommt später. Aber wenn Sie ein Unternehmen sehen, das diese drei Prinzipien ignoriert oder missachtet, denken Sie nicht lange nach. Verkaufen Sie seine Aktien und lassen Sie sich nicht dazu verleiten, sie zu irgendeinem Preis zurückzukaufen.

KAPITEL 15

Gewinne durch Moral

Weiter oben habe ich geschrieben, es gebe zwei Ansätze für Investitionen: einen psychologischen und einen statistischen. Tatsächlich gibt es aber drei. Und langfristig ist der dritte der wichtigste.

Man könnte ihn als ethischen, moralischen oder sogar spirituellen Ansatz bezeichnen.

Wer am besten dient, verdient am meisten. Auf lange Sicht gilt das für Unternehmen genauso wie für Einzelpersonen. Hüten Sie sich vor Zynikern in hohen Positionen. Meiden Sie Schnellverdiener und Betrüger, die etwas umsonst wollen. Denken Sie daran, dass jemand, der für Sie stiehlt, auch Sie bestehlen wird. Fragen Sie sich, ob das Unternehmen, in das Sie investieren möchten, dazu beiträgt, die Welt zu verbessern. Wenn die Antwort „Nein" lautet, meiden Sie es wie die Pest.

Das Streben nach Kapitalgewinnen ist ein Wettstreit mit den klügsten Köpfen der Finanzwelt. Nur ein Narr glaubt, clever genug zu sein, um alle anderen durch den Handel mit gefälschten Waren überlisten zu können.

„Tätige niemals Geschäfte mit jemandem, dem du nicht vertraust" – die Beachtung dieser Regel hätte schon manchem Anleger ein Vermögen eingebracht und viel Kummer erspart. Egal wie verlockend die Aussicht und die Chance auf einen schnellen Gewinn auch sein mag, halten Sie sich fern von Menschen, Unternehmen und Unternehmungen, die ihre Kunden eher betrügen, als ihnen zu helfen.

Wenn Sie jemals in einer flachen Landschaft auf Eisenbahnschienen geblickt haben, werden Sie sich daran erinnern, dass die beiden nebeneinander verlaufenden Schienen in der Ferne am Horizont zusammenzulaufen scheinen. Genauso verhält es sich, wenn man die Dinge aus einer langfristigen Perspektive betrachtet: Es gibt kaum einen Unterschied zwischen dem, was richtig ist, und dem, was am profitabelsten ist. Ein halbes Jahrhundert Berichterstattung aller Art hat mich ohne jeden Zweifel davon überzeugt, dass Betrüger weniger egoistisch als vielmehr kurzsichtig sind, weniger gierig als vielmehr dumm.

Wenn das nach unrealistischem Idealismus klingt, schauen Sie sich das 35-Millionen-Dollar-Vermögen an, das James Cash Penney hinterlassen hat, der so konservativ war, dass er sein Unternehmen nach der Goldenen Regel führte. Schauen Sie sich das Vermögen an, das Henry Ford aufgebaut hat. Vergleichen Sie den dauerhaften Erfolg dieser beiden mit den kometenhaften Karrieren einiger der Finanzjongleure, die im Zusammenhang mit großen Unternehmenszusammenschlüssen durch Taschenspielertricks versuchten, aus einem Dollar zwei zu machen.

Vor 35 Jahren besuchte ich als Redakteur von *Barron's* einen hohen Vertreter eines Automobilherstellers. Ich kam gerade aus den beeindruckenden Forschungseinrichtungen von General Motors und fragte ihn, was dieses andere Unternehmen in der Forschung mache. Seine Antwort war ein Klassiker:

„Wenn bessere Autos gebaut werden, werden wir sie kopieren." (Buick warb damals mit dem Slogan „Wenn bessere Autos gebaut werden, dann baut Buick sie.")

Zweifellos scherzte er. Vielleicht hätte ich lachen und es vergessen sollen. Aber in den seither vergangenen Jahren ist die Aktie von General Motors von den Tiefs oder Hochs von 1936 bis zu den Höchstständen von 1971 mehr als 3-mal so stark gestiegen wie die Aktie des anderen Unternehmens. Für den Anleger ist ein solcher Unterschied nicht zum Lachen.

Bernard Kilgore, unter dessen Präsidentschaft das Unternehmen Dow Jones sein größtes Wachstum erzielte, sagte gern: „Es ist sehr schwer, einen ehrlichen Mann zu betrügen." Er meinte damit natürlich, dass jemand, der mit Diebstahl im Sinn an ein Problem herangeht, anfällig für noch gerissenere Diebe wird. Wer ein Unternehmen führt oder persönliche Investitionen tätigt, um seinen Mitmenschen zu nützen, ist viel weniger anfällig für Betrug. Der Köder für viele der ältesten und erfolgreichsten Betrügereien lautet: „für nichts etwas bekommen".

Die Integrität der Berichterstattung war das solide Fundament, auf dem der große finanzielle Erfolg des *Wall Street Journal* aufgebaut wurde. Kenneth C. (Casey) Hogate leitete es, als Barney Kilgore und ich eingestellt wurden. Ich kann mir keine größere Ehre für Casey und das von ihm geleitete Unternehmen Dow Jones vorstellen, als dass ich in den elf Jahren, in denen ich Leiter des politisch sensiblen Washingtoner Büros und später Herausgeber von *Barron's* war, kein einziges Mal Anweisungen erhielt, wie ich einen Artikel zu schreiben hatte.

Es gibt natürlich viele Möglichkeiten, der Menschheit zu dienen. Der Mensch lebt nicht vom Brot allein. Sehen Sie sich an, wie viele von den Unternehmen, deren Wert sich in den letzten 40 Jahren verhundertfacht hat, das tiefe Bedürfnis der Menschen danach befriedigen, dass Märchen wahr werden.

Der große Erfolg der Kosmetikindustrie beruht auf unserer Sehnsucht nach ewiger Jugend. Was ist das Fernsehen anderes als ein Zauberspiegel, der uns ermöglicht, zu sehen und zu hören, was Hunderte oder Tausende von Kilometern entfernt geschieht? Die fast universelle Sehnsucht nach einer Pille, die alle Krankheiten heilt, ist die Grundlage für den Erfolg der Pharmaunternehmen. Die Sehnsucht der Menschheit nach einem fliegenden Teppich hat jedes Vermögen begründet, das durch neue Formen der Fortbewegung – vom Model T bis zur Boeing 747 – geschaffen wurde. Der Computer ist quasi der Siebenmeilenstiefel für den menschlichen Verstand. Er kann nichts, was das menschliche Gehirn nicht kann, aber er kann es schneller, fast unermesslich schneller.

Es gibt drei Hauptgründe, die ethischen oder spirituellen Aspekte des Investierens zu betonen. Der erste ist, dass Unternehmen in einer sehr wichtigen Hinsicht mit dem menschlichen Körper vergleichbar sind.

Stellen Sie sich vor, Sie treffen heute einen alten Freund, den Sie seit 15 Jahren nicht gesehen haben. Biologen sagen uns, dass wahrscheinlich keine einzige Zelle in Ihnen beiden noch dieselbe ist wie bei Ihrer letzten Begegnung. Dennoch haben Sie keine Schwierigkeiten, einander wiederzuerkennen und sich an Dinge zu erinnern, die Sie beide bei Ihrer letzten Begegnung interessiert hatten. Das ist nur möglich, weil jede sterbende Zelle so getreulich durch eine ähnliche Zelle ersetzt wird.

So ist es auch mit Unternehmen. Ganz gleich wie aufgeschlossen wir sind und wie sehr wir uns für Chancengleichheit einsetzen, wir neigen dazu, „Leute wie uns“ einzustellen und zu befördern.

Wenn moralisch verkommene Menschen an die Spitze großer Unternehmen gelangen und dort über Jahre hinweg bleiben, lebt das Böse, das sie anrichten, tatsächlich nach ihnen weiter. Unweigerlich holen sie Menschen wie sich selbst in das Unternehmen und befördern sie in höhere Positionen. Der so eingeschleuste moralische Krebs kann nicht einfach durch die Entfernung des bösen Geistes an der Spitze ausgerottet werden. Es kann eine Generation unter guter Führung dauern, bis das Unternehmen von den skrupellosen Taktikern gesäubert ist, die von einer schlechten Führung ins Unternehmen geholt wurden. Daher ist es unklug, bei einem Unternehmen, dessen Führung einen Mangel an moralischen Grundsätzen gezeigt hat, auf eine schnelle Wende zu hoffen.

Das Gegenteil trifft ebenso zu. B. Brewster Jennings war während eines Großteils der elf Jahre, in denen ich dort tätig war, Geschäftsführer der heutigen Mobil Oil Corporation. Zu der Zeit, als ich die PR-Abteilung leitete, wurde das Unternehmen in einen ernsthaften Streit verwickelt. Ich erinnere mich daran, dass ich eine öffentliche Erklärung verfasste, in der ich die Gegenseite vernichtend niederbügelte. Als ich sie Jennings zur Veröffentlichung in seinem Namen vorlegte, las er sie sorgfältig durch und legte sie dann mit den Worten beiseite: „Das ist technisch korrekt. Ich glaube, das würde vor Gericht standhalten. Aber die Fachleute in der Ölindustrie wissen, dass die Dinge nicht ganz so liegen. Ich möchte niemals etwas sagen, das von denjenigen, die sich am besten auskennen, infrage gestellt werden kann. Versuchen wir es mit einem anderen Ansatz." Er sagte das nicht, um jemanden zu beeindrucken. Es war niemand sonst im Raum. Und bis heute habe ich diese Geschichte nie öffentlich erzählt. Aber sie hat einen Standard für Integrität in hohen Positionen gesetzt, der längst weit darüber hinaus Bestand hat.

Ein zweiter Grund, warum es ratsam ist, Investitionen in Unternehmen zu vermeiden, deren Management auch nur im Verdacht moralischer Beschränktheit steht, ist, dass es so viele Möglichkeiten gibt, das Schlechte besser erscheinen zu lassen und die Handlungen sowie die Ergebnisse von Unternehmen falsch darzustellen. Der Berufsstand der Wirtschaftsprüfer befindet sich aufgrund der sehr unterschiedlichen Methoden zur Darstellung der Ergebnisse aus denselben Geschäftsbereichen in einer schmerzhaften Phase der Selbstüberprüfung. Wenn sich professionelle Wirtschaftsprüfer nur schwer auf eine einheitliche Vorgehensweise einigen können, wie kann dann ein Investor ohne die Qualifikationen eines Wirtschaftsprüfers hoffen, das undurchsichtige Labyrinth zu durchschauen, das von einer moralisch bankrotten, aber rechtlich versierten Unternehmensleitung geschaffen werden kann?

Der Mensch ist das Wesen, das am schwierigsten in Haft zu halten ist, weil er selbst das Gefängnis baut. Was ein Mensch schafft, kann ein anderer wieder zerstören. Ganz gleich welche Gesetze verabschiedet werden, ganz gleich wie groß die Börsenaufsichtsbehörde ist, es wird immer Menschen geben, die andere täuschen und betrügen können. Die beste Verteidigung gegen sie ist, bei den ersten Anzeichen von unlauteren Praktiken so schnell wie möglich vor ihnen zu fliehen. Bei mehr als 50.000 verschiedenen Aktien, die Anlegern in diesem Land zur Verfügung stehen, ist es nicht nur unnötig, sondern geradezu dumm, sich an einem Unternehmen zu beteiligen, das von Menschen mit zweifelhafter Integrität geführt wird.

Ein dritter Vorteil moralischen Investierens besteht darin, dass wir dabei die Falle umgehen, Aktien in der Hoffnung und mit der Absicht zu kaufen, sie an jemanden zu verkaufen, der nicht ganz so brillant ist wie wir (natürlich zu einem wesentlich höheren Preis). Im Grunde genommen handelt es sich hierbei um die Anlagetheorie des noch größeren Narren. Wer sich daran hält, läuft Gefahr, keinen größeren Narren zu finden.

„Kauft Aktien so, als ob ihr wüsstet, dass alle Märkte für die nächsten zehn Jahre geschlossen bleiben", habe ich meinen Mitarbeitern immer gesagt. Damals, als es nur um Performance ging, ließ mich eine solche Aussage vielleicht als senil erscheinen. Ich halte diesen Gedanken jedoch nach wie vor für sinnvoll. Wenn wir Aktien kaufen, weil wir an sie glauben und sie für den Rest unseres Lebens halten wollen, stehen die Chancen gut, dass auch andere sie zu schätzen lernen. Wenn wir uns dann eines Tages doch zum Verkauf entschließen, werden sie die klügsten Käufer ansprechen – einen Markt, der immer liquide ist.

Bitte denken Sie daran, dass ich in all diesen Kommentaren vom Investieren zum Zweck des Geldverdienens spreche. Trading macht Spaß. Wie Bridge oder Poker um hohe Einsätze kann es einen von den eigenen hartnäckigen Problemen ablenken. Aber für die meisten Menschen ist es eine Sackgasse, die nicht zum Reichtum führt.

Da die meisten von uns auf die materiellen Güter des Lebens aus sind, liegt es auf der Hand, dass wir uns, um mehr als den durchschnittlichen Anteil davon zu erhalten, irgendwie außer Konkurrenz mit denen stellen müssen, die sich mit dem Durchschnitt zufriedengeben. Das gilt für Unternehmen ebenso wie für Einzelpersonen. Wie im Rennsport ist der Unterschied zwischen dem ersten Platz und dem zweiten oder dritten Platz groß.

Know-how verringert die Konkurrenz. Je länger es dauert, das zu erlernen, was ein Unternehmen tut, desto weniger Konkurrenten gibt es, die es billiger tun können. Fleiß ist ein weiterer Wettbewerbsvorteil. Das Gleiche gilt für Integrität und eigentlich für alle Tugenden, vorausgesetzt, dass das, was wir mühsam gelernt haben, auch wirklich das ist, was andere von uns erwarten.

Wird Ihre Investition ein Erfolg? Fragen Sie sich, wie das Angebot an Unternehmen, die das Gleiche leisten können wie Ihr Unternehmen, im Vergleich zur Nachfrage steht. Wenn viele die Produkte oder Dienstleistungen Ihres Unternehmens wollen und nur Ihr Unternehmen sie liefern kann, sind Sie am Ziel. Das einzige unregulierte Monopol, das im öffentlichen Interesse liegt, ist der Besitz von unübertroffenem Wissen, Talent oder Fähigkeiten. Ein solcher Monopolist zu werden kann das Ziel eines jeden sein. Das Schöne daran ist, dass man das Ziel gar nicht erreichen muss, um zu gewinnen. Deutliche Fortschritte auf dem Weg dorthin werden in den meisten Gemeinschaften schon als Erfolg gewertet.

Um die größten Gewinne zu erzielen und Ihren 100-Bagger zu finden, kaufen Sie keine Unternehmen, deren einziges Ziel es ist, Geld zu verdienen. Im Leben ist der direkte Weg oft nicht der beste. Denn wer sein Leben retten will, wird es verlieren; wer aber bereit ist, es für eine höhere Sache zu verwenden, der wird es finden.

Setzen Sie auf Menschen und Organisationen, die von dem Eifer beseelt sind, menschliche Wünsche und Bedürfnisse zu erfüllen, und die von Enthusiasmus für die Lösung der Probleme der Menschheit erfüllt sind. Gute Absichten allein reichen nicht aus, aber in Verbindung mit Energie und Intelligenz machen sie das Streben nach Profit überflüssig – Gewinne werden dann zu einer Art glücklicher Nebenwirkung einer klug geführten Mission für eine bessere Welt.

KAPITEL 16

Allmächtiges Ego gegen allmächtigen Dollar

Egonomie ist die Kunst, jede Frage darauf basierend zu beurteilen und jede Entscheidung darauf basierend zu treffen, was sie für das eigene Ego bedeutet. Sicher liegt es in der Natur des Menschen, egoistisch zu sein, aber der wahre Egonom ist niemals selbstlos. Selbst wenn er so erscheint, hat er den PR- oder Werbewert seiner scheinbaren Großzügigkeit berechnet und ein Schnäppchen gewittert. Für ihn ist Objektivität Ketzerei. Alles, was zählt, ist seine Position in der geschäftlichen und sozialen Rangordnung – sein Ego.

Die folgende Geschichte vom Schuljungen veranschaulicht, wie der Verstand eines Egonomen funktioniert:

„Wie viel ist zwei plus zwei?", fragte sein Lehrer.

„Kaufe ich oder verkaufe ich?", antwortete der Schüler.

Was hat Egonomie mit Investitionen zu tun? Sehr viel. Mir gefällt das nicht und ich wünschte, es wäre nicht so. Aber wie mein auf dem Boden der Tatsachen stehender ehemaliger Partner Hardwick Stires es ausdrückt: „So ist es nun einmal. Wenn du damit nicht leben kannst, solltest du dich gleich erschießen."

Beginnen wir ganz oben, bei den Männern, die die Unternehmen leiten, in die wir investieren. Stellen sie die Egonomie über die Ökonomie? Wie können wir das feststellen?

Das Letzte, was man tun sollte, ist, sie zu fragen. Es könnte Ihre letzte Chance sein, ihnen überhaupt eine Frage zu stellen. Ohnehin sprechen ihre Taten eine so deutliche Sprache, dass ihre Worte völlig untergehen – zumindest, wenn man genau hinschaut.

Der Unternehmens-Egonom denkt mehr daran, sein Unternehmen zu vergrößern, als es profitabel zu machen. Er gibt das Geld der Aktionäre aus, um sich selbst in der Branche größer erscheinen zu lassen, anstatt die Ertragskraft des Unternehmens zu steigern. Wenn Sie sehen, dass ein Unternehmen Jahr für Jahr eine niedrige Rendite auf sein investiertes Kapital erzielt *und dennoch* seine Kapitalausgaben „zur Verbesserung seiner Wettbewerbsposition" erhöht, ist die Wahrscheinlichkeit groß, dass hoch oben in der Unternehmenshierarchie ein Egonom sitzt. Wenn Sie sehen, dass ein Unternehmen mehr Aufmerksamkeit auf seine Unternehmenszentrale als auf seinen Umsatz und seine Gewinnmargen richtet, schreien Sie laut oder verkaufen Sie Ihre Anteile. Dann sind egonomische Termiten am Werk.

Ich höre schon das Knurren derjenigen, die finden, dass Unternehmen eine größere soziale Verantwortung übernehmen müssen. Das finde ich auch. Aber ich möchte, dass meine Unternehmen dies *zusätzlich* zum Geldverdienen tun, nicht *stattdessen.*

In einer freien Gesellschaft sabotieren diejenigen, die das Geld der Bevölkerung in Unternehmungen mit weit unterdurchschnittlichen Kapitalrenditen investieren, unsere Wirtschaft, ob sie sich dessen bewusst sind oder nicht. In unserem Wirtschaftssystem sollten Gewinnmargen und Kapitalrenditen wie Thermostate funktionieren, die bei hohen Gewinnmargen zu mehr Investitionen und bei niedrigen Gewinnmargen zu weniger oder gar keinen Investitionen auffordern. Weiterhin neues Geld in eine Branche zu pumpen, die seit Langem niedrige Gewinnmargen und unterdurchschnittliche Kapitalrenditen aufweist, bedeutet eine Fehlleitung von Material und Arbeitskräften. Einige Unternehmen sollten aufgeben, und einige Unternehmensleitungen sollten sie nicht daran hindern. Nur wenige haben jemals aufgegeben, bevor sie dazu gezwungen waren. Warum sollten sie hinaus in die Kälte, solange es in den Chefetagen warm ist? Wenn die Aktionäre unzufrieden sind, sollten sie aussteigen.

Und Sie sollten aussteigen, wenn Sie sehen, dass Ihr Unternehmen seine Gewinnrücklagen Jahr für Jahr weniger rentabel reinvestiert, als Sie das Geld selbst verwenden könnten. Sie wollen ein Beispiel? Versuchen Sie es doch einmal mit der Stahlindustrie.

Hier sind die Zahlen von U.S. Steel, dem Branchenführer, für die letzten elf Jahre:

	Rendite auf das investierte Kapital in %	Eigenkapitalrendite in %
1970/69	4,2/5,4	4,1/6,1
1968/67	6,0/4,6	7,3/5,2
1966/65	6,1/6,5	7,6/7,3
1964/63	5,8/5,1	6,5/5,6
1962/61	4,2/4,7	4,5/5,3
1960	8,0	9,1

Im Jahr 1970 wäre die Rendite auf das investierte Kapital doppelt so hoch gewesen, wenn das Geld in Anleihen angelegt worden wäre.

Ich bin kein Experte für die Stahlindustrie. Als Laie habe ich durchaus Verständnis für die Probleme, die sich aus einem hohen Arbeitsaufwand, starken Gewerkschaften und Stahlimporten aus dem Ausland ergeben. Aber wie heißt es schon in der Bibel: Aufgeschobene Hoffnung macht das Herz krank. Die Herausforderung für das Management besteht darin, entweder die Zahlen schnell zu verbessern oder keine weiteren Gelder der Aktionäre in das Unternehmen zu investieren.

Vor mehr als 35 Jahren veröffentlichte Scudder, Stevens & Clark eine Broschüre mit dem Titel „Monuments Rarely Pay Dividends“ (Denkmäler schütten selten Dividenden aus).

„Wenn ein Unternehmen anfängt, imposant zu werden“, hieß es darin, „ziehen sich kluge Investoren still und leise zurück. Denn Denkmäler schütten selten Dividenden aus.

Fast jede große Eisenbahngesellschaft hat mindestens ein riesiges und lächerliches Mausoleum zur Erinnerung an vergangene Gewinne errichtet. Trübsinnige Bankdirektoren klammern sich in Auditorien mit edler Architektur und königlicher Ausstattung an den Glanz vergangener Tage. Kurz vor seinem Zusammenbruch stellte ein Textilimperium einen millionenschweren Golfplatz und ein modellhaftes Dorf mit Minipalästen für Führungskräfte fertig. Prächtige Verwaltungsgebäude von Industrieanlagen gemahnen uns daran, wohin die Dividenden verschwinden.

Ein junges Unternehmen ist immer ein Risiko. Neun von zehn verschwinden innerhalb von weniger als sechs Jahren. Es gibt keine Garantie dafür, dass sich sein Produkt gegen die Konkurrenz durchsetzen und eine dauerhafte Akzeptanz in der Bevölkerung erlangen wird, dass seine Finanzstruktur die Schocks schwacher Jahre und unvorhergesehener Schwierigkeiten überstehen wird oder dass sein Management Führungsqualitäten entwickeln wird. Geld in ein solches Unternehmen zu investieren, ist reine Spekulation.

Aber hin und wieder beweist ein Unternehmen, dass es genug Lebenskraft besitzt. Es ist für die Konkurrenz ein Schrecken, keine Beute. Es beherrscht seinen Markt. Seine Produktion wird von einem jener seltenen Genies geleitet, die fähig und entschlossen sind, an der Spitze zu bleiben – von einem Mann wie Kettering. Es wird von einem kämpferischen Mann mit Mut, Fantasie und Entschlossenheit geführt. Ein Realist kümmert sich um das Geld. Es verfügt über eine großartige Organisation von temperamentvollen jungen Leuten, die Blut geleckt haben und begeistert von dem Unternehmen sind. Es agiert in einem neuen, unerschlossenen Bereich, der viele Jahre voller Möglichkeiten verspricht.

Geld zum richtigen Zeitpunkt und zum richtigen Preis in ein solches Unternehmen zu investieren, ist der Weg zum Vermögensaufbau.

Aber auf diese Aufbauphase eines Unternehmens – die Zeit der Kühnheit, der großen Ideen, der schnellen Angriffe und der großen Belohnungen – folgt allzu oft selbstgefällige Lethargie. Der kämpferische Anführer wird alt, müde und arrogant. Das erfinderische Genie wird mit nachlassendem Weitblick intolerant gegenüber neuen Ideen. Der Realist wird gierig oder gemein und erstickt weiteren Fortschritt. Die Organisation wird durch den Erfolg aufgeweicht, sie wird von den Intrigen von Männern mittleren Alters zerrissen, die nach persönlichem Prestige und Belohnungen streben. Die letzte menschliche Emotion, die stirbt, ist der Stolz. Ein Mann, der etwas aus seinem Leben gemacht hat und dessen kreative Tage vorbei sind, scheint den Drang zu entwickeln, etwas Greifbares, Bleibendes und Schönes zu schaffen, das seine Leistungen bezeugt. Und das ist durchaus ein edler Drang.

Es ist also nur natürlich, dass eine Organisation, die seit Jahren zusammenhält, eine Branche dominiert und Geld verdient, mit der Zeit stolz wird und versucht, ihre Führungsrolle und Macht in etwas Greifbarem zum Ausdruck zu bringen, das Bestand hat.

Aber genau das kann sich ein Unternehmen nicht leisten. Ein Unternehmen ist nichts Feststehendes – es ist eine Bewegung, ein Fortschreiten. Seine Vergangenheit bedeutet nichts – nur das Morgen zählt. Es darf nicht an alten Ideen, Überzeugungen oder Standards festhalten – oder an Stolz.

Das größte Problem der Unternehmen ist, nicht altern zu wollen.

Ein Unternehmen, das flink auf den Beinen und einfallsreich ist, kann eines mit steifen Knien jederzeit schlagen, egal wie mächtig dieses auch sein mag.

Ein altes Unternehmen neigt dazu, sich auf Präzedenzfälle und Traditionen zu verlassen. Es ist unduldsam gegenüber Veränderungen und ignoriert oft den sich ständig wandelnden populären Geschmack. Sein Ansehen leidet. Sein gutes Produkt wird altmodisch. Die Händler sind weniger loyal und fühlen sich von lebhafteren Unternehmen angezogen. Es kommen neue Generationen, denen der alte Laden nichts bedeutet. Die Bewegung verlangsamt sich bis zu der statischen Würde eines Denkmals, und Denkmäler schütten selten Dividenden aus.

Die Investition von Vermögen kann sich niemals über das Niveau von Vermutungen und Bauchgefühlen erheben, solange man diese verborgenen Werte eines Unternehmens nicht versteht. Der Investor sollte sich nur von einem Faktor beeinflussen lassen – von der Gewissheit, dass das Unternehmen über viele Jahre hinweg Gewinne erzielen kann. Finanzberichte geben kaum Aufschluss über die Ertragskraft. Berge von Ziegeln und Steinen bedeuten nichts. Gewinne sind der Lohn für menschlichen Esprit und großes Engagement – für hervorragende Führung."

Aber die Egonomie birgt für Investoren noch mehr Gefahren als nur profitlose Prahlerei.

Ich habe einmal in einem großartigen Unternehmen mit zwei hochrangigen Führungskräften zusammengearbeitet. Beide waren fähig. Aber ihre Art, mit Mitarbeitern und Untergebenen umzugehen, hätte unterschiedlicher nicht sein können.

Wenn man dem ersten eine Idee vorstellte, sah er das Gute darin, dachte die Idee weiter – und lobte einen dafür.

Wenn man dem zweiten eine Idee vorstellte, hob er alles Schlechte daran hervor und setzte einen dafür herab.

Natürlich wurden dem ersten Mann viel mehr Vorschläge vorgelegt als dem zweiten, dessen Hauptanliegen darin bestand, seine intellektuelle Überlegenheit gegenüber seinen Kollegen und Untergebenen zu demonstrieren. Die Kosten, mit denen der zweite Mann den Teamgeist des Unternehmens belastete, waren enorm.

Vermögensverwalter haben mit der Egonomie ihre ganz speziellen Probleme. Eines davon ist der Unwille, andere Ideen als ihre eigenen zu akzeptieren. Ein weiteres ist, ihr Ego zu beruhigen, indem sie die Fehler anderer wiederholen.

Eines der Erfolgsgeheimnisse von Hamilton M. Chase, einem langjährigen Geschäftsführer des Scudder Special Fund mit einer der besten Langzeitbilanzen der Branche, war seine Freundlichkeit. In den 30 Jahren, seit denen ich ihn kenne, habe ich nie erlebt, dass er einen Informanten an einen früheren Fehler bei seinen Investitionsentscheidungen erinnert hätte.

Wenn Integrität die wichtigste nicht statistische Anforderung eines Investors an das Management ist (siehe „Gewinne durch Moral", Kapitel 15), dann führe ich psychische Gelassenheit als zweite an.

Wie kann ein Investor die psychische Ausgeglichenheit des Managements beurteilen?

Für das, was ich im Sinn habe, braucht man weder einen Psychologen noch eine Couch. Ein aufmerksamer Leser der Finanzpresse hat viele Möglichkeiten, Unternehmensleitungen zu erkennen, die eher von Egonomie als von Ökonomie motiviert sind. Eine davon hängt mit der Tiefe des Managements zusammen. Gibt es in der Führungsetage mehr als einen fähigen Mann? Oder steht der Chef allein im Rampenlicht des Unternehmens? Wenn ja, bemüht er sich möglicherweise nicht nur, der Konkurrenz voraus zu sein, sondern auch sich selbst davon zu überzeugen, dass er so großartig ist, wie es sein sechsstelliges Gehalt vermuten lässt. Hüten Sie sich vor Ein-Mann-Unternehmen. Sie sind nur einen Herzschlag von großen Problemen entfernt. Eine unternehmerische „Rampensau" schadet ihrem Unternehmen noch auf andere Weise. Ihre besten Mitarbeiter verlassen sie, weil sie wissen, dass sie niemals Anerkennung für ihre Leistungen erhalten werden, solange dieser Manager da ist. Es mag ihm leichtfallen, deren Stellen mit unterwürfigeren Mitarbeitern zu besetzen, aber ein Teil der zündenden Energie fließt aus dem Unternehmen hinaus.

Vor Jahren besuchte ich den Geschäftsführer eines Unternehmens, das inzwischen längst von einem anderen übernommen wurde. In seinem riesigen, aber schwach beleuchteten Büro saß er mit dem Rücken zu einem Fenster nach Süden, sodass er mich sehen konnte, als würde ich von der Polizei verhört, während ich von der Gestalt vor mir nur die Umrisse erkennen konnte. Das war mir aber egal. Ich brauchte keine 30 Sekunden, um mich gegen eine Investition in ein Unternehmen zu entscheiden, dessen Geschäftsführer der Meinung war, er brauche einen solchen Vorteil, um mit seinen Mitmenschen, seien es Mitarbeiter oder Außenstehende, fertig zu werden. Mein Urteil war richtig. Die Aktie erwies sich zu keinem Preis als günstig.

Ein Beispiel für das Gegenteil ist John W. Hill, heute 81 Jahre alt, Gründer und Hauptaktionär von Hill and Knowlton, Inc., der weltweit größten PR-Agentur. In einer hart umkämpften Branche, in der Intelligenz fast das einzige Kapital ist, hat Hill seine Mitarbeiter jahrelang mit Unternehmensposten, Kundenbeziehungen und öffentlichen Auftritten gefördert. Sein Ziel war es, sich mit Menschen zu umgeben, die fähiger sind als er selbst – ein Ziel, das von solcher unternehmerischer Klugheit zeugt, dass man an seiner Fähigkeit, es zu erreichen, zweifeln könnte.

Einige meiner Bemerkungen zur Egonomie mögen kleinkariert erscheinen. Aber für den Aufmerksamen kann ein Hauch von Rauch lauter sein als ein Feueralarm. Clarence W. Barron, dem das *Wall Street Journal* gehörte, als ich 1927 dort zu arbeiten begann, verließ sich stark auf seine Analyse des Verhaltens von Menschen. Manchmal bat Barron einen Bewerber bei einem Vorstellungsgespräch, einen Artikel aus der Tageszeitung auszuschneiden. Wenn der Bewerber den Artikel so ungeschickt herausschnitt, dass er vor dem Ablegen noch einmal nachgeschnitten werden musste, kam er nicht weiter. In Barrons Augen war dieser Mann nicht nur nachlässig und verschwenderisch, sondern auch unaufmerksam und unintelligent. Hätte er gelernt, seine Augen auf die Stelle zu richten, an der die beiden Scherenblätter aufeinandertrafen, statt auf ihre Spitzen, hätte er die Spaltenlinie auf beiden Seiten des Ausschnitts sauber durchschneiden können, ohne die benachbarten Artikel zu beschädigen.

KAPITEL 17

Gegen Inflation helfen keine Pillen

Geld

Im Orient musste ich oft meine Schuhe ausziehen, bevor ich heilige Stätten betreten durfte. Im Okzident lässt die Annahme, dass niemand – oder zumindest nicht mehr als ein Dutzend Experten – etwas von Geld versteht, vermuten, dass der Rest von uns seinen Kopf abschalten sollte, bevor wir uns an dieses Thema wagen.

Da heute so viele demokratische Regierungen die Verantwortung für das Wirtschaftsklima übernommen oder akzeptiert haben, ist ein umfassenderes Verständnis in puncto Geld dringend erforderlich. Für Investoren war dies schon immer bedeutsam. Eine Investition kann an Geldwert zunehmen wie ein Lamm, wenn es zum Schaf heranwächst. Eine Investition, die sich gar nicht verändert, kann aber auch an Geldwert zunehmen, weil der Maßstab kleiner geworden ist.

Um sinnvoll zu investieren, müssen wir, wenn auch bescheiden, versuchen, diese praktischen Fragen zu beantworten:

Was verleiht Geld seinen Wert?

Was verändert ihn?

Was kann man dagegen tun?

Was wird dagegen getan?

Ohne vorzugeben, einer der zwölf zu sein, die das Geld verstehen, aber mit der Kühnheit einer Katze, die einen König anblickt, wage ich folgende Antworten:

Der Wert des Geldes ergibt sich in erster Linie aus einem oder mehreren dieser drei Faktoren:

1. Innerer Wert
2. Steuern
3. Fiatgeld (Geldschöpfung) oder Preis- und Lohnkontrollen.

Der innere Wert ist der älteste Faktor.

Das erste Geld wurde um seiner selbst willen geschätzt. Dies galt für Gold, Salz (von dem unser Wort „Salär“ stammt), Wampum (ein Gürtel aus Muscheln und Schnecken als Zahlungsmittel bei einigen Stämmen Nordamerikas, Anm. d. Übers.), Elfenbein und die großen hohlen Steine, die einst auf der Insel Yap als Zahlungsmittel verwendet wurden. Der Tausch von Waren und Dienstleistungen gegen solches Geld war Tauschhandel, jedoch Tauschhandel mit einem gemeinsamen Nenner.

Ein wesentliches Merkmal jedes Geldes, dessen Wert von seinem inneren Wert abhängt, ist, dass die Herstellung einer zusätzlichen Einheit dieses Geldes ungefähr so viel Arbeit erfordern sollte, wie man mit der zusätzlichen Einheit kaufen kann. Der Wert eines solchen Geldes wird somit dadurch aufrechterhalten, dass Vergrößerungen des Geldbestands genauso viel kosten, wie sie wert sind. Es besteht keine Versuchung zur Inflation, weil die Inflation keinen Gewinn bringt – es gibt keine Möglichkeit, für nichts etwas zu bekommen.

In den Vereinigten Staaten spielt der innere Wert bei der Bestimmung des Wertes unseres Geldes keine direkte Rolle mehr. Ein 5-Dollar-Schein *ist* fünf Dollar wert. Er verspricht nichts. Er ist nicht in etwas anderes umtauschbar. Auf einigen älteren Scheinen steht „Die Vereinigten Staaten zahlen dem Inhaber auf Verlangen fünf Dollar“, aber dieses Versprechen kann erfüllt werden, indem man Ihnen denselben Schein zurückgibt, denn er *ist* fünf Dollar *wert.*

Bis vor Kurzem konnten nur ausländische Zentralbanken für ihre Dollar Gold bekommen. Wie sie jetzt wissen, konnten selbst sie es nur so lange bekommen, wie wir ihnen etwas geben wollten. Früher bekamen sie für etwa 21 Dollar eine Unze Gold. Bis zur Aussetzung der Zahlungen im Jahr 1971 bekamen sie eine Unze Gold für 35 Dollar – es sei denn, wir beschlossen, ihnen etwas von dem neu geschaffenen „Papiergold“ des Internationalen Währungsfonds zu geben. Unter Präsident Franklin D. Roosevelt hat unsere Regierung den Goldpreis geändert, ohne von irgendjemandem die Erlaubnis dafür einzuholen, und sie kann dies jederzeit wieder tun. Das Gleiche gilt für alle anderen souveränen Staaten, und viele haben es getan. Vergessen Sie niemals, dass eine souveräne Regierung und ein minderjähriges Kind keine für sie verbindlichen Verträge abschließen können.

Man kann argumentieren, der Wert des Geldes hänge davon ab, was man damit kaufen kann. Wir versuchen jedoch zu verstehen, wodurch bestimmt wird, was man damit kaufen kann. Die Kaufkraft des Geldes ist ein Maß für seinen Wert, nicht aber ein Faktor, der diesen Wert bestimmt.

Man könnte argumentieren, dass der Wert des Geldes von dem Verhältnis zwischen Geldangebot und Geldnachfrage bestimmt wird. Wir versuchen jedoch zu verstehen, was das Geldangebot bestimmt und was die Geldnachfrage bestimmt. Dafür könnte es hilfreich sein, dass wir uns überlegen, wie unser Geld für einen Deutschen oder einen Japaner aussieht. Für sie spielt es keine Rolle, dass ein 5-Dollar-Schein keinen inneren Wert hat und nicht gegen etwas mit innerem Wert eingetauscht werden kann. Es spielt also keine Rolle, *ob* sie damit etwas kaufen können, das sie wollen und das sie anderswo nicht – oder nicht billiger – bekommen können. Sie wollen und werden keine

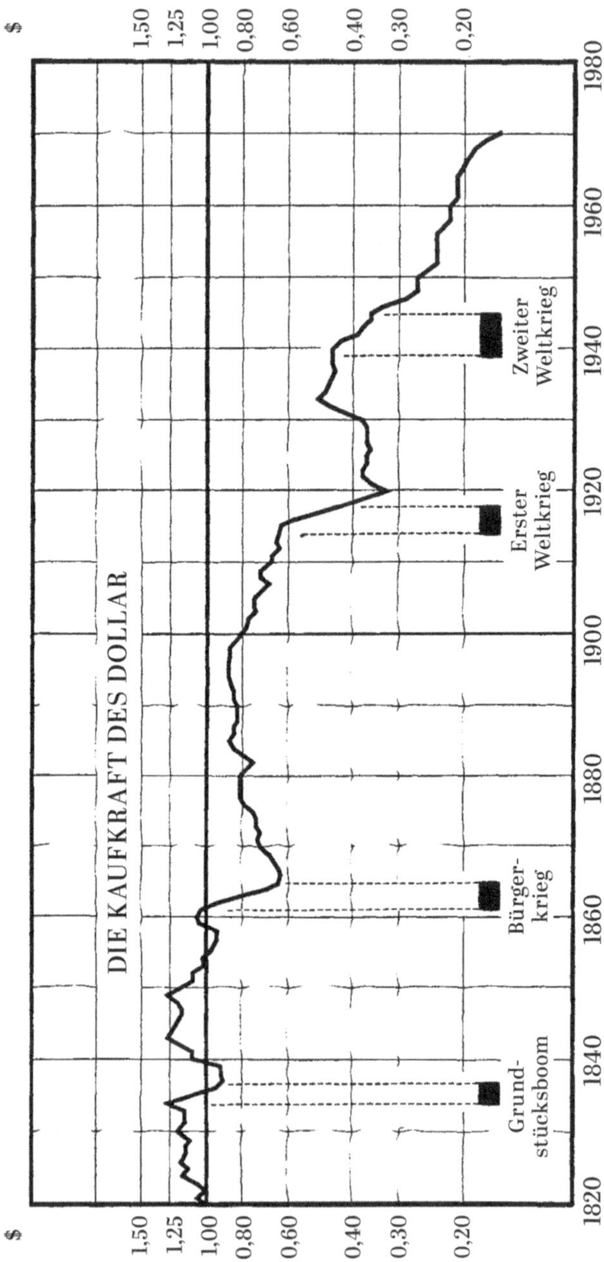

Mit Ihrem Geld können Sie nicht mehr so viel kaufen wie früher

unbegrenzten Mengen unseres Geldes akzeptieren – nur so viel, wie sie brauchen, um das zu kaufen, was sie von uns kaufen wollen, was natürlich auch Investitionen einschließt. Aber der Preis und die Qualität unserer Waren und Dienstleistungen sind das, was bestimmt, wie viel andere Nationen uns abkaufen wollen. Um das Geld zu verstehen, müssen wir versuchen, zu verstehen, was den Preis und die Qualität unserer Waren und Dienstleistungen bestimmt.

Das bringt mich zu einem zweiten Faktor, der den Wert des Geldes bestimmt. Das sind die Steuern, genauer gesagt die Steuern im Verhältnis zu den Staatsausgaben. Wir könnten vierblättrige Kleeblätter als Geld verwenden, wenn wir unsere Mitbürger dazu zwingen könnten, ihre Steuern mit vierblättrigen Kleeblättern zu bezahlen. Wir könnten den Wert von vierblättrigen Kleeblättern erhöhen oder senken, indem wir die in vierblättrigen Kleeblättern zu zahlenden Steuern im Verhältnis zum Angebot an vierblättrigen Kleeblättern erhöhen oder senken. Selbst wenn jemand einen Weg finden würde, das Angebot an vierblättrigen Kleeblättern zu verdoppeln, könnten wir den Preis stabil halten, wenn wir die Steuern im gleichen Verhältnis erhöhen würden.

Was ich damit sagen will, ist, dass Steuern einer an sich wertlosen Währung einen Wert verleihen können, selbst wenn sie keinen Tauschwert hat – wenn die Steuereinnahmen im Verhältnis zur Menge der ansonsten wertlosen Währung, die ausgegeben wird, groß genug sind.

In den 1920er-Jahren habe ich eine Demonstration dessen im Kongo mit eigenen Augen gesehen. Der Belgische Francs war zwar in den Augen der Westler gutes Geld, für die Einheimischen jedoch wertlos. Kleidung brauchten sie wenig oder gar nicht. Die Frauen kümmerten sich um die Gärten und die Herden. Bananen wuchsen wild. Warum sollte jemand in ein dunkles Loch hinabsteigen, um für Geld zu schwitzen, das er weder wollte noch brauchte? Das Problem wurde durch eine Kombination aus Steuern und induziertem Tauschwert gelöst. Für das Privileg, die gute Luft im Kongo atmen zu dürfen, wurde eine Kopfsteuer erhoben. Gleichzeitig wurden die Männer aufgefordert, mit ihren

Familien in mietfreie Firmenanwesen (Siedlungen) zu ziehen, die mit Gemischtwarenläden der Firma ausgestattet waren. Bald verkauften einige Männer Schweine, um damit ihre Kopfsteuer zu bezahlen. Dann kam der Druck seitens der Frauen, die die schönen Sachen aus dem Firmenladen haben wollten. Schnell waren die Steuern das geringste finanzielle Problem der Einheimischen, und der Belgische Francs galt so viel wie Salz. Manchmal frage ich mich, ob die Werbung mit uns nicht das macht, was der Firmenladen mit den Kongolesen gemacht hat.

Ein dritter Faktor, der den Wert des Geldes bestimmt, ist das Geldsystem (also ob das Geld materiell gedeckt ist oder durch staatlichen Beschluss seinen Wert erhält, Anm. d. Übers.). Lassen Sie mich dazu ein Beispiel geben. Angenommen, ich käme als Unbekannter zu Ihnen, mit einer Maske über dem Gesicht und einer Maschinenpistole unter dem Arm. Angenommen, ich würde verkünden, dass ich Uhren kaufen und für jede Ihrer Uhren einen Dollar bezahlen würde. Und angenommen, ich würde hinzufügen, dass jeder von Ihnen, der seine Uhr nicht gegen einen meiner Dollar eintauscht, erschossen wird. Wenn Sie dächten oder gar befürchteten, ich meinte es ernst, würden einige von Ihnen mir Ihre Uhren verkaufen. Der Unterschied zwischen *dem Verkauf* Ihrer Uhr *für einen Dollar* und der Übergabe im Rahmen eines Überfalls *ohne Gegenleistung* ist ein gradueller, kein grundsätzlicher. Das Gleiche gilt für jede andere Vereinbarung, die uns dazu zwingt, Güter oder Dienstleistungen für weniger als den Wert zu verkaufen, denen wir ihnen zuschreiben.

Fiatgeld funktioniert nach einem ähnlichen Prinzip: Es hat den Wert, den wir ihm auferlegen, weil wir mächtig genug sind, diesen Wert durchzusetzen. Preis- und Lohnkontrollen sind Säulen des Fiatgelds. Unter solchen Kontrollen sind die Menschen gezwungen, Schleuderpreise zu akzeptieren, die sie in einer freien Gesellschaft ablehnen würden. Am Anfang werden diejenigen, die rebellieren, nur selten erschossen. Sie werden vor Gericht gestellt. Historisch gesehen kamen die Erschießungen erst später, um Aufstände gegen die Ungerechtigkeiten des Systems niederzuschlagen.

Wenn eine Regierung den inneren Wert ihres Geldes aufgibt, wenn die Kaufkraft dieses Geldes sinkt und die Regierung nicht den Willen oder die Stimmen hat, damit sie genügend Steuern erheben kann, um den Verfall aufzuhalten, gesteht diese Regierung öffentlich ihre politische Ohnmacht und ihren moralischen Bankrott ein – und reagiert mit der Einführung von Kontrollen. Je parteiübergreifender die Entscheidung dafür ist, desto trauriger ist der Zustand der Nation.

In Kriegszeiten können Kontrollen toleriert werden. Wenn Menschen eingezogen werden können, warum dann nicht auch Geld? In Friedenszeiten sind Kontrollen jedoch inakzeptabel, außer als vorübergehende Notmaßnahme, um die galoppierenden Folgen jahrelanger staatlicher Verantwortungslosigkeit zu bewältigen.

In gewisser Weise ist Fiatgeld sogar ohne Kontrollen ein wertbestimmender Faktor. Auf jedem Geldschein in Ihrer Tasche stehen zwei Sätze. Der eine lautet: „In God we trust" (Wir vertrauen auf Gott). Der andere, der heutzutage leider viel bedeutungsvoller ist, lautet: „Dieser Schein ist gesetzliches Zahlungsmittel für alle öffentlichen und privaten Schulden." Das bedeutet, dass der Gläubiger die Zahlung in solchen Scheinen akzeptieren *muss*, ob er will oder nicht. Ein Gläubiger, der Dollar gegen die Zahlung von Gold mit einem bestimmten Gewicht und Feingehalt verliehen hat, könnte anderenfalls die Zahlung in Scheinen ablehnen, die gegen nichts einlösbar sind.

Die Gewohnheit oder die Starrheit unseres Sozialsystems verlangsamen Veränderungen der Kaufkraft des Geldes, bestimmen jedoch nicht dessen Wert. Wenn man durch Zauberei über Nacht den Wert des gesamten Geldes halbieren könnte, würden sich nicht alle Preise am nächsten Tag verdoppeln, da die Anpassung an das neue Preisniveau Zeit bräuchte. Bis die Löhne und Preise angehoben würden, wären viele Menschen einfach nicht in der Lage, für Miete und Lebensmittel doppelt so viel wie zuvor zu bezahlen. Andere würden aus Gewohnheit eine Zeit lang Geld zum alten Wert akzeptieren. Letztendlich würden sich jedoch die grundlegenden Faktoren durchsetzen.

Solange unsere Regierung in der Lage und bereit war, alle Forderungen der Zentralbanken nach Gold – oder dessen IWF-Gegenwert – zu einem Preis von 35 Dollar pro Unze zu erfüllen, war der innere Wert unseres Geldes international gesichert. Die ausländischen Forderungen nach unserem Gold überstiegen jedoch unsere Reserven so sehr, dass die Aufrechterhaltung einer angemessenen Zahlungsbilanz unerlässlich war. Das bedeutete, dass wir sowohl unsere Exporte nicht preislich aus den ausländischen Märkten verdrängen lassen durften als auch unseren Vorlieben für ausländische Waren und Auslandsreisen nicht übermäßig nachgeben durften. Als 1971 zum ersten Mal seit 1893 unsere Importe unsere Exporte zu übersteigen drohten, war das Spiel aus.

Die Nixon-Regierung versuchte, die Kaufkraft des Dollar zu stabilisieren, indem sie den Haushalt ausglich und die Notenpresse verlangsamte. Die Zinsen und die Arbeitslosigkeit stiegen stark an. Und die Preise stiegen weiter. Um die Zinsen zu senken, kaufte die Federal Reserve Staatsanleihen – mit Geld aus der Notenpresse. Das war inflationär. Um die Arbeitslosigkeit zu bekämpfen, budgetierte die Regierung ein riesiges Defizit und schlug Steuersenkungen vor. Auch diese Maßnahmen waren inflationär. Um diesen Effekten entgegenzuwirken, verhängte der Präsident einen Lohn- und Preisstopp.

Diese Situation erinnert an eine Geschichte von Victor Hugo:

Einst erschuf der liebe Gott eine Maus. „Na, was haben wir denn hier“, rief er im Anschluss, „da habe ich ja einen Fehler gemacht!“ Also erschuf er eine Katze, um ihn zu korrigieren. Präsident Nixons Einfrieren der Löhne und der Preise ist die Katze. Wir können alle mitbeten, dass sie nicht zu einem menschenfressenden Tiger heranwächst.

Im Grunde genommen hat das Problem seine Ursache in unserem Wunsch als Volk, inflationär zu leben, ohne dass es zu einer Inflation kommt. Bislang hat aber noch niemand eine Pille erfunden, die das möglich macht.

Inflation

Was verursacht und behebt die Inflation?
Inflation ist Betrug.
Sie resultiert ausschließlich aus dem Bestreben, etwas umsonst zu bekommen.

Würde die Regierung etwas für die Armen – oder für unsere Streitkräfte in Vietnam – tun, indem sie Ihnen und mir etwas Gleichwertiges wegnimmt, würde keine Inflation entstehen. Die Armen oder das Militär hätten mehr. Sie und ich hätten weniger. Das Gleichgewicht zwischen Angebot und Nachfrage bliebe unverändert.

Wenn die Regierung jemandem Geld schenkt, ohne es jemand anderem wegzunehmen, steigt die Nachfrage im Verhältnis zum Angebot. Höhere Preise – was wir Inflation nennen – folgen darauf wie die Nacht auf den Tag.

Das Problem und die Lösung könnten nicht einfacher sein. Wenn wir nicht mehr versuchen, etwas umsonst zu bekommen, stoppen wir die Inflation.

Jeder Dollar, den der Kongress ausgibt, ist Betrug, es sei denn, der Kongress beschließt, diesen Dollar durch Steuern einzunehmen, oder unsere Regierung leiht ihn sich von Ihnen und mir. Gute Programme, die mit Geld aus der Notenpresse finanziert werden, berauben einfach Peter, um Paul zu bezahlen.

Das bedeutet nicht, dass für die Finanzierung jedes guten Programms die Steuern erhöht werden sollten oder die Staatsverschuldung unbegrenzt steigen dürfte. Steuern tun weh. Sie treffen Sie und mich als Steuerzahler. Sie schränken unsere Fähigkeit ein, produktive Investitionen zu tätigen, unsere Möglichkeit, unsere Kinder auszubilden, und unsere Fähigkeit, für unser Alter vorzusorgen. Sich Geld zu leihen verschiebt die Steuern lediglich und erhöht sie letztendlich.

Daher müssen die Vorteile jedes guten Programms gegen den Schaden abgewogen werden, der unvermeidlich durch die Steuern entsteht, die zu seiner Finanzierung erforderlich sind. Entscheidend ist jedoch, diese Vorteile genau zu dem Zeitpunkt gegen die Steuerkosten abzuwägen, an dem über das Programm abgestimmt wird. Anderenfalls wird die unvermeidliche Steuer in Form höherer Preise erhoben.

Die Inflation *ist* die grausamste Steuer.

Nicht jeder Versuch, etwas umsonst zu bekommen, ist inflationär. Wenn ich doppelt so viel verlange, wie ich bekomme, kann das auch einfach dazu führen, dass ich meinen Job verliere. Selbst Bankräuber und Betrüger sind nicht an der Inflation schuld. Sie transferieren Geld von Ihrem Konto und meinem Konto auf ihr Konto. Die Geldmenge insgesamt wird durch ihre kriminellen Machenschaften nicht beeinflusst.

Aber wie sieht es mit der oft diskutierten Kosteninflation aus? Sind die Gewerkschaften für die Inflation verantwortlich, wenn sie Lohnerhöhungen durchsetzen, die über die Produktivitätssteigerungen hinausgehen? Oder sind die Arbeitgeber daran schuld, weil sie die Preise erhöhen, um die höheren Löhne und noch etwas mehr abzudecken?

Die Antwort lautet natürlich, dass keiner von beiden schuld ist. Wenn die Gewerkschaften zu viel verlangen, verlieren ihre Mitglieder ihre Arbeit. Wenn die Arbeitgeber zu viel verlangen, verkaufen sich ihre Waren nicht. Das besagt die Wirtschaftstheorie, aber wir erleben hier erneut die Tragödie, dass eine schöne Theorie von einer Reihe brutaler Fakten zunichtegemacht wird.

Was ist schiefgelaufen?

Da ist zunächst der Employment Act (Beschäftigungsgesetz) von 1946. Die erklärte Politik unserer Regierung ist es, die Beschäftigung unserer Bevölkerung *unter allen Umständen* aufrechtzuerhalten.

An zweiter Stelle steht unser Versagen als selbstverwaltetes Volk, zwischen Tarifverhandlungen und Zwang zu unterscheiden. Ich beziehe mich hier natürlich auf die Behauptung einiger Gewerkschaften, sie hätten das Recht, wichtige öffentliche Dienstleistungen so lange einzustellen, bis sie ihre Forderungen durchsetzen können.

Das ist ein altes Problem. Vor 35 Jahren, als ich Redakteur bei *Barron's* war, aß ich einmal mit John L. Lewis, dem Vorsitzenden der United Mine Workers, zu Mittag. Stundenlang versuchte Herr Lewis mir klarzumachen, warum Sitzstreiks ein angemessenes und notwendiges Verhandlungsmittel für Arbeitnehmer seien. Es war schon fast 16 Uhr, als er, immer noch am Mittagstisch sitzend, seine Faust auf den Tisch schlug und erklärte: „Wenn 100 Männer in einem Kraftwerk die Schalter umlegen und eine Stadt zum Erliegen bringen können, ist das umso besser für ihre Verhandlungsmacht. Verstehen Sie das nicht?"

Ich antwortete mit einer Gegenfrage: „Was ist der Unterschied zwischen diesen 100 Männern und anderen 100 Männern, die mit Maschinengewehren an strategischen Straßenecken stehen und der Stadt ihren Willen aufzwingen?"

Daraufhin stand Herr Lewis auf und ging. Ich habe ihn nie wiedergesehen. Meine Frage wurde nie beantwortet.

Der springende Punkt ist natürlich, dass es sich dann, wenn jemandem der Kopf so lange unter Wasser gedrückt wird, bis er zustimmt, um eine Erpressung und nicht um eine Verhandlung handelt. Und wenn von der US-Regierung aufgrund des Beschäftigungsgesetzes von 1946 erwartet wird, dass sie erpresserische Lohnerhöhungen durch eine Erhöhung der Geldmenge für gültig erklärt, damit die Arbeitgeber die wirtschaftlich nicht gerechtfertigten höheren Löhne zahlen können, schließt sich der Kreis. Eine höhere Inflationsrate ist dann unvermeidlich. Wie schnell sie kommt, hängt nur davon ab, wie ungezügelt die Forderungen der Arbeitnehmer in entscheidenden Positionen sind. Das Erstaunliche ist nicht, dass sie so viel verlangt haben, sondern vielmehr, dass sie nicht noch mehr verlangt haben. Jegliche Macht korrumpiert. Absolute Macht korrumpiert absolut, egal ob sie von einem Arbeitgeber oder von einem Arbeitnehmer ausgeübt wird.

Die Inflation wird uns, wie die Sünde, wahrscheinlich noch lange begleiten. Als ich den großen Historiker Arnold Toynbee fragte, ob er aus seinen Studien über alle bekannten Zivilisationen einen einzigen

Fall nennen könne, in dem der Wert einer Währung langfristig gestiegen sei, antwortete er: „Nein, das ist noch nie vorgekommen."

In der Praxis lautet die Frage nicht, ob wir Inflation haben werden, sondern wie hoch sie sein wird und wie schnell sie steigen wird. Was bedeutet das für Stammaktien?

Die kurze Antwort lautet: Inflation lässt die Aktien steigen. Vor fünf Jahren jedoch wurden mir bei einem Besuch der Börse in Buenos Aires Diagramme gezeigt, in denen der Wertverlust des Peso dem Rückgang der durchschnittlichen Preise argentinischer Aktien gegenübergestellt wurde. In den vier Jahren zuvor waren die Aktienkurse schneller *gefallen* als der Wert der argentinischen Währung. Aber wir brauchen gar nicht so weit von zu Hause weggehen, um zu zeigen, dass Inflation nicht immer bullish ist. Am 9. Februar 1966 erreichte der Dow Jones Industrial Average einen Tageshöchststand von 1.001 Punkten. Fast sechs Jahre später, Ende 1971, erreichte er einen Tageshöchststand von 895 Punkten.

Die richtige Antwort auf die Frage „Was bedeutet Inflation für Stammaktien?" lautet: „Das, was die Inflation für die Unternehmensgewinne und die Dividenden bedeutet."

Die Inflation wirkt sich dann am stärksten positiv auf Stammaktien aus, wenn sie auf eine schwere Wirtschaftskrise folgt und nicht allgemein erwartet wurde. Die steigende Nachfrage nach Waren und Dienstleistungen kann dann durch die Nutzung brachliegender Produktionskapazitäten gedeckt werden. Die Arbeitnehmer rechnen noch nicht mit weiteren Steigerungen der Lebenshaltungskosten. Und bis zu dem Zeitpunkt, zu dem mehr Produktionskapazitäten benötigt werden, haben steigende Baukosten die Gewinnmargen der bestehenden Anlagen bereits gesichert.

Wenn die Inflation jedoch so lange anhält, dass sie allen bewusst wird, und wenn die Inflationsrate so hoch wird, dass sie für die Machthaber in Washington zu einer politischen Belastung wird, ist sie nicht mehr automatisch vorteilhaft für die Unternehmensgewinne und kann sich sogar nachteilig auf diese auswirken.

Das ist die Situation, in der wir uns in Amerika derzeit befinden. Einige Unternehmen mögen noch von der Inflation profitieren, aber immer mehr werden unter den zunehmenden Kontrollen leiden. Die Inflation garantiert keineswegs steigende Gewinne für alle, egal ob es sich um starke oder schwache, gut oder schlecht geführte Unternehmen handelt, sondern hat ein Stadium erreicht, in dem sie eine Herausforderung darstellt, die nur die Besten bewältigen können. Selektivität dürfte in den 1970er-Jahren eine viel wichtigere Rolle spielen als in den 1960er-Jahren, und dabei war sie auch damals nicht unbedeutend. Mehr zu den Arten von Unternehmen, die man in dieser Situation wählen sollte, werde ich in Kapitel 28, „Reales Wachstum – Wie man es erkennt und bewertet“, ausführen.

Zinsen

Zinsen sind der Preis der Zeit. Sie messen die Kosten dafür, dass wir jetzt etwas haben oder tun, was wir hoffentlich später bezahlen können. Daher kostet alles, was mit geliehenem Geld gekauft wird, mehr, als wenn es bar bezahlt würde. Das gilt unabhängig davon, ob der Kreditnehmer ein Mann oder eine Frau, ein Unternehmen, eine Stadt, ein Bundesstaat oder eine Nation ist.

Der Käufer von Zeit verpflichtet sich, das geliehene Eigentum zu einem vereinbarten Zeitpunkt in der Zukunft oder auf Verlangen des Kreditgebers zurückzugeben. Solche Verpflichtungen bezeichnen wir als Schuldscheine, Schulden, Verbindlichkeiten, Darlehen, Hypotheken, Schuldverschreibungen oder Anleihen. Sie alle bedeuten im Wesentlichen dasselbe. Für das Recht, das Geld *jetzt* zu haben, verpflichtet sich der Kreditnehmer, es später zurückzuzahlen und zusätzlich für die Nutzung während dieser Zeit etwas zu bezahlen. Im Prinzip gibt es kaum einen Unterschied zwischen dem „Mieten“ von Geld und dem Mieten eines Autos. In beiden Fällen muss der Kreditnehmer versprechen, das Geliehene zurückzugeben und die Miete zu bezahlen.

An sich sind Schulden und Zinsen weder gut noch schlecht, trotz des puritanischen Gebots „Leihe dir nichts und verleihe nichts". Schon viele Menschen wurden durch Schulden ruiniert. Viele andere haben mit geliehenem Geld ein Vermögen gemacht. Der Unterschied liegt einfach darin, ob die gekaufte Zeit gewinnbringend genutzt wird. Meiner Meinung nach ist es für einen Geschäftsmann genauso falsch, *kein Geld zu leihen,* wenn er damit Gewinn erzielen könnte, wie sich unrentabel *Geld zu leihen*. Habe ich „Geschäftsmann" gesagt? Ich meine damit alle.

1954 verkaufte ich 150 Polaroid-Aktien für 7.415,97 Dollar, um eine Arztrechnung zu bezahlen. Die Abbildung zeigt die Verkaufsbestätigung, dazu die Bestätigung meines Kaufs 13 Monate zuvor und eine Mitteilung über den Erhalt einer 50-prozentigen Aktiendividende. Hätte ich mir das Geld geliehen, was ich sicherlich hätte tun können, wäre meine Arztrechnung von 1954 in Höhe von 7.500 Dollar zu einem jährlichen Zinssatz von acht Prozent bis Ende 1971 auf die unglaubliche Summe von 27.750 Dollar angewachsen. Da ich von Natur aus und aufgrund meiner Erziehung vorsichtig bin, habe ich keine Schulden gemacht.

Aber war ich auch klug? Aus meinen 150 Polaroid-Aktien wären bis heute, 1971, 7.200 Aktien im Wert von 843.300 Dollar im Jahr geworden. Es hat mich also mehr als 800.000 Dollar gekostet, damals keine Schulden zu machen. Selbst wenn ich mir das Geld 1954 zu 30 Prozent Zinsen pro Jahr geliehen hätte, wäre der Wert meiner Polaroid-Aktien 1971 um 200.000 Dollar höher gewesen als meine Schulden.

Selbst ein so erfahrener Investor wie Bert Tripp (siehe Kapitel 24) erlag in ähnlicher Weise der gängigen Meinung, als er einen Teil seiner Xerox-Aktien verkaufte, um den Bau seines neuen Hauses zu finanzieren. Heute hat er die zweifelhafte Genugtuung, zu wissen, dass (1) sein Haus vollständig abbezahlt ist und (2) ihn das Haus gemessen am aktuellen Wert der verkauften Xerox-Aktien eine Million Dollar gekostet hat.

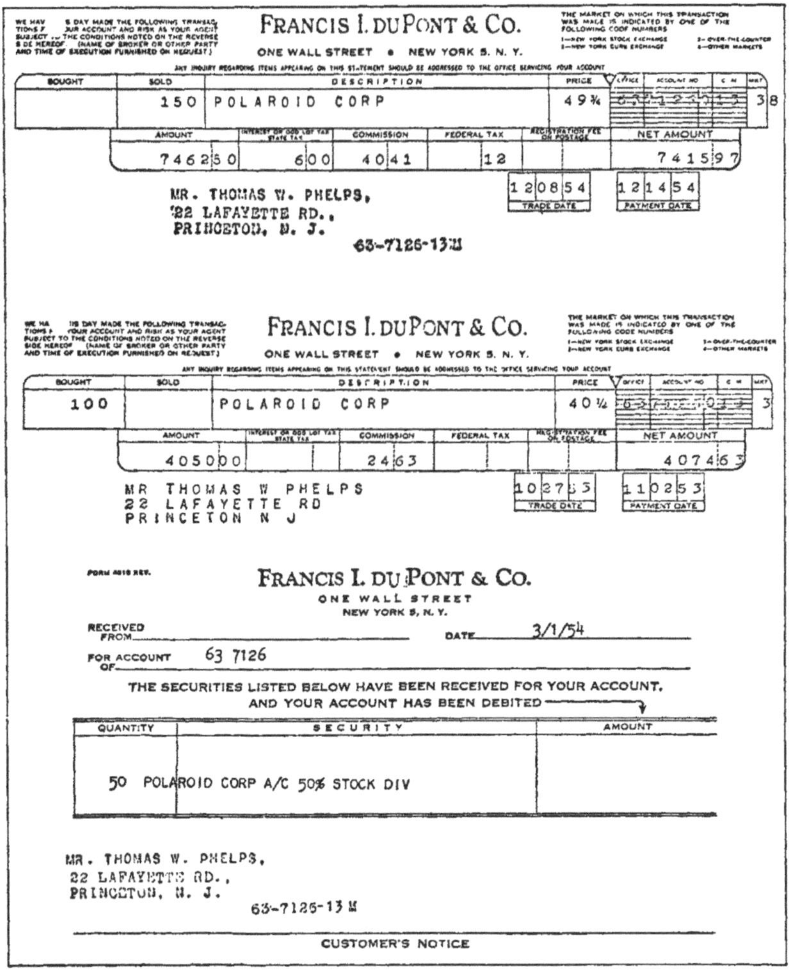

FRANCIS I. DU PONT & CO.
ONE WALL STREET • NEW YORK 5, N. Y.

BOUGHT	SOLD	DESCRIPTION	PRICE
	150	POLAROID CORP	49 3/4

AMOUNT	INTEREST OR ODD LOT TAX STATE TAX	COMMISSION	FEDERAL TAX	REGISTRATION FEE OR POSTAGE	NET AMOUNT
7462 50	6 00	40 41	12		7415 97

TRADE DATE 12 08 54 — PAYMENT DATE 12 14 54

MR. THOMAS W. PHELPS,
22 LAFAYETTE RD.,
PRINCETON, N. J.
63-7126-13

FRANCIS I. DU PONT & CO.
ONE WALL STREET • NEW YORK 5, N. Y.

BOUGHT	SOLD	DESCRIPTION	PRICE
100		POLAROID CORP	40 1/4

AMOUNT	INTEREST OR ODD LOT TAX STATE TAX	COMMISSION	FEDERAL TAX	REGISTRATION FEE OR POSTAGE	NET AMOUNT
4050 00		24 63			4074 63

TRADE DATE 10 27 53 — PAYMENT DATE 11 02 53

MR THOMAS W PHELPS
22 LAFAYETTE RD
PRINCETON N J

FRANCIS I. DU PONT & CO.
ONE WALL STREET
NEW YORK 5, N. Y.

RECEIVED FROM
DATE 3/1/54
FOR ACCOUNT OF 63 7126

THE SECURITIES LISTED BELOW HAVE BEEN RECEIVED FOR YOUR ACCOUNT, AND YOUR ACCOUNT HAS BEEN DEBITED

QUANTITY	SECURITY	AMOUNT
50	POLAROID CORP A/C 50% STOCK DIV	

MR. THOMAS W. PHELPS,
22 LAFAYETTE RD.,
PRINCETON, N. J.
63-7126-13

CUSTOMER'S NOTICE

Wenn man die am 2. November 1953 für 4.074,63 Dollar gekauften 100 Polaroid-Aktien 18 Jahre lang gehalten hätte, wären daraus bis 1971 7.200 Aktien im Wert von 843.300 Dollar geworden. Um eine Arztrechnung zu bezahlen, wurden sie am 8. Dezember 1954 für 7.415,97 Dollar verkauft. Die im Februar 1954 ausgeschüttete 50-prozentige Aktiendividende entspricht den 50 zusätzlich verkauften Aktien.

Man kann nur ahnen, wie viele der frühzeitigen Aktionäre jener Titel, die später um das 100-Fache gestiegen sind, ihre Anteile damals voreilig verkauft haben, um Schulden zu vermeiden. An einem ruhigen Abend mitten im Sommer auf dem Land kann ich sie singen hören:

„Von allen Worten, die traurig tönen, das schlimmste ist: 's hätt' sein können."

Wenn eine Regel, eine Formel oder ein Programm zu einem Ersatz für das Nachdenken und nicht zu einer Denkhilfe werden, sind sie gefährlich und sollten aufgegeben werden. Zu viele von uns sind mit der Vorstellung aufgewachsen, Schulden seien etwas Schlechtes, anstatt zu lernen, dass sie eine der legitimen Alternativen sind, die uns in einer freien Gesellschaft offenstehen. Das mussten wir erst auf die harte Tour lernen. Schulden können uns in den Ruin treiben oder uns zum Reichtum führen. Es hängt ganz davon ab, ob wir mit dem geliehenen Geld mehr verdienen können, als der Kreditgeber für dessen Nutzung verlangt.

Sich zu verschulden, weil man nicht die Willenskraft hat, mit seinem Einkommen auszukommen, ruiniert seit Jahrhunderten Männer und Frauen und wird dies zweifellos auch in den kommenden Jahrhunderten tun. Die Versuchung, sich jetzt etwas zu gönnen und es später zu bezahlen, ist fast so heimtückisch wie Drogen. Der grundlegende Irrtum von Menschen, die „jetzt kaufen, später bezahlen" zu ihrem Lebensstil machen, besteht darin, dass sie sich dadurch tatsächlich nicht so viel gönnen können wie die Standhaften, die sofort bezahlen. Und das funktioniert so:

Zwei Ehepaare haben jeweils 500 Dollar pro Jahr für Urlaub zur Verfügung. Die Smiths bestreiten damit ihre Ausgaben, während sie unterwegs sind. Die Joneses tun das auch, nur dass sie ihre erste Reise bereits ein Jahr vor dem Eintreffen des Geldes unternommen haben. Im zweiten Jahr, als sie die 500 Dollar hatten, um dem Alltag zu entfliehen, mussten sie für die Reise des ersten Jahres nicht nur die 500 Dollar bezahlen, sondern auch noch 100 Dollar „Finanzierungskosten“. Da die Joneses nur 500 Dollar für einen Urlaub zur Verfügung hatten, die sie vollständig für den Urlaub im ersten Jahr ausgegeben hatten, mussten sie für den Urlaub im zweiten Jahr nicht nur die 500 Dollar für den zweiten Urlaub aufnehmen, sondern auch 100 Dollar nicht budgetierte Finanzierungskosten für ihre erste Reise.

Im dritten Jahr, als die sittenstrengen Smiths erst ihren zweiten 500-Dollar-Urlaub machten, verreisten die Joneses zum dritten Mal für 500 Dollar. Dazu mussten sie sich erneut 500 Dollar leihen und zusätzlich 220 Dollar, um die nicht budgetierten Finanzierungskosten für ihre ersten beiden Reisen zu decken.

Im vierten Jahr machten die Joneses ihren vierten 500-Dollar-Urlaub und liehen sich erneut die 500 Dollar. Zusätzlich schuldeten sie 364 Dollar für Finanzierungskosten für die ersten drei Reisen.

Am Ende des vierten Jahres, als die Joneses bereit für ihren fünften 500-Dollar-Urlaub waren, bemerkten sie, dass sie nicht nur 500 Dollar für ihre vierte Reise, sondern auch noch 536,80 Dollar Finanzierungskosten für ihre ersten vier Reisen schuldeten. Die Smiths hatten indessen drei Urlaube für jeweils 500 Dollar gemacht und waren schuldenfrei.

Ab diesem Zeitpunkt wurden die Joneses ihre Schulden los, indem sie in den nächsten *zwei* Jahren zu Hause blieben, während die sparsamen Smiths wie gewohnt weiterhin verreisten. Die zügellosen Joneses beendeten das sechste Jahr also mit einer Urlaubsreise weniger als die enthaltsamen Smiths, obwohl beide Familien den gleichen Betrag für ihre Urlaube ausgegeben hatten.

Indem sie ein Jahr früher anfangen, als sie es sich leisten können, bekommen die Joneses dieser Welt alles 4-mal zum Preis von 5-mal. Jeder Kreditnehmer sollte sich fragen, ob die Zeit, die er kauft, das Geld wert ist. Für junge Menschen ist es in der Regel eine sehr gute Entscheidung, bei Bedarf einen Kredit aufzunehmen, um eine Ausbildung zu finanzieren. Das Gleiche gilt für den Kauf von benötigten Werkzeugen durch ausgebildete Handwerker. Kredite ermöglichen es jeder Generation, dort anzuknüpfen, wo die vorherige aufgehört hat, indem sie benötigte Ausrüstung kauft, anstatt jahrelang zu sparen, um sie sich leisten zu können.

Die Inflation bringt einige wichtige zusätzliche Faktoren in die Frage der Zinsen und Schulden ein.

Hersteller, die davon ausgehen oder befürchten, dass die Preise für benötigte Ausrüstung in einem Jahr um 20 Prozent steigen werden, werden nicht zögern, schon heute zu kaufen, selbst wenn sie dafür Geld zu zehn Prozent aufnehmen müssen. Gleichzeitig verlangen Kreditgeber einen Ausgleich für den erwarteten Kaufkraftverlust ihres Geldes. Wenn man einen Liter verleiht und nur einen halben Liter zurückbekommt, muss man 100 Prozent Zinsen verlangen, um keinen Verlust zu machen.

Grundsätzlich gilt: Je höher die Inflationsrate, desto höher sind die Kosten für den Kauf von Zeit – mit anderen Worten: desto höher sind die Zinsen. Eine der erbärmlichsten Illusionen unserer Zeit ist die politisch populäre Vorstellung, der Staat könne in einer freien Gesellschaft die Zinsen niedrig halten und gleichzeitig die Geldmenge weiter erhöhen. Weder Kreditgeber noch Kreditnehmer sind so dumm, dies zuzulassen. Kreditgeber würden einen Verlust wittern, Kreditnehmer ein gutes Geschäft. Kreditgeber würden mehr verlangen, Kreditnehmer würden es gern bezahlen. Wie Lincoln einmal sagte: „Man kann nicht die ganze Zeit alle Menschen zum Narren halten."

In ihrer extremsten Form, wie sie in den 1920er-Jahren in Deutschland herrschte, führt die Inflation dazu, dass jeder aus Selbstschutz versucht, Kreditnehmer zu werden. Nur durch sofortigen Kauf und spätere Zahlung kann sich der Einzelne gegen den raschen Wertverlust des Geldes schützen. Die daraus resultierende Flut von Möchtegern-Kreditnehmern verschärft die Nachfrage nach Geld, während die Kreditgeber gleichzeitig ihre Zinsen erhöhen, um sich gegen den erwarteten weiteren Wertverlust abzusichern. Unter solchen Bedingungen gibt es theoretisch keine Obergrenze für die Höhe der Zinsen. Die Bemühungen der Regierung, die Kosten für Kredite durch das Drucken von mehr Geld niedrig zu halten, sind ebenso sinnlos wie der Versuch, ein Feuer mit Benzin zu löschen.

Die Lehre aus der Geschichte ist klar: Die Zinsen spiegeln die Inflation wider. Solange eine verrottende Währung noch einen Wert hat, spiegeln die Zinsen die Erwartungen sowohl der Kreditnehmer als auch der Kreditgeber hinsichtlich ihres weiteren Wertverlusts wider. Nichts kann das kalte Urteil des Marktes außer Kraft setzen.

Erst wenn das Geld wertlos geworden ist, sieht man Schuldner, die ihre Gläubiger gnadenlos verfolgen und ausbezahlen, wie es in den 1920er-Jahren in Deutschland der Fall war. Dann kommt eine neue Währung.

Logischerweise gibt es heute so wenig Grund, anzunehmen, dass die Zinsen dauerhaft auf einem hohen Niveau bleiben werden, wie es in den 1940er-Jahren Grund gab, zu glauben, dass die Zinsen damals dauerhaft niedrig bleiben würden. (Tatsächlich glaubten vor 25 Jahren viele Menschen, dass die Zinsen dauerhaft niedrig bleiben würden. Warum sonst hätten sie langfristige Anleihen mit einer Rendite von 2 1/2 Prozent oder weniger gekauft?)

Wie der beigefügte Chart zeigt, sanken die Renditen von langfristigen Unternehmensanleihen hoher Bonität mit Kündigungsschutz 25 Jahre lang von einem Höchststand von fast sechs Prozent im Jahr 1921 auf einen Tiefststand von weniger als 2 1/2 Prozent im Jahr 1946. Nach einem so langen Rückgang sind sich Menschen, die Erinnerungen mit logischem Denken verwechseln – wie es die meisten von uns tun –, überzeugt, dass die Zinsen nie wieder steigen werden.

Wie Sie jedoch sehen können, stiegen die Zinsen von diesem Zeitpunkt an über 24 Jahre lang bis zu ihrem Höchststand im Mai 1970, als bonitätsstarke Unternehmensanleihen etwa 8 1/2 Prozent Rendite abwarfen. Nach einem derart lang anhaltenden Anstieg sind Menschen, die Erinnerungen mit logischem Denken verwechseln – wie gesagt,

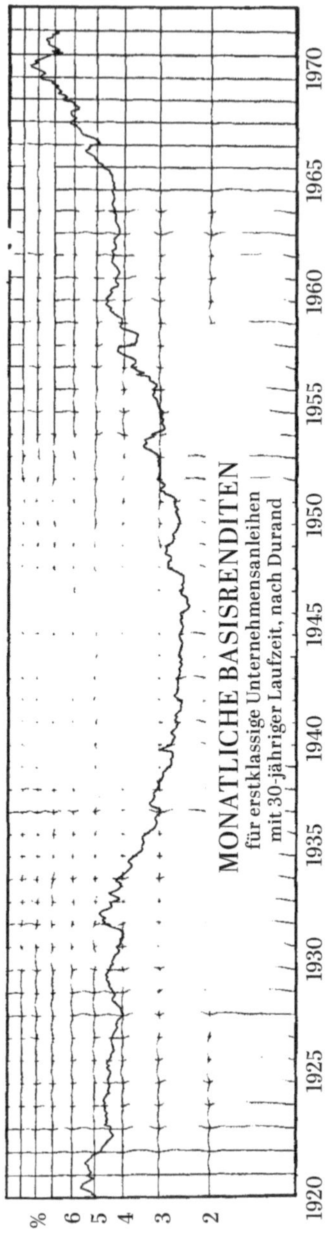

Der Preis der Zinsen

das tun die meisten von uns –, überzeugt, dass die Zinsen nie wieder sinken werden.

Tatsächlich sinken die Kosten für die Kreditaufnahme, wenn die Zinsen im Verhältnis zum vermeintlichen Vorteil eines sofortigen Kaufs gegenüber einem späteren Kauf dazu führen, dass Ausgaben aufgeschoben werden. Dementsprechend können die Zinsen aus zwei Gründen sinken: (1) Weil sie ein Niveau erreicht haben, das den angenommenen Vorteil eines sofortigen Kaufs gegenüber einem späteren Kauf überbewertet, oder (2) weil der Vorteil eines sofortigen Kaufs gegenüber einem späteren Kauf durch einen Rückgang der Inflationsrate oder durch eine Verschlechterung der Gewinnaussichten oder durch beides gemindert wird.

Zu sagen, dass die Zinsen auf einem dauerhaft hohen Niveau liegen, läuft auf die Aussage hinaus, dass der Vorteil, jetzt zu kaufen statt später, dauerhaft hoch sein wird. Eine solche Aussage setzt Folgendes voraus: (1) eine anhaltend hohe Inflationsrate oder (2) eine dauerhaft höhere Rendite auf investiertes Kapital, als sie die amerikanische Industrie in der Vergangenheit erzielt hat, oder (3) beides.

Wenn die Inflationsrate gebremst werden kann, verringert sich natürlich der Vorteil, jetzt statt später zu kaufen, und somit fällt die Entscheidung, Ausgaben zu verschieben, leichter. Ebenso offensichtlich ist, dass bei einer Verschlechterung der Gewinnaussichten, sei es aufgrund ausländischer Konkurrenz, Überkapazitäten, Steuern oder Kosten-Preis-Druck, der Anreiz, Kredite aufzunehmen, um in neue Geschäftsfelder einzusteigen oder bestehende zu erweitern, sinkt. Und damit geht auch die Nachfrage nach Geld zurück.

Unser Kapitalbedarf ist groß. Aber Bedarf ist nicht dasselbe wie effektive Nachfrage. Wenn wir versuchen, diesen Bedarf mit Geld aus der Druckerpresse zu decken, besteht die Gefahr, dass sich die Inflationsrate beschleunigt. Und sie hat bereits ein Niveau erreicht, das die Aussichten für Unternehmensgewinne eher trübt als aufhellt. Die Erhebung von Steuern zur Deckung dieses Bedarfs würde lediglich die

Kaufkraft von einigen Menschen und Branchen auf andere Menschen und Branchen übertragen. Sie bietet keine Grundlage für die Annahme einer erhöhten Rentabilität von Kapitalinvestitionen insgesamt.

Eine der größten Gefahren im Investmentgeschäft ergibt sich aus unserer außergewöhnlichen Fähigkeit, alles rational zu erklären, was es auch sei, und unserer allgemeinen Unfähigkeit, die Zukunft vorherzusagen. Allein schon aus Bescheidenheit sollten wir vorsichtig sein, ein Zinsniveau als dauerhaft anzusehen, das vorherzusehen nur wenige weise genug waren. Es ist leicht, Annahmen zu treffen, die die Erwartung dauerhaft hoher Zinsen stützen. Es ist jedoch nicht so einfach, diese Annahmen zu untermauern.

Anleihen vs. Aktien

Wenn man Aktien eines Unternehmens besitzt, ist man Teilhaber dieses Unternehmens. Wenn man Anleihen eines Unternehmens besitzt, ist man einer seiner Gläubiger.

Als Aktionär besitzt man einen Teil des Unternehmens. Als Eigentümer hat man Anspruch auf seinen Anteil an allem, was das Unternehmen erwirtschaftet, wann immer die Direktoren eine Ausschüttung beschließen. Es wird einem nichts versprochen.

Als Gläubiger hat man hingegen einen Zahlungsanspruch, unabhängig davon, ob das Unternehmen Gewinn erzielt oder nicht. Allerdings hat bislang noch niemand einen Weg gefunden, aus Steinen Blut herauszupressen, und deshalb prüft ein umsichtiger Anleihekäufer nicht nur seine Rechte, sondern auch die Fähigkeit des emittierenden Unternehmens, seine Abmachung zu erfüllen.

In Anlehnung an Kiplings „Ost ist Ost und West ist West, und niemals werden sich die beiden begegnen" hieß es vor der Weltwirtschaftskrise von 1929 bis 1932, dass ein Anleihemann ein Anleihemann und ein Aktienmann ein Aktienmann sei und keiner von beiden erfolgreich im Bereich des anderen tätig sein könne. In Wirklichkeit ist es für einen

Anleiheinvestor genauso unsinnig, nichts über Aktien zu wissen, wie für einen Augenarzt, nichts über den Rest des menschlichen Körpers zu wissen. In gewisser Weise sind Aktien die Puffer, die Anleihen vor den Schicksalsschlägen des Lebens schützen. Ein Anleiheinvestor, der sensibel auf Schwächen dieser Puffer reagiert, gerät selten in die Falle einer Anleihe, deren Zahlungen ausfallen. Er sieht Probleme kommen, lange bevor sie sich auf die Zahlungen auf vorrangige Wertpapiere auswirken (Anleihen sind vorrangig, weil ihre Forderungen erfüllt werden müssen, bevor die Aktionäre etwas erhalten).

Unabhängig davon, wie gut ein Unternehmen floriert, erhalten seine Anleihegläubiger lediglich die vereinbarten Zinsen und die Rückzahlung ihres Kapitals bei Fälligkeit. Da der Anleihegläubiger somit von der Teilhabe am Erfolg ausgeschlossen ist, wäre er töricht, würde er das Risiko einer Teilhabe an den Verlusten eingehen. Schwache Unternehmen locken oft unvorsichtige Anleihekäufer mit höheren Zinsen, als sie mit den besten Anleihen erzielen können. Meine eigene Erfahrung spricht dafür, nur die besten oder die schlechtesten Anleihen zu kaufen und alles dazwischen zu meiden. Das mag paradox klingen, aber lassen Sie mich das erklären. Die besten Anleihen sind so stark durch Erträge gedeckt und durch Vermögenswerte besichert, dass ein Ausfall fast ausgeschlossen ist. Soweit ich mich erinnere, gab es 1929 drei Anleihen mit AAA-Rating, die 1932 ausfielen. Aber das waren Ausnahmen, die die Regel bestätigen. Sie machten wahrscheinlich den winzigen Bruchteil von einem Prozent aller 1929 ausgegebenen Anleihen mit AAA-Rating aus. Eine weitere Wirtschaftskrise wie die von 1929 bis 1932 ist ohnehin höchst unwahrscheinlich. Die Welt hat sich seitdem verändert.

Die schlechtesten Anleihen sind natürlich die notleidenden. Sehr oft, wie im Fall der zuvor erwähnten Anleihen von Richfield Oil und Pan American Petroleum, erhalten die Gläubiger der notleidenden Anleihen im Rahmen der anschließenden Umstrukturierung das gesamte oder den größten Teil des Unternehmens. Wenn man notleidende Anleihen kauft, kauft man also etwas, von dem man hofft und erwartet, dass daraus das Eigenkapital des umstrukturierten Unternehmens wird. Man kauft also eigentlich eine „Aktie“, die als Anleihe bezeichnet wird, zu einem Preis, zu dem man die „Aktie“ für günstig hält.

Ein Wurm, so heißt es, ist das einzige Lebewesen, das nicht fallen kann. Notleidende Anleihen haben diese Eigenschaft mit den Würmern gemeinsam. Das Schlimmste ist bereits eingetreten. Sie können jahrelang notleidend bleiben, bis eine Umstrukturierung erfolgt oder das emittierende Unternehmen liquidiert wird, aber der Inhaber notleidender Anleihen muss selten befürchten, dass ihm die Morgenzeitung schlechte Nachrichten bringt. Da die Nachrichten über seine Positionen kaum noch schlechter werden können, hat er, wie die Geschichte immer wieder gezeigt hat, eine fast risikolose Spekulation mit erheblichen Chancen auf eine spätere Wertsteigerung.

Und wie sieht es mit Wandelanleihen aus? Dabei handelt es sich um Anleihen, die in Aktien des emittierenden Unternehmens umgewandelt werden können, in der Regel zu einem Preis, der über dem Marktpreis zum Zeitpunkt der Emission der Anleihen liegt. Wenn die Aktie einen längeren und erheblichen Kursanstieg verzeichnet, profitiert der Inhaber der Wandelanleihe davon. Wenn das Unternehmen hingegen in Schwierigkeiten gerät und seine Aktien fallen, erhält der Inhaber der Wandelanleihe in der Regel weiterhin seine Zinsen und genießt eine gewisse Absicherung. Es bleibt jedoch die Tatsache, dass der Aktionär bei einem Kursanstieg mehr Geld verdient als der Inhaber der Wandelanleihe. Und allzu oft fällt die Wandelanleihe bei einem starken Kursrückgang der Aktie deutlich stärker als die „reinen“ Anleihen von höchster Bonität, zudem werden sie manchmal notleidend.

Wandelanleihen sind nützlich für Institutionen, die hinsichtlich des Erwerbs von Aktien eingeschränkt sind, insbesondere wenn diese Institutionen von Experten beraten werden, die „unangemessene“ Preise ausfindig machen. Für Privatanleger bieten Wandelanleihen manchmal die Möglichkeit, eine Entscheidung über den Kauf von Aktien oder

Anleihen zu vermeiden. Ein solches Ausweichen vor der Entscheidung ist jedoch oft teuer im Vergleich zu dem, was mit der richtigen Entscheidung hätte erreicht werden können.

Warum sollte jemand Anleihen kaufen, wenn das Land unter Inflation leidet? Die Antwort lautet, dass Zinssätze das Ergebnis von Angebot und Nachfrage sind. Kreditgeber verlangen Zinsen und Kreditnehmer zahlen Zinsen, die nicht nur den Mietwert des Geldes widerspiegeln, sondern auch den erwarteten Rückgang seiner Kaufkraft. Theoretisch liegen die Zinsen bei einem Mietwert des Geldes von vier Prozent und einer erwarteten Inflationsrate von vier Prozent pro Jahr bei etwa acht Prozent. Wenn Anleihen von höchster Bonität Renditen abwerfen, die sowohl den Mietwert des Geldes als auch die erwartete Inflationsrate abdecken, kann der Käufer einen Gewinn erzielen, wenn die tatsächliche Inflationsrate unter den Erwartungen liegt.

In den letzten zwei oder drei Jahren waren einige Anleihekäufer von der Überzeugung motiviert, dass ein jährlicher Rückgang der Kaufkraft des Dollar um fünf oder sechs Prozent in etwa der Inflationsrate entsprach, welche die Gesellschaft Amerikas tolerieren konnte und würde. Als die besten voll steuerpflichtigen Anleihen mit einer Rendite von neun Prozent und mehr und die besten steuerfreien Anleihen mit einer Rendite von sieben Prozent und mehr gehandelt wurden, kauften diese Menschen sie in der Erwartung, dass etwas – sie wussten nicht was – unternommen würde, um die Inflation einzudämmen, bevor sie noch viel schlimmer würde. Ob sich Nixons „Einfrieren" als erfolgreich erweist oder nicht, es hat zumindest die Erwartung dieser Anleihekäufer gerechtfertigt, dass Amerika eine anhaltende Inflation von sechs Prozent nicht einfach so hinnehmen würde.

Die Anleihepreise für Begebungen mit höchster Bonität spiegeln schlicht die Veränderungen der Zinssätze wider. Beispielsweise wird eine Anleihe mit einer Laufzeit von 20 Jahren und einem Zinssatz von sechs Prozent zum Nennwert (1.000 Dollar) gehandelt, wenn das allgemeine Zinsniveau bei sechs Prozent liegt. Steigt das allgemeine Zinsniveau auf acht Prozent, wird dieselbe Anleihe zu etwa 80 (für 800 Dollar pro Anleihe) gehandelt, wobei der Käufer eine laufende Rendite von 7 1/2 Prozent und eine Rendite bis zur Fälligkeit von etwas über acht Prozent erhält. Die Rendite bis zur Fälligkeit ist die Rendite, die berechnet wird, indem man Jahr für Jahr den Barwert der „zusätzlichen" 200 Dollar berücksichtigt, die man in 20 Jahren erhalten wird. Denken Sie daran, dass wir hier von Emissionen mit höchster Bonität sprechen. Bei diesen geht der Käufer davon aus, dass er bei Fälligkeit nicht nur die 800 Dollar erhält, die er gezahlt hat, sondern den Nennwert der Anleihe in Höhe von 1.000 Dollar.

Sollten die Zinsen in den nächsten fünf Jahren auf vier Prozent fallen, könnte dieselbe erstklassige 6-prozentige Anleihe, die bei einem Geldmarktzins von acht Prozent für 80 Dollar verkauft wurde, voraussichtlich für 122 Dollar (1.220 Dollar pro Anleihe) verkauft werden, was einem Preisanstieg von mehr als 50 Prozent entspricht. Ausgehend vom Niveau von 1971 könnten Anleihen, je nach den getroffenen Annahmen hinsichtlich der ungewissen Zukunft, höhere Kapitalgewinne erzielen als die durchschnittliche Aktie.

Zu beachten ist dabei natürlich der Kündigungsschutz. Unternehmen, die Anleihen emittieren, wollen natürlich zu Recht beides haben. Daher bieten sie Anleihen mit hohen Zinsen an, um Käufer anzulocken, wenn alle anderen hohe Zinsen zahlen, behalten sich jedoch das Recht vor, die Anleihen zurückzuzahlen und neue zu emittieren, falls die Zinsen sinken. Man besitzt vielleicht eine Anleihe mit einem Zinssatz von neun Prozent und einer Laufzeit bis 1990, aber wenn sie in drei Jahren gekündigt werden kann, sollte man nicht länger als bis dahin auf sie zählen. Wenn die Zinsen bis 1975 allgemein auf sechs Prozent fallen sollten – was zwar nicht ausgeschlossen ist, aber keine Prognose darstellt –, wird die 9-prozentige Anleihe wahrscheinlich gekündigt (zurückgezahlt), und man muss das Geld zum dann geltenden Zinssatz von sechs Prozent reinvestieren. Viele Anleihen sind über lange Zeiträume nicht kündbar – eine 10-jährige Kündigungsschutzfrist ist nicht ungewöhnlich, und manchmal sind sogar noch längere Kündigungsschutzfristen verfügbar. Als Faustregel gilt, dass kündbare Anleihen gekündigt werden, wenn dies zum Nachteil des Inhabers ist.

Wie können wir Aktien mit Anleihen vergleichen? Nehmen wir an, wir kaufen für 50 Dollar eine Aktie, die einen Dollar pro Aktie einbringt und jährlich um 20 Prozent steigt. Nehmen wir weiter an, dass nur Aktiendividenden ausgeschüttet werden und alle Gewinne wieder in das Unternehmen investiert werden. Nehmen wir außerdem an, dass wir zum Zeitpunkt des Kaufs mündelsichere Unternehmensanleihen mit Kündigungsschutz und einer Rendite von acht Prozent hätten kaufen können.

Wie lange dauert es nun, bis unsere Aktie acht Prozent Gewinn auf unseren Kaufpreis erzielt? Die Antwort lautet: sieben bis acht Jahre, wenn das Wachstum bei 20 Prozent pro Jahr bleibt.

Aber selbst wenn wir zuversichtlich sind, dass das Wachstum so lange in diesem Tempo anhält, stehen wir vor anderen unbeantworteten Fragen, bevor wir sicher sein können, dass die Aktie der bessere Kauf ist.

Eine dieser Fragen lautet: „Wie hoch wird die Rendite erstklassiger Anleihen in sieben oder acht Jahren sein?" Wenn die Renditen dann auf vier Prozent gefallen sind und die Anleihe, die wir für eine Rendite von acht Prozent hätten kaufen können, in zehn Jahren fällig wird oder dann kündbar ist, ist unsere Anleihealternative viel weniger attraktiv als zuvor.

Eine weitere Frage, die wir beantworten müssen, bevor wir entscheiden, ob wir die Aktie zu einem Kurs-Gewinn-Verhältnis von 50 kaufen sollten, lautet, wie hoch der Gewinn der Aktie in sieben oder acht Jahren voraussichtlich sein wird. Wenn sich der Gewinn unserer Aktie wie erwartet vervierfacht, die Aktie dann aber zu einem KGV von 12,5 verkauft wird, hat unsere Investition weder Kapital- noch Dividendenerträge gebracht. Dann wären die 8-prozentigen Anleihen eindeutig die bessere Wahl gewesen.

Wenn sich der Gewinn unserer Aktie vervierfacht und die Aktie dann zu einem KGV von 25 verkauft wird, hat sich der Kurs unserer Aktie verdoppelt. Eine Verdopplung des Kurses in sieben oder acht Jahren entspricht einer jährlichen Rendite von zehn Prozent. Unter dieser Annahme wäre die Aktie eine bessere Investition als die Anleihe mit einer Rendite von acht Prozent.

Wenn das KGV bei 50 bleibt, wird die Aktie zum 4-Fachen unseres Kaufpreises verkauft und erzielt einen Gewinn von 20 Prozent pro Jahr. Das sind entscheidende „Wenns".

Steuern und Einkommensanforderungen fließen ebenfalls in die Berechnungen ein. Eine Person, die 50 Prozent staatliche Einkommensteuer zahlt, würde die Hälfte ihrer 8-prozentigen Anleiherendite an den Fiskus abgeben. Ein Pensionsfonds könnte den gesamten Betrag behalten und reinvestieren.

Eine Person in der Steuergruppe 50 Prozent, die jährlich vier Prozent ihres Einkommens für laufende Ausgaben benötigt, würde somit ihren gesamten Ertrag aus der 8-prozentigen Anleihe ausgeben und versteuern. Wenn sie die Wachstumsaktie kauft und jedes Jahr so viel verkauft, dass sie vier Prozent ihrer *Kosten* nach Kapitalertragsteuern erzielt, hängt ihr Ergebnis vom Marktpreis der Aktie zum Zeitpunkt des jeweiligen Verkaufs ab. Dieser lässt sich im Voraus nicht bestimmen. Wir wissen jedoch, dass feste jährliche Entnahmen aus dem Kapital einen umgekehrten Durchschnittskosteneffekt bewirken. Das bedeutet, dass man die meisten Aktien dann verkauft, wenn die Kurse niedrig sind, und die wenigsten, wenn die Kurse hoch sind.

Wenn Ihnen diese Beispiele ermüdend und kompliziert erscheinen, kann ich Ihnen versichern, dass sie im Vergleich zu den tatsächlichen Anlageproblemen, mit denen man täglich konfrontiert ist, einfach sind. Ich möchte damit lediglich zeigen, dass es unmöglich ist, im Voraus mathematisch zu beweisen, wie sich eine Investition entwickeln wird. Je leistungsfähiger Ihr Computer und je ausgefeilter Ihr Programm ist, desto vielfältiger sind die Annahmen, die Sie bewerten können. Aber letztendlich ist die Zukunft ungewiss und wird es immer bleiben. Deshalb sind Annahmen und die Berechnung von Wahrscheinlichkeiten für den Erfolg einer Investition von entscheidender Bedeutung.

KAPITEL 18

Die richtige Aktie auswählen

Es ist eine Sache, zu entdecken, dass der Weg zum Reichtum darin besteht, richtig zu kaufen und zu halten. Es ist jedoch etwas ganz anderes, dies auch zu tun.

Wie kauft man richtig?

In einer modernisierten Fabel von Äsop geht die Grille am Ende des Sommers zur Ameise, um sie um Rat zu fragen. „Du sitzt da ganz schön", sagte die Grille zur Ameise. „Du hast dir ein Haus für den Winter gebaut und es mit Vorräten gefüllt. Ich habe mich gut amüsiert, aber jetzt, wo die Nächte kalt werden, mache ich mir Sorgen. Was soll ich tun?"

„Ganz einfach", antwortete die Ameise. „Verwandle dich in eine Kakerlake und gehe ins Haus, dort findest du Nahrung und Wärme für den Winter."

„Danke", sagte die Grille. Dann kam ihr ein Gedanke: „Wie verwandle ich mich in eine Kakerlake?"

„Ich habe dir den Masterplan gegeben", entgegnete die Ameise. „Die Details musst du nun selbst ausarbeiten."

Der Masterplan lautet: richtig kaufen und halten. Einige von uns, die die Details selbst ausarbeiten müssen, werden am Ende vielleicht mit der Grille in der Kälte schlafen müssen.

Ich weiß nicht, was schwieriger ist: richtig zu kaufen oder genug zu wissen, um zu halten. Mathematisch gesehen hat man, wenn man einfach nur Nadeln in die Kursliste steckt, nicht einmal eine Chance von 1:100, eine Aktie zu treffen, die einen 100-fachen Gewinn bringt, selbst wenn die Zukunft so gut ist wie die Vergangenheit – was ja nicht sicher ist. Und nachdem man die Aktie gekauft hat, werden einige der besten Köpfe der Wall Street versuchen, einen davon zu überzeugen, sie zu verkaufen und etwas anderes zu kaufen. Oft werden sie recht haben, zumindest kurzfristig. Jedes Mal, wenn sie recht haben, wird es für Sie schwieriger, ihren Rat beim nächsten Mal nicht zu befolgen. Und beim nächsten Mal raten sie Ihnen vielleicht, Ihren 100-Bagger zu verkaufen, nachdem er von eins auf zwei gestiegen ist. Das haben sie mit Garrett gemacht.

Da wir jedoch das Problem, mit einer Investition von 10.000 Dollar ein Vermögen zu machen, in zwei Teile aufgeteilt haben, wollen wir uns zunächst mit der Frage beschäftigen, wie man die richtige Aktie aussucht.

Um eine vernünftige Entscheidung zu treffen, müssen wir Anleger einige Annahmen über die Zukunft treffen oder akzeptieren. Andernfalls könnten wir uns am Ende auf der Verliererseite wiederfinden wie der Mann, der auf ein Pferd wettet und erst dann erfährt, dass der Gewinn an die Stute mit der höchsten Milchleistung geht.

Um intelligente Annahmen über die Zukunft zu treffen, müssen wir versuchen, die Tendenzen der Ereignisse zu erkennen. Dazu müssen wir Geld, Zinsen, Inflation, Anleihen im Vergleich zu Aktien und die politische Lage im Allgemeinen berücksichtigen, bevor wir überhaupt damit beginnen, die Werte verschiedener Wertpapiere zu vergleichen.

Es läuft alles auf praktische Vorstellungskraft hinaus – die Fähigkeit, das zu sehen, was noch nicht da ist, aber so bald da sein wird, dass es für einen selbst von Bedeutung ist.

KAPITEL 19

Wo man nach den großen Gewinnern suchen sollte

John Westcott, einer der besten Börsenanalysten, die ich je gekannt habe, erzählte mir einmal von einem Gespräch, das er mit Bernard M. Baruch hatte. Westcott erwähnte beiläufig einen kurz zuvor getätigten Kauf einiger Blue-Chip-Aktien. Er glaubt, es war entweder American Telephone oder General Motors.

„Ich weiß nicht, wie Sie es sich leisten können, Aktien zu diesem Kurs zu kaufen", sagte Baruch. „Ich kann es mir nicht leisten."

Baruch sprach damit die weitverbreitete Meinung aus, dass große Gewinnchancen nur bei Aktien mit niedrigem Kurs zu finden sind. Irgendwie scheint es einfacher zu sein, aus einem Cent einen Dollar zu machen als aus einem Dollar 100 Dollar. Wie Tabelle III jedoch zeigt, gab es in den letzten 40 Jahren viele Gelegenheiten, mit teueren Aktien das 100-Fache zu verdienen.

Billige Aktien sind wie arme Menschen: Es gibt sie immer. Viele billige Aktien haben spektakuläre Kursanstiege verzeichnet. Ich habe jedoch nichts gefunden, was darauf hindeuten würde, dass eine Aktie, die für einen Dollar oder weniger gehandelt wird, mit einer höheren

Wahrscheinlichkeit um das 100-Fache steigen wird als eine Aktie, die für zehn Dollar oder mehr gehandelt wird. Das mag nur so erscheinen, weil es so viel mehr billige Aktien als teure Aktien gibt. Der Kurs allein ist für Anleger, die maximale Kapitalgewinne erzielen wollen, eine schlechte Richtschnur.

Eine weitere weitverbreitete Meinung ist, dass wirklich gute Chancen an der Börse eher im Freiverkehr als an der New York Stock Exchange oder an der American Stock Exchange zu finden seien. Diejenigen, die diese Ansicht vertreten, gehen davon aus, dass die Aktien an der New York Stock Exchange einer strengeren Prüfung durch professionelle Wertpapieranalysten unterliegen als die weitaus zahlreicheren Papiere im Freiverkehr. Daher wird angenommen, die Wahrscheinlichkeit, dass ein herausragender Wert übersehen wird, sei an der New Yorker Börse geringer ist als anderswo. Auch dies wird durch die Fakten nicht bestätigt. Von den mehr als 365 Aktien, deren Kurs in den letzten 40 Jahren um mehr als das 100-Fache gestiegen ist, waren zu Beginn ihres großen Aufschwungs mehr an der New Yorker Börse notiert als anderswo (siehe Tabelle 1). Die Erklärung dafür scheint zu sein, dass jeder Anleger überall nur die unbekannte Zukunft kaufen kann und die Chancen, dass diese unbekannte Zukunft viel besser ausfällt als erwartet, an der New Yorker Börse genauso gut sind wie anderswo.

Das bedeutet keineswegs, dass ich glaube, der Anleger sei besser beraten, die Augen zu schließen und Nadeln in die Kursliste des *Wall Street Journal* zu stecken, als irgendeine andere Methode anzuwenden. Zum einen bieten nicht alle Aktien, deren Kurs um das 100-Fache steigt, dem Anleger gleich günstige Chancen. Das Risiko eines Totalverlusts kann bei einer Aktie um ein Vielfaches höher sein als bei einer anderen. Mit Geld aus russischem Roulette kann man genauso viele Lebensmittel kaufen wie mit Geld, das auf andere Weise verdient wurde, aber als Mittel zum Lebensunterhalt belegt russisches Roulette auf der sozialen Rangliste zu Recht den letzten Platz.

Wo findet man also Aktien mit einer Rendite von 100:1? Die Erfahrungen der letzten 40 Jahre legen folgende Marktsegmente nahe:

1. Erfindungen, die uns etwas ermöglichen, was wir schon immer tun wollten, aber bisher nicht tun konnten. Beispiele hierfür sind das Auto, das Flugzeug und das Fernsehen.
2. Neue Methoden oder neue Geräte, mit denen wir etwas, was wir schon lange tun müssen, einfacher, schneller oder kostengünstiger als bisher erledigen können. Computer und Erdbaumaschinen sind Beispiele aus der Vergangenheit.
3. Verfahren oder Geräte, die die Qualität einer Dienstleistung verbessern oder aufrechterhalten und gleichzeitig den Arbeitsaufwand senken oder beseitigen, der dafür erforderlich ist. Beispiele sind Einwegspritzen und -laken in Krankenhäusern, Tiefkühlkost und die gesamte Familie der Kopiergeräte, angeführt von Xerox.
4. Neue und billigere Energiequellen wie Kerosin statt Waltran, Heizöl statt Kohle und durch Kernkraft erzeugter Strom, der sie alle ersetzt.
5. Neue Methoden zur Bewältigung wichtiger alter Aufgaben mit geringeren oder gar keinen ökologischen Schäden. Ein Beispiel ist der Einsatz nicht fortpflanzungsfähiger Insekten zur Ausrottung von Schädlingen anstelle von Chemikalien, die für viele nützliche Lebewesen schädlich sind.
6. Verbesserte Methoden oder Anlagen zum Recycling der von der Zivilisation benötigten Rohstoffe einschließlich Wasser, anstatt Berge von Abfall und Ozeane von Abwasser zu produzieren.
7. Neue Methoden oder Geräte, um die Morgenzeitung ohne Zusteller und ohne Abfall frei Haus zu liefern, und die sie sofort für eine spätere Lektüre verfügbar machen. Für die meisten von uns sind nur wenige Dinge weniger wert als die Zeitung von gestern, aber täglich werden Millionen davon in einer Form gedruckt, die nur von einem winzigen Bruchteil der Abonnenten, die eine dauerhafte Aufbewah-

rung wünschen, gebunden und viele Jahre lang aufbewahrt wird. Und dafür vernichten wir Wälder.

8. Neue Methoden oder Maschinen für den Transport von Personen und Gütern auf dem Land ohne Räder. Das Feuer und das Rad gelten seit Langem als die beiden Erfindungen, die am meisten dazu beigetragen haben, den Menschen aus den Abgründen der Wildheit zu befreien. Manchmal frage ich mich, ob wir dem Rad nicht zu lange Tribut gezollt haben. Sein innerer Widerspruch besteht darin, dass es umso mehr Zentrifugalkraft erzeugt, je schneller es sich dreht. Um in der Luft Überschallgeschwindigkeit zu erreichen, musste der Mensch einen Weg finden, das Rad hinter sich zu lassen. Eines Tages wird dies auch auf dem Land gelingen, vielleicht mit Luftkissen, vielleicht mit Magnetkraft, wahrscheinlich jedoch mit Ideen, Methoden und Geräten, die wir uns noch nicht einmal vorstellen können.

Ich paraphrasiere Edith Cavell, die über ihre Exekutoren im Ersten Weltkrieg sagte: „Stolz auf die Heimat reicht nicht aus." Ebenso reicht auch Erfindungsreichtum allein nicht aus. Die Finanzgeschichte ist übersät mit Ruinen brillanter Ideen, die inkompetent umgesetzt wurden. In der Automobilindustrie wurden große Vermögen gemacht, aber ich frage mich manchmal, ob ein Investor, der zwischen 1900 und 1920 alle verfügbaren Automobilaktien gekauft hätte, eine Rendite auf seine Gesamtinvestition erzielt hätte, die derjenigen entspricht, die ihm die Sparkasse gezahlt hätte. In diesem Zusammenhang wäre es interessant zu wissen, wie hoch die Gesamtrendite aller Gelder ist, die für Ölbohrungen ausgegeben wurden. Die Verluste der Spekulanten werden nicht einmal erfasst. Die umstrittene Abschreibung für die Erschöpfung von Ölquellen und die Buchung immaterieller Bohrkosten als Aufwendungen deuten darauf hin, dass der Kongress die Notwendigkeit einer Verbesserung der Chancen anerkennt, ungeachtet der Vermögen, die diejenigen gemacht haben, die Öl gefunden haben.

Wie die Gewinner einer Lotterie sind diejenigen, die bei der Suche nach Öl reich geworden sind, nicht repräsentativ für alle, die daran beteiligt waren.

Ohne eine vollständige Untersuchung durchzuführen, haben wir mehr als 365 Aktien identifiziert, deren Marktwert sich in den letzten 40 Jahren verhundertfacht hat. Viele haben dies in 40 Jahren geschafft, manche in 35, einige in 30, nicht wenige in 25, mehr als 20 in 20 Jahren und fünf in zehn Jahren oder weniger. Selbst diejenigen, die die vollen 40 Jahre brauchten, um ihren Wert um das 100-Fache zu steigern, übertrafen bei Weitem die Gewinn- oder Vermögenssteigerungen aller professionell verwalteten Fonds, die im gleichen Zeitraum verzeichnet wurden.

Grundsätzlich scheint es vier Kategorien von Aktien zu geben, die zu 100-Baggern wurden. Ich wollte schon *„gibt es“* statt *„scheint es“* schreiben, aber dann fiel mir die Geschichte von dem Angeber ein, der zu einem großen Etymologen sagte: „Ist Ihnen schon mal aufgefallen, dass ‚sugar‘ das einzige Wort in der englischen Sprache ist, in dem ‚su‘ wie ‚sh‘ ausgesprochen wird?“ Der Etymologe antwortete: „Are you sure?“

Ich sehe diese vier Kategorien:

1. Anstieg in erster Linie aufgrund der Erholung von extrem niedrigen Preisen am Tiefpunkt des größten Bärenmarkts in der amerikanischen Geschichte. Besondere Panik- oder Krisensituationen zu anderen Zeiten gehören ebenfalls in diese Gruppe.
2. Anstieg in erster Linie aufgrund einer Veränderung des Verhältnisses von Angebot und Nachfrage bei einem Rohstoff, die sich in einem stark gestiegenen Rohstoffpreis niederschlägt.
3. Anstieg in erster Linie aufgrund des hohen Schuldenanteils der Kapitalstruktur in langen Phasen des Wirtschaftswachstums und der Inflation.
4. Anstieg in erster Linie aufgrund des rechnerischen Ergebnisses der Reinvestition von Erträgen zu deutlich überdurchschnittlichen Renditen auf das investierte Kapital.

Einzelne Unternehmen werden von Zeit zu Zeit aufgrund von unternehmens- oder branchenbezogenen Problemen zu scheinbar günstigen Preisen angeboten. Damit jedoch wie 1932 und 1933 vor dem Bankfeiertag echte Schnäppchen zu haben sind, müsste es zu einer weltweiten Deflation und Arbeitslosigkeit wie damals kommen. Eine solche Wiederholung ist jedoch wahrscheinlich politisch unmöglich. In der gesamten westlichen Welt scheint klar zu sein, dass die Menschen, wenn sie die Wahl haben, lieber Inflation mit oder ohne Lohn- und Preiskontrollen in Kauf nehmen würden, als eine weitere große Wirtschaftskrise zu erleiden. Daher erscheint es derzeit unrealistisch, in der ersten Kategorie viele Gewinnchancen im Verhältnis 100:1 zu finden – zumindest so lange, bis die Menschheit es wieder als Irrtum erkannt hat, die Inflation als Allheilmittel für die Wirtschaft zu betrachten. Das kann viele, viele Jahre dauern.

Natürlich kann eine große Entdeckung von Öl oder mineralischen Bodenschätzen den Wert einer Aktie in kurzer Zeit um ein Vielfaches steigern. Die Poseidon-Aktie stieg nach einem sensationellen Fund von Nickelerz in Australien innerhalb eines Jahres auf mehr als das 100-Fache ihres Tiefs (anschließend verlor die Aktie den größten Teil dieses spektakulären Gewinns wieder.) Solche Fundstellen sind fast schon per Definition unvorhersehbar. Ein Investor, der auf diese Weise ein Vermögen macht, hat Glück.

Nicht, dass ich das Glück herabwürdigen würde. Man braucht nicht klug zu sein, um ein Vermögen zu machen. Man muss nur wissen und tun, was nötig ist. Oft ist das so einfach, dass es niemandem außer einem Obvious Adams auffällt. Ältere Leser erinnern sich vielleicht an diese fiktive Figur. Adams tat nie etwas Kluges, verdiente aber mehr Geld als seine cleveren Konkurrenten, indem er das Offensichtliche tat – zum Beispiel ins Haus ging, wenn es zu regnen begann.

Auf die Entdeckung einer großen natürlichen Ressource zu setzen ist wie das „Daily Double“ beim Pferderennen, bei dem man die Sieger zweier Rennen vorhersagen muss. Man kann das ein Leben lang spielen, ohne die richtige Kombination zu treffen. Es gibt jedoch auch andere Situationen im Bereich der natürlichen Ressourcen, in denen die Existenz der Ressource im Boden bekannt ist, aber eine Preisänderung erforderlich ist, um den Abbau rentabel zu machen. So war es bei den riesigen Takonitvorkommen von Mesabi Iron. Ähnlich war die Situation bei einigen Kohleunternehmen, deren Aktien seit der Depression der 1930er-Jahre um mehr als das 100-Fache gestiegen sind. Und ähnlich könnte es eines Tages auch bei Uranerzvorkommen, Ölschiefer, Teersanden und Stammholz aussehen.

Chancen durch Schuldenhebel können sich aus Situationen ergeben, in denen die vorrangigen Ansprüche auf die Erträge und Vermögenswerte eines Unternehmens diesen Erträgen oder Vermögenswerten entsprechen oder sie übersteigen, sodass dem Eigenkapital kein Barwert zukommt. Wenn eine solche Situation über viele Jahre hinweg anhält und keine Aussicht auf eine Änderung besteht, kann das Eigenkapital zu einem symbolischen Preis verkauft werden.

Dies war in den 1940er-Jahren bei den Stammaktien und Optionsscheinen von Tri-Continental der Fall. Man könnte das auch als Umsatzhebel bezeichnen, und es ergibt sich manchmal auch aus der anhaltenden Gewinnschwäche eines großen Unternehmens, selbst wenn keine vorrangigen Wertpapiere vorhanden sind. Wenn man beispielsweise mit jedem Dollar des aktuellen Börsenkurses 10,00 Dollar oder gar 20,00 Dollar vom Unternehmensumsatz kaufen kann, ist es eine einfache Rechnung, dass eine wirklich hübsche Investitionsrendite anfiele, wenn sich die Gewinnmargen so weit verbessern würden, dass fünf Prozent des Umsatzes an die Stammaktionäre fließen würden.

Gelegenheiten, von Kapitalhebeln zu profitieren, sind leicht zu finden. Schwierig ist es jedoch, zu entscheiden, ob das zusätzliche Gewinnpotenzial das zusätzliche Risiko aufwiegt. Das Prinzip entspricht dem eines Margin-Depots. Wenn man eine Aktie mit einem Einschuss von 50 Prozent kauft und sich ihr Kurs verdoppelt, erzielt man mit der

Investition fast doppelt so viel Gewinn, als wenn man die Aktie direkt gekauft hätte.

Wenn die Aktie um 50 Prozent fällt, hat man allerdings schon sein Eigenkapital verloren. Infrage kommt eine Situation, in der ein großes Unternehmen mit einem sehr hohen Anteil an vorrangigen Wertpapieren in seiner Kapitalstruktur einen schweren, aber vorübergehenden Einbruch seiner Geschäftstätigkeit und seiner Gewinne verzeichnet. Wenn man die Aktien für fünf oder zehn Prozent des Unternehmenswerts kaufen kann, dann kann eine Verdopplung des Unternehmenswerts natürlich zu einer Verzehnfachung bis Verzwanzigfachung des Aktienkurses führen.

Eine relativ neue Form der Hebelinvestition, die sich noch nicht in einer echten Depression bewährt hat, ist der sogenannte Dual-Purpose-Fonds, der in Amerika von George S. Johnston, dem heutigen Geschäftsführer von Scudder, Stevens & Clark, eingeführt wurde. In der Regel wurde ein solcher Fonds so organisiert, dass die Hälfte des Kapitals von Anlegern bereitgestellt wurde, die eine hohe und wachsende regelmäßige Rendite aus Dividenden oder Zinsen auf ihre Investition anstrebten, während die andere Hälfte von Anlegern kam, die ausschließlich an Kapitalerträgen interessiert waren. Dementsprechend wurden der ersten Gruppe von Anlegern alle regelmäßigen Erträge aus den kombinierten Anlagen zugesagt – und sogar eine Mindestrendite auf Kosten der zweiten Gruppe garantiert, falls diese nicht anderweitig erzielt werden konnte.

Die zweite Gruppe hingegen hat Anspruch auf alle Kapitalgewinne aus den zusammengefassten Anlagen, nachdem die erste Gruppe die vereinbarten Erträge und die Rückzahlung ihrer Einlage erhalten hat.

Tatsächlich verfügen die Kapitalerträge anstrebenden Anteilhaber solcher Doppelfonds über ein Margin-Depot zu 50 Prozent oder mehr. Mit anderen Worten: Von jedem Kursanstieg der Wertpapiere profitieren sie mit dem Doppelten oder mehr dessen, was sie für ihre Fondsanteile bezahlt haben. Diese Kapitalgewinnaktionäre erhalten zwar keine Dividenden oder Zinsen auf ihre Investition, sie müssen aber auch keine Zinsen auf ihren „Sollsaldo“ zahlen, also auf den Teil des Fondsvermögens, der die Kosten der Kapitalanteile übersteigt. Wenn ein solcher Fonds beispielsweise über ein Vermögen von zehn Dollar pro Renditeanteil und zehn Dollar pro Kapitalgewinnanteil verfügt, wobei die Renditeanteile nur Anspruch auf zehn Dollar haben, entspricht das Wertsteigerungspotenzial der Kapitalgewinnanteile in etwa dem eines 50-prozentigen Margin-Depots ohne das Risiko, dass ein Nachschuss gezahlt werden muss oder die Anteile verkauft werden. Für alle, die davon überzeugt sind, dass der Aktienmarkt steigen wird, ist der Kauf solcher Kapitalgewinnanteile vergleichbar mit einem Double beim Bridge.

Im vergangenen Jahr war es zeitweise möglich, die Kapitalgewinnanteile solcher Dual-Purpose-Fonds für ein Drittel oder weniger des Gesamtwerts der Vermögenswerte zu erwerben, die auf die Anteile beider Gruppen entfielen. Nehmen wir beispielsweise an, dass die Vermögenswerte, die auf die Renditeanteile entfallen, zehn Dollar pro Anteil betragen und die Vermögenswerte, die auf die Kapitalertragsanteile entfallen, sechs Dollar pro Anteil betragen. Nehmen wir weiter an, dass die Kapitalertragsanteile an der New Yorker Börse für fünf Dollar pro Anteil gehandelt werden. Eine solche Konstellation gab es im Jahr 1971. Sollte der Aktienmarkt wie in den 15 Jahren von 1949 bis 1964 auf das 5-Fache seines aktuellen Durchschnittskurses steigen und das Vermögen des Doppelfonds lediglich mit dem Marktdurchschnitt Schritt halten, würde dieses Vermögen im Jahr 1986 das 5-Fache von 16 Dollar, also 80 Dollar pro Einheit – eine Renditeaktie plus eine Kapitalgewinnaktie – betragen. Da die Renditepapiere weiterhin nur Anspruch auf zehn Dollar hätten, wären die restlichen 70 Dollar der Wert der Kapitalgewinnanteile. Wer solche Anteile zu einem Preis von fünf Dollar gekauft hat, hätte somit das 14-Fache seiner ursprünglichen Investition erzielt.

Doch selbst ein solcher Gewinn ist noch weit entfernt von den 100-fachen Gewinnen , die wir in den letzten 40 Jahren gesehen haben und jetzt anstreben. Aber angenommen, ein Krieg, Kriegsdrohungen oder eine völlig unvorhergesehene Depression würden den Marktpreis der Kapitalertragsanteile nicht nur auf fünf Dollar, sondern auf einen Dollar oder sogar auf 50 Cent sinken lassen. Von einem solchen Niveau aus könnte eine überraschende Wende der wirtschaftlichen und politischen Lage die von uns angestrebte Investitionschance von 100:1 bieten. Das Gleiche könnte durch eine hervorragende Performance des Portfolios eines Dual-Purpose-Fonds auch ohne einen solchen vorherigen starken Kursrückgang der Kapitalertragsanteile erreicht werden.

Meine vierte Kategorie von Aktien, die eine 100-fache Wertsteigerung aufweisen, sind Unternehmen, die über viele Jahre hinweg eine weit überdurchschnittliche Kapitalrendite erzielen. Bei solchen Titeln hat der Anleger die schlichte Arithmetik und die Zeit auf seiner Seite. Aber auch in dieser Kategorie gibt es kein kostenloses Mittagessen und keine „sicheren Sachen". Zunächst einmal besteht die Gefahr, dass die hohe Kapitalrendite zu viele Konkurrenten anzieht. Kein Geschäft ist so gut, dass es nicht ruiniert werden kann, wenn zu viele einsteigen. Es ist von entscheidender Bedeutung, dass die hohe Rendite durch eine „Barriere" geschützt wird, die den Einstieg in das Geschäft erschwert oder gar unmöglich macht. Solche Barrieren können Patente, unablässige Innovationen auf der Grundlage überlegener Forschung und Erfindungen sein, der Besitz einzigartig vorteilhafter Rohstoffquellen, außergewöhnlich gut etablierte Markennamen – Sie können hier gern weitere Beispiele ergänzen. Achten Sie nur darauf, dass die Barriere stabil und hoch ist. Die meisten von uns wollen im Leben ziemlich dieselben materiellen Dinge – gutes Essen, gute Kleidung, ein Haus in guter Lage, gute Schulen für unsere Kinder. Um mehr als den Durchschnitt zu bekommen, müssen wir mehr als der Durchschnitt leisten oder das, was wir tun, besser machen als der Durchschnitt. Wenn wir nichts anderes können als Wäsche waschen, wird es immer jemanden in der Nachbarschaft geben, der bereit ist, sie für zwei Cent weniger pro Pfund zu waschen als wir selbst.

Tausende von Anlegern haben in den letzten 40 Jahren irgendwann einmal einen 100-Bagger mit hoher Eintrittsbarriere besessen. Aber wahrscheinlich hat nicht einmal einer von tausend seinen Gewinner gehalten, bis er seinen Wert verhundertfacht hatte.

Natürlich wünschten alle, sie hätten es getan. Es wäre jedoch ebenso falsch, anzunehmen, dass sich die Vergangenheit unbegrenzt fortsetzen wird. Oder jetzt für das gesamte Wachstum zu bezahlen, das sich vorhersehen lässt.

Um in 40 Jahren den 100-fachen Wert zu erreichen, muss der Kurs einer Aktie um jährlich 12,2 Prozent steigen. Die erforderlichen Steigerungsraten, damit sich der Wert einer Aktie in weniger als 40 Jahren verhundertfacht, sind folgende:

35 Jahre – 14 Prozent
30 Jahre – 16,6 Prozent
25 Jahre – 20 Prozent
20 Jahre – 26 Prozent
15 Jahre – 36 Prozent

Es ist mathematisch unmöglich, dass ein Unternehmen unaufhörlich selbst mit der niedrigsten dieser Wachstumsraten weiterwächst. Das praktische Problem besteht darin, erstens abzuschätzen, wie lange diese Wachstumsraten voraussichtlich anhalten werden, und zweitens, wie lange sie anhalten müssen, um überhaupt den aktuellen Aktienkurs zu rechtfertigen.

Um alle Diskussionen über die Möglichkeit einer endlosen Fortsetzung selbst der niedrigsten dieser Wachstumsraten gleich zu beenden: Wie viel wäre Ihrer Meinung nach ein Dollar, der vor 1.971 Jahren zu fünf Prozent mit Zinseszins angelegt wurde, heute wert? Als mir Dr. Louise Curley, Vizepräsidentin für Volkswirtschaft bei Scudder, Stevens & Clark, 1965 die Antwort gab, war es eine so riesige Summe, dass man dafür, um sie in Gold zu bezahlen, bei einem Preis von 33 Dollar pro Unze einen massiven Goldball benötigen würde, der fast von der Erde bis zur rund 150 Millionen Kilometer entfernten Sonne reichen würde. Dr. Curley hat ihren Doktortitel in Wirtschaftswissenschaften am Massachusetts Institute of Technology erworben, daher vertraue ich ihrer Rechnung. Als ich sie bat, die Antwort auf den Stand von 1971 zu aktualisieren, sagte sie mir, dass man heute eine massive Goldkugel mit einem Durchmesser von mehr als 160 Millionen Kilometern benötigen würde.

Aber seien wir realistisch. Keiner von uns investiert für die nächsten 1.971 Jahre. Unser Problem hat einen viel näheren Horizont. Erstens: Wenn wir nach Aktien suchen, deren Wert sich in den nächsten 15 bis 40 Jahren verhundertfachen könnte, müssen wir die Chancen einschätzen, dass ihre Gewinne weiterhin mit einer durchschnittlichen jährlichen Wachstumsrate von 12 bis 36 Prozent steigen können und werden. Langfristiges Kapitalwachstum ist an langfristiges Gewinnwachstum gekoppelt. Die einzige Möglichkeit für einen Anleger, ein höheres Wachstum zu erzielen, besteht darin, Umschwünge der Marktstimmung von Optimismus zu Pessimismus und wieder zurück zu nutzen. Wenn er diese Schwankungen falsch einschätzt, kann sein Kapitalwachstum allerdings deutlich geringer ausfallen als das Gewinnwachstum.

Diese Überlegung kann hilfreich sein, um die Wachstumsaussichten von Giganten wie General Motors und International Business Machines zu bewerten. Würden die Gewinne von General Motors gegenüber ihrem Rekordhoch von 1965 um das 100-Fache steigen, würde der Konzern einen Nettogewinn von weit über 200 Milliarden Dollar ausweisen. Selbst wenn das Unternehmen zehn Prozent des Umsatzes als Nettogewinn erzielen würde, würde dies immer noch einen Umsatz von zwei Billionen Dollar bedeuten. Es ist keine Herabwürdigung der Produkte oder des Managements von General Motors, wenn man davon ausgeht, dass das Unternehmen selbst in 40 Jahren wohl kaum ein Geschäftsvolumen erzielen wird, das doppelt so hoch ist wie das derzeitige Bruttosozialprodukt der Vereinigten Staaten.

In ähnlicher Weise würde eine Verhundertfachung des Rekordgewinns von International Business Machines aus dem Jahr 1969 zu einem Jahresgewinn von mehr als elf Milliarden Dollar führen. Selbst wenn es dem Unternehmen gelänge, sein hohes Verhältnis von Nettogewinn zu Umsatz aus dem Jahr 1969 aufrechtzuerhalten, müsste IBM einen Jahresumsatz von mehr als 700 Milliarden Dollar erzielen, um solche Gewinne zu erwirtschaften.

Diejenigen, die IBM optimistisch sehen, könnten einwenden, dass ich mit einer *reductio ad absurdum* argumentiere. Zuletzt war IBM noch immer die Nummer 1 auf der Liste der beliebtesten Aktien von Investmentfonds, und laut einer Umfrage von *Institutional Investor* unter Vermögensverwaltern und Wertpapieranalysten die Lieblingsaktie des Jahres 1972. Die sollten ja eigentlich wissen, was sie tun. Vielleicht planen sie, die Aktie einfach zu halten, bis sie sich erneut verdoppelt hat. Schon das wäre ein schöner Gewinn, wenn er in den nächsten fünf Jahren realisiert werden könnte. In diesem Fall würde die IBM-Aktie bei der heutigen Stückzahl mehr als 700 Dollar kosten. Dazu müsste sich der Gewinn verdoppeln oder das Kurs-Gewinn-Verhältnis parallel zum Gewinn steigen. Damit sich der Gewinn von IBM in den nächsten fünf Jahren verdoppeln kann, müsste er um jährlich 15 Prozent steigen. In der Vergangenheit hat das Unternehmen sogar noch bessere Ergebnisse erzielt. Damit der Aktienmarkt jedoch jeden Dollar des Gewinns von IBM aus dem Jahr 1975 höher bewertet als den Gewinn aus dem Jahr 1970, müsste entweder die Aussicht auf weiteres Wachstum *gegenüber dem Niveau von 1975* noch besser sein als derzeit, oder die Zinsen müssten niedriger sein – oder beides. Sehen Sie sich einmal die relative Kursentwicklung von IBM von 1919 bis 1971 an. Wie deutlich zu erkennen ist, war die Kursentwicklung der Aktie mehr als ein halbes Jahrhundert lang stetig aufwärts gerichtet. Mittlerweile dürfte dies fast jedem bewusst sein.

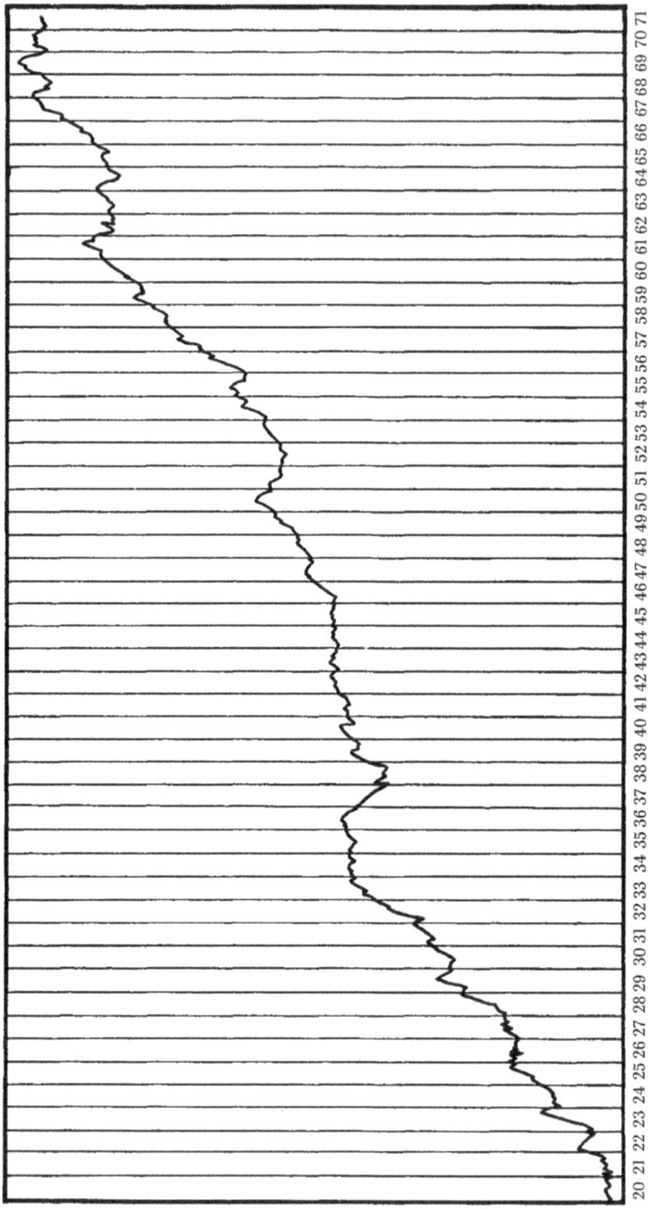
20 21 22 23 24 25 26 27 28 29 30 31 32 33 34 35 36 37 38 39 40 41 42 43 44 45 46 47 48 49 50 51 52 53 54 55 56 57 58 59 60 61 62 63 64 65 66 67 68 69 70 71

IBM

Tabelle II

Liste der Aktien, die ein Vermögen eingebracht haben

365 Aktien, die in 30 verschiedenen Jahren zu Kursen zwischen 4 Cent und 137,50 US-Dollar gekauft werden konnten und sich seither verhundertfacht haben

Entgegen der landläufigen Meinung sind nicht nur Pennystocks, die nicht an einer Börse notieren, in der Lage, aus 10.000 Dollar 1.000.000 Dollar zu machen. In der folgenden Tabelle sind mehr als 365 Wertpapiere aufgeführt, die zu den angegebenen Kursen und in den angegebenen Jahren gekauft werden konnten und bis 1971 mindestens auf das 100-Fache ihres Kaufkurses gestiegen sind. Beachten Sie, dass die ersten zwölf Titel auf der Liste einen Kurs von 50 Dollar oder mehr hatten. Wenn ein Wertpapier auf der Liste umbenannt oder gegen ein Wertpapier mit einem anderen Namen getauscht wurde, ist die Bezeichnung von 1971 dahinter in Klammern angegeben.

Aktie	Kurs	Jahr des Kaufs
Old Ben Coal First Gold 6s 1944 (Standard Oil of Ohio)	137,50	1935
International Business Machines	125,50	1948
Anheuser-Busch	98,00	1935
Avon Products	83,00	1955
Minnesota Mining & Manufacturing	60,00	1945
Minneapolis Honeywell (Honeywell)	58,00	1935
New Process	58,00	1955
Prentice-Hall	51,00	1945
Associated Telephone Utilities Series C 5½% Convertible Bonds (General Telephone)	50,00	1933
Lawyers Title Insurance (Richmond Corp.)	50,00	1936
Porter (H.K.) 1st 6s 1946	50,00	1932
Richfield Oil of California 1st Convertible 6s 1944 (Certificates of Deposit) (Atlantic Richfield)	50,00	1932
Haloid Xerox (Xerox)	47,50	1958
Eastman Kodak	46,00	1933
General America Corp. (Safeco)	44,00	1946
Johnson & Johnson	46,00	1938

Aktie	Kurs	Jahr des Kaufs
Empire Trust (Dome Petroleum Ltd.)	43,50	1943
Merck & Co.	43,00	1940
Polaroid	42,88	1955
Fidelity Union Life Insurance	42,00	1949
Continental Assurance (CNA Financial)	40,50	1943
Abbott Laboratories	40,00	1934
Minnesota & Ontario Paper 6s Series A 1931-1945 (Boise Cascade)	40,00	1932
Pan-American Petroleum (of Cal.) Convertible 6s 1940 (Certificates of Deposit) (Atlantic Richfield)	40,00	1932
Government Employees Insurance	38,00	1951
Graniteville Manufacturing (Graniteville)	34,00	1935
American Home Products	30,75	1938
Old Ben Coal 7½ Debs 1934 (Standard Oil of Ohio)	30,00	1932
Pfizer (Chas.) & Co. (Pfizer, Inc.)	29,00	1943
Lincoln National Life Insurance (Lincoln National Corp.)	28,50	1943
Connecticut General Life Insurance (Connecticut General Insurance)	27,63	1943
Globe & Rutgers Fire Insurance (American International Group)	27,00	1949
Clorox	24,00	1942
General Tire	23,00	1933
Amerex Holding Corp. (American Express)	21,50	1948
Dow Chemical	21,13	1932
Mercantile Stores	21,00	1943
U.S. Bobbin & Shuttle Pfd. (Baker Industries)	20,00	1940
Eastern Gas & Fuel 6% Pfd.	19,75	1943
Zenith Radio	19,75	1948
Amerada Corp. (Amerada Hess)	18,50	1933
Babcock & Wilcox	18,50	1934
Winn & Livett Grocery (Winn-Dixie Stores Class B Conv.)	18,00	1942

Aktie	Kurs	Jahr des Kaufs
Carnation Company	17,88	1938
American Hide & Leather 7% Preferred (Tandy Common)	17,75	1934
McDonnell Aircraft (McDonnell Douglas)	17,00	1950
Moore Corp. Ltd.	17,00	1935
Square D Class B Common	17,00	1935
Black & Decker	16,50	1944
Tampax	16,50	1949
Dr. Pepper	16,00	1935
Aetna Casualty & Surety (Aetna Life & Casualty)	15,00	1932
Clark Equipment	15,00	1939
Kirsch Co. Pfd. (Kirsch Company Common)	14,00	1946
Virginia Iron Coal & Coke 5% Pref. (Bates Mfg.)	14,00	1942
American Hide & Leather 7% Preferred (Tandy Common)	13,50	1933
Chicago Flexible Shaft (Sunbeam)	13,50	1935
Plough (Schering-Plough)	13,25	1945
Panhandle Producing & Refining 8% Preferred (American Petrofina Class A)	13,00	1940
J. C. Penney Co.	13,00	1932
Abitibi Power & Paper Co., Ltd. 7% Pfd. ($ 100 par) (Abitibi Paper Common)	12,50	1943
Sears, Roebuck & Co.	12,50	1933
American Hide & Leather 6% conv. Preferred (Tandy Common)	12,00	1938
Diebold, Inc.	11,63	1950
Eddy Paper Corp. (Weyerhaeuser)	11,50	1940
Newmont Mining	11,50	1933
Philip Morris	11,50	1934
Sharp & Dohme $ 3,50 conv. Pfd. A (Merck Common)	11,50	1932
Baxter Laboratories	11,25	1956
Motorola	11,25	1948
International Combustion Engineering cv. Pfd. ctfs. (Combustion Engineering Inc.)	11,00	1933

Aktie	Kurs	Jahr des Kaufs
Universal Winding (Leesona)	11,00	1934
Outboard Motors Class A (Outboard Marine)	11,00	1936
Skyline Homes (Skyline Corp.)	11,00	1963
General Fire Extinguisher (International Telephone & Telegraph)	10,63	1943
Food Machinery (FMC)	10,50	1934
Monroe Auto Equipment	10,50	1959
Goodyear Tire & Rubber	10,25	1942
American Power & Light $ 6 Pfd.	10,13	1935
Hart Schaffner & Marx	10,00	1939
Hobart Manufacturing	10,00	1933
Reece Button Hole Machine (Reece Corp.)	10,00	1934
Signode Steel Strapping (Signode Corp.)	9,75	1942
Fedders	9,50	1945
Nobilitt-Sparks Industries (Arvin Industries)	9,50	1933
Georgia-Pacific	9,25	1953
Dodge Manufacturing (Reliance Electric)	9,13	1942
Aloe (A.S.) Co. (Brunswick)	9,00	1934
Milton Bradley	9,00	1957
Natomas Co.	9,00	1932
Pacific Western Oil (Getty Oil)	9,00	1943
Melville Shoe	8,75	1933
Sharp & Dohme (Merck)	8,63	1943
Emerson Electric	8,50	1949
McGraw-Hill	8,50	1943
Lane Bryant	8,38	1942
Aetna Life (Aetna Life & Casualty)	8,25	1932
Holiday Inns	8,13	1958
Masonite	8,25	1933
National Container $ 2 conv. Pfd. (Owens-Illinois-Glass)	8,13	1932
Thompson Products (TRW)	8,13	1938

Aktie	Kurs	Jahr des Kaufs
American Airlines	8,00	1938
Delta Air Lines	8,00	1942
Edison Bros. Stores	8,00	1934
Trane	8,00	1943
Crown Cork & Seal	7,88	1932
Emery Air Freight	7,88	1955
Henry Holt & Co. (Columbia Broadcasting System)	7,88	1953
Federated Department Stores	7,50	1933
Gardner-Denver	7,50	1933
Briggs & Stratton	7,25	1933
National Standard	7,25	1932
American Home Fire Assurance (American International Group)	7,00	1949
Automatic Data Processing	7,00	1965
Electric Power & Light $ 7 second Preferred (Middle South Utilities and Pennzoil)	7,00	1943
National Homes	6,75	1945
General American Oil	6,50	1937
Holophane (Johns-Manville)	6,50	1936
Kendall Co.	6,50	1942
Skelly Oil	6,50	1935
Apex Electrical Manufacturing (White Consolidated Inc.)	6,25	1941
Masco Screw Products (Masco Corp.)	6,25	1961
Van Dorn Iron Works (Van Dorn Co.)	6,25	1950
Container Corp. (Marcor)	6,13	1934
Phillips-Jones (Phillips-Van Heusen)	6,13	1942
American Constitution Fire Insurance (American International Group)	6,00	1932
Electrical Shovel Coal Preferred (American Metal Climax)	6,00	1942
Pacific Mills (Burlington Industries)	6,00	1933
Industrial Acceptance	5,90	1942

Aktie	Kurs	Jahr des Kaufs
Burlington Mills (Burlington Industries)	5,75	1937
Deere & Company	5,75	1933
Hunt Bros. Packing (Norton-Simon)	5,75	1944
Brunswick-Balke-Collender (Brunswick Corp.)	5,50	1938
Caterpillar Tractor	5,50	1933
Signal Oil & Gas Class A (Signal Cos.)	5,50	1935
Union Bag & Paper (Union Camp)	5,50	1933
Greyhound Corp.	5,25	1934
Marion Steam Shovel 7% Pfd. (Merritt-Chapman & Scott)	5,25	1932
Louisiana Land	5,13	1943
West Virginia Coal & Coke (Eastern Gas & Fuel)	5,13	1944
Western Auto Supply Class A (Beneficial Corp.)	5,13	1932
American Meter (Singer)	5,00	1933
Chicago, Rock Island & Pacific convertible 4½s, 1960 (Union Pacific)	5,00	1940
Continental Casualty (CNA Financial)	5,00	1933
Douglas Aircraft (McDonnell Douglas)	5,00	1932
Emporium Capwell (Broadway-Hale Stores)	5,00	1934
General Alliance (General Reinsurance)	5,00	1933
Government Employees Life Insurance	5,00	1949
Kirsch Co. Common B (Kirsch Co. Common)	5,00	1946
Magnavox	5,00	1949
Nineteen Hundred (Whirlpool)	5,00	1942
Simplicity Pattern	4,88	1954
Gillette	4,75	1943
Honolulu Oil	4,75	1932
Pyrene Mfg. (Baker Industries)	4,75	1940
Continental Baking (International Telephone)	4,50	1935
New England Lime (Pfizer Inc.)	4,50	1948
Noxzema Chemical (Noxell)	4,50	1944

Aktie	Kurs	Jahr des Kaufs
Interstate Co. (Host International)	4,38	1955
Miller Wholesale Drug (American Home Products)	4,38	1940
Associated Dry Goods	4,25	1942
Magma Copper (Newmont Mining)	4,25	1932
Nehi (Royal Crown Cola)	4,25	1936
Realty Operators (Southdown)	4,25	1944
Armstrong Cork	4,13	1933
Ayshire Patoka Collieries (American Metal Climax)	4,00	1942
Columbia River Packers (Castle & Cooke)	4,00	1939
General Cable Class A (General Cable Common)	4,00	1935
Lerner Stores	4,00	1933
Philadelphia Life Insurance	4,00	1945
North American Car (Flying Tiger Line)	3,88	1942
Stone & Webster (Stone & Webster) (Gulf States Utilities) (El Paso Electric) (Virginia Electric & Power) (Sierra Pacific Power)	3,76	1935
Birtman Electric (Whirlpool)	3,75	1933
Brach (E.J.) & Sons (American Home Products)	3,75	1933
Cessna Aircraft	3,75	1941
Ex-Cell-O	3,75	1934
Hancock Oil (Signal Cos.)	3,75	1933
International Utilities Class A (Common)	3,75	1943
Mc Graw Electric (McGraw-Edison)	3,75	1934
Sloss-Sheffield Steel & Iron (A-T-O Inc.)	3,75	1932
Broadway Department Store (Broadway-Hale Store)	3,63	1941
Disney (Walt) Productions Inc.	3,63	1954
Line Material (McGraw-Edison)	3,63	1935
American Manufacturing	3,50	1935
Armour & Co. (Illinois) Preferred (Greyhound)	3,50	1932
Cliffs Corp. (Cleveland Cliffs)	3,50	1933
Cooper Industries	3,50	1937

Aktie	Kurs	Jahr des Kaufs
Cutler-Hammer	3,50	1932
Lion Oil (Monsanto)	3,50	1935
U.S. Freight	3,50	1932
Walker (Hiram) Gooderham & Worts	3,50	1933
Weston Electrical Instrument (Schlumberger)	3,50	1932
Borg-Warner	3,38	1932
United Chemicals (FMC)	3,25	1939
U.S. Stores $ 7 First Preferred (Thorofare Markets)	3,25	1941
Engineers Public Service (Virginia Electric & Power) (El Paso Electric) (Gulf States Utilities)	3,15	1934
American Metal Climax	3,13	1933
Eaton Manufacturing (Eaton Yale & Towne)	3,13	1933
International Vitamin (American Home Products)	3,13	1941
Kerlyn Oil Class A (Kerr-McGee)	3,13	1943
Sweets Co. of America (Tootsie Roll Industries)	3,13	1942
Tennessee Corp. (Cities Service)	3,13	1934
American Investment Co. of Illinois	3,00	1933
Chicago Rivet & Machine	3,00	1932
Collins & Aikman	3,00	1933
Electric Power & Light $ 7 Pfd. (Middle South Utilities and Pennzoil)	3,00	1935
Federal-Mogul	3,00	1934
Goodrich (B.F.) Company	3,00	1933
Intercontinental Rubber (Texas Instruments)	3,00	1952
Starrett (L.S.)	3,00	1932
Westvaco Chemical (FMC)	3,00	1932
Baldwin (D.H.) Co.	2,88	1939
General America Corp. (Safeco)	2,75	1934
Pacific Portland Cement (Ideal Basic Industries)	2,75	1944
Raytheon	2,75	1943
Warner Bros. Pictures, Inc. (Kinney National Service)	2,75	1941

Aktie	Kurs	Jahr des Kaufs
U.S. Foil B (Reynolds Metals)	2,63	1943
White Sewing Machine (White Consolidated Industries)	2,63	1943
Carrier Corp.	2,50	1932
Dobeckman (Dow Chemical)	2,50	1941
Electric Power & Light $ 6 Pfd. (Middle South Utilities and Pennzoil)	2,50	1935
Maytag	2,50	1943
Parker Pen	2,50	1932
Remington Rand (Sperry Rand)	2,50	1933
Shell Union Oil (Shell Oil)	2,50	1932
Texas Pacific Coal & Oil	2,50	1934
Rapid Electrotype (Rapid-American)	2,38	1943
Eversharp (Warner-Lambert)	2,25	1942
Houston Oil	2,25	1933
Savage Arms (Emhart)	2,25	1933
Chicago Pneumatic Tool	2,13	1933
Cities Service	2,13	1942
S.R. Dresser Manufacturing Class B (Dresser Industries)	2,13	1933
Gimbel Brothers	2,13	1935
McLellan Stores Preferred (McCrory Corp. Common)	2,13	1933
Sperry (Sperry Rand)	2,13	1933
Abitibi Power & Paper Co., Ltd. 6% Pfd. ($ 100 par) (Abitibi Paper Common)	2,00	1940
Chicago & Southern Air Lines (Delta Air Lines)	2,00	1942
Fairchild Aviation (Fairchild Camera)	2,00	1938
Lehigh Valley Coal Corp. 6% ($ 50 par) convertible Preferred (Lehigh Valley Industries)	2,00	1940
Midland Steel Products (Midland-Ross)	2,00	1932
Phillips Petroleum	2,00	1932
Pitney-Bowes	2,00	1933
Placer Development	2,00	1937

Aktie	Kurs	Jahr des Kaufs
Texas Gulf Producing	2,00	1942
Thatcher Manufacturing (Dart Industries)	2,00	1932
Union Gas of Canada	2,00	1934
Intertype (Harris-Intertype)	1,88	1933
Kinney (G.R.) & Co. (Brown Shoe)	1,88	1943
Lindsay Chemical (Kerr-McGee)	1,88	1939
United Piece Dye Works 6½% Preferred (United Piece Dye Works Common)	1,88	1943
Whitman & Barnes (TRW, Inc.)	1,88	1934
New York Dock (Questor)	1,75	1939
Pittston Co.	1,75	1943
American Chain & Cable	1,63	1933
American Cyanamid	1,63	1932
United-Carr Fastener (TRW, Inc.)	1,63	1933
Van Raalte Co. (Cluett, Peabody & Co.)	1,63	1933
Ventures (Falconbridge Nickel)	1,57*	1940
Indiana Steel Products (Electronic Memories & Magnetics)	1,50	1940
International Telephone & Telegraph	1,50	1942
Seton Leather (Seton Co.)	1,50	1933
Sunstrand Machine Tool (Sunstrand Corp.)	1,50	1933
Falconbridge Nickel	1,43**	1940
Yellow Truck & Coach (General Motors)	1,38	1932
Austin, Nichols & Co. (Liggett & Myers)	1,25	1942
Beech Aircraft	1,25	1938
Celanese Corp.	1,25	1932
Electrical Power & Light Common (Middle South Utilities and Pennzoil)	1,25	1943
General Cable Common	1,25	1933
Mc Cord Radiator & Manufacturing (McCord Corp.)	1,25	1943
National Department Stores 7% 1st Pfd. (International Mining)	1,25	1933

* US-Fonds ** US-Fonds

Aktie	Kurs	Jahr des Kaufs
North American Aviation (North American Rockwell)	1,25	1943
United States Rubber (Uniroyal)	1,25	1932
Copper Range	1,13	1932
Hoover Ball & Bearing	1,13	1934
Indian Refining (Texaco)	1,13	1933
Smith (Howard) Paper Mills (Domtar)	1,13	1933
Soss Manufacturing (SOS Consilidated)	1,13	1941
Air Products & Chemicals	1,00	1946
Allen Industries (Dayco)	1,00	1933
Consolidated Aircraft (General Dynamics)	1,00	1933
Crown Zellerbach	1,00	1933
Dayton Rubber Manufacturing Class A (Dayco)	1,00	1933
Electric Boat (General Dynamics)	1,00	1933
Flying Tiger Line	1,00	1949
Houdaille-Hershey Class B (Houdaille Industries)	1,00	1933
Hussman-Ligonier (Pet Milk)	1,00	1934
Linen Service Corp. of Texas (National Service Industries)	1,00	1939
Megel (Marcor)	1,00	1932
Mesabi Iron (Mesabi Trust)	1,00	1943
National Shirt Shops (McCrory Corp. Common)	1,00	1934
Pittsburgh Railways (Citizens Traction Common) (Pittway Corp.)	1,00	1940
Scullin Steel $ 3 Preference (Universal Marion)	1,00	1932
Selected Industries $ 1,50 Convertible Stock (Tri-Continental)	1,00	1942
South Coast (Jim Walter)	1,00	1941
Spiegel, May, Stern (Beneficial Corp.)	1,00	1933
Tubize Chatillon (Celanese)	1,00	1932
Tung-Sol Electric (Studebaker-Worthington)	1,00	1932
U.S. Bobbin & Shuttle Pfd. (Baker Industries)	1,00	1941
Virginia Carolina Chemical (Mobil Oil)	1,00	1942

Aktie	Kurs	Jahr des Kaufs
Virginia Iron Coal & Coke (Bates Manufacturing)	1,00	1943
Wilcox (H.F.) Oil & Gas (Tenneco)	1,00	1935
Air Investors (American Manufacturing)	0,94	1942
Ogden Corp. (Syntex) (Ogden Corp.) (Bunker Ramo)	0,94	1951
Lockheed	0,90	1934
American Seating	0,88	1933
Bulova Watch	0,88	1933
Electric Bond & Share (Boise Cascade)	0,88	1942
Evans Products	0,88	1933
Grocery Store Products (Clorox)	0,88	1942
Middle States Petroleum Class A (Tenneco)	0,88	1935
Reliable Stores	0,88	1933
Jeanette Glas	0,82	1942
American Laboratories (American Medical International)	0,75	1964
American Machine & Metals (Ametek, Inc.)	0,75	1932
Butler Bros. (McCrory Corp.)	0,75	1932
Inspiration Consolidated Copper	0,75	1932
Loft (Pepsico)	0,75	1938
Rustless Iron & Steel (Armco Steel)	0,75	1935
St. Lawrence Corp. (Domtar)	0,75	1942
Selected Industries (Tri-Continental, Common & Warrants)	0,75	1944
Shamrock Oil & Gas (Diamond Shamrock)	0,75	1935
Venezuelan Petroleum (Atlantic Richfield)	0,75	1941
Venezuelan Petroleum (Sinclair Oil)	0,75	1941
Tri-Continental, Warrants	0,69	1944
Armour & Co. (Illinois) Class A (Greyhound)	0,63	1932
Art Metal Works (Ronson Corp.)	0,63	1933
Bliss (E.W.) (Gulf & Western)	0,63	1932
Dunhill International (Questor)	0,63	1932

Aktie	Kurs	Jahr des Kaufs
Eastern States Corp. (St. Regis Paper)	0,63	1944
Outboard Motors Class B (Outboard Marine)	0,63	1935
Snider Packing Foods (General Foods)	0,63	1933
Tri-Continental, Common	0,63	1941
U.S. Home & Development	0,63	1967
Abitibi Power & Paper Common (Abitibi Paper Common)	0,50	1942
Butte Copper & Zinc (Jonathan Logan)	0,50	1933
Byron Jackson (Borg Warner)	0,50	1932
Celotex (Jim Walter)	0,50	1933
Duval Texas Sulphur (Pennzoil United)	0,50	1933
International Paper & Power Class A Common (International Paper)	0,50	1933
Johnson Motor (Outboard Marine)	0,50	1932
Marchant Calculating Machine (SMC)	0,50	1933
National Automotive Fibres (Chris-Craft Industries)	0,50	1932
National Fireproofing (Fuqua Industries)	0,50	1944
Symington (Dresser Industries)	0,50	1932
United Paperboard (United Board & Carton)	0,50	1933
Occidental Petroleum	0,45	1956
Chemical Research (General Development)	0,41	1941
Development Corp. of America	0,38	1967
Eason Oil Company	0,38	1942
Mc Crory Stores (McCrory Corp.)	0,38	1933
Merritt-Chaopman & Scott	0,38	1932
Warren Brothers (Ashland Oil & Refining)	0,38	1941
Michigan Bumper (Gulf & Western)	0,32	1943
Parmelee Transportation (Checker Motors)	0,32	1942
Starret Corp. (Recrion)	0,32	1943
U.S. & Foreign Securities (U.S. & International Securities)	0,32	1933
American Beet Sugar (American Crystal Sugar)	0,25	1932

Aktie	Kurs	Jahr des Kaufs
Burry Biscuit (Quaker Oats)	0,25	1942
Fansteel	0,25	1932
Godchaux Sugars (Gulf States Land & Industries)	0,25	1933
Mc Lellan Stores (McCrory Corp.)	0,25	1933
Nestle-Le Mur	0,25	1938
Sunray Oil (Sun Oil)	0,25	1933
Truax Traer Coal (Consolidation Coal)	0,25	1932
General Shareholdings (Tri-Continental)	0,19	1942
Alleghany Corp. Common	0,13	1941
National Bellas Hess Co., Inc. 7% Pfd. (National Bellas Hess, Inc. Common)	0,13	1932
Republic Gas (Republic Natural Gas)	0,13	1932
Wahl (Schick)	0,13	1932
United Piece Dye Works Common	0,10	1943
Old Ben Coal New Common (Standard Oil of Ohio)	0,05	1935
International Utilities Class B	0,04	1942

KAPITEL 20

Weg von allem

Manchmal scheinen Investitionsprobleme so unlösbar, dass wir versucht sind, ihnen den Rücken zu kehren und unser Geld ins Ausland zu transferieren. Für die meisten Menschen bedeutet eine Investition im Ausland, vor den Gefahren, die sie sehen, in Gefahren zu fliehen, die sie nicht sehen können. Allzu oft verherrlichen solche Kapitalbewegungen eher die Rückschau als dass sie Weitsicht erkennen lassen.

Ich erinnere mich noch gut daran, wie in den 1930er-Jahren „versierte" Investoren ihr Geld nach Argentinien und Frankreich transferierten, um den Gefahren des New Deal und der Dollarabwertung in den Vereinigten Staaten zu entgehen. Ich habe zwar keine Belege dafür – über Gewinne redet man ja leichter als über Verluste –, aber ich bezweifle sehr, dass auch nur einer von ihnen mit seinen Auslandsgeschäften so viel Geld verdient hat, wie er hierzulande mit den fantastischen Schnäppchen hätte verdienen können.

In den Sommern meiner Jugend, die ich auf Farmen in Minnesota verbrachte, lernte ich, dass Rinder auf einer saftigen Weide einen

Stacheldrahtzaun durchbrechen, um an das Gras auf der anderen Seite zu kommen. Für sie sieht das Gras auf der anderen Seite des Zauns grüner aus. Das gilt auch für ihre Besitzer. Entfernung verleiht Zauber.

Im Zweiten Weltkrieg habe ich einen weiteren Grund gelernt, warum man sich vor Auslandsinvestitionen hüten sollte. Einige meiner Kunden waren britische Staatsbürger. Als der Markt 1942 am Boden lag, „beschlagnahmte" die britische Regierung amerikanische Wertpapiere, die sich im Besitz britischer Staatsbürger befanden, und verkaufte sie, um Dollar für die Kriegsfinanzierung zu beschaffen.

Meine Schlussfolgerungen lauten:

1. Investieren Sie niemals im Ausland, um Gefahren im eigenen Land zu entgehen, *es sei denn, Sie sind bereit, mit dem Geld zu entkommen.*
2. Ansonsten investieren Sie nur dann im Ausland, wenn die Chancen dort deutlich besser zu sein scheinen als alles, was Sie in Ihrem Heimatland finden können. Dieser „deutliche Vorteil" muss die Differenz zwischen dem ausgleichen, was Sie über die Verhältnisse in Ihrem Heimatland wissen, und dem, was Sie bestenfalls über ein Land wissen können, das Sie vielleicht gelegentlich besucht und aus der Ferne studiert haben.

Sie denken vielleicht: „Was ist mit den Weißrussen, deren Investitionen in Frankreich sie vor der Revolution gerettet haben? Was ist mit den deutschen Juden, deren Auslandsinvestitionen ihnen einen Neuanfang außerhalb der Reichweite Hitlers ermöglichten?" Beide profitierten von Auslandsinvestitionen nur, weil sie bereit und in der Lage waren, mit dem Geld zu entkommen.

„Aber", werden einige einwenden, „als die Notwendigkeit dieser Auslandsinvestitionen klar wurde, war es nicht mehr möglich, sie zu tätigen."

Das ist nichts anderes als eine Formulierung aller Investitionsprobleme. Wenn der Bedarf oder die Gelegenheit zutage tritt, ist das Gewinnpotenzial bereits im Preis enthalten.

Im Idealfall sollte man Auslandsinvestitionen als Ergebnis einer weltweiten Suche nach den besten relativen Werten tätigen. Die dadurch gewonnene Absicherung gegen ruinöse soziale und politische Entwicklungen im eigenen Land ist praktisch kostenlos, und eine kostenlose Versicherung ist immer ein gutes Geschäft.

Wenn Großbritannien – was derzeit sicher scheint – dem gemeinsamen Markt beitritt und sich daraus wirtschaftliche und/oder politische Vereinigte Staaten von Europa entwickeln, dürfte die neue Supermacht große Investitionschancen bieten.

Auf der anderen Seite der Welt gibt es einen kontinentalen Beweis dafür, dass die Natur das Vakuum verabscheut: Australien.

Der australische Aktienmarkt ist in den letzten 75 Jahren um das 60-Fache gestiegen, mehr als doppelt so stark wie der Dow Jones Industrial Average. Nach der Weltwirtschaftskrise von 1929 bis 1932 brauchten die amerikanischen, kanadischen und britischen Aktienmärkte 25 Jahre, um wieder ihr Niveau von 1929 zu erreichen. Der australische Aktienmarkt erreichte innerhalb von fünf Jahren neue Höchststände. Warum?

Australien ist groß. Um besser einzuschätzen, wie groß, mag Folgendes helfen: Wenn man Texas, unseren größten Bundesstaat vor der Eingliederung Alaskas, in genauem Maßstab über den größten Bundesstaat Australiens, Westaustralien, legt, ist an den Rändern noch genug Platz, um Alaska dazuzulegen, und es bleiben immer noch 260.000 Quadratkilometer übrig.

Australien ist nicht nur groß, sondern auch relativ dünn besiedelt. Die Fläche Australiens entspricht in etwa derjenigen der Vereinigten Staaten vor der Eingliederung von Alaska und Hawaii. Jedoch ist die Bevölkerung der Vereinigten Staaten 16-mal so groß wie die Australiens.

Australien ist nicht nur groß und dünn besiedelt, es ist auch unerschlossen. Es wurde 150 Jahre nach der Landung der Pilgerväter am Plymouth Rock entdeckt, sodass wir einen Vorsprung von 150 Jahren hatten. In vielerlei Hinsicht hinkt seine Entwicklung noch immer um ein halbes Jahrhundert oder mehr hinter den Vereinigten Staaten hinterher. Ein Beispiel für die bislang extrem mangelhafte Erkundung Australiens ist, dass in einem Land, das so groß ist wie die Vereinigten Staaten, wo wir mehr als 2.000.000 Ölquellen gebohrt haben, erst 2.000 Ölquellen gebohrt wurden. Die 7,7 Millionen Quadratkilometer Landfläche und 2,6 Millionen Quadratmeilen Festlandssockel Australiens sollten bei einer proportional größeren unterirdischen Exploration einen stattlichen Ertrag bringen.

Viele der bislang größten Entdeckungen in Australien wurden eher zufällig gemacht und sind nicht das Ergebnis intensiver, technisch fortgeschrittener Exploration. Diese steht erst am Anfang.

Die Australier erzählen eine amüsante Geschichte über die Bauxitvorkommen in Gove, westlich des Golfs von Carpentaria. Während des Zweiten Weltkriegs bauten sie dort einen Flugplatz. Um den Flugplatz anzulegen, mussten sie mit Bulldozern anrücken und rotes Bodenmaterial abtragen. Während des Krieges waren dort 5.000 Männer stationiert: Australier, Briten und Amerikaner. Niemand kam auf die Idee, sich zu fragen, was das für ein rotes Material war. Ein oder zwei Jahre nach dem Krieg hörte man Gerüchte, dass es auf einigen Inseln nördlich von Australien Bauxitvorkommen gebe, und eine Gruppe von Geologen flog hin, um danach zu suchen. Das Flugzeug bekam Motorprobleme. Der Pilot erinnerte sich an die inzwischen verlassene Landebahn und schaffte es gerade noch dorthin zurück. Sein Motor war in so schlechtem Zustand, dass er sagte, sie müssten vier oder fünf Stunden dort bleiben. Die Geologen stiegen aus, um sich die Beine zu vertreten, und sahen sich um. Einer von ihnen warf einen Blick auf das, was unter ihren Füßen lag.

Und so „entdeckten" sie 500 Millionen Tonnen Bauxit.

Fast ebenso bemerkenswert wie die Art und Weise, wie sich diese Entdeckung dem Entdecker aufdrängte, war die Entdeckung von Eisenerz in Westaustralien. Lang Hancock, der Mann, der es entdeckt hat und 2,5 Prozent des Bruttoerlöses aller von Hamersley verschifften

Eisenerzlieferungen erhält, hat das höchste steuerpflichtige Einkommen in ganz Australien. Er erzählt, dass er und seine Frau am Ende der Saison von einer Station (Ranch) nördlich dieses Gebiets in Richtung Süden flogen, als ein schwerer Sturm aufkam. Er hatte keine Instrumente für den Blindflug und musste dicht über dem Boden bleiben, um nicht vom Kurs abzukommen. Der Sturm war so heftig, dass er zwischen Hügeln hindurchflog. Während er den Hügeln auswich – es regnete in Strömen – , sah er rostfarbene Streifen an der Seite eines Hügels. Er notierte sich die Stelle, kehrte bei der ersten Gelegenheit zurück und fand einen Berg, der aus fast reinem Eisenoxid besteht. Der gesamte Berg enthält Eisenoxid von höherer Qualität als das, das früher in den Hochöfen dieses Landes verwendet wurde.

Australien ist nicht nur groß, dünn besiedelt und unerschlossen, sondern auch ein Hauptnutznießer des wissenschaftlichen und technischen Fortschritts. Neue Technologien haben die Erschließung vieler Ressourcen ermöglicht, die noch vor Kurzem, selbst wenn bekannt, vernachlässigt worden wären, weil sie mit den damals verfügbaren Methoden und Werkzeugen unwirtschaftlich gewesen wären.

Sie roden dort Land mit Caterpillar-Traktoren, die mit Ketten verbunden sind. Anstatt wie unsere Vorfahren in Vermont und New Hampshire einen Baum nach dem anderen zu fällen und ein oder zwei Jahre später die Stümpfe auszugraben, ziehen sie die Bäume wie Unkraut aus dem Boden und stapeln sie am Rand des Feldes, um sie zu verbrennen. Zwei Männer können so 200 Hektar pro Tag roden.

Der Abbau von Eisenerz in Hamersley und Mount Newman wäre unrentabel gewesen, bevor man die heutigen Maschinen hatte (Schaufeln, die mit jedem Hub 24 Tonnen Erz aufnehmen, Lastwagen, die 100 Tonnen pro Ladung transportieren – vier große Schaufeln füllen einen Lastwagen, ein Mann bedient die Schaufel, ein anderer den Lkw, der das Erz in einen Brecher [eine Zerkleinerungsmaschine, Anm. d. Übers.] kippt, von wo es in einen 150 Waggons langen Zug fällt, der von zwei Männern gesteuert wird).

Der Luftverkehr ist ein weiteres gutes Beispiel dafür, wie moderne Technologie Gebiete erschließt, die früher unzugänglich und unwirtschaftlich waren. Dank moderner Technologie ist Australien heute in Bezug auf die Reisezeit näher an New York als New York vor 25 oder 30 Jahren an Kalifornien.

Ein weiteres Beispiel dafür, was die Technik für Australien leistet, ist die Erschließung von Grundwasser. In einem Gebiet, in dem vor 50 bis 100 Jahren Menschen verdursteten, wird heute Wasser aus nur 100 Metern Tiefe gefördert, und zwar gutes Wasser, das ohne Pumpen fließt.

Auch die Klimaanlage revolutioniert das Potenzial des Landes, insbesondere im nördlichen Teil, der in den Tropen liegt. Früher war die Landwirtschaft für Weiße in den Tropen aufgrund der harten körperlichen Arbeit und des für ihre Frauen und Kinder ungünstigen Klimas unmöglich. Heute ist alles klimatisiert, sogar die Kabinen der Maschinen. Ein Großteil dieser großen Entwicklung in Australien wurde von den Japanern finanziert, insbesondere die Erschließung von Eisenerz, Bauxit und Kohle. Eine große Investitionsfrage für die Zukunft lautet: „Was werden die Japaner mit all den billigen australischen Rohstoffen machen, die sie sich vertraglich sichern?" Die Japaner sind ein sehr findiges Volk. Im Zweiten Weltkrieg flogen sie mit ihren Bombern nach Darwin in Australien und versenkten eine ganze Reihe von Schiffen. Nach Kriegsende kamen sie zurück, kauften die Wracks, hoben sie und brachten sie als Altmetall zurück nach Japan. Bei Investitionen gibt es keine Gewissheiten, aber die Wahrscheinlichkeit spricht für eine weitere rasche Erschließung der natürlichen Ressourcen des Landes namens Down Under, das mit Abstand die größte dünn besiedelte Landmasse in der gemäßigten Klimazone der Erde ist. Der Hintergrund des englischen Rechtssystems und die Achtung der privaten Eigentumsrechte verbessern die Aussichten zusätzlich.

Die höllische Stadt

Geld, Zinsen und Inflation haben einen wichtigen Einfluss auf das Investitionsklima, in dem sich Ihre Anlagefavoriten entwickeln werden. Der wichtigste Faktor sind jedoch die Menschen und ihre Ansichten. Was sind ihre Hoffnungen, ihre Ziele, ihre Überzeugungen? Was für ein Leben wünschen sie sich für ihre Kinder? Was für ein Land? Wofür werden sie kämpfen? Wie viele von uns tun alles in ihrer Macht Stehende, um unserem Planeten Erde zu helfen, seine Wunden zu heilen, und seinen Menschen ein besseres Leben zu ermöglichen?

Vor dem Zweiten Weltkrieg zogen manche Investoren die Anzahl der Kirchen und deren Mitgliederzahl als Faktoren für die Bewertung der Anleihen einer Kommune heran. Diese Denkweise mag heute manchen altmodisch und abgedroschen erscheinen, aber sie war eindeutig und positiv, nicht vage und ungewiss. Die Abwägung von Eigentumsrechten gegenüber Menschenrechten hatte für uns damals wenig Bedeutung, da wir uns keine wesentlichen Menschenrechte – nicht einmal Freiheit – ohne Eigentumsrechte vorstellen konnten. Die Unterscheidung zwischen Recht und Unrecht schien für die meisten von uns glasklar. Übeltäter wurden bestraft, ohne dass man groß darüber nachdachte, dass die Gesellschaft für ihre Verfehlungen verantwortlich sein könnte.

Inzwischen sind die Dinge jedoch unklar. So wie die Luftverschmutzung es heute für Besucher, die mit dem Flugzeug ankommen, schwierig macht, die Türme von Manhattan durch die gelbbraune Wolke zu sehen, die sich über der Stadt erhebt, so macht es die moralische Verschmutzung schwierig, zwischen Recht und Unrecht zu unterscheiden, insbesondere wenn das Unrecht von einer großen Anzahl von Menschen begangen wird, die gemeinsam handeln.

Nirgendwo wird dies deutlicher als in unseren Großstädten. Metropolen bieten eine Anonymität, die schon an Unsichtbarkeit grenzt. Das bedeutet, dass die Bürger sich so verhalten können, als würde niemand sie beobachten. Wenn es in Amerika einen moralischen Verfall gibt, dann macht er sich zwangsläufig zuerst in den Großstädten bemerkbar. Nirgendwo sonst ist die gegenseitige Abhängigkeit so groß und die Möglichkeit, unentdeckt zu bleiben, so offensichtlich. Nirgendwo sonst werden die Vorteile der Massenproduktion und der Spezialisierung so sehr durch die steigenden Kosten einer ineffektiven Polizei und Kontrolle zunichtegemacht.

Die Gier, die den unglücklichen schwarzen Mann als Gefangenen und Sklaven nach Amerika brachte, legte den Keim der rassistischen Spannungen, die heute unsere nationale Einheit untergraben. Eine Politik, die ihre benachteiligten Nachkommen dazu einlädt, am Tag ihrer Ankunft in der Großstadt Sozialhilfe zu beantragen, beschleunigt die Abwanderung der steuerzahlenden Einwohner, während die Bedürftigen in Scharen hereinströmen. In den 1960er-Jahren verlor New York City 617.127 Weiße und gewann 702.903 Nicht-Weiße hinzu. In den zehn Jahren, die im November 1971 endeten, stieg die Zahl der Sozialhilfeempfänger um 892.917 auf insgesamt 1.242.785. Zahlen über die Anzahl der Weißen und Nicht-Weißen, die Sozialhilfe beziehen, sind „nicht verfügbar".

Kein Verfechter des Status quo soll mir vorwerfen, ich würde Hilfe für die Armen verurteilen, während ich davon schreibe, wie man an der Börse Millionen verdienen kann. Was ich verurteile, ist die unwirtschaftliche, herzlose Förderung von Massenmigrationen durch geografische Unterschiede bei den Sozialleistungen und Zahlungen. Wenn unsere Sozialsysteme keine finanziellen Anreize für arme Menschen bieten würden, in die Großstädte zu ziehen, würden sie meiner Meinung nach nicht in Scharen nach „Bagdad on the Subway" (New York City, Anm. d. Übers.) strömen, wo ihre Kinder leichte Beute für Drogendealer sind und wo den Eltern selbst oft die Ausbildung und Qualifikation für die Arbeitsplätze fehlen, die sie so dringend benötigen. Wie lange noch kann der Kongress die nationale Dimension dieses Problems ignorieren?

Pessimisten sagen, dass Großstädte überholt und zum Scheitern verurteilt sind, weil sie aufgrund verbesserter Kommunikations- und Transportmöglichkeiten nicht mehr benötigt werden (die sollten einmal versuchen zu pendeln). Vielleicht wird etwas Besseres die Großstadt ablösen. Zwei Überlegungen sollten Investoren jedoch zum Nachdenken anregen. Die erste ist die Tatsache, dass unsere Großstädte weniger sterben als vielmehr ermordet werden. Die zweite ist die Geschichte der Städte als Zentren der Zivilisation in allen Nationen und zu allen Zeiten.

In einem sehr realen Sinne sind große Städte seit jeher die Köpfe politischer Körperschaften. Wenn der Kopf stirbt, kann der Körper dann weiterleben?

Ein klar definiertes Problem ist schon halb gelöst. Wenn die Krise der Großstädte so ernst ist, wie sie mir erscheint, nicht nur für die Städte selbst, sondern für die gesamte Nation, dann werden die Menschen dies sicherlich bald erkennen und beginnen, wirksame Maßnahmen zu ergreifen. Die Folgen für Industrie und Handel könnten enorm sein, insbesondere für den öffentlichen Nahverkehr, den Wohnungsbau, das Bildungswesen und das Gesundheitswesen.

Unterschätzen Sie die Großstädte nicht. Vor der Morgendämmerung ist es immer am dunkelsten.

KAPITEL 21

Es ist noch nicht zu spät

Wie unterscheiden sich die Aussichten für die nächsten 10, 20, 30 oder 40 Jahre von denen der Vergangenheit? Jetzt, da wir im Nachhinein gesehen haben, wie leicht wir Millionen hätten verdienen können, wenn wir richtig gekauft und gehalten hätten, können wir das auch jetzt noch tun? Oder haben wir den Zug verpasst?

Einige sehr wichtige Faktoren haben sich geändert. So viel ist sicher. Der große Anstieg der Aktienkurse, der am 8. Juli 1932 mit einem Tagestief des Dow Jones von 40,56 begann und am 9. Februar 1966 in einem Tageshoch von 1.001 gipfelte, wurde durch Folgendes befeuert:

1. Einen gigantischen Wandel von einer Depressionspsychologie zu einer Boompsychologie.

   Im Jahr 1932 wurde der Dow Jones Industrial Average zum halben Buchwert gehandelt. Im Jahr 1966 wurde er zum doppelten Buchwert gehandelt.

1932 wurden Aktien zu doppelt so hohen Renditen wie Anleihen gehandelt. Auf ihrem Höhepunkt im Jahr 1969 wurden sie zu etwa halb so hohen Renditen wie Anleihen gehandelt. Wenn die Menschen pessimistisch auf die konjunkturellen Aussichten blicken, ziehen sie Anleihen Aktien vor, obwohl Anleihen nur halb so hohe Renditen erzielen, „weil Anleihen sicherer sind". Wenn die Menschen optimistisch in die Zukunft blicken – und gleichzeitig Angst vor Inflation haben –, bevorzugen sie Aktien, obwohl Anleihen fast doppelt so viel Rendite bringen, „weil die Aktiengewinne und die Dividenden steigen".

Allein die Verschiebung dieses Verhältnisses würde einen 4-fachen Anstieg des Aktienmarkts erklären, selbst wenn sich seit 1932 sonst nichts geändert hätte. In den kommenden Jahren kann der Aktienmarkt nicht von einer solchen Verschiebung profitieren, da er bereits davon profitiert hat.

2. Der Zweite Weltkrieg zerstörte einen Großteil der Produktionskapazitäten aller hoch entwickelten Großmächte mit Ausnahme der Vereinigten Staaten.

   Nach Kriegsende musste Amerika nicht nur den aufgeschobenen Bedarf im eigenen Land decken, sondern auch beim Wiederaufbau der Produktionsanlagen in Großbritannien, Frankreich, Deutschland und Japan helfen, ganz zu schweigen von unserer Hilfe für viele kleinere, weniger entwickelte Länder.

   Weit davon entfernt, in den kommenden Jahren auf solche Impulse zu zählen, sieht sich Amerika nun der Konkurrenz der Länder gegenüber, denen wir wieder auf die Beine geholfen haben, und bekommt diese auch deutlich zu spüren.

3. Am Ende des Krieges verfügte Amerika über den größten Teil des weltweiten Währungsgoldes – im Wert von mehr als 26 Milliarden Dollar –, was es uns ermöglichte, jahrelang enorme Staatsdefizite

zu finanzieren, ohne den Wechselkurs des Dollar merklich zu schwächen. Als unsere Währungsgoldreserven auf zehn Milliarden Dollar schrumpften, setzten wir die Goldzahlungen aus. Wir dürfen nicht mehr davon ausgehen, dass wir über unsere internationalen Verhältnisse leben können.

4. Die internationale Zusammenarbeit beim Abbau von Handelsbarrieren wurde durch unsere Hilfsprogramme in Höhe von insgesamt 140 Milliarden Dollar gefördert. Menschen sind immer dann kooperativ, wenn es eindeutig in ihrem unmittelbaren Interesse liegt, zu kooperieren. Jetzt, wo die Zuwendungen nachlassen, beginnt sich die menschliche Natur wieder durchzusetzen. Die Gefahr eines internationalen Handelskriegs ist real. Wettbewerbsorientierter Protektionismus würde einen Rückgang des Welthandels und eine allgemeine Deflation bedeuten.

Wir können die stimulierenden Wirkungen dieser vier Faktoren auf den Aktienmarkt aus dem gleichen Grund nicht haben, aus dem wir einen Kuchen nicht gleichzeitig essen und aufbewahren können. Wir haben ihn schon aufgegessen.

Was also bleibt uns?

Bei der Eröffnung der ersten Genfer Atomkonferenz vor 15 Jahren sagte der renommierte indische Atomwissenschaftler Homi Bhabha, Vorsitzender der Konferenz, dass es drei große Epochen der Menschheit gegeben habe. Die erste, die Zehntausende von Jahren dauerte, basierte auf Muskelkraft. Die zweite, die etwa 300 Jahre dauerte, war die Epoche der chemischen Energie. Die dritte, die vor weniger als 30 Jahren in dem Football-Stadion Stagg Field in Chicago begann, ist die Epoche der Atomenergie.

So unvorstellbar die Veränderungen auch waren, die der Fortschritt des Menschen von der ersten in die zweite Epoche mit sich gebracht hat, sagte Bhabha, so würden sie doch von den Veränderungen, die sich aus unserem Eintritt in die dritte Epoche ergeben, in den Schatten gestellt.

Auf der Konferenz wurden drei wichtige Entwicklungslinien der Atomenergie prognostiziert:

1. Energie – unbegrenzt, wenn die Kernfusion unter Kontrolle gebracht wird.
2. Neue Materialien – irreversible Veränderungen der Molekülstruktur von Materie durch Strahlung.
3. Neue Lebensformen, die aus beschleunigten Evolutionsprozessen durch Bestrahlung von pflanzlichen und tierischen „Samen“ entstehen.

Das Raumschiff Erde muss ebenso wie unsere U-Boote letztendlich atomgetrieben sein, wenn eine wachsende „Besatzung“, die immer mehr Energie verbraucht, genügend Sauerstoff zur Verfügung haben soll, um ihre Lebensqualität zu erhalten und zu verbessern.

Weniger bekannt, aber potenziell nicht weniger bedeutend sind die prophezeiten neuen Materialien und neuen Lebensformen.

In allen drei Bereichen sollten sich Chancen für 100-Bagger bieten, wie dies in der Vergangenheit bei praktisch jeder bedeutenden neuen Entwicklung der Fall war – elektrisches Licht, pferdelose Kutschen, Flugzeuge, Radio und Fernsehen, Antibabypillen.

Wenn Probleme, wie Henry J. Kaiser es ausdrückt, Chancen in Arbeitskleidung sind, dann wird die Bekämpfung der Umweltverschmutzung jemandem große Investitionsmöglichkeiten bieten. Das Gleiche gilt für die Produktion immer breiterer Paletten von Einwegartikeln.

Das Potenzial des Lasers wird selbst im militärischen Bereich erst langsam erkannt. Die Geschichte der Kriegsführung zeigt, dass die heute unaufhaltsame Kampfkraft morgen wieder einer undurchdringlichen Verteidigung weichen wird, so wie in der Vergangenheit die Offensive der Defensive gewichen ist. Offensives Schießpulver triumphierte über defensive Burgen, Gräben und Rüstungen. Defensive Schützengräben setzten im Ersten Weltkrieg das Schießpulver schachmatt. Ballistische Interkontinentalraketen stellten die Vorherrschaft der Offensive wieder her. Aber auch ihre Sonne wird sinken und beim Untergang einen rosigen Schein auf weitere 100:1-Investitionsmöglichkeiten in neue Verteidigungsfähigkeiten werfen.

Die Holografie, die es uns ermöglicht, Personen über große Entfernungen hinweg in Farbe und dreidimensional zu sehen, könnte sowohl den Bedarf als auch den Wunsch reduzieren, zu reisen, um „sich zu sehen“ oder Geschäftskonferenzen abzuhalten, außer bei „Kaiserwetter“.

Supraleitende Kabel, die Strom fast ohne Energieverlust übertragen, haben theoretisch bereits den Weg für ein nationales Stromnetz geebnet, das von wenigen Kraftwerken mit ungeahnter Leistung und Effizienz gespeist wird.

Maschinen, die Druckschrift und Handschrift in allen wichtigen Sprachen lesen, werden diese in elektrische Impulse übersetzen, die unsere Computer verstehen und verarbeiten können.

Industriell hergestellte Fertiggerichte können besser sein als vieles, was Mütter früher mit enormer Mühe und Ineffizienz zubereitet haben – das können sie, und das werden sie auch. Der Versuch, einen vollständigen Katalog dessen zu erstellen, was sein wird, wäre Irrsinn. Niemand weiß das. Daher hier nur einige der offensichtlicheren Aussichten.

Allerdings gibt es dabei einen Haken. Die Söhne und Töchter Adams und Evas haben sich ihren Weg zurück zu den Toren des Garten Eden gebahnt. Darin können alle in Fülle leben, ohne mehr Arbeit zu verrichten, als sie selbst für die Beschäftigung von Geist und Körper für angemessen erachten. Wir können die Schranke öffnen und wieder eintreten, wenn wir uns nicht gegenseitig erschöpfen, indem wir darum kämpfen, wer als Erster hinein darf!

Visionär, unrealistisch, Kristallkugel, Wolke-sieben-Unsinn? Vielleicht. Aber vergesst nicht, ihr Kleingläubigen und Fantasielosen, was uns Skepsis und Zynismus in den letzten 40 Jahren gekostet haben.

Wetten Sie nur dieses eine Mal gegen das Ende der Welt. Wenn Sie verlieren, wird niemand mehr da sein, um zu kassieren.

Je schlechter sich der Aktienmarkt verhält, wenn Sie dies lesen, desto besser ist der Rat, richtig zu kaufen und zu halten. Warum haben die Rothschilds gekauft, als Blut durch die Straßen floss? Nicht weil sie die Farbe Rot mochten. Ganz einfach, weil es, wenn die Lage so schlecht ist, nur besser werden kann oder alles verloren ist. Ich hoffe und bete, dass weder Ihnen noch mir eine solche Investitionsmöglichkeit geboten wird. Aber wenn doch, sollten wir sie nicht ungenutzt verstreichen lassen!

KAPITEL 22

Applaus für die jüngere Generation

Ein hungriger Wolf traf ein Lamm, das aus einem kleinen Fluss trank. „Du trübst mein Trinkwasser", knurrte der Wolf. „Dafür werde ich dich fressen."

„Ich kann dein Wasser doch gar nicht trüben", antwortete das Lamm. „Ich stehe flussabwärts von dir."

„Du hast es gestern getrübt", entgegnete der Wolf. „Deshalb werde ich dich fressen."

„Ich konnte es gestern nicht trüben", erklärte das Lamm. „Ich wurde erst heute Morgen geboren."

„Dann war es deine Mutter", sagte der Wolf. „Dafür werde ich dich fressen." Und laut Äsop tat er das auch.

Ich erzähle diese Geschichte zum Nutzen für alle diejenigen Leser, die vielleicht meinen, sie seien zu spät geboren worden, um 100:1-Chancen an der Börse wahrzunehmen. Ich kann mich an sieben solcher Chancen in den letzten zehn Jahren erinnern. Zweifellos gab es noch mehr.

Im Leben ist das Schicksal der Wolf. Um es zu überlisten, müssen wir handeln und dürfen keine Ausflüchte suchen.

Sie und ich hätten im Jahr 1961 Aktien von Masco Screw Products kaufen und bis 1971 jeden Dollar unserer Investition in 100 Dollar verwandeln können.

Das Gleiche hätten wir tun können, wenn wir 1963 Skyline Homes, 1964 American Laboratories, 1965 Automatic Data Processing, 1966 Fleetwood Enterprises oder 1967 U.S. Home oder Development Corporation of America gekauft hätten. Nur 10.000 Dollar, die in einem der sieben genannten Jahre in eine dieser sieben Aktien investiert worden wären, hätten sich bis zum letzten Jahr auf mehr als eine Million Dollar vermehrt.

Eine der sieben hätte man an der Detroit Stock Exchange, eine an der American Stock Exchange und die anderen fünf im Freiverkehr kaufen müssen.

Wie hätten wir diese Chancen vorhersehen können? Betrachten wir zunächst einmal, was diese sieben Unternehmen tun und wie sie aussahen, als sie zu weniger als einem Prozent ihres Vorjahreshochs gehandelt wurden. Vielleicht können wir daraus eine Denkweise ableiten, die uns hilft, die nächste 100:1-Chance zu erkennen.

Fünf der sieben Aktien, die zwischen 1961 und 1971 um das 100-Fache gestiegen sind, sind in der Bauindustrie tätig. Das sechste Unternehmen ist im Bereich der Automatisierung von Gehaltsabrechnungen und der Buchführung für Brokerhäuser tätig. Das siebte Unternehmen, heute American Medical International, besitzt und betreibt Akutkrankenhäuser und ein zentrales medizinisches Labor, liefert Geräte für die Inhalationstherapie und produziert Filme zur Patientenberatung.

Betrachten wir sie in der chronologischen Reihenfolge, in der wir sie hätten kaufen müssen, um aus einem Dollar 100 Dollar zu machen: Die Aktie von Masco Screw Products hätte man im Februar 1961 an der Detroit Stock Exchange für 6,25 Dollar kaufen können. Für jede dieser Aktien hätte man heute 18 Aktien mit einem Spitzenmarktwert von 729 Dollar im letzten Jahr, also dem 116- Fachen ihres Kaufpreises von 1961.

Hätten wir die Aktie vor 1961 gekauft, hätten wir noch weit mehr als das 100-Fache erzielen können. Masco wird seit 1937 an der Detroit Stock Exchange gehandelt. In den Jahren 1938 und 1939 wurde die Aktie für nur 55 Cent gehandelt. Wer sie zu diesem Preis gekauft und bis 1971 gehalten hätte, hätte seine Investition von einem Dollar auf 1.325 Dollar vermehren können. Ein solcher Gewinn würde 10.000 Dollar in 13.250.000 Dollar verwandeln.

Um die Aktie so lange zu halten, hätte man außergewöhnliche Hartnäckigkeit gebraucht, zumal sie nach ihrem Tiefststand von 55 Cent 20 Jahre lang nicht über das 1946 erreichte Hoch von fünf Dollar hinauskam. Bis 1949 hatte sie 75 Prozent dieses Wertes verloren und wurde für 1,25 Dollar gehandelt. Diese Aktie hätte fast jeden ermüdet. Wovon konnten sich die Wertpapieranalysten 1961 leiten lassen?

Der Umsatz des Unternehmens hatte 1953 noch neun Millionen Dollar betragen, war aber bis 1956 um mehr als die Hälfte zurückgegangen und stieg 1960 nur noch auf 6,4 Millionen Dollar. Der Gewinn pro Aktie hatte 1952 mit 1,07 Dollar ein Hoch überschritten, fiel 1956 auf 0,11 Dollar und erreichte 1960 mit 1,28 Dollar einen neuen Höchststand.

Der eigentliche Hinweis auf bessere Zeiten für Masco war in diesen Zahlen zu finden:

	Investiertes Kapital pro Aktie in $	Buchwert pro Aktie in $	Rendite auf das investierte Kapital in %	Rendite auf den Buchwert in %	Umsatz pro Dollar investiertes Kapital
1956	6,16	6,16	1,7	1,7	1,80
1957	6,32	6,32	6,7	4,7	2,20
1958	6,52	6,80	5,0	4,5	1,60
1959	7,36	7,64	13,2	12,9	2,00
1960	8,72	8,44	15,1	15,1	2,00

Von 1956 bis 1960 stieg der Buchwert pro Aktie um 37 Prozent, das investierte Kapital pro Aktie um 41 Prozent und der Umsatz pro Aktie von 10,88 Dollar auf 17,44 Dollar, was einem Anstieg von 60 Prozent entspricht. Trotz dieser dramatischen Verbesserung wurde die Masco-Aktie 1960 zu Preisen zwischen dem 2,7-Fachen und dem 6,9-Fachen des Jahresgewinns gehandelt.

1961 kam der große Aufschwung. Die Aktie stieg von einem KGV-Tief von 2,9 auf ein KGV-Hoch von 26,9. Im Jahr 1969 hatte Masco ein KGV von mehr als 38.

Auch hier zeigt sich wieder, wie wichtig es ist, Aktien zu kaufen, wenn sie auf ihren Gewinn bezogen günstig sind, anstatt zu warten, bis sie teuer sind. Der Anstieg des Kurs-Gewinn-Verhältnisses (der Kurs geteilt durch den Gewinn pro Aktie) von Masco von 1960 bis 1969 hätte den Aktienkurs selbst dann um das 14-Fache erhöht, wenn die Gewinne überhaupt nicht gestiegen wären. (Tatsächlich jedoch stieg der Gewinn in diesem Zeitraum stark an.) Der springende Punkt ist jedoch, dass dann, wenn der Preis jedes Dollar Gewinn auf das 14-Fache seines Ausgangswerts steigt, der Gewinn nur um etwas mehr als das 7-Fache zu steigen braucht, um einen 100-fachen Anstieg des Aktienkurses zu erzielen (14 x 7 = 98). Bleibt hingegen das Kurs-Gewinn-Verhältnis unverändert, muss der Gewinn auf das 100-Fache seines Ausgangswerts steigen, um einen 100-fachen Anstieg des Aktienkurses zu erzielen.

Manche Analysten konzentrieren sich lieber auf Umsatz und Gewinnmargen als auf das investierte Kapital und Renditen. Das macht eigentlich keinen Unterschied. Der Umsatz mal die Gewinnmarge muss gleich dem investierten Kapital mal die Rendite sein. Es handelt sich lediglich um unterschiedliche Arten und Weisen, dieselben Ertragszahlen auszudrücken (und zu analysieren). (10 Dollar Umsatz mal 30 Prozent Gewinnmarge vor Steuern = 3 Dollar; 3 Dollar mal 50 Prozent Steuern = 1,50 Dollar Nettogewinn; 7,50 Dollar investiertes Kapital mal 20 Prozent Rendite = 1,50 Dollar.)

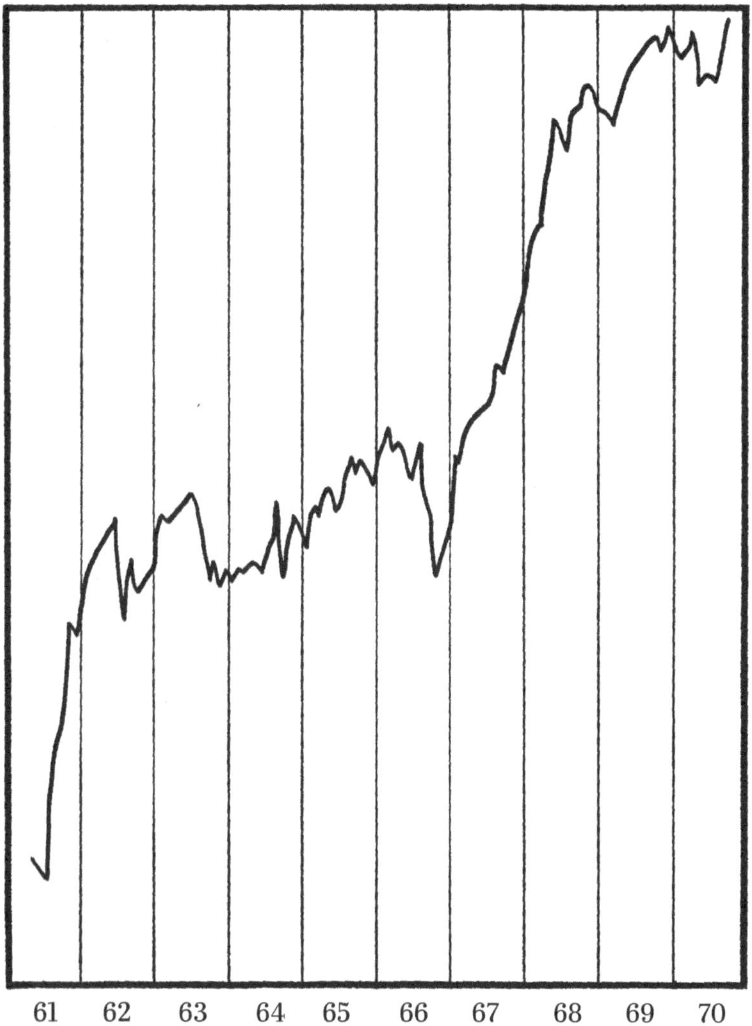

Masco

Die Verbesserung der Zahlen von Masco zwischen 1956 und 1960 hätte nicht zu den dramatischen Ergebnissen an der Börse geführt, wenn sie nicht von Dauer gewesen wäre. Hier einige der gleichen Daten für die letzten zehn Jahre:

	Rendite auf das investierte Kapital in %	Eigenkapital-rendite in %	Umsatz pro Dollar investiertes Kapital
1961	20,0	20,2	1,80
1962	26,7	27,5	2,10
1963	27,7	27,6	2,20
1964	29,8	29,8	2,20
1965	28,4	28,3	2,20
1966	26,9	26,2	2,30
1967	21,9	24,4	2,00
1968	22,7	23,5	2,20
1969	12,2	20,7	1,20
1970	11,0	18,5	1,10

Die Rendite auf das investierte Kapital, kurz auch als Kapitalrendite bezeichnet, gibt die Ertragskraft des gesamten in ein Unternehmen investierten Kapitals an, unabhängig davon, ob dieses Kapital in der Bilanz als Anleihen, Vorzugsaktien, Stammaktien oder Gewinnrücklagen ausgewiesen ist. Die Eigenkapitalrendite gibt die Ertragskraft desjenigen Teils des in ein Unternehmen investierten Kapitals an, der in der Bilanz als Stammaktien und Gewinnrücklagen ausgewiesen ist.

Wenn ein Unternehmen keine Anleihen und keine Vorzugsaktien ausgegeben hat, sind seine Kapitalrendite und seine Eigenkapitalrendite natürlich identisch. Wenn die Eigenkapitalrendite höher ist als die Kapitalrendite, bedeutet dies, dass ein Unternehmen mit dem Teil seines Kapitals, der in Form von Anleihen und Vorzugsaktien vorliegt, mehr verdient, als dieses vorrangige Kapital kostet. Dies wäre der Fall, wenn ein Unternehmen fünf Prozent Zinsen auf seine Anleihen und fünf Prozent Dividenden auf seine Vorzugsaktien zahlen würde, während es mit seinem investierten Kapital zehn Prozent verdient. Umgekehrt muss die Eigenkapitalrendite eines Unternehmens geringer sein als die Kapitalrendite, wenn es für seine vorrangigen Wertpapiere höhere Zinsen oder Dividenden zahlt, als es auf sein investiertes Kapital verdient.

Das Verhältnis von Umsatz zu investiertem Kapital (Umsatz pro investiertem Dollar) ist manchmal ein Frühwarnsignal für zunehmenden Wettbewerbsdruck. Wenn sich eine Unternehmensleitung gezwungen sieht, große Summen zu investieren, um „wettbewerbsfähig zu bleiben", anstatt die Produktion zu steigern, ist die Lage angespannt.

Ich habe bereits darauf hingewiesen, wie wichtig ein niedriges Kurs-Gewinn-Verhältnis für Anleger ist, die eine 100-fache Wertsteigerung anstreben. Sobald ein hohes Kurs-Gewinn-Verhältnis erreicht ist, kann der Käufer nicht mehr von einem Anstieg dieses Verhältnisses profitieren. Das hat dann bereits jemand anderes getan. Ebenso ist eine niedrige Kapitalrendite zwar kein gutes Zeichen, aber ein Anstieg der Rendite von einem niedrigen auf einen hohen Wert kann für den Gewinn eines Unternehmens sehr vorteilhaft sein. Sobald eine hohe Rendite erreicht ist, besteht natürlich keine Möglichkeit mehr, von einer Verbesserung von einer niedrigen auf eine hohe Rendite zu profitieren.

Zahlen sagen nie alles über ein Unternehmen aus. Noch 1959 wurde Masco von *Moody's Industrials* als „Hersteller von Schraubenprodukten für die Automobilindustrie und andere Branchen" beschrieben. Bis 1961 war der Verkauf von Wasserhähnen zur Haupteinnahmequelle geworden. Maßgeblich dafür war der Erfolg des Einhebel-Wasserhahns Delta von Masco. Das Unternehmen hat inzwischen auch eine mittelpreisige Produktlinie mit zwei Ventilen im Angebot.

Wie sieht es mit den sechs anderen großen Gewinnern des letzten Jahrzehnts aus? Skyline baut Mobilheime, Wohnwagen und Faltcaravans und stellt außerdem Fertighäuser her, die sich als dauerhafter Wohnsitz besser eignen. Die Aktie wurde im Januar 1963 zu einem Tiefstpreis von elf Dollar gehandelt, wobei Skyline in jenem Jahr 1,70 Dollar Gewinn pro Aktie erzielte. Das anfängliche Kurs-Gewinn-Verhältnis dieses 100-Baggers lag somit unter 6,5. Aus einer Aktie des Jahres 1963

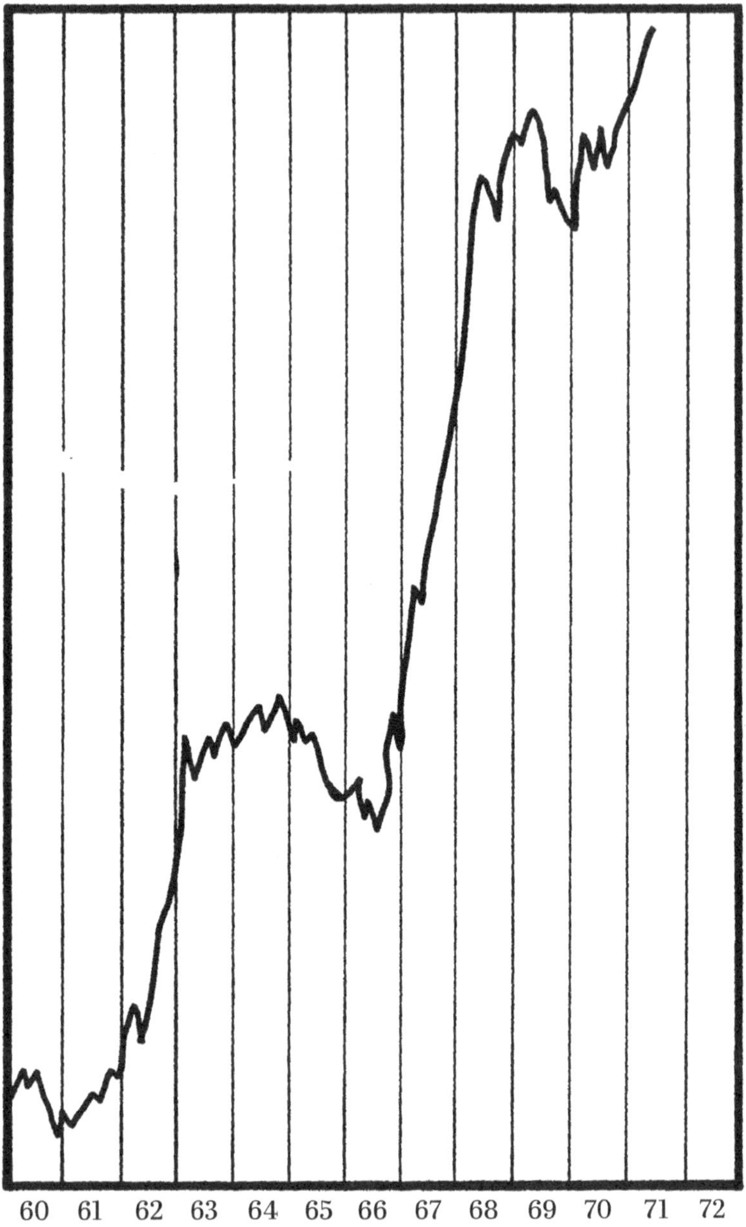

Skyline

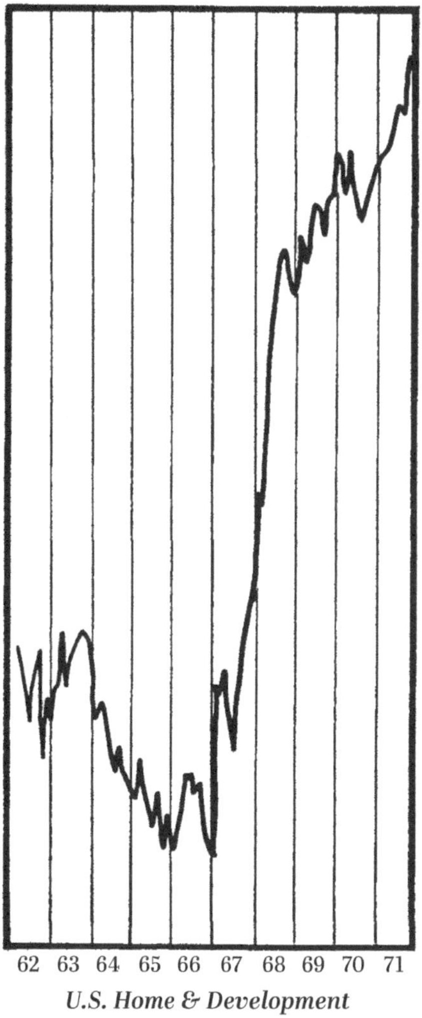

U.S. Home & Development

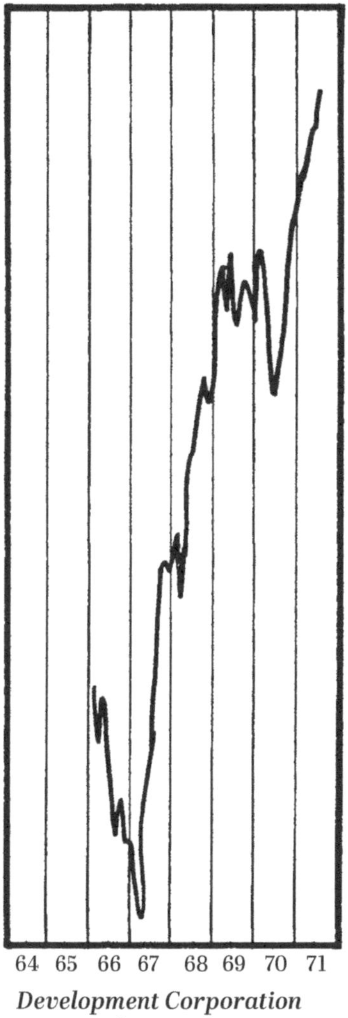

Development Corporation of America

sind seitdem 19,8 Aktien geworden, die im letzten Jahr einen Wert von 1.183 Dollar hatten. Auf ihrem Höchststand im Jahr 1971 wurde die Aktie am 31. Mai 1971 zum 31-Fachen ihres Jahresgewinns gehandelt.

Das heutige Unternehmen American Medical International wurde 1964 zu einem Tiefstpreis von 75 Cent pro Aktie gehandelt, weniger als das 4-Fache des später für dieses Jahr gemeldeten Gewinns. Bis 1971 waren aus jeder Aktie aus dem Jahr 1964 3,4 Aktien geworden. 1971 wurde die Aktie zum 44-Fachen des zuletzt gemeldeten Gewinns (für 1970) gehandelt. Da im Jahr 1971 das Kurs-Gewinn-Verhältnis 11-mal so hoch war wie 1964, musste der Gewinn nur auf das 9-Fache des Niveaus von 1964 steigen, um einen Kursanstieg von 100:1 zu erzielen. Tatsächlich stieg der Gewinn sogar noch stärker, sodass der Höchstkurs der Aktie im Jahr 1971 das 172-Fache ihres Tiefstkurses von 1964 betrug.

Automatic Data Processing ist führend in der Lohnabrechnung und der computergestützten Abwicklung von Brokerage-Geschäftsdokumenten. Die Aktie wurde 1965 im Freiverkehr zu einem Tiefstkurs von sieben Dollar notiert. Eine Aktie von damals entspricht heute neun Aktien, die zum Höchstkurs des letzten Jahres mit 704 Dollar bewertet wurden. 1965 erzielte das Unternehmen einen Gewinn von 56 Cent pro Aktie, sodass das Kurs-Gewinn-Verhältnis bei einem Kurs von sieben Dollar 12,5 betrug. Im Jahr 1963 war sie sogar auf 1,5 Dollar gefallen. Bei ihrem Höchststand im Jahr 1971 lag der Aktienkurs beim 90-Fachen des Gewinns für das am 30. Juni 1971 endende Geschäftsjahr.

Fleetwood Enterprises, ein weiteres Unternehmen aus dem Wohnungsbausektor, stellt Mobilheime und Wohnwagen her. 1966 wurde die Aktie zu etwas mehr als dem 6-Fachen des Jahresgewinns gehandelt. Ende 1971 waren aus jeder Aktie des Jahres 1966 16 Aktien geworden. Sie wurden zum 37-Fachen des zuletzt gemeldeten Gewinns gehandelt, was etwa dem 4-Fachen des Multiplikators von 1966 entsprach. Der Löwenanteil des starken Kursanstiegs dieser Aktie war also auf höhere Gewinne zurückzuführen.

U.S. Home & Development baut Einfamilienhäuser und Mehrfamilienhäuser und investiert in Grundstücke in New Jersey und Florida, die es dann erschließt. Der außerbörsliche Tiefstkurs der Aktie lag 1965 bei 56 1/4 Cent, 1966 bei 50 Cent und 1967 bei 62 1/2 Cent. Jede Aktie aus dem Jahr 1967 entspricht heute zwei Aktien mit einem Spitzenmarktwert von 78 Dollar im Jahr 1971. Der Gewinn in dem Geschäftsjahr, das am 28. Februar 1967 endete, betrug 20 Cent pro Aktie, sodass das Kurs-Gewinn-Verhältnis bei der niedrigsten Notierung in diesem Jahr knapp über 3 lag.

Die Development Corporation of America baut Einfamilienhäuser, Eigentumswohnungen und Wohnsiedlungen in New Jersey und Florida und ist im Immobiliengeschäft tätig. Außerdem stellt sie Aluminiumfenster und -türen her. Die Aktie notierte 1967 im Freiverkehr bei einem Tiefstkurs von 38 Cent. Aus einer Aktie sind seitdem 2,2 Aktien mit einem Marktwert von 74 Dollar im letzten Jahr geworden.

Ein Hinweis auf den begrenzten Wert sogenannter Insiderinformationen ist der Bericht, dass die Development Corporation 1963 von einem ehemaligen leitenden Angestellten 297.582 Aktien zu einem Preis von einem Dollar pro Stück zurückkaufte. Diese Aktien würden heute 654.680 Aktien entsprechen, deren Marktwert im letzten Jahr einen Höchststand von 22 Millionen Dollar erreichte.

Auf ihrem Tiefststand im Jahr 1967 wurde die Aktie der Development Corporation zu etwas mehr als dem 3-Fachen ihres Gewinns von 1966 und zu weniger als dem Doppelten ihres Nettogewinns pro Aktie von 1967 gehandelt. Auf ihrem Höchststand im Jahr 1971 wurde sie zum 67-Fachen ihres Gewinns von 1970 oder 50 Cent pro Aktie gehandelt, aber das Unternehmen hatte bereits für die ersten neun Monate des Jahres 1971 einen Gewinn von 1,07 Dollar pro Aktie gemeldet.

Die Moral ist wieder einmal klar: Keine der Aktien, die in den letzten zehn Jahren eine 100-fache Rendite erzielten, wurde zum Zeitpunkt, als sich die Gelegenheit bot, zu hohen Kurs-Gewinn-Verhältnissen gehandelt. Ihre enormen Kursgewinne resultierten aus einer Kombination aus Gewinnsteigerungen und Multiplikatoreffekten. Die Gewinne stiegen und damit auch der Marktpreis jedes einzelnen Dollar dieser Gewinne.

(Das bedeutet nicht, dass es unmöglich ist, mit einer Aktie, die zu einem hohen Kurs-Gewinn-Verhältnis gekauft wurde, eine 100-fache

Rendite zu erzielen. Es bedeutet lediglich, dass Sie ein viel größeres Gewinnwachstum vorhersehen müssen, um einen 100-fachen Kursanstieg zu rechtfertigen, wenn Sie nur wenig oder gar nicht auf einen steigenden Multiplikator zählen können.)

War all das nur Glück?

Für diejenigen, die eine dieser sieben Aktien zu weniger als einem Prozent ihres Wertes von 1971 besaßen und *sie behielten,* war es sicherlich nicht nur Glück. Wer angesichts aller Ratschläge und Versuchungen, sich einen Gewinn zu sichern, durchhält, beweist eine außergewöhnliche mentale Stärke. Aber war es nur Glück, überhaupt eine dieser Aktien gekauft zu haben?

Wenn ich auf die Situation zurückblicke, hätte ich den großen Fortschritt bei Fertighäusern vorhersehen müssen. Veraltete Bauvorschriften und explodierende Löhne für Bauarbeiter hatten dazu geführt, dass sich Millionen von Menschen die maßgeschneiderten Häuser, die sie brauchten, nicht leisten konnten. Es ist eigentlich nicht verwunderlich, dass sich Fertighäuser durchgesetzt haben, sondern eher, dass dies so lange gedauert hat.

Diese Vermutung wird durch den allgemeinen Anstieg der Aktienkurse von Fertighausherstellern bestätigt. National Homes steht auf der 100-Bagger-Liste (siehe „1945“ in Tabelle 1). Es handelt sich um den weltweit größten Hersteller von Fertighäusern für die Montage vor Ort. Champion Home Builders gehört zwar nicht zur Kategorie der 100-Bagger, wurde 1971 jedoch zum 43-Fachen seines Tiefs von 1967 gehandelt.

Eine Gruppenbewegung dieser Größenordnung unterstreicht die Bedeutung konzeptioneller gegenüber statistischer Investitionen. Wenn man erst einmal beweisen kann, dass Fertighäuser die Zukunft sind, ist die Chance, damit viel Geld zu verdienen, bereits vorbei.

Jedes menschliche Problem ist eine Investitionschance, wenn man die Lösung vorhersehen kann. Wer außer Dieben würde Türschlösser kaufen?

KAPITEL 23

Wie man es vermeidet, nächstes Mal den Zug zu verpassen

Warum nutzen so wenige von uns die vielen fantastischen Möglichkeiten, die sich uns Jahr für Jahr bieten?

Die Antworten sind nicht einfach. Mir fallen ein halbes Dutzend Erklärungen ein, und wahrscheinlich gibt es noch mehr.

Der Hauptgrund, warum so wenige von uns jemals 100 Dollar mit einer Investition von einem Dollar verdient haben, ist, dass wir es nie versucht haben. In gewisser Weise wurden wir darauf konditioniert, nach Informationen zu suchen und zu handeln, die wenig oder gar nichts damit zu tun haben, eine Investition zu verhundertfachen. Wir sind wie kleine Jungen in einem Feld voller reifer Melonen, die fieberhaft nach ein oder zwei Erdnüssen suchen. Über Geschmack lässt sich nicht streiten. Wenn wir mehr Freude daran haben, durch Trading Gewinne zu erzielen, als ein Vermögen zu machen, dann ist das so. Aber eine reife Melone enthält viel mehr finanzielle Kalorien als eine einzelne Erdnuss oder sogar zwei oder drei Erdnüsse.

Ich bin mir sicher, dass sehr viele Menschen nie vorhatten, ihr Kapital zu verhundertfachen, weil sie keine Ahnung hatten, dass dies möglich ist. Vieles, was im Bereich des Investment-Research getan wird, geht aus der Perspektive eines Menschen, der sein Kapital vermehren möchte, statt „an der Börse zu spielen“, in die falsche Richtung. Die Verantwortung für diese Tatsache muss von vielen getragen werden – von Anlegern, Brokern, Finanzdienstleistern, Nachrichtenmedien und möglicherweise sogar von unseren Lehrern, deren Vergehen, wenn überhaupt, in einer Unterlassung besteht.

Broker leben von Transaktionsgebühren. Ich weiß das, weil ich elf Jahre lang Broker und sogar Partner war. Es gibt hauptsächlich zwei Möglichkeiten, sich Gebühreneinnahmen zu verschaffen. Die eine besteht darin, einen so guten Service einschließlich Anlageberatung zu bieten, dass immer mehr Menschen zu diesem Maklerbüro kommen, um ihre Käufe und Verkäufe zu tätigen. Eine andere Möglichkeit, Provisionen zu generieren, besteht darin, den bestehenden Kunden Gründe zu nennen, warum sie ihre Aktien verkaufen und andere Aktien kaufen sollten. Früher versuchte ich beides. Ein Paradebeispiel dafür ist, zum Jahresende Verluste zu realisieren, um damit die im Laufe des Jahres erzielten Gewinne steuerlich auszugleichen. Viel eher lässt sich ein „Go-go“-Fondsmanager dazu bringen, Geschäfte zu machen, wenn man ihn frühzeitig warnt, dass eine seiner Lieblings-Wachstumsaktien kurz vor einer erholsamen Verschnaufpause steht. Nur wenige Dinge geben einem Mann mehr Selbstbewusstsein, als 50.000 Aktien zu 50 zu verkaufen und dann innerhalb von einem oder zwei Monaten zu sehen, wie der Kurs auf 40 fällt. Tatsächlich weiß der Verkäufer erst dann, ob er wirklich gewonnen oder verloren hat, wenn er die Aktien zu einem ausreichend niedrigeren Preis ersetzt hat, um die Kapitalertragsteuern und Provisionen zu bezahlen. Wie die Schildkröte zum Hasen sagte: Wer vorn liegt, ist erwiesen, wenn die Ziellinie überquert ist. Im Leben ist die Ziellinie der Tod, und zu diesem Zeitpunkt werden alle potenziellen Kapitalertragsteuern auf nicht realisierte Gewinne erlassen, zumindest nach dem Recht im Jahr 1971.

Als ich sagte, dass die Nachrichtenmedien eine Mitverantwortung für einen Teil der unrentablen übertriebenen Handelstätigkeit tragen, dachte ich an die Art und Weise, wie sich manche mit Geschichten brüsten, die den Markt bewegen. Die Schlussfolgerung lautet natürlich, dass man mit dem *Daily Clarion* an der Börse Geld verdienen kann, indem man bei schlechten Nachrichten verkauft und bei guten Nachrichten kauft. Kurzfristig führt dies oft genau zu den Ergebnissen, die man ohnehin bei guten und schlechten Nachrichten erwartet. Dafür sorgen schon die Erwartungen.

Für wirklich langfristige Anleger sind viele dieser Nachrichten irrelevant. Manche Nachrichten bedeuten sogar das Gegenteil ihrer scheinbar offensichtlichen Bedeutung. Kluge Anleger erkennen schlechte Nachrichten als Chance, gute Aktien zu Schnäppchenpreisen zu erwerben. Deshalb steigen nach einem heftigen allgemeinen Markteinbruch oft zuerst die besten Aktien wieder.

Bitte verstehen Sie mich nicht falsch, ich möchte Nachrichten nicht kritisieren oder herabsetzen. In gewisser Weise sind Nachrichten das Nervensystem einer zivilisierten Gesellschaft. Ich warne jedoch vor der Illusion, dass man anhand der richtigen Nachrichten automatisch die richtige Anlageentscheidung trifft.

Nachrichten liefern oft einen Grund oder eine Ausrede, um von einer Aktie zu einer anderen zu wechseln. Theoretisch ist es immer möglich, eine gute Aktie zu verkaufen und eine bessere zu kaufen. Was jedoch oft übersehen wird, ist, um wie viel besser die neue Aktie sein muss, damit der Wechsel vorteilhaft ist. Nehmen wir beispielsweise an, Sie kaufen eine Aktie für 100 Dollar und verkaufen sie für 1.000 Dollar. Die Steuern variieren zwar zwischen den einzelnen Bundesstaaten, aber es scheint angebracht, anzunehmen, dass die Steuern des Bundes-, des Bundesstaats und möglicherweise auch der Kommune auf den Kapitalertrag zusammen mit den anfallenden Provisionen mindestens 30 Prozent des Bruttogewinns ausmachen, sodass Ihnen netto nicht mehr als 730 Dollar bleiben. Wenn die

Aktie, die Sie für 1.000 Dollar verkauft haben, um weitere 50 Prozent steigt, ist Ihr früherer Bestand 1.500 Dollar wert. Um damit Schritt zu halten, muss die Aktie, die Sie mit dem Netto-Verkaufserlös von 730 Dollar kaufen, um mehr als 105 Prozent steigen. Mit anderen Worten: Um mit der bisherigen Aktie Schritt zu halten, muss die Aktie, zu der Sie wechseln, mehr als doppelt so gut abschneiden wie die Aktie, die Sie verkaufen.

Das soll kein Argument dagegen sein, Nieten loszuwerden. Der Punkt ist lediglich, dass bei dem Versuch, eine gute Aktie, mit der Sie einen hohen Gewinn erzielen, durch eine bessere zu ersetzen, die Ersatzaktie viel besser sein muss, als die meisten Menschen glauben, damit Sie am Ende besser dastehen.

Es ist paradox, dass ein Anleger, der sein Kapital verhundertfachen will, tatsächlich weniger Risiko eingeht als jemand, der fünf Prozentpunkte oder sogar eine Verdopplung seines Geldes erzielen will. Dafür gibt es mindestens fünf Gründe:

1. Für das Beste gibt es immer einen Markt, denn Menschen, die Qualität schätzen, scheinen immer Geld zu haben. Das gilt für Aktien und Anleihen genauso wie für Immobilien und Antiquitäten.
2. Wenn Sie auf maximales langfristiges Wachstum setzen, vermeiden Sie die Gefahr, andere Menschen zu unterschätzen. Wenn Sie kaufen, weil Sie davon ausgehen, dass sich die Gewinne und Dividenden in den nächsten 20, 30 oder 40 Jahren verhundertfachen werden, haben Sie nicht vor, Ihre Anteile an jemanden zu verkaufen, der weniger brillant ist als Sie.
3. Wenn Sie eine Aktie mit einer überdurchschnittlichen Gewinnmarge, einer überdurchschnittlichen Kapitalrendite und einem Umsatzwachstum kaufen, das über dem der Branche oder des Landes insgesamt liegt, haben Sie die Zeit auf Ihrer Seite. Setzen Sie niemals auf eine Möglichkeit statt einer Gewissheit. Die Zeit

schreitet voran und wird weiter voranschreiten. Das ist eine Gewissheit. Wenn Ihre Aktie kein sichtbares Wachstumspotenzial hat, wird die Zeit viele Fehler korrigieren, die Sie bei Ihrer ursprünglichen Investition gemacht haben.

4. Die Weisheit, dass die Welt einen Weg zur Tür des Mannes bahnt, der die besten Mausefallen baut, mag ein alter Hut sein, aber ein sehr robuster Hut. Manchmal wird sie mit dem Argument niedergemacht, dass der Hersteller der besseren Mausefalle ohne die Hilfe der Madison Avenue unbemerkt geblieben wäre. Im wirklichen Leben würde es jemand, der klug genug ist, eine bessere Mausefalle zu bauen, nicht dabei bewenden lassen.
5. „Heirate keinen Mann, um ihn zu bessern", riet eine weise Mutter ihrer Tochter. Es ist auch selten sinnvoll, eine Aktie zu kaufen, um sie zu verbessern. Manchmal kommt die erhoffte Verbesserung wie bei Ehemännern nie. Und selbst wenn sie kommt, lässt sie oft lange auf sich warten. Aufgeschobene Hoffnung macht das Herz krank. Ihr Turnaround-Kandidat mag seinen Wert verdoppeln, aber wenn Sie zehn Jahre darauf warten müssen, beträgt Ihre Rendite nur 7,2 Prozent pro Jahr.

Der vielleicht größte Vorteil beim Kauf von Aktien höchster Qualität ohne erkennbare Wachstumsgrenzen besteht darin, dass wir damit die Chance ergreifen, von Unvorhersehbarem und Unberechenbarem zu profitieren. Jahr für Jahr erreicht die Menschheit das Unmögliche, unterschätzt aber weiterhin, was sie in Zukunft leisten kann und wird. Ein Marsmensch könnte vermuten, wir Menschen würden, nachdem wir genug Menschen auf den Mond gebracht haben, um einen Klub zu gründen, zuversichtlich sein, dass wir alles Weitere tun können, was wir für notwendig oder wünschenswert halten. Wenn er unsere Geschichte kennen würde, wüsste er es besser. Vor 100 Jahren plädierte ein Bürokrat dafür, das Patentamt zu schließen, weil bereits alles erfunden sei. Rodgers und Hammerstein vertonten dies 80 Jahre später:

„In Kansas City ist alles auf dem neuesten Stand. Die sind so weit gekommen, wie sie nur konnten."

Mein alter Freund, der verstorbene Pendleton Dudley, ebenfalls ein ehemaliger Mitarbeiter des *Wall Street Journal*, erzählte gern von einer Pressemitteilung, die er um das Jahr 1905 für eine New Yorker Bank verfasst hatte. In einer tiefgründigen Analyse der neuen Automobilindustrie kam der Volkswirt der Bank zu dem Schluss, dass sich das Land höchstens 500.000 Autos leisten könne und dass alle Straßen des Landes nur für diese Anzahl von Fahrzeugen ausgelegt seien. Als ich diese Geschichte zum ersten Mal hörte, amüsierte sie mich sehr. Ich war mir sicher, dass die Automobilindustrie erst dann ihre Grenzen erreichen würde, wenn wir in diesem Land 30 Millionen oder sogar 40 Millionen Autos und Lastwagen hätten. Wie jeder weiß, haben wir heute mehr als 100 Millionen.

Jeden Tag überqueren wir den Atlantik hin und her mit Flugzeugen, die mehr auf die Waage bringen als die Mayflower. Wir haben Einsteins Gleichung, dass Energie gleich Masse mal Lichtgeschwindigkeit zum Quadrat ist, bewiesen und in die Praxis umgesetzt. Wir haben die gefürchtete Schallmauer – die Schallgeschwindigkeit – in eine Einheit der Geschwindigkeit verwandelt. Wir beobachten die Wolken von Weltraumsatelliten aus und gewinnen immer mehr Kontrolle über das Wetter. Unsere Fortschritte bei der Erforschung und Beeinflussung von Lebensprozessen lassen Harveys Entdeckung des Blutkreislaufs wie ein prähistorisches Relikt erscheinen. Doch wie Vögel, die ihren ersten Flug wagen, scheinen wir umso mehr Angst zu haben, dass wir bestimmt abstürzen werden, je höher wir steigen.

Vielleicht sind wir tatsächlich am Ende einer Ära angelangt. Vielleicht ist die Menschheit biologisch erschöpft von den beispiellosen Anforderungen, die die Errungenschaften des letzten Jahrhunderts an das menschliche Nervensystem gestellt haben. Vielleicht brauchen wir ein neues finsteres Mittelalter, um uns zu erholen. Das ist sicherlich nicht das erste Mal, dass wir so denken. Als Herausgeber von *Barron's* arbeitete ich Mitte der 1930er-Jahre zusammen mit einem Harvard-Professor an einem Wirtschaftsindex. Seine endgültige Schlussfolgerung lautete, dass der langfristige Trend in Amerika leicht nach unten tendiere.

Etwa zur gleichen Zeit schätzte der Sozialversicherungsausschuss von Präsident Roosevelt die Gesamtbevölkerung bis 1980 auf 150 Millionen. Der Ausschuss setzte sich aus den Ministern Perkins, Morgenthau und Wallace, Generalstaatsanwalt Cummings und dem Leiter der Bundesnotstandsbehörde Hopkins zusammen. Inzwischen haben wir bereits die 200-Millionen-Marke überschritten.

Es geht hier nicht darum, sich über die Fehler anderer lustig zu machen. Hätte der Allmächtige gewollt, dass wir Menschen in die Zukunft sehen können, hätte er uns mit einem weiteren Sinn ausgestattet. Der Punkt ist einfach, dass wir nicht wissen, nie gewusst haben und nie wissen können, was die Zukunft bringt. Sollte sie zufällig viel besser sein, als die Klügsten vorhersehen können, gibt es nur eine Anlagestrategie, mit der man davon profitieren kann. Und das ist die Strategie, richtig zu kaufen und zu halten.

Keiner von uns mag das Gefühl, für sein Unglück selbst verantwortlich zu sein. Es hilft zwar unserem Ego, aber nicht unserem Geldbeutel, jemand anderem die Schuld zu geben. Die Recherchen für dieses Buch haben ziemlich viel Salz in meine eigenen finanziellen Wunden gestreut. Ich habe mich sehr bemüht, den Gedanken zu verdrängen, dass es mir vielleicht besser ergangen wäre, wenn ich andere Anlageprinzipien befolgt hätte. Einer meiner Freunde versuchte mich zu trösten, indem er ausrief: „Das ganze Vorgehen ist unrealistisch. Niemand kann am Tiefpunkt kaufen. Und angenommen, er versucht, richtig zu kaufen und zu halten: Was macht er, wenn er zu spät feststellt, dass die Aktien von Stop and Shop, die er 1961 so glücklich für 66 Dollar pro Stück gekauft hatte, im Hoch 1971 nur noch 28,50 Dollar pro Aktie wert waren?"

Als ich ihm zuhörte, fühlte ich mich besser. Aber dann wurde ich neugierig. Wie groß war meine Chance, Stop and Shop selbst zum doppelten Preis des Tiefs von zehn Dollar im Jahr 1941 zu kaufen? Leider stellte ich fest, dass ich die Aktie zwischen 1938 und 1945 jedes Jahr unter 20 Dollar hätte kaufen können. Schlimmer noch: Der höchste Preis, den sie in diesen Jahren erreichte, lag bei 19 Dollar.

„Aber", tröstete ich mich, „wenn ich die Aktie bei 19 gekauft hätte, hätte ich selbst bei ihrem historischen Höchststand von 1961 nicht das 100-Fache meiner Investition erzielt." Weitere Nachforschungen ergaben, dass ich damit absolut recht hatte. Hätte ich in den sieben Jahren ab 1938 den höchsten Preis bezahlt, wäre meine Investition zum Höchststand von 1961 nur das 65-Fache meines Kaufpreises wert gewesen. Außerdem sagte ich mir: „Um diesen Gewinn zu erzielen, hätte ich entschlossen sein müssen, die Aktien zu halten. Dann hätte ich sie 1971 immer noch gehabt, und mehr als die Hälfte meines Buchgewinns wäre verloren gegangen."

„Ich bin also doch nicht so dumm", sagte ich mir. „Hätte ich die Aktie auf dem Höchststand dieser sieben Jahre gekauft und gehalten, wäre meine Investition auf dem Höhepunkt des letzten Jahres nur ..." – hier hielt ich inne, um nachzurechnen. Die Antwort war „28-mal so viel wert, wie ich dafür bezahlt hatte". Um einen Gewinn in dieser Höhe durch Trading zu erzielen, wobei ich immer langfristige Kapitalgewinne erzielt hätte, hätte ich 6-mal kaufen und verkaufen müssen, wobei ich jedesmal etwas mehr als das Doppelte meines Geldes hätte verdienen müssen. Der Vergleich geht davon aus, dass ich nie einen Verlust verbucht und immer mindestens 100 Prozent Gewinn erzielt hätte.

Die Rechnung ist unausweichlich. Um 10.000 Dollar durch Trading mit 100-prozentigen langfristigen Kapitalgewinnen in eine Million Dollar zu verwandeln, müssen Sie Ihr Geld 8-mal hintereinander verdoppeln und dann bei Ihrem letzten Trade mehr als 60 Prozent Gewinn erzielen, ohne auch nur einen Fehlschlag. Um Ihre Investition von 10.000 Dollar mit nur einer Aktie auf eine Million Dollar zu erhöhen, müssen Sie eine finden, die sich etwas mehr als 6,5-mal verdoppelt. Hier sind die Zahlen in tabellarischer Form:

	Trading-Depot	Anlagedepot
Startkapital	10.000	10.000
1.	17.000*	20.000
2.	28.900*	40.000
3.	57.800*	80.000
4.	83.521*	160.000
5.	141.986*	320.000
6.	241.377*	640.000
7.	410.341*	1.280.000
8.	697.580*	2.560.000

* Jede Zahl ergibt sich aus der Verdopplung der vorherigen abzüglich 30 Prozent des Gewinns für Steuern und Gebühren.

Um die linke Spalte nach Kapitalertragsteuern und Gebühren auf eine Million Dollar zu bringen, muss der neunte Trade einen Bruttogewinn von 62 Prozent einbringen. Der gleiche prozentuale Anstieg würde die rechte Spalte auf 4.147.000 Dollar bringen. Selbst nach einer Steuerzahlung von 30 Prozent zu diesem Zeitpunkt würde das Anlagedepot fast 3.000.000 Dollar betragen.

Die Zahlen werfen lediglich eine Frage auf, die jeder Anleger für sich selbst beantworten muss. Wenn es sein Ziel ist, an der Börse ein Vermögen zu machen, wie hoch ist die Wahrscheinlichkeit, dass es ihm gelingt? Wie die Tabelle zeigt, muss er durch Trading sein Geld bei acht aufeinanderfolgenden Käufen verdoppeln und beim neunten einen Bruttogewinn von 62 Prozent erzielen. Wenn er versucht, richtig zu kaufen und zu halten, muss er eine Aktie finden, deren Wert sich etwas mehr als sechseinhalb Mal verdoppelt. Beides wird schwierig sein. Wenn Geldverdienen einfach wäre, wären alle reich.

Wie die Vergangenheit zeigt, gab es in den letzten 40 Jahren Hunderte von Gelegenheiten, 10.000 Dollar in eine einzige Aktie zu investieren und damit bis 1971 einen Wert von über einer Million Dollar zu erzielen. Zweifellos gibt es auch Trader, die dies geschafft haben. Beide Wege stehen offen. Die Frage, die sich jeder Anleger selbst beantworten muss, lautet, ob es einfacher oder schwieriger ist, eine große Entscheidung zu treffen oder neun kleinere, wenn *alle* richtig sein müssen, um mit einem Einsatz von 10.000 Dollar eine Million zu verdienen.

Die Wahl besteht nicht zwischen einem Sprung ins Ungewisse und einer Diversifizierung. Der Trader könnte jedes Mal sein gesamtes Geld in eine einzige Aktie investieren. Der Investor, der versucht, richtig zu kaufen und zu halten, könnte so viele verschiedene Aktien kaufen, wie ihm beliebt. Der Unterschied liegt nicht in der Fokussierung des Investitionskapitals, sondern in der Absicht des Käufers. Der Trader glaubt, dass er in einer schnelllebigen, sich rasch verändernden Welt mit stets begrenzter Absehbarkeit eine Reihe von Engagements eingehen kann, die bessere Erfolgschancen haben als der Versuch, zu entscheiden, welche Unternehmen in den nächsten 20 Jahren gut abschneiden werden. Der Investor, der sich dem richtigen Kaufen und Halten verschrieben hat, wählt Unternehmensleitungen, Produkte und Prozesse aus, von denen er glaubt, dass sie mit dem Unvorhersehbaren fertig werden, wenn es auftaucht.

Im Nachhinein betrachtet hätte das richtige Kaufen und Halten von Aktien bei mehr als 365 verschiedenen Titeln und dem Beginn in einem beliebigen Jahr aus mehr als 30 verschiedenen Jahren den Anlegern ein Vermögen einbringen können. Der Handel macht zweifellos mehr Spaß. Er ist sicherlich professioneller. Das richtige Kaufen und Halten von Aktien verschafft dem Außenstehenden die bestmöglichen Chancen. Zu sagen, dass dies einfacher sei, geht völlig am springenden Punkt vorbei. Ich habe erfahrene Männer gesehen, die Monate gebraucht haben, um eine Entscheidung über ein langfristiges Engagement zu treffen. Aber sobald diese Entscheidung getroffen ist, gibt es keinen Platz mehr für die fieberhafte Aufmerksamkeit auf tägliche Entwicklungen, die das Lebenselixier eines Traders sind.

Selbst diejenigen, die sich für den Handel entscheiden, können davon profitieren, wenn sie sich an die Regel halten, niemals etwas zu kaufen, das sie nicht gern auf unbestimmte Zeit halten würden. Der Abschied ist süß, wenn er mit einem stattlichen Gewinn verbunden ist.

Eines der wichtigsten Anlageziele eines jeden sollte es sein, so viel Geld wie möglich zu verdienen und dabei so wenig Steuern wie möglich zu zahlen, unabhängig davon, welche Gesetze gerade gelten. In den 1940er-Jahren gab mir Sir Victor Sassoon diesen wertvollen Rat: „In den kommenden Jahren wird es leicht sein, Geld zu verdienen", sagte er. „Aber ob man klug ist oder nicht, wird sich daran zeigen, wie viel einem nach Steuern übrig bleibt."

Ich kann mir keine effektivere Steueroase vorstellen als den nicht realisierten Wertzuwachs eines langlebigen, solide wachsenden Unternehmens. Doch nicht einmal einer von zehntausend Menschen erkennt dieses Anlageziel und hält daran trotz aller Versuchungen fest, Gewinne mitzunehmen, in etwas Besseres zu investieren oder einfach zu diversifizieren.

Für diejenigen, die dieses Ziel und diese Argumentation akzeptieren, gibt es einen einfachen Test für die Effizienz einer Anlage, der bei vielen Brokern sehr unbeliebt sein dürfte (bitte bedenken Sie, dass ich selbst elf Jahre lang Partner in einer großen Brokerfirma war). Dieser Test der Effizienz einer Anlage besteht darin, das Verhältnis zwischen Maklerprovisionen und realisierten sowie nicht realisierten Netto-Kapitalgewinnen zu berechnen. Im Fall von Garretts Vermögen in Xerox wäre dieses Verhältnis fast null. Je höher das Verhältnis, desto schlechter die Anlageentscheidungen, da jeder Verkauf entweder ein Eingeständnis eines Fehlers beim ursprünglichen Kauf oder die Entdeckung einer besseren Alternative zu einem späteren Zeitpunkt darstellt oder darstellen sollte.

Habe ich selbst nach diesem Grundsatz gelebt? Leider lautet die Antwort „Nein". Wir werden zu schnell alt und zu spät klug. Gutes

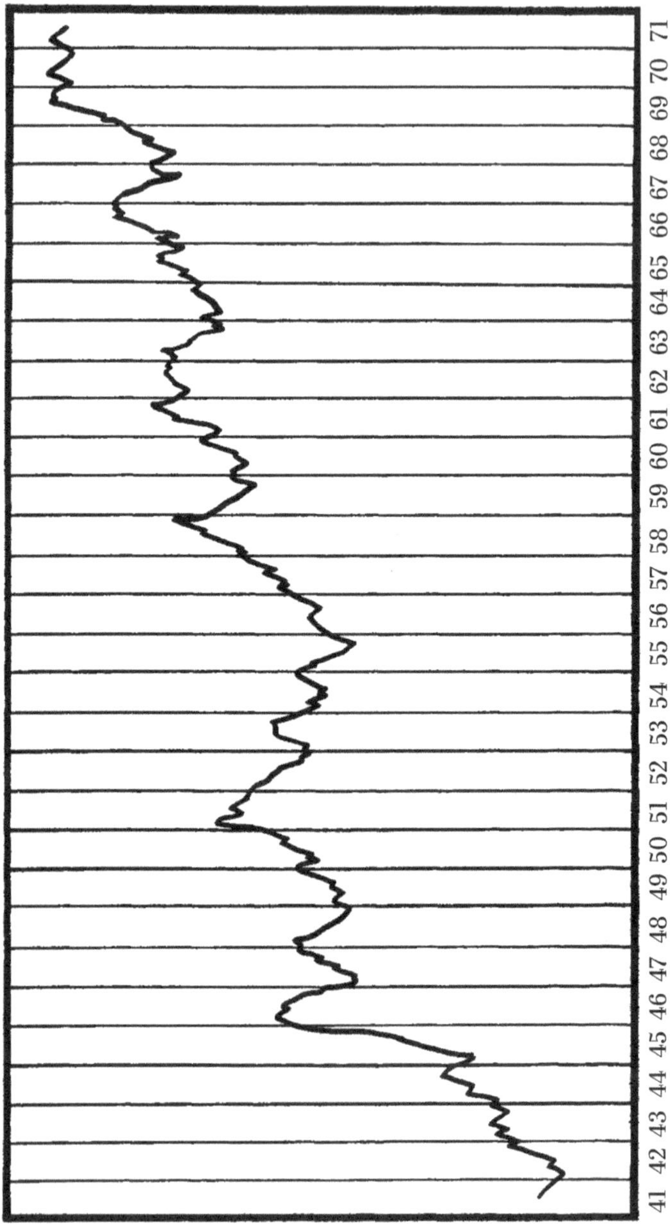
41
42
43
44
45
46
47
48
49
50
51
52
53
54
55
56
57
58
59
60
61
62
63
64
65
66
67
68
69
70
71

Pfizer

Urteilsvermögen kommt aus Erfahrung. Und Erfahrung kommt aus schlechten Entscheidungen. Ich habe viel Erfahrung gesammelt.

Sie fragen sich vielleicht, warum so wenige in der Finanzwelt Ihnen raten, an Ihren Anlagen festzuhalten.

Der wahrscheinlich wichtigste Grund ist, dass wir es nicht zulassen. Investoren haben sich so sehr von der unsinnigen Idee überzeugen lassen, die Performance quartalsweise oder sogar jährlich zu messen, dass viele von ihnen an die Decke gehen würden, wenn ein Anlageberater oder Portfoliomanager eine Aktie, die sich über ein oder zwei Jahre schlecht entwickelt hat, nicht abstoßen würde. Nehmen wir Pfizer als Beispiel. Diese Aktie verlor von August 1946 bis Mai 1949 und erneut von August 1951 bis September 1956 gegenüber dem Dow Jones Industrial Average an Boden. An der Performance orientierte Kunden hätten einem Anlageberater, der sie mit einer solchen Aktie in die Falle tappen ließ, die Leviten gelesen. Theoretisch wäre es möglich gewesen, Pfizer im August 1931 zu verkaufen und im September 1956 zurückzukaufen. Tatsache ist jedoch, dass jeder, der Pfizer 1942 gekauft und bis heute gehalten hat, sein Kapital um das 141-Fache vermehrt hat. Es mag Trader geben, die noch besser abgeschnitten haben, aber wenn ja, dann verstecken sie ihre Erfolge. Sicherlich hat kein Fonds, dessen Ergebnisse öffentlich sind, auch nur annähernd so gut abgeschnitten. Der relative Kurschart der Pfizer-Aktie über das letzte Vierteljahrhundert verdeutlicht besser als Worte den Mut und die Geduld, die einem Anleger abverlangt wurden, der sein Kapital verhundertfachen wollte.

Was spielte sich hinter den Kursschwankungen von Pfizer ab?

Hier sehen Sie die Gewinne, Dividenden, Umsätze und Eigenkapitalrenditen von Pfizer in den letzten 20 Jahren:

	Gewinn pro Aktie in $	Dividende in $	Umsatz pro Aktie in $	Buchwert pro Aktie in $	Eigenkapitalrendite in %
1970	1,28	0,63	13,68	7,67	16,6
1969	1,13	0,57	12,73	6,94	16,2
1968	1,03	0,50	11,85	6,77	15,6
1967	0,96	0,48	10,47	6,11	15,6
1966	1,02	0,48	10,32	5,49	18,6
1965	0,90	0,43	9,01	4,89	18,3
1964	0,76	0,38	8,04	4,48	16,8
1963	0,69	0,35	7,01	4,29	16,0
1962	0,64	0,32	6,64	4,16	15,3
1961	0,58	0,28	5,69	3,56	16,2
1960	0,52	0,27	5,37	3,34	15,7
1959	0,50	0,27	5,12	3,03	16,5
1958	0,49	0,25	4,56	2,73	18,0
1957	0,47	0,23	4,24	2,49	18,8
1956	0,37	0,19	3,75	2,25	16,5
1955	0,33	0,17	3,66	1,93	17,1
1954	0,33	0,15	3,29	1,75	18,8
1953	0,30	0,14	2,88	1,58	18,9
1952	0,24	0,13	2,44	1,53	15,7
1951	0,27	0,18	2,05	1,42	19,0

Wäre ein Geschäftsmann, der nur diese Zahlen gesehen hätte, in diese Aktie eingestiegen und wieder ausgestiegen? Ich bezweifle es. Aber jeder Anleger muss selbst entscheiden, vor allem weil er sich selbst besser kennt als jeder andere. Das Geheimnis des Erfolgs bei der Suche nach 100-Baggern liegt darin, sich auf die Ertragskraft statt auf die Kurse zu konzentrieren. Können Sie das?

Wie können Sie sich solche Daten selbst beschaffen? Die meisten Unternehmen veröffentlichen sie regelmäßig. Sie müssen sie lediglich Jahr für Jahr notieren. Die Handbücher von *Moody's* und *Standard & Poor's* liefern sie. Einige Broker stellen sie auf Anfrage zur Verfügung.

Der Umsatz pro Aktie ist einfach der Gesamtumsatz geteilt durch die Anzahl der in Umlauf befindlichen Aktien. Die Eigenkapitalrendite ist einfach der Gewinn pro Aktie geteilt durch den Buchwert (1,28 Dollar geteilt durch 7,67 Dollar = 0,166 beziehungsweise 16,6 Prozent).

Warum verlangen so viele Anleger Performance von Quartal zu Quartal?

Es gibt zwei mögliche Antworten. Die eine ist, dass sie an Supermänner glauben. Irgendwo, so sagen sie sich, gibt es einen Mann, der dermaßen viel klüger ist als andere Menschen, dass er die Aktien auswählen kann, die in diesem Monat steigen und im nächsten Monat fallen werden. Dieser Mann ist so viel schlauer als andere Menschen, dass er immer das Richtige tut, während andere das Falsche tun. Es ist eine einfache Rechenaufgabe, dass ein von einem solchen Supermann verwaltetes Portfolio in guten wie in schlechten Zeiten alle anderen Portfolios übertreffen sollte. Wenn dies nicht klappt, gibt es eine einfache Lösung: „Mein Supermann hat seinen Riecher verloren. Ein neuer muss her."

Ein zweiter Grund, warum manche Anleger darauf bestehen, Ergebnisse quartalsweise zu bewerten, ist folgender: Sie argumentieren, dass ihr Berater, wenn er nicht einmal drei Monate voraussehen kann, sicherlich auch keine fünf oder zehn Jahre voraussehen kann. Das ist so, als würde man argumentieren, dass ich, wenn ich nicht sagen kann, wer in einem Tennismatch den nächsten Punkt gewinnen wird, sicherlich auch nicht vorhersagen kann, wer das nächste Match gewinnen wird, obwohl ich die Erfolgsbilanzen beider Spieler kenne. Auf Aktien übertragen bedeutet dieser Trugschluss, dass Kurssteigerungen zwar auf lange Sicht steigende Gewinne und Dividenden widerspiegeln müssen, kurzfristige Kursbewegungen jedoch das Ergebnis gänzlich belangloser und oft völlig unvorhersehbarer Faktoren sein können, zum Beispiel des Notverkaufs eines großen Portfolios, eines Streiks oder eines übermäßig beworbenen neuen Konkurrenten.

Ich hatte einmal einen Kunden, der sein Privatunternehmen für mehrere Millionen Dollar verkauft und den Erlös an der Börse investiert hatte. Eines Tages kam er völlig verzweifelt zu mir und beklagte sich, dass seine Aktien ihn so nervös machten, dass er nicht schlafen könne.

„An einem Tag mache ich 50.000 Dollar Gewinn", sagte er, „und am nächsten Tag mache ich 100.000 Dollar Verlust. Die Ratschläge, die ich nicht befolge, funktionieren immer. Die, die ich befolge, kosten mich Geld. Wie sehr wünschte ich mir, ich könnte wieder die innere Ruhe finden, die ich hatte, als mein ganzes Geld in meinem eigenen Unternehmen steckte!"

„Damals gab es keinen Markt für Ihre Aktien", erinnerte ich ihn. „Woher wussten Sie da, wie gut Sie dastanden?"

„Ganz einfach", antwortete er. „Ich habe meine monatlichen Verkaufszahlen und meine Kostenquote beobachtet, und solange mein Geschäft wuchs und meine Gewinnmarge stabil blieb, schlief ich wie ein Baby."

„Wir könnten Ihnen solche Berichte über Ihr Portfolio liefern", entgegnete ich. „Das würde Ihnen aber nur etwas nützen, wenn Sie versprechen könnten, sich nicht die Börsenkurse im *Wall Street Journal* anzuschauen."

Er war ehrlich zu sich selbst und antwortete: „Das könnte ich nicht."

Ein weiterer Grund, warum Anleger Aktivität verlangen, auch wenn diese nur für ihren Broker profitabel ist, ist, dass sie nie gelernt haben, zwischen Aktivität und Ergebnissen zu unterscheiden. Als ich ein Junge war, machte ein Tischler, der für meinen Vater arbeitete, folgende weise Bemerkung: „Viele Späne machen noch keinen guten Handwerker."

Solange Anleger nicht lernen, dass auch derjenige etwas leistet, der nur abwartet, wird der Markt für Berater, die das Beste so lassen, wie es ist, nicht besonders rege sein.

Natürlich liegt nicht die ganze Schuld bei den Anlegern. Ein offensichtlicher Grund, warum die Finanzwelt Anlegern nicht rät und ihnen nicht hilft, ihre guten Aktien zu halten, ist, dass die Wall Street von Aktivität lebt. Jede Transaktion bringt eine Provision ein. Da die Kunden Action verlangen und Action die Miete bezahlt, warum sollte man ihnen dann nicht geben, was sie wollen?

Selbst unter den hochkarätigsten Vertretern der Finanzwelt gibt es das Problem, dass man sich bei nichts jemals sicher sein kann. Investoren handeln mit der unbekannten Zukunft. Die Entscheidung, eine scheinbar vorübergehende Bedrohung zu ignorieren, kann katastrophale Folgen haben. Sich aus einer gefährdeten Aktie zurückzuziehen, bis sich die Lage geklärt hat, ist nicht nur gut für das Geschäft, sondern kann auch den Kunden vor dem Ruin bewahren. Wenn der Broker oder Anlageberater einen Verkauf empfiehlt, zeigt er zumindest, dass er weiß, was in der Welt vor sich geht. Nicht zu handeln könnte den Verlust des Kunden bedeuten, insbesondere wenn die Aktie in den nächsten ein oder zwei Jahren schlecht läuft.

Als Börsenmakler verlor ich 1949 ein Mandat in Millionenhöhe, weil ich hartnäckig darauf bestand, die Aktien seien billig und sollten nicht verkauft werden. Nachdem ich mich in einem Artikel mit dem Titel „1929 auf den Kopf gestellt" in der Zeitschrift *Fortune* öffentlich dahingehend geäußert hatte, konnte ich kaum etwas anderes tun.

„Alle raten mir, ich soll meine Aktien verkaufen", klagte mein Kunde bei unserem letzten Treffen. „Wieso glauben Sie, dass Sie es besser wissen?"

Um seinen Auftrag zum Verkauf von Tausenden von Aktien zu erhalten, hätte ich bloß mitspielen müssen. Als ich mich weigerte, verließ mich mein Kunde und kam nie wieder zurück.

Mir ging es wie dem Mann, der bei einem Verkehrsunfall ums Leben kam, obwohl die Ampel auf Grün gestanden hatte: Er hatte recht, absolut recht, aber er war genauso tot, als hätte er unrecht gehabt.

Und das nächste Mal könnte ich unrecht haben.

KAPITEL 24

„Richtig kaufen und halten“ in der Praxis

Abgesehen von einigen wenigen Personen wie Paul Garrett, dem namenlosen Kunden von Norris Darrell, und einigen meiner alten Kollegen vom *Wall Street Journal* kann ich keine „Erfolgsgeschichten“ anführen, um die Rentabilität des richtigen Kaufens und Haltens zu belegen. Das Management eines öffentlichen Fonds, der so vorgehen würde, würde wegen Untätigkeit entlassen. Nur die außergewöhnlichsten Persönlichkeiten verfügen über die Willenskraft, einen solchen Kurs einzuschlagen und ihn auch in den schlechten Jahren beizubehalten, die fast jeden großen Kursanstieg zwischenzeitlich unterbrechen.

Ein Vermögensverwalter, der dem richtigen Kaufen und Halten nahegekommen ist, ist Hulbert W. Tripp, der im vergangenen Frühjahr als Vorsitzender des Investitionsausschusses der University of Rochester in den Ruhestand getreten ist.

Auch wenn er nicht vollständig der Idee zustimmt, dass man durch den Kauf der richtigen Aktien und deren Halten reich wird, sprechen Tripps Taten eine deutlichere Sprache als Worte. Der Jahresbericht der

University of Rochester von 1970 listete 27 Stammaktien auf. Mehr als die Hälfte davon – 14 der 27 – waren dieselben Unternehmen, die auch im Investitionsbericht der Universität von 1966 aufgeführt waren. Zu diesem Zeitpunkt umfasste das Portfolio 29 verschiedene Aktien.

Die geringe Anzahl der gehaltenen Titel spiegelt Tripps Überzeugung wider, dass eine übermäßige Diversifizierung das Anlageproblem eher umgeht als löst. Seine Betonung der Auswahl wird noch deutlicher, wenn man die Anzahl der gehaltenen Aktien zu dem Wert des Aktienportfolios der Universität zum Jahresende 1970 in Beziehung setzt. Die durchschnittliche Investition pro Aktie lag bei fast zehn Millionen Dollar.

Wie hat sich diese Strategie ausgezahlt? Das Ergebnis für das Geschäftsjahr bis zum 30. Juni 1970, ausgedrückt in Prozent des historischen Buchwerts des Stiftungsvermögens, betrug 11,12 Prozent. Der Vergleichswert 20 Jahre zuvor lag bei 4,31 Prozent. Der historische Buchwert des Stiftungsvermögens stieg in diesem Zeitraum um 59,5 Prozent und die tatsächlichen Erträge stiegen um 327,3 Prozent, wie der Anlageausschuss berichtete.

Zu Beginn des Jahres 1951 waren weniger als 45 Prozent der Investitionen des Stiftungsvermögens der Universität in Stammaktien angelegt. 20 Jahre später entfielen mehr als 72 Prozent des Marktwerts des Portfolios auf Aktien.

Erst 1954 überschritt der Marktwert der Anlagen der Universität 100 Millionen Dollar. Ende 1969 betrug er 415 Millionen Dollar und zum Jahresende 1970 waren es 376 Millionen Dollar.

Nach seiner eigenen Methode der „Anteilsbilanzierung", mit der er die Wertentwicklung der Anlagen wiedergab, erzielte Tripp einen Wertzuwachs von 1,64 Dollar Ende 1957 auf 4,46 Dollar Ende 1970. Die Zahlen sind um neue Geldzuwendungen und Zuschüsse bereinigt.

Einige reine Aktienfonds haben sich deutlich besser entwickelt. Der Special Fund von Scudder, Stevens & Clark beispielsweise stieg im gleichen Zeitraum von 10,33 Dollar auf 76,29 Dollar. Der Wert der als Kapitalgewinnausschüttungen erhaltenen Aktien ist ohne Berücksichtigung der Kapitalertragsteuern enthalten, da die Universität Rochester steuerbefreit ist. Unter den Mischfonds und institutionellen Mischfonds hat die Strategie der Universität Rochester, „richtig zu kaufen und zu halten“, jedoch hervorragende Ergebnisse erzielt.

Tripp würde sich nicht zu 100 Prozent auf Auswahl und Beibehaltung verlassen, und ich auch nicht. „Hüte dich vor Menschen, die nur eine Antwort haben!“ lautet eine der fundiertesten Regeln in dem unendlich komplexen Geschäft, in eine unbekannte und unvorhersehbare Zukunft zu investieren. Man muss jedoch nicht übertreiben, wenn es darum geht, richtig zu kaufen und zu halten, um davon zu profitieren. Schon eine kleine Änderung des Griffs und der Haltung eines Golfers kann sein Spiel verbessern. Wenn Sie also etwas mehr Wert darauf legen, zu kaufen, um zu halten, und etwas entschlossener sind, Ihre Gewinner nicht zu verkaufen, nur weil ihr Kurs gestiegen ist, könnte Ihr Portfolio davon profitieren. Es zu versuchen könnte Sie – wie mich – viel weniger kosten, als es nicht zu versuchen.

KAPITEL 25

Selber machen?

Anwälte sagen, dass jeder, der versucht, sein eigener Anwalt zu sein, einen Narren als Mandanten hat. Aber warum sollte jemand, der einfach nur richtig kaufen und halten will, professionelle Hilfe benötigen? Paul Garrett hat sein Vermögen selbst gemacht. Warum können Sie das nicht auch?

Vielleicht können Sie das. Hier sind einige Fragen, die Sie sich stellen sollten, bevor Sie sich dafür entscheiden, es selbst zu tun:

1. Sind meine Ausbildung, meine Schulungen und meine Kontakte in der Finanzbranche sowie in der Industrie ausreichend, um mein eigenes Geld überdurchschnittlich gut anzulegen, oder würde ich dabei nur nach den Regeln der anderen spielen?

Das Leben ist unendlich komplex. In einer zivilisierten Gesellschaft gibt es unzählige Möglichkeiten, Geld zu verdienen. Manche Menschen haben das Glück, ohne besondere Qualifikationen erfolgreich zu sein – sie haben im Lotto gewonnen. Meistens jedoch verdienen Menschen

Geld, die mehr wissen, härter arbeiten und besser denken als ihre Konkurrenten und Mitbewerber. Da sie auf einem Gebiet einen solchen Vorteil haben, bleiben sie dabei, anstatt das Risiko einzugehen, sich bei anderen Aktivitäten, in denen sie keinen Vorteil haben, dem Wettbewerb zu stellen.

An einem Samstagnachmittag in den 1940er-Jahren hatte ich gegen 17 Uhr eine Frage zu Amerada Petroleum. Da ich wusste, dass Alfred Jacobsen, der Präsident von Amerada, ein fleißiger Mann war, rief ich in der Unternehmenszentrale an, in der Hoffnung, dass noch jemand da sein könnte. Die Telefonzentrale von Amerada war geschlossen, aber Herr Jacobsen nahm den Hörer selbst ab. Ohne auch nur einen Moment zu zögern, um in seinen Unterlagen nachzuschlagen, beantwortete er meine Fragen zu Erschließungen im Williston Basin und nannte mir sogar die Tiefe mehrerer Bohrlöcher, die gerade gebohrt wurden, sowie die Mächtigkeit der Sandschichten, auf die man gestoßen war. Dieser Vorfall half mir zu verstehen, warum Amerada in neuen Ölfeldern so oft strategisch günstig gelegene Flächen besaß.

Paul Garrett könnte meine erste Frage bejahen. Können Sie es auch?

2. Bin ich bereit, die umfangreichen Recherchen durchzuführen, die notwendig sind, um eine Aktie mit einem Potenzial von 100:1 zu finden? Garrett schloss nicht die Augen, um eine Nadel in die Kursliste der *New York Times* zu stecken und damit Haloid zu treffen. Freunde aus der Finanzbranche halfen ihm, aus mehr als 50.000 Aktien 50 herauszufiltern. Dann überprüfte und analysierte er diese 50 unermüdlich, bis er seine Liste auf drei eingegrenzt hatte. Und schließlich studierte er diese drei intensiv, bis er sich für Haloid, heute Xerox, entschied. Bin ich bereit und in der Lage, so viel Arbeit zu investieren, um anzufangen? Oder möchte ich mich auf mein Geschäft, meinen Beruf oder mein Hobby konzentrieren und jemand anderen die Auswahl der Investitionen für mich übernehmen lassen?

3. Bin ich finanziell und emotional stark genug, um eine große Investition in eine oder sogar zwei oder drei Aktien zu wagen, die ich selbst ausgewählt habe? Oder werde ich mein Urteilsvermögen verlieren, sobald der Markt zum ersten Mal einbricht, was selbst bei Aktien, die letztendlich um das 100-Fache steigen, häufig vorkommt?

Polaroid fiel von über 50 im Jahr 1946 auf unter 20 im Jahr 1949, was zu dem Sprichwort führte: „Nur den Mutigen gehört die Welt."

Der alte Werbeslogan für Packard-Autos „Fragen Sie jemanden, der einen hat" hatte eine solide psychologische Grundlage. Die meisten von uns brauchen die Bestätigung anderer, wenn sie neue Unternehmungen wagen. Erfolgreiche Do-it-yourself-Anleger müssen fast per Definition allein vorgehen. Wenn eine Aktie beliebt ist, ist die Chance, dass sie sich lohnt, mit Sicherheit geringer und vielleicht sogar schon verschwunden. Wenn sie von einigen wenigen weitsichtigen professionellen Anlegern gekauft wird, können Sie sicher sein, dass diese Sie – einen Nichtkunden – nicht dazu ermutigen werden, sie in Konkurrenz zu ihnen zu kaufen.

Fragen Sie sich noch einmal: Kann ich allein weitergehen, wenn es schwierig wird?

4. Was passiert, wenn ich trotz aller Bemühungen, die richtige Entscheidung zu treffen, letztendlich doch falschliege? Verfüge ich über die Möglichkeiten und das Know-how, um die Aktie oder die Aktien meiner Wahl und die ihrer Konkurrenten genau genug zu beobachten, um meinen Fehler zu entdecken, bevor alles verloren ist?

Garretts Haloid-Investition verlief fast vom ersten Tag an nach Plan. Aber viele 100-Bagger haben den Mut und die Geduld ihrer Besitzer auf eine harte Probe gestellt, bevor der große Aufschwung einsetzte.

Und viele Aktien, die das Potenzial zu einem 100-Bagger hatten, haben sich nie wirklich bewährt.

Sturheit ist kein Ersatz für Geschick beim Investieren.

Fragen Sie sich selbst: Kenne ich den Unterschied zwischen dem Mut zur Überzeugung und der störrischen Weigerung, Fehler zuzugeben und zu korrigieren?

Wenn Sie diese Fragen nicht mit Ja beantworten können, sollten Sie professionelle Beratung in Anspruch nehmen. Wo sollten Sie diese suchen?

Wie entscheiden Sie sich für Ihren Anwalt oder Ihren Arzt? Ihre Freunde mögen ihn. Sie gehen schon seit Jahren zu ihm und sind zufrieden. Das ist für den Anfang schon einmal sehr gut.

Wie entscheiden Sie, ob Sie bei ihm bleiben? Was soll er für Sie tun?

Einer der einfachsten Tests ist der „Vorteil-Nachteil-Test", der sich nicht nur auf die Marktpreise, sondern auch auf Gewinne und Dividenden oder Zinsen stützt. Der einzige gerechtfertigte Grund für eine Änderung Ihrer Anlagen ist, dass Sie dadurch reicher werden. Behalten Sie den Überblick darüber, was verkauft wurde. Vergleichen Sie, was Sie ohne den Verkauf gehabt hätten, mit dem, was Sie nach dem Verkauf haben. Warten Sie damit jedoch mindestens ein Jahr. Oft dauert es so lange, manchmal sogar zwei oder drei Jahre oder noch länger, bis sich gute Anlageentscheidungen bewähren. Vergleichen Sie schließlich Ihre Gesamtergebnisse über mehrere Jahre mit guten allgemeinen Aktienindizes wie denen von Dow Jones oder Standard & Poor's. Vergleichen Sie jedoch nicht die Ergebnisse von Anleiheinvestitionen mit einem Aktienindex oder die Wertentwicklung von Aktieninvestitionen mit einem Anleihenindex!

Wenn Sie nach einer solchen Zeitspanne feststellen, dass Ihre Käufe weniger gestiegen sind als die von Ihnen verkauften Aktien, bitten Sie Ihren Finanzberater um eine Erklärung. Er kann Ihnen möglicherweise zeigen, dass Sie trotz der noch nicht vom Markt anerkannten Verbesserung Gewinne und Dividenden erzielt haben.

Sie haben das Recht, zu erwarten, dass sich Änderungen in Ihren Wertpapierbeständen innerhalb eines angemessenen Zeitraums positiv für Sie auswirken. Ist dies nicht der Fall, sollten Sie sich fragen, ob Sie nicht durch unüberlegte Vorschläge oder Forderungen unnötig Staub aufgewirbelt haben. Wenn Sie dies mit gutem Gewissen verneinen können, kommen Sie möglicherweise zu dem Schluss, dass Sie einen anderen Finanzberater brauchen.

Eine gute Möglichkeit, Ihren Finanzberater zu überprüfen, besteht darin, das, was er *an Ihnen* verdient, mit dem zu vergleichen, was er *für Sie* verdient. Die Witwe von der Westküste, die die Hälfte ihres Vermögens verlor, während ihr Broker-Berater mit Provisionen zulasten ihres Kontos reichlich abkassierte, hätte zumindest einen Teil ihres Leidens vermeiden können, wenn sie sowohl den Vorteil-Nachteil-Test als auch den „An ihr/für sie"-Test zur Bewertung ihres Finanzberaters herangezogen hätte.

Ein dritter Indikator für die Effizienz einer Beratung, der bereits erwähnt wurde, ist die Umschlagshäufigkeit. Wie wir gesehen haben, bietet der Aktienmarkt Hunderte von Möglichkeiten, einen Dollar durch das richtige Kaufen und Halten von Aktien in 100 Dollar zu verwandeln. Viele weitere Aktien haben die 100er-Marke um weniger als einen Dollar verfehlt. Hunderte weitere sind um das 50-Fache gestiegen und eine noch längere Liste hat sich um das 25-Fache erhöht.

Wenn Ihr Ziel darin besteht, in den nächsten 10 oder 20 Jahren einen maximalen Kapitalgewinn zu erzielen, sollte jeder Kauf mit der Absicht getätigt werden, die Wertpapiere zu halten. Jeder Verkauf sollte als Eingeständnis eines Fehlers – als verpasste Chance – angesehen werden. Natürlich wird es viele solcher Fehler geben. Geld zu verdienen ist nicht einfach und wird es auch nie sein. Aber wenn man versucht, Geld zu verdienen, ist es hilfreich, das richtige Ziel vor Augen zu haben und klar zu denken.

Wenn Sie eine Aktie kaufen möchten, deren Wert sich in 40 Jahren verhundertfacht, müssen Sie mindestens eine Aktie kaufen, deren Wert jährlich um 12,2 Prozent steigt. Wenn sie dieses Ziel in einem Jahr nicht erreicht, muss sie es in einem anderen Jahr wieder aufholen.

Selbst wenn Sie eine Aktie kaufen möchten, deren Wert sich in 40 Jahren verfünfzigfacht, müssen Sie eine finden, die jährlich um 10,25 Prozent steigt.

KAPITEL 26

Sinn für Werte

Jegliches erfolgreiche Investieren basiert auf Weitblick, aber Weitblick allein reicht nicht aus. Der andere wesentliche Bestandteil ist ein Sinn für Werte. Viele Menschen sind auf Sozialhilfe angewiesen, weil sie zu viel für etwas bezahlt haben, das sie richtig vorausgesehen haben. Was nützt es einem Menschen, wenn er vorhersieht, dass eine Aktie ihren Gewinn verdreifachen wird, wenn er dafür 4-mal so viel bezahlt, wie sie aufgrund ihrer aktuellen Gewinne wert ist? Antwort: nichts, es sei denn, er findet jemanden, an den er sie für mehr verkaufen kann, als sie wert ist, wenn das Erwartete eingetreten ist. Zeit ist ein oft übersehenes Element des Wertes. Ein Dollar, den Sie in fünf Jahren erhalten, ist heute etwa 78 Cent wert. Ein Dollar, den Sie in zehn Jahren erhalten, ist heute vielleicht 61 Cent wert. Beide Zahlen berücksichtigen nicht die Inflation. Es handelt sich lediglich um die Beträge, die Sie bei einer jährlichen Verzinsung von fünf Prozent nach Steuern investieren müssten, um in fünf oder zehn Jahren einen Dollar zu erhalten. Bei einem Abzinsungssatz von neun statt fünf Prozent ist ein Dollar, den Sie in fünf Jahren erhalten, nur noch 65 Cent statt 78 Cent wert. Ein Dollar, der in zehn Jahren fällig ist, ist heute nur noch 42 Cent statt 61 Cent wert. Kein Wunder, dass Aktien, die auf der Grundlage der in fünf oder zehn Jahren erwarteten Gewinne verkauft wurden, an Wert verloren haben, als im Jahr 1970 die langfristigen Zinsen stiegen!

Zu früh recht zu haben ist genauso schmerzhaft wie unrecht zu haben. Tatsächlich ist das eine der vielen Möglichkeiten, bei Investitionen falschzuliegen.

Investoren haben mit dem Telefon, mit dem Fernsehen und mit Unternehmen, die an Geräten zur elektronischen Übertragung von gesprochener Sprache in gedruckte Sprache arbeiten, viel Geld verdient. Aber durch zu frühes Handeln hätte auch viel verloren gehen können, und zweifellos ist einiges verloren gegangen. Die Ideen für alle drei Entwicklungen sind mehr als 90 Jahre alt. In einem Büchlein, das 1878 veröffentlicht wurde, schrieb Professor A. E. Dolbear vom Tufts College:

„Nur die Technik trennt uns noch vom Fliegen; sie allein ist notwendig, um die menschliche Sprache schriftlich wiederzugeben; und dies ist alles, was benötigt wird, um das prophetische Bild des Redners vollständig zu verwirklichen, der in allen Städten der Welt gleichzeitig zu einem Publikum sprechen kann."

Die wichtigsten Fragen beim Investieren sind folgende:

1. Um wie viel wird das, was ich erwarte, den derzeitigen Wert des Eigentums, das ich kaufen möchte, steigern?
2. Wie lange wird dies dauern?
3. Wie hoch ist der auch als Barwert bezeichnete Gegenwartswert der von mir erwarteten Wertsteigerung?
4. Wie viel von dem erwarteten Wertzuwachs ist bereits in dem Preis enthalten, den ich bezahlen muss?
5. Gibt es eine ausreichende Differenz zwischen dem Wertzuwachs, den ich erwarte, und dem erwarteten Anstieg, den ich jetzt bezah-

len muss, damit ich einen Gewinn erziele, wenn ich richtigliege, und eine Fehlermarge habe, wenn ich mich irre?

Der derzeitige Wert ist der Wert, den Sie dem Eigentum beimessen würden, wenn alles so bliebe, wie es ist. Alles, was Sie darüber hinaus bezahlen, bedeutet, dass Sie den Verkäufer an Ihrer Hühnerschar beteiligen, bevor die Küken geschlüpft sind, und das genau in dem Moment, in dem er kein Risiko mehr trägt. So formuliert wirkt es so einfach und offensichtlich wie „Lieber den Spatz in der Hand als die Taube auf dem Dach". Wenn wir unsere fünfte Frage ernsthaft stellen und beantworten, sollte sie uns helfen, den Fehler zu vermeiden, dass wir den Spatz in der Hand sogar gegen den Spatz auf dem Dach eintauschen. Wenn Sie glauben, dass niemand so dumm sein könnte, schauen Sie sich noch einmal den Aktienmarkt an. Dort passiert das ständig.

Sie bezweifeln das? Sehen Sie es einmal so: Wenn Sie dem Lebensmittelhändler einen Dollar geben, fragt er Sie nicht, woher Sie ihn haben. Ein Dollar aus einer Aktie oder Anleihe ist für ihn genau so viel wert wie ein Dollar aus einer anderen Aktie oder einer anderen Anleihe. Warum bezahlen wir dann für Dollar aus der einen Quelle mehr als für Dollar aus einer anderen? Der einzige sinnvolle Grund ist unsere Erwartung, dass der Dollarfluss aus der ersten Quelle den Dollarfluss aus der zweiten Quelle einholen und übertreffen wird.

Das lässt sich vielleicht besser verstehen, wenn wir von Hühnern und Eiern sprechen. Eine Schar von 100 Hühnern legt täglich 80 Eier. Eine anderer ebenso großer Hühnerbestand legt 40 Eier pro Tag. Wenn wir nur daran interessiert sind, möglichst viele Eier für möglichst wenig Geld zu bekommen, und wenn die hypothetischen Hühner sich selbst versorgen, sodass wir keine Kosten für ihre Pflege berücksichtigen müssen, scheinen die Hühner, die mehr Eier legen, doppelt so viel wert zu sein wie diejenigen, die weniger Eier legen. Würden sie so bewertet, könnten wir für einen Dollar genauso viele Eier aus der ersten Schar kaufen wie aus der anderen.

Nehmen wir jedoch an, dass die Hühner, die täglich 40 Eier legen, früher einmal 80 Eier pro Tag gelegt haben. Wir könnten befürchten, dass die Legerate noch weiter sinkt. Um uns gegen diese Möglichkeit abzusichern, könnten wir anbieten, für die Hühner mit den 40 Eiern nur ein Viertel des Preises für die Hühner mit den 80 Eiern zu zahlen. Bei diesem Preis würden wir von den billigeren Hühnern selbst dann noch genauso viele Eier für unser Geld bekommen wie von den teureren, wenn die Legerate der billigeren Hennen von 40 auf 20 Eier pro Tag sinken würde. Wenn wir diese 40 Eier legenden Hennen zu einem Viertel des Preises der 80 Eier legenden Hennen kaufen könnten, würde uns der Verkäufer praktisch alle Eier, die sie über 20 pro Tag hinaus legen, umsonst geben. Es würde uns nichts kosten, wenn die Legerate der Hühner mit 40 Eiern um die Hälfte sinken würde. Wenn ihre Legerate statt zu sinken gleich bliebe, hätten wir doppelt so viele Eier, wie wir bezahlt haben. Und wenn die Schar mit 40 Eiern ihre Legerate auf 60 oder sogar 80 Eier pro Tag steigern würde, hätten wir 3- oder 4-mal so viele Eier, wie wir bezahlt haben. Mit anderen Worten: Wenn die Legerate unverändert bliebe, betrüge unser „Eiergewinn" 100 Prozent, weil wir 40 Eier pro Tag bekämen, obwohl wir nur für 20 bezahlt hätten. Würden wir davon ausgehen, dass die Wahrscheinlichkeit, dass die Hühner 80 Eier pro Tag legen, genauso groß ist wie die Wahrscheinlichkeit, dass sie gar keine mehr legen, wäre unser Chancen-Risiko-Verhältnis 4 : 1.

Da niemand die Zukunft mit Sicherheit vorhersagen kann, ist es sinnvoll, dann zu kaufen, wenn der Verkäufer die Hauptlast möglicher negativer Entwicklungen trägt, und dann zu verkaufen, wenn der Käufer bereit ist, unsere Hoffnungen für die Zukunft sofort mit echtem Geld zu bezahlen.

In einer freien Gesellschaft ist das Leben eine Abfolge von Tauschgeschäften. Jeder von uns tauscht ständig etwas, das er hat oder anbieten kann, gegen etwas, das er von anderen bekommen kann. Das gilt unabhängig davon, ob wir Gräben graben oder ein Symphonieorchester dirigieren, ob wir Geistliche oder Callgirls sind.

Wie kommt es, dass bei einem solchen Tausch einige wenige sehr viel mehr bekommen als andere? Kennen Sie die Geschichte von dem Mann, der auf einem lahmen alten Pferd ohne Sattel zum Jahrmarkt ritt und durch geschicktes Handeln den ganzen Tag lang so viel einhandelte, dass er am Abend in einer neuen Kutsche mit einem Gespann strahlender Schimmel nach Hause fahren konnte? So ist das Leben. Die Jungen, die Tom Sawyer dafür bezahlten, dass sie den Zaun streichen durften, den eigentlich Tom streichen sollte, tauschten freiwillig ihre Arbeitskraft und ihr Geld gegen das gute Gefühl, das ihnen Tom vermittelt hatte. Das ist wahre Verkaufskunst.

Nur wenige von uns können ehrlich behaupten, sie hätten noch nie ein schlechtes Geschäft gemacht. Fast alle von uns haben schon einmal für das Privileg bezahlt, die Zäune anderer weiß streichen zu dürfen. Warum tun wir das?

Ich vermute, dass dies vor allem daran liegt, dass wir nicht innehalten, um nachzudenken. Eine der häufigsten Arten, ein schlechtes Geschäft zu machen, ist, etwas zu kaufen, weil es billig ist. Aber wie John Ruskin sagte: „Es gibt kaum etwas, das man nicht noch ein wenig schlechter machen und noch ein wenig billiger verkaufen könnte, und diejenigen, die nur wegen des Preises kaufen, sind die rechtmäßige Beute dieses Mannes." Nichts ist billig oder teuer, außer in Bezug auf das, was wir für unser Geld bekommen.

Wer nur anhand des Preises kauft, kann auch durch hohe Preise in die Irre geführt werden. Vor Jahren schrieb jemand ein beliebtes Theaterstück über einen jungen Mann, der einem angeschlagenen Seifenhersteller neues Leben einhauchte, indem er die Seifenstücke halbierte und den Preis verdoppelte. Genug Menschen schlossen daraus, dass die teurere Seife besser für ihre Haut sein musste, und wurden so zu begeisterten Opfern seiner List.

Manche von uns lassen sich von schwankenden Preisen irreführen. Wir kaufen Zucker, Aktien oder Grundstücke in Florida, weil der Preis heute höher ist als gestern und daher morgen höher sein muss als heute. Wenn wir das tun, zeigen wir eine geringere Intelligenz als die armen Fische, von denen ich zuvor gesprochen habe. Der Fisch wird gefangen, weil er nach etwas schnappt, das sich bewegt, ohne vorher innezuhalten, um es zu untersuchen. Aber ein Fisch ist auf Wahrscheinlichkeiten angewiesen. Würde er innehalten, um jedes kleine Ding zu begutachten, das sich in seinem Blickfeld bewegt, würde er verhungern. Bei uns ist das anders. Wir müssen nicht bei allem anbeißen, was sich bewegt, um nicht in die roten Zahlen zu geraten – ganz im Gegenteil.

Andere Gründe, warum wir im Leben schlechte Geschäfte machen, spiegeln die Wahrheit wider, dass der Mensch nicht vom Brot allein lebt. Wir kaufen Dinge, die wir gar nicht wollen, weil wir oft fälschlicherweise glauben, dass uns das als Menschen mit Urteilsvermögen auszeichnet. Mit anderen Worten: Wir versuchen eigentlich, unser wackliges Ego aufzubessern, wenn wir das Konsumverhalten derer nachäffen, die wir gern wären. Es ist fast unmöglich, ein gutes Geschäft zu machen, wenn wir nicht wissen – oder uns nicht eingestehen –, was wir wollen und warum wir es wollen.

Das Leben ist natürlich unendlich komplex. Ein Kauf, der aus Gründen der Mode getätigt wird, oder um der Masse voraus zu sein, kann insgesamt ein gutes Geschäft sein, selbst wenn die gekauften Waren oder Dienstleistungen an sich weniger wert sind, als wir dafür bezahlen.

Viele scheinbar schlechte Geschäfte werden um der spirituellen Befriedigung willen geschlossen, Sühne zu leisten. An der Börse gibt es gleichermaßen Masochisten wie Egoisten und Egonomen. Der Börsenmasochist scheint Freude an den Schmerzen wiederholter Verluste zu haben, je brutaler, desto besser. Sein Leitmotiv lautet:

Ich bin der unglücklichste Mensch der Welt,
am Freitag, dem 13., geboren.
Würde es Suppe vom Himmel regnen,
hätte ich bestimmt nur eine Gabel.

Die Egoisten an der Börse, die weitaus zahlreicher sind, verlieren lieber mit ihren eigenen Ideen Geld, als mit denen anderer welches zu verdienen. Mit den Egonomen habe ich mich im Kapitel „Allmächtiges Ego gegen allmächtigen Dollar“ befasst.

In vielerlei Hinsicht ist der Aktienhandel weniger eine Frage von Finanzen oder Wirtschaft, sondern vielmehr eine psychologische Angelegenheit. Oft scheint er gerade diejenigen am meisten anzuziehen, die von ihrem Wesen her am wenigsten dafür geschaffen sind, darin erfolgreich zu sein.

Eine wahre Geschichte veranschaulicht, was einen guten Trader ausmacht. Vor einigen Jahren, als Brunswick – ein Hersteller von Bowlingbahnen und Kegelstellautomaten – ein Börsenliebling war, bemerkte Peter Falk, Investmentmanager einer großen Versicherungsgruppe, beim Mittagessen, dass er gerade seine Brunswick-Aktien zu 70 Dollar pro Stück verkauft habe.

„Warum?“, fragte ich. Alle Nachrichten waren gut.

„Zu viele Bowlingbahnen gerieten in Brand“, war seine Antwort. Vier Jahre später wurden die Aktien von Brunswick zum Kurs von sechs Dollar gehandelt.

KAPITEL 27

Was eine Aktie steigen lässt

Was lässt eine Aktie steigen? Sehen Sie sich folgende Möglichkeiten an:

1. Reinvestition der Gewinne bei konstanter oder steigender Rendite des investierten Kapitals über dem derzeitigen Durchschnitt von circa neun Prozent – siehe unten stehende Grafik.
2. Investition von Fremdkapital, um damit mehr als die Kreditkosten zu verdienen.
3. Übernahme anderer Unternehmen durch Aktientausch, wobei die übernommenen Aktien ein niedrigeres Kurs-Gewinn-Verhältnis haben als die des übernehmenden Unternehmens.
4. Steigerung des Umsatzes ohne Erhöhung des investierten Kapitals. Die größten Chancen hierfür bieten Unternehmen, die weit unter ihrer Kapazität arbeiten. Neue Methoden und Effizienzsteigerungen können den gleichen Effekt haben.
5. Entdeckung natürlicher Ressourcen, beispielsweise eines großen neuen Ölfeldes, einer Goldmine oder eines Nickelvorkommens.

6. Neue Erfindungen, Verfahren oder Formeln, um bisher ungedeckte Bedürfnisse zu befriedigen oder wichtige alte Aufgaben besser, schneller und/oder kostengünstiger zu erledigen.
7. Verträge über den Betrieb von Anlagen für Dritte, in der Regel staatliche Einrichtungen.
8. Steigende Kurs-Gewinn-Verhältnisse.

Es ist ein einfaches Rechenexempel, dass ein Unternehmen mit einem Buchwert von zehn Dollar und einer Rendite auf das investierte Kapital von 15 Prozent am Ende des ersten Jahres einen Buchwert von 11,50 Dollar hat, wenn es keine Dividenden ausschüttet. Am Ende des zweiten Jahres beträgt der Buchwert 13,22 Dollar und am Ende des dritten Jahres 15,20 Dollar. Nach fünf Jahren hat sich der Buchwert des Unternehmens verdoppelt. Nach zehn Jahren hat er sich vervierfacht. In 33 Jahren wird er 100-mal so hoch sein.

Wenn dasselbe Unternehmen ein Drittel seines Gewinns als Dividende ausschüttet und den Gewinn jedes Jahr in Höhe von zehn Prozent seines Buchwerts reinvestiert, wird sich sein Buchwert in 15 statt in zehn Jahren vervierfachen. In 33 Jahren wird er 23,2-mal statt 100-mal so hoch sein.

Natürlich sind Dividenden für Anleger, die auf maximales Wachstum aus sind, ein teurer Luxus. Wenn Sie auf regelmäßige Erträge angewiesen sind, sollten Sie von Ihrem Finanzberater nicht erwarten, dass er die gleichen Kapitalgewinne erzielt, die ohne Dividenden möglich gewesen wären. Wenn Sie eine Kuh kaufen, um sie zu melken, sollten Sie nicht vorhaben, sie gegen das Pferd Ihres Nachbarn antreten zu lassen.

Für den Anleger hat geliehenes Geld bei der Beurteilung des Wachstums und der Aussichten eines Unternehmens eine dreifache Bedeutung.

Nehmen wir zunächst an, dass ein Unternehmen einen Buchwert von 100 Millionen Dollar hat, auf den es zehn Prozent verdient, dass es keine Schulden hat und nur eine Aktienklasse besitzt. Angenommen,

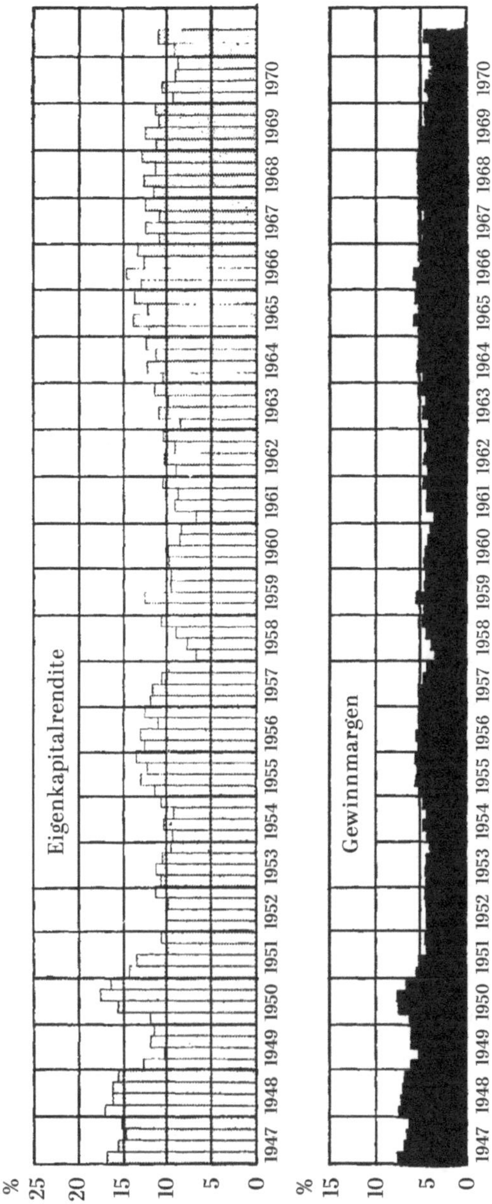

EIGENKAPITALRENDITE – GEWINNMARGEN
Nach Einkommensteuer des Bundes

das Unternehmen nimmt 50 Millionen Dollar zu fünf Prozent auf und investiert das Geld, um damit zehn Prozent oder fünf Millionen Dollar pro Jahr zu verdienen. Da nur 2,5 Millionen Dollar für die Zinsen des Darlehens benötigt werden, werden die anderen 2,5 Millionen Dollar zum Gewinn aus den Aktien hinzugerechnet. Die Rendite auf den Buchwert steigt somit von 10 auf 12,5 Prozent, obwohl das Unternehmen immer noch die gleiche Rendite wie zuvor auf sein Vermögen erzielt.

Dies ist die erste Bedeutung der Aufnahme von Fremdkapital in die Kapitalausstattung eines Unternehmens. Die Erträge scheinen sich zu verbessern, ohne dass sich die Ertragskraft der im Unternehmen eingesetzten Vermögenswerte verbessert hat.

Die zweite Bedeutung besteht darin, dass die Ertragssteigerung, die sich aus der Aufnahme von Fremdkapital in die Kapitalausstattung eines Unternehmens ergibt, einmalig sein kann – denn es gibt eine Grenze, wie viel ein Unternehmen zu günstigen Konditionen aufnehmen kann. Sobald dieser Betrag aufgenommen wurde, ist keine weitere Ertragssteigerung durch Fremdkapital mehr zu erwarten.

Die dritte Bedeutung besteht darin, dass jede Kreditaufnahme das Risiko eines Unternehmens erhöht. Ein Risiko besteht darin, dass bei Fälligkeit der Schulden die Zinsen gestiegen sind, sodass der ursprünglich zu fünf Prozent aufgenommene Kredit zu zehn Prozent refinanziert werden muss. Ein weiteres Risiko besteht darin, dass die Ertragskraft der Vermögenswerte unter die Kosten des geliehenen Geldes sinkt, sodass der Kredit mit Verlust verbucht werden muss. Ein drittes Risiko – das schlimmste von allen – besteht darin, dass der Kredit zu einem Zeitpunkt fällig wird, zu dem das Unternehmen ihn nicht refinanzieren kann. Die Folge: Insolvenz und Sanierung, oft mit der Übergabe des Unternehmens an die Gläubiger.

Steigende Gewinne, die aus steigender Verschuldung resultieren, sind eindeutig weniger wert als steigende Gewinne, die aus einem steigenden Buchwert resultieren.

Das Spiel, Unternehmen zum 10-Fachen ihres Gewinns gegen Tausch von Aktien zum 20-Fachen des Gewinns zu erwerben, trug vor einigen Jahren zum Glanz der Konglomerate bei. Zur Veranschaulichung: Angenommen, Unternehmen A mit 5.000.000 Aktien, die aufgrund seines Rufs als Wachstumsunternehmen zum 20-Fachen des Gewinns von einem Dollar pro Aktie gehandelt werden, tauscht seine Aktien gegen alle 2.000.000 Aktien von Unternehmen B, die zum 10-Fachen des Gewinns von Dollar pro Aktie gehandelt werden. Unter der Annahme, dass die Fusion auf der Grundlage gleicher Marktwerte erfolgt, hat Unternehmen A nun 40 Prozent mehr Aktien im Umlauf als zuvor, während der Gewinn des neuen Unternehmens 80 Prozent höher ist als zuvor. Unter der Annahme, dass beide Teile des fusionierten Unternehmens weiterhin unveränderte Gewinne erzielen, weist Unternehmen A einen Anstieg des Gewinns pro Aktie um 12,8 Prozent aus. Anleger, die nur die Gewinne betrachten, werden somit zu der irrigen Annahme verleitet, dass ihre Wachstumsaktie ihr Wachstum fortgesetzt habe, obwohl die grundlegende Ertragskraft der einzelnen Unternehmen überhaupt keinen Zuwachs verzeichnet hat.

Das Konzept des Gewinnwachstums durch die Nutzung zuvor ungenutzter Produktionsanlagen ist eines der am einfachsten zu verstehenden. Es ist so einfach wie die Aussage, dass Hotels mehr Geld verdienen, wenn sie voll belegt sind, als wenn die Hälfte ihrer Zimmer leer steht. Möglichkeiten, mit dieser Art von Wachstum Geld zu verdienen, finden sich in der Regel nur dann, wenn eine Branche oder die Wirtschaft insgesamt in einer Depression steckt.

Bei der Erschließung natürlicher Ressourcen spielt Glück zwar eine große Rolle, aber es muss nicht nur Glück im Spiel sein. Wie ich bereits gesagt habe, sind Unternehmen, die aktiv nach neuen Vorkommen suchen, eine bessere Wahl als solche, die nicht suchen. Und so wie einige Jäger und Fischer regelmäßig bessere Ergebnisse erzielen als andere, scheinen auch die Explorationsbemühungen mancher Unternehmen häufiger erfolgreich zu sein als die von anderen. Hier ist es wie in so vielen anderen Bereichen des Lebens ein gutes Geschäft, auf einen Gewinner zu setzen.

Bei Socony-Vacuum (heute Mobil Oil) hieß es früher, wenn man im Voraus wisse, dass sich ein Forschungsprojekt auszahlen werde, handele es sich nicht um Forschung, sondern lediglich um Produktentwicklung. Wenn Unternehmen selbst nicht wissen, wohin ihre Forschung sie führen wird, wie soll es dann der Investor wissen? Das kann er natürlich nicht. Hier hängt ebenso wie bei der Entdeckung natürlicher Ressourcen der Gewinn davon ab, dass man im Voraus die Organisationen mit den besten Erfolgen im Bereich kontinuierlicher Innovation identifiziert, in der Hoffnung, dass sie dies wieder und wieder tun werden. Was die unvorhersehbaren neuen Erfindungen, Verfahren und Formeln angeht, die eine freie Gesellschaft ständig hervorbringt, besteht meiner Meinung nach die einzige Möglichkeit für einen Investor, davon zu profitieren, darin, ihr Potenzial so schnell wie möglich zu bewerten, sobald er davon erfährt. Nur wenige Personen sind in der Lage, dies selbst zu tun.

Steigende Kurs-Gewinn-Verhältnisse verdoppeln oft die Auswirkungen steigender Gewinne auf den Aktienmarkt gemäß den Punkten 1 bis 7 und können diese sogar verdreifachen oder vervierfachen. Um von diesem Faktor zu profitieren, muss der Anleger das Glück oder das richtige Urteilsvermögen haben, eine Aktie zu kaufen, wenn ihr Kurs-Gewinn-Verhältnis relativ niedrig ist. Eine einfache Richtlinie für den durchschnittlichen Anleger ist, das Kurs-Gewinn-Verhältnis des Dow Jones Industrial Average zu beobachten, das jeden Montag im *Wall Street Journal* und in *Barron's* veröffentlicht wird. Liegt dieses bei 15 und wird die Aktie, die er kaufen möchte, zu etwa dem gleichen Wert oder darunter gehandelt, kann er davon ausgehen, dass seine Begeisterung für die Aktie nicht von vielen geteilt wird. Wenn seine Hoffnungen auf eine Gewinnsteigerung der Aktie berechtigt sind, kann er davon ausgehen, dass diese Gewinne im Laufe der Jahre immer höhere Multiplikatoren erzielen werden. Bei einem Gewinn von einem

Dollar pro Aktie und einem KGV von 15 kostet eine Aktie 15 Dollar. Bei einem Gewinn von drei Dollar pro Aktie und einem KGV von 45 kostet sie 135 Dollar. Der Gewinn verdreifacht sich, aber der Marktpreis steigt auf das 9-Fache.

KAPITEL 28

Reales Wachstum erkennen und bewerten

Aktienkurse steigen und fallen aus vielen Gründen, die nichts mit Veränderungen ihrer Ertragskraft zu tun haben. Selbst ihre Gewinne können aus vielen Gründen steigen oder fallen, die nichts mit ihrer Ertragskraft zu tun haben. Wer hofft, an der Börse durch Gewinnwachstum einen 100-Bagger zu finden, muss sich auf die *Ertragskraft* konzentrieren.

Was ist der Unterschied zwischen dem *Ertrag* – was nur ein anderes Wort für den *Gewinn* ist – und der *Ertragskraft?* Der Ertrag ist einfach der ausgewiesene Gewinn, unabhängig davon, wie er erzielt wurde. Wie wir bereits gesehen haben, kann der Ertrag aufgrund eines plötzlichen, einmaligen Nachfrageschubs, aufgrund einer Preiserhöhung, aufgrund einer Änderung der Rechnungslegungsgrundsätze oder aufgrund einer allgemeinen Verbesserung der Geschäftslage steigen, welche die Nutzung bisher überschüssiger Produktionskapazitäten ermöglicht. Keiner dieser Gründe sagt etwas über die Ertragskraft aus, ebenso wenig wie die Bewegung eines Korkens stromabwärts dessen Antriebskraft bestätigt.

Ertragskraft ist Wettbewerbsstärke. Sie schlägt sich in überdurchschnittlichen Renditen auf das investierte Kapital, überdurchschnittlichen Gewinnmargen auf den Umsatz und überdurchschnittlichen Umsatzwachstumsraten nieder. Am deutlichsten zeigt sie sich in neuen oder expandierenden Märkten.

Die Unfähigkeit, zwischen vorübergehenden Gewinnschwankungen und grundlegenden Veränderungen der Ertragskraft zu unterscheiden, führt oft zu überzogener Trading-Tätigkeit und vielen verpassten Chancen, an der Börse das 100-Fache zu verdienen.

Allzu viel Research an der Wall Street ist nicht einmal darauf ausgerichtet, diese Unterscheidung zu treffen. Warum auch? Die Kunden würden dies allzu oft nicht verstehen oder nicht zu schätzen wissen, und selbst wenn sie es täten, würde ein solches Research viel weniger Geschäft generieren als die Konzentration auf wahrscheinliche Ertragsschwankungen. Mit Investitionen in die Ertragskraft Geld zu verdienen braucht Zeit.

Wie kann der einzelne Anleger zwischen Ertrag und Ertragskraft unterscheiden? Dies ist kein Lehrbuch zur Wertpapieranalyse. Wer ein solches sucht, sollte „Die Geheimnisse der Wertpapieranalyse“ von Graham und Dodd lesen. Alle anderen sollten Folgendes beobachten:

1. Umsatzwachstum
2. Gewinnmargen
3. Rendite auf den Buchwert (Eigenkapital)
4. Rendite auf das investierte Kapital
5. Verhältnis von Umsatz zu investiertem Kapital
6. Aufbau des Buchwerts

Durch die regelmäßige jährliche Dokumentation dieser Daten kann der informierte Anleger frühzeitig wichtige Trendwenden erkennen.

Viele werden es vorziehen – und sollten es auch vorziehen –, ihre Finanzberater zu bitten, sich an ihrer Stelle auf die Ertragskraft zu konzentrieren. „Halbwissen ist eine gefährliche Sache." Die Rolle des Kunden ist wie die des Fahrgasts in einem Taxi, der sagt, wohin er möchte, und es dem Fahrer überlässt, ihn dorthin zu bringen. Aber er sollte es merken, wenn er auf einem Umweg zu seinem Ziel gebracht wird.

Wenn Sie Zweifel haben, ob Ihr Finanzberater so viel Wert auf die Wettbewerbsstärke legt, wie Sie es sich wünschen, können Sie ihn entweder bitten, dies zu belegen, oder sich einen anderen Berater suchen. Die Daten sind bei statistischen Diensten problemlos erhältlich. Jeder gut ausgestattete Broker, Banker oder Anlageberater kann sie Ihnen auf Anfrage zur Verfügung stellen, wenn das Geschäftsaufkommen mit Ihnen die Kosten dafür rechtfertigt. Betrachten Sie niemals nur die Daten eines einzigen Jahres. Trends sind wichtig. Eine 10-Jahres-Bilanz ist wünschenswert, und zwar sowohl in absoluter als auch in relativer Hinsicht – relativ zu einem guten Aktienindex wie dem Dow Jones Industrial Average oder Standard & Poor's 500 Index.

Das reale Wachstum lässt sich einfach und sicher berechnen, *wenn* der Buchwert einer Aktie durch Gewinnrücklagen steigt, während die Rendite auf das investierte Kapital konstant bleibt. Zur Veranschaulichung nehmen wir an, dass unser Unternehmen einen Buchwert von zehn Dollar pro Aktie hat, keine vorrangigen Wertpapiere besitzt und 15 Prozent auf sein investiertes Kapital verdient. In diesem Beispiel sind der Buchwert und das investierte Kapital pro Aktie identisch. Nehmen wir weiter an, dass unser Unternehmen keine Dividenden zahlt.

Am Ende des ersten Jahres beträgt der Buchwert pro Aktie zehn Dollar plus 15 Prozent von zehn Dollar, also 11,50 Dollar. Am Ende des fünften Jahres beträgt der Buchwert 20 Dollar und am Ende des zehnten Jahres 40 Dollar. Wenn unser Unternehmen weiterhin die gleiche Rendite auf sein investiertes Kapital erzielt, wird sein Gewinn in zehn Jahren 4-mal so hoch sein wie zu Beginn.

Wenn unser Unternehmen ein Drittel seines Gewinns als Dividende ausschüttet, beträgt der jährlich reinvestierte Betrag zehn Prozent des Buchwerts pro Aktie. Bei dieser Rate dauert es fast 15 Jahre statt zehn, bis sich der Buchwert und der Gewinn vervierfachen.

Bei einem Gewinn von 15 Prozent und ohne Dividendenausschüttung würde sich der Wert unserer Aktie in 33 Jahren verhundertfachen. Bei einem Gewinn von 15 Prozent und einer Ausschüttung von einem Drittel des Gewinns als Dividende würde es mehr als 48 Jahre dauern, bis sich das Vermögen und der Gewinn unserer Aktien verhundertfacht hätten.

Tampax ist ein außergewöhnlich gutes Beispiel für die Arithmetik des Wachstums, da seine Zahlen nicht durch Schulden oder Vorzugsaktien verkompliziert sind. Hier sind die Zahlen für die letzten 15 Jahre:

	Rendite auf das investierte Kapital in %	Buchwert pro Aktie in Dollar	Gewinn pro Aktie in Dollar	Dividende in Dollar	Reinvestierter Gewinn pro Aktie in Dollar
1970	36,7	17,89	6,58	4,10	2,48
1969	34,6	15,41	5,34	3,55	1,79
1968	35,3	13,62	4,82	3,10	1,72
1967	36,6	11,90	4,36	2,80	1,56
1966	36,8	10,34	3,81	2,50	1,31
1965	37,6	9,03	3,39	2,00	1,39
1964	36,0	7,63	2,15	1,75	0,40
1963	34,1	6,63	2,26	1,35	0,91
1962	37,4	4,92	1,84	1,18	0,66
1961	37,9	4,26	1,61	1,03	0,58
1960	38,8	3,67	1,42	0,93	0,49
1959	37,4	3,35	1,25	0,80	0,45
1958	37,5	2,90	1,08	0,70	0,38
1957	39,0	2,52	0,97	0,63	0,34
1956	39,7	2,18	0,86	0,56	0,30

Jede derartige Aktie wird so schnell wachsen wie ihr Buchwert, *wenn* ihre Kapitalrendite stabil bleibt.

Von Ende 1956 bis Ende 1970 stieg der Buchwert von Tampax von 2,18 Dollar pro Aktie auf 17,89 Dollar pro Aktie, was dem 8,2-Fachen des Ausgangswerts entspricht. Im gleichen Zeitraum stieg der Gewinn um das 7,6-Fache. Der Unterschied war auf einen Rückgang der Rendite von 39,7 Prozent zu Beginn auf 36,7 Prozent im letzten Jahr zurückzuführen. Wäre die Rendite bei 39,7 Prozent geblieben, hätte der Gewinn von Tampax 1970 statt 6,58 Dollar pro Aktie 7,10 Dollar betragen. Der Gewinn von 7,10 Dollar hätte das 8,2-Fache des Gewinns von 1956 in Höhe von 86 Cent betragen, was natürlich dem Anstieg des Buchwerts entspricht. (Die Angaben zum Gewinn pro Aktie wurden um den Aktiensplit im Verhältnis 3:1 im Jahr 1962 bereinigt.)

Fast der gesamte Anstieg des Buchwerts um 15,71 Dollar – genauer gesagt 14,46 Dollar davon – stammte aus Gewinnrücklagen, also aus der Differenz zwischen dem Gewinn pro Aktie und den Dividenden pro Aktie. Hätte Tampax seine Dividenden jedes Jahr so weit gekürzt, dass die Gewinnrücklagen um 50 Prozent gestiegen wären, wäre der Gewinn von Tampax natürlich um 50 Prozent schneller gewachsen, als es tatsächlich der Fall war – vorausgesetzt, Tampax hätte das zusätzliche Geld mit derselben Rendite investieren können.

Tampax ist auch ein gutes Beispiel für die Arithmetik der Anlegerpsychologie. Im Jahr 1956 wurde die Tampax-Aktie zu einem Tiefstkurs von 9 1/2 und einem Höchstkurs von 11,66 gehandelt. Diese Kurse entsprachen dem 11-Fachen und dem 13-1/2-Fachen des Gewinns von 1956. Beim 11-fachen Gewinn von 1970 hätte der Kurs von Tampax 76 statt des tatsächlichen Tiefs von 146 im Jahr 1970 betragen. Beim 13,5-Fachen des Gewinns von 1970 hätte der Kurs von Tampax bei 89 statt bei seinem tatsächlichen Hoch von 228 im Jahr 1970 gelegen. Der Unterschied war ausschließlich auf die Bereitschaft der Anleger zurückzuführen, schon heute für ein noch weiter in der Zukunft liegendes Wachstum von Tampax zu zahlen.

Bei seinem Höchststand von 329 Dollar im Jahr 1971 wurde Tampax zum 50-Fachen seines Gewinns von 1970 gehandelt.

Bei der Suche nach Aktien, die eines Tages das 100-Fache Ihres Kaufpreises kosten könnten, ist das Kurs-Gewinn-Verhältnis zum Zeitpunkt des Kaufs von großer Bedeutung. Wenn Sie einen Anstieg des Kurs-Gewinn-Verhältnisses von 10 auf 40 vorhersehen können, muss der Gewinn Ihrer Aktie nur auf das 25-Fache Ihres Ausgangswerts steigen, um Ihnen auf jeden Dollar Kaufpreis 100 Dollar einzubringen. Wenn Sie hingegen bei einem KGV von 40 kaufen und das KGV auf 20 zurückgeht, muss sich der anfängliche Gewinn verzweihundertfachen, damit sich Ihre Investition verhundertfacht.

Es tut den Geschäftsaussichten von Tampax keinen Abbruch, wenn man sagt, dass weitere Kursanstiege der Aktie wahrscheinlich von weiteren Umsatz- und Gewinnsteigerungen abhängen werden, wobei ein weiterer Anstieg des Kurs-Gewinn-Verhältnisses nur eine untergeordnete Rolle spielen dürfte.

Zwei der wichtigsten Fragen beim Kauf von Aktien mit hohem Wachstumspotenzial sind:

1. Wie hoch und stark ist die „Barriere" des Unternehmens gegenüber der Konkurrenz? Wenn andere leicht in das Geschäft einsteigen können, wird die überdurchschnittliche Rendite zwangsläufig sinken.
2. Wie gut sind die Aussichten für das Umsatzwachstum? Unabhängig davon, wie hoch die Rendite ist, kann das Unternehmen nicht wachsen, indem es Gewinne reinvestiert, wenn es bereits über ausreichende Kapazitäten verfügt, um alle absehbaren Märkte zu beliefern.

Der Umsatz von Tampax verdoppelte sich in den sechs Jahren von 1964 bis 1970.

Eine letzte Lehre aus dem Fall Tampax ist, dass man hohe Renditen erzielt, indem man Wachstumsaktien kauft. Tampax hatte 1956 auf seinem Höchststand bezogen eine Dividendenrendite von 4,8 Prozent.

Aber Käufer, die die Aktien hielten, erzielten 1970 eine Rendite von 35 Prozent.

Wie kann man eine solche Aktie bewerten?

Mathematisch versierte Anleger haben Tabellen entwickelt, mit denen sich Annahmen über die unbekannte Zukunft quantifizieren lassen – Annahmen über die Zinsen und die Gewinne der Industrie im Allgemeinen sowie Annahmen über Steuern. Im Wesentlichen teilen sie Schätzungen durch Vermutungen und runden die Ergebnisse auf vier Dezimalstellen.

Aktienhändler gehen manchmal einfacher vor. Sie sagen voraus, dass die Gewinne einer Aktie im nächsten Jahr um 15 Prozent steigen werden. Sie sagen voraus, dass bei einer Fortsetzung dieses Wachstums das Kurs-Gewinn-Verhältnis stabil bleiben oder steigen wird. Aufgrund dieser beiden Annahmen kommen sie zu dem unvermeidlichen Schluss, dass der Kurs der Aktie in einem Jahr um 15 Prozent oder mehr steigen wird.

Von solchen Annahmen für ein weiteres Jahr zu Annahmen für zwei, drei, fünf oder sogar zehn Jahre überzugehen ist nur ein kleiner Schritt. Die Logik ist unabweislich, wenn man die Annahmen akzeptiert.

Das erinnert mich an ein Bild, das einen chinesischen Weisen in seinem Arbeitszimmer zeigt, wie er von seinen Zahlen aufblickt und ausruft: „Ich habe es bewiesen. Die Mongolen können die Große Mauer nicht überwinden." Hinter ihm stand ein mongolischer Krieger mit zusammengepressten Lippen und erhobenem Schwert, bereit, ihm den Kopf abzuschlagen.

Was die Mathematik nicht kann, gelingt oft dem gesunden Menschenverstand. In vielen Fällen waren 100-Bagger vor ihrem großen Aufschwung zu keinem höheren Kurs-Gewinn-Verhältnis als dem des allgemeinen Marktes erhältlich. In den meisten Fällen diskontierten die Preise dieser aufstrebenden Superstars nicht mehr als den Gewinnanstieg, der für das nächste Jahr oder die nächsten zwei Jahre zu erwarten war. Für einen Käufer mit Weitblick sind solche Chancen zu groß, als dass sie eine mathematische Analyse bräuchten. Die Differenz zwischen den Erwartungen des Käufers und dem, was der Aktienmarkt diskontiert, ist groß genug, um alle wahrscheinlichen Fehler in den Erwartungen des Käufers abzudecken.

Vieles lässt sich weder vorhersehen noch erahnen. Wer davon profitieren will, sollte die besten Aktien kaufen, die er finden kann – und sie behalten, solange sie gut laufen. Wenn man sich an der Geschichte orientiert, werden diese Aktien Teil eines beträchtlichen Vermögens werden.

Auf einem langen, verschlungenen Weg sind wir nun wieder an unserem Ausgangspunkt angelangt.

In den letzten 40 Jahren bot der Aktienmarkt Hunderte von Möglichkeiten, aus 10.000 Dollar eine Million zu machen.

Viele andere Aktien wachsen in einem Tempo, das bei anhaltendem Wachstum in den nächsten zwei, drei oder vier Jahrzehnten zu einer 100-fachen Wertsteigerung führen wird. In einer freien und forschungsorientierten Gesellschaft scheinen solche Chancen immer wieder aufzutauchen.

Die beiden Gründe, warum so wenige von uns von 100-Baggern profitieren, sind erstens, dass wir es nicht versuchen, und zweitens, dass wir selbst dann, wenn wir klug oder glücklich genug sind, eine solche Aktie zu kaufen, sie nicht behalten.

Um richtig zu kaufen, braucht man Weitblick und Mut sowie das Vertrauen in Dinge, die man nicht sehen kann und die sich nicht mathematisch beweisen lassen.

Um seine Anlage zu verhundertfachen, braucht man Geduld, außergewöhnliche Hartnäckigkeit und den Willen, durchzuhalten.

In „Alice im Wunderland" musste man schnell laufen, um nicht zurückzufallen. An der Börse ist es genau umgekehrt: Wer die richtigen Aktien kauft, muss geduldig stillhalten, um wirklich voranzukommen.

Anhang X

Tabelle III

Verhundertfacher am Aktienmarkt

Auflistung von 365 verschiedenen Wertpapieren, von denen sich jede einzelne Aktie vervielfachte und 10.000 Dollar zu 1.000.000 Dollar wurden

Im Jahr 1971 wurde jedes der folgenden Wertpapiere zu mehr als dem 100-Fachen des Kurses gehandelt, zu dem es im angegebenen Jahr hätte gekauft werden können. Die Tabelle ist alphabetisch nach den aktuellen Namen sortiert.

Name des Wertpapiers beim Kauf	Aktie heute	Jahr des Kaufs und Wertpapier-anzahl 1971	Kurs im Jahr des Kaufs und Wert im Jahr 1971	
Abbott Laboratories	Abbott Laboratories	1 Aktie 1934 = 50,4 Aktien 1971	40 Dollar 1934, 4.302 Dollar 1971	
Abitibi Power & Paper Common	Abitibi Paper	1 Aktie 1942# = 6 Aktien 1971*	0,50 Dollar 1942, 52 Dollar 1971	#Abitibi Power & Paper Common *Abitibi Paper Common
Abitibi Power & Paper Co., Ltd. 6% Pfd. ($100 Par)	Abitibi Paper	1 Aktie 1940# = 40,6 Aktien 1971*	2 Dollar 1940, 355 Dollar 1971†	#Abitibi Power & Paper Co., Ltd. 6% Pfd. *Abitibi Paper Common †Unter der Annahme, dass 100 Dollar in bar, die am 30. Juli 1954 gezahlt wurden, zum Hoch der darauffolgenden Woche in Stammaktien von Abitibi reinvestiert wurden.

Name des Wertpapiers beim Kauf	Aktie heute	Jahr des Kaufs und Wertpapier-anzahl 1971	Kurs im Jahr des Kaufs und Wert im Jahr 1971	
Abitibi Power & Paper Co., Ltd. 7% Pfd. ($100 Par)	Abitibi Paper	1 Aktie 1943# = 183,6 Aktien 1971*	12,50 Dollar 1943, 1.606 Dollar 1971†	#Abitibi Power & Paper Co., Ltd. 7% Pfd. *Abitibi Paper Common †Unter der Annahme, dass 187,50 Dollar in bar, die am 1. August 1949 gezahlt wurden, zum Hoch der Woche, die am 5. August 1949 endete, in Stammaktien von Abitibi reinvestiert wurden.
Aetna Casualty & Surety	Aetna Life & Casualty	1 Aktie 1932# = 28½ Aktien 1971*	15 Dollar 1932, 1.998 Dollar 1971	#Aetna Casualty & Surety *Aetna Life & Casualty
Aetna Life	Aetna Life & Casualty	1 Aktie 1932# = 13⅓ Aktien 1971*	8,25 Dollar 1932, 934 Dollar 1971	#Aetna Life *Aetna Life & Casualty
Air Products & Chemicals	Air Products & Chemicals	1 Aktie 1946 = 2,5 Aktien 1971	1 Dollar 1946#, 144 Dollar 1971	#Reynolds & Co., New York, emittierte am 6. Mai 1946 150.000 Aktien zu 1 Dollar.
Alleghany Corp. Common	Alleghany Corp. Common	1 Aktie 1941 = 1 Aktie 1971	0,13 Dollar 1941, 18 Dollar 1971	
Amerada Corp.	Amerada Hess	1 Aktie 1933# = 36 Aktien 1971*	18,50 Dollar 1933, 2.574 Dollar 1971	#Amerada Corp. *Amerada Hess
American Airlines	American Airlines	1 Aktie 1938 = 20 Aktien 1971	8 Dollar 1938, 877 Dollar 1971	
American Chain & Cable	American Chain & Cable	1 Aktie 1933 = 6,4 Aktien 1971	1,63 Dollar 1933, 194 Dollar 1971	
American Beet Sugar	American Crystal Sugar	1 Aktie 1932# = 3 Aktien 1971*	0,25 Dollar 1932, 80 Dollar 1971	#American Beet Sugar *American Crystal Sugar
American Cyanamid	American Cyanamid	1 Aktie 1932# = 8 Aktien 1971*	1,63 Dollar 1932, 303 Dollar 1971	# Class B *Common
Amerex Holding Corp.	American Express	1 Aktie 1948# = 18 Aktien 1971*	21,50 Dollar 1948, 2.448 Dollar 1971	#Amerex Holding Corp. *American Express
American Home Products	American Home Products	1 Aktie 1938 = 36 Aktien 1971	30,75 Dollar 1938, 3.384 Dollar 1971	
Brach (E.J.) & Sons	American Home Products	1 Aktie 1933# = 8,4 Aktien 1971*	3,75 Dollar 1933, 789 Dollar 1971	#Brach (E.J.) & Sons *American Home Products

Name des Wertpapiers beim Kauf	Aktie heute	Jahr des Kaufs und Wertpapier-anzahl 1971	Kurs im Jahr des Kaufs und Wert im Jahr 1971	
International Vitamin	American Home Products	1 Aktie 1941# = 4,5 Aktien 1971*	3,13 Dollar 1941, 423 Dollar 1971	#International Vitamin *American Home Products
Miller Wholesale Drug	American Home Products	1 Aktie 1940# = 7,4 Aktien 1971*	4,38 Dollar 1940, 695 Dollar 1971	#Miller Wholesale Drug *American Home Products
American Constitution Fire Insurance	American Internatio-nal Group	1 Aktie 1932# = 11,4 Aktien 1971*	6 Dollar 1932, 1.105 Dollar 1971	#American Constitution Fire Insurance *American International Group
American Home Fire Assurance	American Internatio-nal Group	1 Aktie 1949# = 10,9 Aktien 1971*	7 Dollar 1949, 1.043 Dollar 1971	#American Home Fire Insurance *American International Group
Globe & Rutgers Fire Insurance	American Internatio-nal Group	1 Aktie 1949# = 32,8 Aktien 1971*	27 Dollar 1949, 3.198 Dollar	#Globe & Rutgers Fire Insurance *American International Group
American Investment Co. of Illinois	American Investment Co. of Illinois	1 Aktie 1933 = 17,5 Aktien 1971	3 Dollar 1933, 347 Dollar 1971	
American Manufactu-ring	American Manu-facturing	1 Aktie 1935 = 16 Aktien 1971	3,50 Dollar 1935, 712 Dollar 1971	
Air Investors	American Manu-facturing	1 Aktie 1942# = 2,5 Aktien 1971*	0,94 Dollar 1942, 111 Dollar 1971	#Air Investors *American Manufacturing
American Laboratories	American Medical Interna-tional	1 Aktie 1964# = 3,4 Aktien 1971*	0,75 Dollar 1964, 129 Dollar 1971	#American Laboratories *American Medical International
American Metal Climax	American Metal Climax	1 Aktie 1933 = 8,44 Aktien 1971	3,13 Dollar 1933, 315 Dollar 1971	
Ayrshire Patoka Collie-ries	American Metal Climax	1 Aktie 1942# = 13,5 Aktien 1971*	4 Dollar 1942, 504 Dollar 1971	#Ayrshire Patoka Collieries *American Metal Climax
Electrical Shovel Coal Preferred	American Metal Climax	1 Aktie 1942# = 27,1 Aktien 1971*	6 Dollar 1942, 1.012 Dollar 1971	#Electric Shovel Coal Preferred *American Metal Climax
Panhandle Producing & Refining 8% Preferred	American Petrofina Class A	1 Aktie 1940# = 54,4 Aktien 1971*	13 Dollar 1940, 1.598 Dollar 1971	#Panhandle Producing & Refining 8% Preferred *American Petrofina Class A

Name des Wertpapiers beim Kauf	Aktie heute	Jahr des Kaufs und Wertpapier-anzahl 1971	Kurs im Jahr des Kaufs und Wert im Jahr 1971	
American Power & Light $6 Preferred	American Power & Light $6 Preferred	1 Aktie 1935 = 4,9 Aktien [a], 1,2 Aktien [b], 3,7 Aktien [c], 8,9 Aktien [d], 2,3 Aktien [e]	10,13 Dollar 1935, 1.160 Dollar 1971	(a) Florida Power & Light Common (b) Minnesota Power & Light Common (c) Montana Power Common (d) Texas Utilities Common (e) Washington Water Power Common
American Seating	American Seating	1 Aktie 1933 = 6,4 Aktien 1971	0,88 Dollar 1933, 138 Dollar 1971	
American Machine & Metals	Ametek, Inc.	1 Aktie 1933# = 8 Aktien 1971*	0,75 Dollar 1933, 153 Dollar 1971	#American Machine & Metals *Ametek, Inc.
Anheuser-Busch	Anheuser-Busch	1 Aktie 1935 = 236,7 Aktien 1971	98 Dollar 1935, 13.610 Dollar 1971	
Rustless Iron & Steel	Armco Steel	1 Aktie 1935# = 4,8 Aktien 1971*	0,75 Dollar 1935, 111 Aktien 1971	#Rustless Iron & Steel *Armco Steel
Armstrong Cork	Armstrong Cork	1 Aktie 1933 = 12 Aktien 1971	4,13 Dollar 1933, 550 Dollar 1971	
Noblitt-Sparks Industries	Arvin Industries	1 Aktie 1933# = 23,3 Aktien 1971*	9,50 Dollar 1933, 955 Dollar 1971	#Noblitt-Sparks Industries *Arvin Industries
Warren Brothers	Ashland Oil & Refining	1 Aktie 1941# = 1,3 Aktien 1971*	0,38 Dollar 1941, 39 Dollar 1971	#Warren Brothers *Ashland Oil & Refining
Associated Dry Goods	Associated Dry Goods	1 Aktie 1942 = 9 Aktien 1971	4,25 Dollar 1942, 535 Dollar 1971	
Pan-American Petroleum (of Cal) Cv. 6s 1940 (Certificates of Deposit)	Atlantic Richfield	1 1.000-Dollar-Anleihe 1932# = 147,7 Aktien 1971*	40 Dollar 1932, 11.557 Dollar 1971	#Pan-American Petroleum (of Cal.) Cv. 6s 1940 *Atlantic Richfield
Richfield Oil of California 1st Cv. 6s 1944 (Certificates of Deposit)	Atlantic Richfield	1 1.000-Dollar-Anleihe 1932# = 164,9 Aktien 1971*	50 Dollar 1932, 12.903 Dollar 1971	#Richfield Oil 1st Cv. 6s 1944 *Atlantic Richfield
Venezuelan Petroleum	Atlantic Richfield	1 Aktie 1941# = 1 1/16 Aktien 1971*	0,75 Dollar 1941, 83 Dollar 1971†	#Venezuelan Petroleum *Atlantic Richfield †Vorausgesetzt, das Angebot von Atlantic Richfield aus dem Jahr 1967 über wandelbare Vorzugsaktien zu 3 Dollar wurde angenommen.

Name des Wertpapiers beim Kauf	Aktie heute	Jahr des Kaufs und Wertpapier-anzahl 1971	Kurs im Jahr des Kaufs und Wert im Jahr 1971	
Sloss-Sheffield Steel & Iron	A-T-O, Inc.	1 Aktie 1932# = 5 Aktien 1971* + 500 A-T-O debenture 6s 1988 + 20 A-T-O warrants	3,75 Dollar 1932, 411 Dollar 1971†	#Sloss-Sheffield Steel & Iron *A-T-O, Inc. †Unter der Annahme der A-T-O debenture 6s 1988 zum Geldkurs von 68 bei Erhalt
Automatic Data Processing	Automatic Data Processing	1 Aktie 1965 = 9 Aktien 1971	7 Dollar 1965, 704 Dollar 1971	
Avon Products	Avon Products	1 Aktie 1955* = 84,2 Aktien 1971	83 Dollar 1955, 9.430 Dollar 1971	*Vor dem 2:1-Split
Babcock & Wilcox	Babcock & Wilcox	1 Aktie 1934 = 50,1 Aktien 1971	18,50 Dollar 1934, 2.135 Dollar 1971	
Pyrene Manufacturing	Baker Industries	1 Aktie 1940# = 22,9 Aktien 1971*	4,75 Dollar 1940, 543 Dollar 1971	#Pyrene Manufacturing *Baker Industries
U.S. Bobbin & Shuttle	Baker Industries	1 Aktie 1941# = 5,4 Aktien 1971*	1 Dollar 1941, 128 Dollar 1971	#U.S. Bobbin & Shuttle *Baker Industries
U.S. Bobbin & Shuttle Preferred	Baker Industries	1 Aktie 1940# = 87,3 Aktien 1971*	20 Dollar 1940, 2.073 Dollar 1971	#U.S. Bobbin & Shuttle Preferred *Baker Industries
Baldwin (D.H) Co.	Baldwin (D.H) Co.	1 Aktie 1939 = 8,2 Aktien 1971	2,88 Dollar 1939, 463 Dollar 1971	
Virginia Iron, Coal & Coke	Bates Manufacturing	1 Aktie 1943# = 7,2 Aktien 1971*	1 Dollar 1943, 143 Dollar 1971	#Virginia Iron, Coal & Coke *Bates Manufacturing
Virginia Iron, Coal & Coke 5% Pfd.	Bates Manufacturing	1 Aktie 1942# = 101 Aktien 1971*	14 Dollar 1942, 2.007 Dollar 1971	#Virginia Iron, Coal & Coke 5% Pfd. *Bates Manufacturing
Baxter Laboratories	Baxter Laboratories	1 Aktie 1956 = 32 Aktien 1971	11,25 Dollar 1956, 1.260 Dollar 1971	
Beech Aircraft	Beech Aircraft	1 Aktie 1938 = 10,7 Aktien 1971	1,25 Dollar 1938, 231 Dollar 1971	
Spiegel, May, Stern	Beneficial Corp.	1 Aktie 1933# = 5,9 Aktien 1971*	1 Dollar 1933, 402 Dollar 1971	#Spiegel, May, Stern *Beneficial Corp.
Western Auto Supply Class A	Beneficial Corp.	1 Aktie 1932# = 13,7 Aktien 1971*	5,13 Dollar 1932, 935 Dollar 1971	#Western Auto Supply Class A *Beneficial Corp.
Black & Decker	Black & Decker	1 Aktie 1944 = 22,7 Aktien 1971	16,50 Dollar 144, 1.835 Dollar 1971	

Name des Wertpapiers beim Kauf	Aktie heute	Jahr des Kaufs und Wertpapieranzahl 1971	Kurs im Jahr des Kaufs und Wert im Jahr 1971	
Electric Bond & Share	Boise Cascade	1 Aktie 1942# = 1,3 Aktien 1971 zuzüglich steuerfreie Dividenden aus Versorger-Stammaktien	0,88 Dollar 1942, 115 Dollar 1971	#Electric Bond & Share * Boise Cascade
Minnesota & Ontario Paper 6s Series A, 1931-45	Boise Cascade	1 Anleihe 1932# = 110,3 Aktien 1971*	40 Dollar 1932, 5.501 Dollar 1971†	#Minnesota & Ontario Paper * Boise Cascade †500 Dollar 5% Bonds und 7,50 Dollar in bar, 1941 erhalten
Borg-Warner	Borg-Warner	1 Aktie 1932 = 12 Aktien 1971	3,38 Dollar 1932, 387 Dollar 1971	
Byron Jackson	Borg-Warner	1 Aktie 1932# = 2,2 Aktien 1971*	0,50 Dollar 1932, 70 Dollar 1971	#Byron Jackson *Borg-Warner
Briggs & Stratton	Briggs & Stratton	1 Aktie 1933 = 24 Aktien 1971	7,25 Dollar 1933, 888 Dollar 1971	
Broadway Department Store	Broadway-Hale Stores	1 Aktie 1941# = 10⅛ Aktien 1971*	3,63 Dollar, 489 Dollar 1971*	#Broadway Department Store *Broadway-Hale Stores
Emporium Capwell	Broadway-Hale Stores	1 Aktie 1934# = 10,9 Aktien 1971*	5 Dollar 1934, 527 Dollar 1971	#Emporium Capwell *Broadway-Hale Stores
Kinney (G.R.) & Co.	Brown Shoe	1 Aktie 1943# = 6,1 Aktien 1971*	1,88 Dollar 1943, 256 Dollar 1971	#Kinney (G.R.) & Co. *Brown Shoe
Aloe (A.S.) Co.	Brunswick	1 Aktie 1934# =27,7 Aktien 1971*	9 Dollar 1934, 1.073 Dollar 1971	#Aloe (A.S.) Co. *Brunswick
Brunswick-Balke-Collender	Brunswick	1 Aktie 1938# = 19,4 Aktien 1971*	5,50 Dollar 1938, 751 Dollar 1971	#Brunswick-Balke-Collender *Brunswick Corp.
Bulova Watch	Bulova Watch	1 Aktie 1933 = 9,9 Aktien 1971	0,88 Dollar 1933, 271 Dollar 1971	
Burlington Mills	Burlington Industries	1 Aktie 1937# = 13,2 Dollar 1971*	5,75 Dollar 1937, 656 Dollar 1971	#Burlington Mills *Burlington Industries
Pacific Mills	Burlington Industries	1 Aktie 1933# = 14,5 Aktien 1971*	6 Dollar 1933, 721 Dollar 1971	#Pacific Mills *Burlington Industries
Carnation Company	Carnation Company	1 Aktie 1938 = 18,4 Aktien 1971	17,88 Dollar 1938, 1.872 Dollar 1971	
Carrier Corp.	Carrier Corp.	1 Aktie 1932 = 6,6 Aktien 1971	2,50 Dollar 1932, 320 Dollar 1971	

Name des Wertpapiers beim Kauf	Aktie heute	Jahr des Kaufs und Wertpapier-anzahl 1971	Kurs im Jahr des Kaufs und Wert im Jahr 1971	
Columbia River Packers	Castle & Cooke	1 Aktie 1939# = 15,9 Aktien 1971*	4 Dollar 1939, 429 Dollar 1971	#Columbia River Packers *Castle & Cooke
Caterpillar Tractor	Caterpillar Tractor	1 Aktie 1933 = 25,9 Aktien 1971	5,50 Dollar 1933, 1.447 Dollar 1.447	
Celanese Corp.	Celanese Corp.	1 Aktie 1932 = 2,8 Aktien 1971	1,25 Dollar 1932, 223 Dollar 1971	
Tubize Chatillon Class A	Celanese	1 Aktie 1932# = 6,6 Aktien 1971*	1 Dollar 1932, 523 Dollar 1971	#Tubize Chatillon Class A *Celanese
Cessna Aircraft	Cessna Aircraft	1 Aktie 1941 = 14 ½ Aktien 1971	3,75 Dollar 1941, 418 Dollar 1971	
Parmelee Transporta-tion	Checker Motors	1 Aktie 1942# = 2,8 Aktien 1971*	0,32 Dollar 1942, 81 Dollar 1971	#Parmelee Transportation *Checker Motors
Chicago Pneumatic Tool	Chicago Pneumatic Tool	1 Aktie 1933 = 76, Aktien 1971	2,13 Dollar 1933, 343 Dollar 1971	
Chicago Rivet & Machine	Chicago Rivet & Machine	1 Aktie 1932 = 11 ¼ Aktien 1971	3 Dollar 1932, 337 Dollar 1971	
National Automotive Fibres A	Chris-Craft Industries	1 Aktie 1932# = 5,6 Aktien 1971*	0,50 Dollar 1932, 55 Dollar 1971	#National Automotive Fibres *Chris-Craft Industries
Cities Service	Cities Service	1 Aktie 1942 = 5,7 Aktien 1971	2,13 Dollar 1942, 282 Dollar 1971	
Tennessee Corp.	Cities Service	1 Aktie 1934# = 7,5 Aktien 1971*	3,13 Dollar, 372 Dollar 1971	#Tennessee Corp. *Cities Service
Clark Equipment	Clark Equipment	1 Aktie 1939 = 33 Aktien 1971	15 Dollar 1939, 1.637 Dollar 1971	
Cliffs Corp.	Cleveland Cliffs	1 Aktie 1933# = 4,5 Aktien 1971*	3,50 Dollar 1933, 357 Dollar 1971	#Cliffs Corp. *Cleveland Cliffs
Clorox	Clorox	1 Aktie 1942 = 44,3 Aktien 1971	24,00 Dollar 1942, 2.696 Dollar 1971	
Grocery Store Products	Clorox	1 Aktie 1942# = 2,5 Aktien 1971*	0,88 Dollar 1942, 145 Dollar 1971	#Grocery Store Products *Clorox
Van Raalte Co.	Cluett, Peabody & Co.	1 Aktie 1933# = 7,3 Aktien 1971*	1,63 Dollar 1933, 198 Dollar 1971	#Van Raalte Co. *Cluett, Peabody & Co.

Name des Wertpapiers beim Kauf	Aktie heute	Jahr des Kaufs und Wertpapieranzahl 1971	Kurs im Jahr des Kaufs und Wert im Jahr 1971	
Continental Assurance	CNA Financial	1 Aktie 1943# = 127,7 Aktien 1971*	40,50 Dollar 1943, 4.403 Dollar 1971	#Continental Assurance *CNA Financial
Continental Casualty	CNA Financial	1 Aktie 1933# = 29,6 Aktien 1971*	5 Dollar 1933, 754 Dollar 1971	#Continental Casualty *CNA Financial
Collins & Aikman	Collins & Aikman	1 Aktie 1933 = 12 Aktien 1971	3 Dollar 1933, 372 Dollar 1971	
Henry Holt & Co.	Columbia Broadcasting System	1 Aktie 1953# = 15,8 Aktien 1971*	7,88 Dollar 1953, 835 Dollar 1971†	#Henry Holt & Co. *Columbia Broadcasting System †Einschließlich der Ausschüttung von Viacom International
International Combustion Engineering Cv. Pfd. Ctfs.	Combustion Engineering Inc.	10 Aktien + 1 Dollar 1933# = 18,9 Aktien 1971*	11 Dollar 1933, 1.332 Dollar 1971	#International Combustion Engineering Cv. Pfd. Ctfs. *Combustion Engineering Inc.
Connecticut General Life Insurance	Connecticut General Insurance	1 Aktie 1943# = 48 Aktien 1971*	27,63 Dollar 1943, 3.756 Dollar 1971	#Connecticut General Life Insurance *Connecticut General Insurance
Truax Traer Coal	Consolidation Coal	1 Aktie 1932# = 2,4 Aktien 1971*	0,25 Dollar 1932, 61 Dollar 1971†	#Truax Traer Coal *Consolidation Coal †Unter Mitnahme der Liquidationsausschüttungen 1966 zu den damaligen Marktbewertungen zuzüglich 5 Jahre 5-prozentige Verzinsung mit Zinseszins
Cooper Industries	Cooper Industries	1 Aktie 1937 = 10 Aktien 1971	3,50 Dollar 1937, 375 Dollar 1971	
Copper Range	Copper Range	1 Aktie 1932 = 3,3 Aktien 1971	1,13 Dollar 1932, 139 Dollar 1971	
Crown Cork & Seal	Crown Cork & Seal	1 Aktie 1932 = 40 Aktien 1971	7,88 Dollar 1932, 935 Dollar 1971	
Crown Zellerbach	Crown Zellerbach	1 Aktie 1933 = 4,9 Aktien 1971	1 Dollar 1933, 186 Dollar 1971	
Crum & Forster Insurance Shares	Crum & Forster	1 Aktie 1932# = 12,1 Aktien 1971*	3 Dollar 1932, 428 Dollar 1971	#Crum & Forster Insurance Shares *Crum & Forster
Cutler-Hammer	Cutler-Hammer	1 Aktie 1932 = 8 Aktien 1971	3,5 Dollar 1932, 362 Dollar 1971	

Name des Wertpapiers beim Kauf	Aktie heute	Jahr des Kaufs und Wertpapier-anzahl 1971	Kurs im Jahr des Kaufs und Wert im Jahr 1971	
Thatcher Manufacturing	Dart Industries	1 Aktie 1932# = 5,2 Aktien 1971*	2 Dollar 1932, 252 Dollar 1971	#Thatcher Manufacturing *Dart Industries
Allen Industries	Dayco	1 Aktie 1933# = 16,4 Aktien 1971*	1 Dollar 1933, 358 Dollar 1971	#Allen Industries *Dayco
Dayton Rubber Manufacturing Class A	Dayco	1 Aktie 1933# = 5½ Aktien 1971*	1 Dollar 1933, 119 Dollar 1971	#Dayton Rubber Manufacturing Class A *Dayco
Deere & Company	Deere & Company	1 Aktie 1933 = 12,3 Aktien 1971	5,75 Dollar 1933, 668 Dollar 1971	
Delta Air Lines	Delta Air Lines	1 Aktie 1942 = 28,1 Aktien 1971	8 Dollar 1942, 1.443 Dollar 1971	
Chicago & Southern Air Lines	Delta Air Lines	1 Aktie 1942# =11,2 Aktien 1971*	2 Dollar 1942, 575 Dollar 1971	#Chicago & Southern Air Lines *Delta Air Lines
Development Corp. of America	Development Corp. of America	1 Aktie 1967 = 2,2 Aktien 1971	0,38 Dollar 1967, 74 Dollar 1971	
Shamrock Oil & Gas	Diamond Shamrock	1 Aktie 1935# = 4,5 Aktien 1971*	0,75 Dollar 1935, 113 Dollar 1971	#Shamrock Oil & Gas *Diamond Shamrock
Diebold, Inc.	Diebold, Inc.	1 Aktie 1950 = 28,1 Aktien 1971	11,63 Dollar 1950, 1.594 Dollar 1971	
Disney (Walt) Productions Inc.	Disney (Walt) Productions Inc.	1 Aktie 1954 = 11,4 Aktien 1971	3,63 Dollar 1954, 1.630 Dollar 1971	
Dr. Pepper	Dr. Pepper	1 Aktie 1935 = 48 Aktien 1971	16 Dollar 1935, 1.938 Dollar 1971	
Empire Trust Co.	Dome Petroleum, Ltd.	1 Aktie 1943# = 99,1 Aktien 1971*	43,50 Dollar 1943, 4,681 Dollar 1971	#Empire Trust Co. *Dome Petroleum, Ltd.
Smith (Howard) Paper Mills	Domtar	1 Aktie 1933# = 14 Aktien 1971*	1,13 Dollar 1933, 218 Dollar 1971	#Smith (Howard) Paper Mills *Domtar – Handel der Aktien ohne Wohnsitz in den USA nicht zulässig
St. Lawrence Corp.	Domtar	1 Aktie 1942# = 5,5 Aktien 1971*	0,75 Dollar 1942, 85 Dollar 1971	#St. Lawrence Corp. *Domtar
Dow Chemical	Dow Chemical	1 Aktie 1932 =23,9 Aktien 1971	21,13 Dollar 1932, 2.854 Dollar 1971	
Dobeckman	Dow Chemical	1 Aktie 1941# = 4 Aktien 1971*	2,50 Dollar 1941, 313 Dollar 1971	#Dobeckman *Dow Chemical

Name des Wertpapiers beim Kauf	Aktie heute	Jahr des Kaufs und Wertpapier-anzahl 1971	Kurs im Jahr des Kaufs und Wert im Jahr 1971	
S.R. Dresser Manufacturing Class B	Dresser Industries	1 Aktie 1933 = 8 Aktien 1971	2,13 Dollar 1933, 300 Aktien 1971	
Symington Class A	Dresser Industries	1 Aktie 1932# = 1,4 Aktien 1971*	0,50 Dollar 1932, 52 Dollar 1971	#Symington Class A *Dresser Industries
Eason Oil Company	Eason Oil Company	1 Aktie 1942 = 4 Aktien 1971	0,38 Dollar 1942 = 100 Dollar 1971	
Eastern Gas & Fuel 6% Pfd.	Eastern Gas & Fuel	1 Aktie 1943# = 45,2 Aktien 1971*	19,75 Dollar 1943, 2.322 Dollar 1971	#6% Preferred *Eastern Gas & Fuel Common
West Virginia Coal & Coke	Eastern Gas & Fuel	1 Aktie 1944# = 9,8 Aktien 1971*	5,13 Dollar 1944, 503 Dollar + 50 Dollar† = 553 Dollar 1971	#West Virginia Coal & Coke *Eastern Gas & Fuel † Summe steuerfreier Ausschüttungen
Eastman Kodak	Eastman Kodak	1 Aktie 1933 = 64,8 Aktien 1971	46 Dollar 1933, 6.480 Dollar 1971	
Eaton Manufacturing	Eaton Yale & Towne	1 Aktie 1933# = 8 Aktien 1971*	3,13 Dollar 1933, 358 Dollar 1971	#Eaton Manufacturing *Eaton Yale & Towne
Edison Bros. Stores	Edison Bros. Stores	1 Aktie 1934 = 27,2 Aktien 1971	8 Dollar 1934, 1.199 Dollar 1971	
Indiana Steel Products	Electronic Memories & Magnetics	1 Aktie 1940# = 9½ Aktien 1971*	1,50 Dollar 1940, 166 Dollar 1971	#Indiana Steel Products *Electronic Memories & Magnetics
Emerson Electric	Emerson Electric	1 Aktie 1949 = 11,3 Aktien 1971	8,50 Dollar 1949, 912 Dollar 1971	
Emery Air Fright	Emery Air Fright	1 Aktie 1955 = 10,6 Aktien 1971	7,88 Dollar 1955, 829 Dollar 1971	
Savage Arms	Emhart	1 Aktie 1933# = 6,2 Aktien 1971*	2,25 Dollar 1933, 275 Dollar 1971	#Savage Arms *Emhart
Engineers Public Service	Gulf States Utilities, El Paso Electric, Virginia Electric & Power	1 Stammaktie# + 0,1137375 Vorzugsaktien 5$ 1934# = 5 Aktien von Gulf States Utilities, 2,55 Aktien von El Paso Electric & Power, 8,4 Aktien von Virginia Electric & Power, 1,04 Dollar in bar	3,15 Dollar 1934, 387 Dollar 1971	#Engineers Public Service

Name des Wertpapiers beim Kauf	Aktie heute	Jahr des Kaufs und Wertpapieranzahl 1971	Kurs im Jahr des Kaufs und Wert im Jahr 1971	
Evans Products	Evans Products	1 Aktie 1933 = 13,5 Aktien 1971	0,88 Dollar 1933, 367 Dollar 1971	
Ex-Cell-O	Ex-Cell-O	1 Aktie 1934 = 15,9 Aktien 1971	3,75 Dollar 1934, 389 Dollar 1971	
Fairchild Aviation	Fairchild Camera	1 Aktie 1938# = 6,6 Aktien 1971*	2 Dollar 1938, 320 Dollar 1971	#Fairchild Aviation *Fairchild Camera
Falconbridge Nickel	Falconbridge Nickel	1 Aktie 1940 = 1 Aktie 1971	1,43 Dollar 1940#, 153 Dollar 1971#	#U.S. Funds
Ventures, Ltd.	Falconbridge Nickel	1 Aktie 1940# = 1,04 Aktien 1971*	1,57 Dollar 1940†, 159 Dollar 1971†	#Ventures, Ltd. *Falconbridge Nickel †U.S. funds
Fansteel	Fansteel	1 Aktie 1932 = 4,2 Aktien 1971	0,25 Dollar 1932, 67 Dollar 1971	
Fedders	Fedders	1 Aktie 1945 = 20 Aktien 1971	9,50 Dollar 1945, 1.000 Dollar 1971	
Federal-Mogul	Federal-Mogul	1 Aktie 1934 = 11,8 Aktien 1971	3 Dollar 1934, 377 Dollar 1971	
Federated Department Store	Federated Department Store	1 Aktie 1933 = 19,2 Aktien 1971	7,50 Dollar 1933, 1.027 Dollar 1971	
Fidelity Union Life Insurance	Fidelity Union Life Insurance	1 Aktie 1949 = 100 Aktien 1971	42 Dollar 1949, 4.425 Dollar 1971	
Flying Tiger Line	Flying Tiger Line	1 Aktie 1949 = 2,5 Aktien 1971	1 Dollar 1949, 123 Dollar 1971	
North American Car	Flying Tiger Line	1 Aktie 1942# = 6,4 Aktien 1971* + 3 Warrants	3,88 Dollar 1942, 409 Dollar 1971	#North American Car *Flying Tiger Line
Food Machinery	FMC	1 Aktie 1934# = 40,2 Aktien 1971*	10,50 Dollar 1934, 1.226 Dollar 1971	#Food Machinery *FMC
United Chemicals	FMC	1 Aktie 1939# = 14,3 Aktien 1971*	3,25 Dollar 1939, 436 Dollar 1971	#United Chemicals *FMC
Westvaco Chemical	FMC	1 Aktie 1932# =15 Aktien 1971*	3 Dollar 1932, 457 Dollar 1971	#Westvaco Chemical *FMC
National Fireproofing	Fuqua Industries	1 Aktie 1944# = 3,1 Aktien 1971*	0,50 Dollar 1944, 82 Dollar 1971	#National Fireproofing *Fuqua Industries
Gardner-Denver	Gardner-Denver	1 Aktie 1933 = 20¼ Aktien 1971	7,50 Dollar 1933, 1.012 Dollar 1971	

Name des Wertpapiers beim Kauf	Aktie heute	Jahr des Kaufs und Wertpapier-anzahl 1971	Kurs im Jahr des Kaufs und Wert im Jahr 1971	
General American Oil	General American Oil	1 Aktie 1937 = 17,1 Aktien 1971	6,50 Dollar, 825 Dollar 1971	
General Cable	General Cable	1 Aktie 1933 = 5 Aktien 1971	1,25 Dollar 1933, 131 Dollar 1971	
General Cable Class A	General Cable	1 Aktie 1935# = 20 Aktien 1971*	4 Dollar 1935, 525 Dollar 1971	#Class A *Common
Chemical Research	General Develop-ment	1 Aktie 1941# = 1,3 Aktien 1971*	0,41 Dollar 1941, 43 Dollar 1971	#Chemical Research *General Development
Consolidated Aircraft	General Dynamics	1 Aktie 1933# = 3,4 Aktien 1971*	1 Dollar 1933, 107 Dollar 1971	#Consolidated Aircraft *General Dynamics
Electric Boat	General Dynamics	1 Aktie 1933# = 3,15 Aktien 1971*	1 Dollar 1933, 100 Dollar 1971	#Electric Boat *General Dynamics
Snider Packing	General Foods	1 Aktie 1933# = 6,4 Aktien 1971*	0,63 Dollar, 279 Dollar 1971	#Snider Packing Foods *General Foods
Yellow Truck & Coach	General Motors	1 Aktie 1932# = 2 Aktien 1971*	1,38 Dollar, 182 Dollar 1971	#Yellow Truck & Coach *General Motors
General Alliance	General Reinsu-rance	1 Aktie 1933# = 2 Aktien 1971*	5 Dollar 1933, 656 Dollar 1971	#General Alliance *General Reinsurance
Associated Telephone Utilities Series C, 5½% convertible Bonds	General Telephone	1 Anleihe 1933# = 142,8 Aktien 1971*	50 Dollar 1933, 5.087 Dollar 1971	#Jede Anleihe gegen 21,158 Aktien von General Telephone eingetauscht *General Telephone
General Tire	General Tire	1 Aktie 1933 = 113,6 Aktien 1971	23 Dollar 1933, 3.209 Dollar 1971	
Georgia-Pacific	Georgia-Pacific	1 Aktie 1953 = 15,8 Aktien 1971	9,25 Dollar 1953, 957 Dollar 1971	
Pacific Western Oil	Getty Oil	1 Aktie 1943# = 10½ Aktien 1971*	9 Dollar 1943, 1.023 Dollar 1971	#Pacific Western Oil *Getty Oil
Gillette	Gillette	1 Aktie 1943 = 12 Aktien 1971	4,75 Dollar 1943, 610 Dollar 1971	
Gimbel Brothers	Gimbel Brothers	1 Aktie 1935 = 8 Aktien 1971	2,13 Dollar 1935, 364 Dollar 1971	
Goodrich (B.F.) Company	Goodrich (B.F.) Company	1 Aktie 1933 = 9 Aktien 1971	3 Dollar 1933, 315 Dollar 1971	

Name des Wertpapiers beim Kauf	Aktie heute	Jahr des Kaufs und Wertpapieranzahl 1971	Kurs im Jahr des Kaufs und Wert im Jahr 1971	
Goodyear Tire & Rubber	Goodyear Tire & Rubber	1 Dollar 1942 = 29,2 Aktien 1971	10,25 Dollar 1942, 1.029 Dollar 1971	
Government Employees Insurance	Government Employees Insurance	1 Aktie 1951 = 44 Aktien 1971	38 Dollar 1951, 3.938 Dollar 1971	
Government Employees Life Insurance	Government Employees Life Insurance	1 Aktie 1949 = 14,3 Aktien 1971	5 Dollar 1949, 670 Dollar 1971	
Graniteville Manufacturing	Graniteville	1 Aktie 1935# = 179,5 Aktien 1971*	34 Dollar 1935, 6.170 Dollar 1971	#Graniteville Manufacturing *Graniteville
Greyhound Corp.	Greyhound Corp.	1 Aktie 1934 = 30 ½ Aktien 1971	5,25 Dollar 1934, 777 Dollar 1971	
Armour & Co. (Illinois) Class A	Greyhound	1 Aktie 1932# = 4,3 Aktien 1971*	0,63 Dollar 1932, 109 Dollar 1971	#Armour & Co. (Illinois) Class A *Greyhound
Armour & Co. (Illinois) Preferred	Greyhound	1 Aktie 1932# = 25,9 Aktien 1971*	3,50 Dollar 1932, 660 Dollar 1971	#Armour & Co. (Illinois) Preferred *Greyhound
Godchaux Sugars Class B	Gulf States Land & Industries	1 Aktie 1933# = 10 Aktien 1971*	0,25 Dollar 1933, 62 Dollar 1971	#Godchaux Sugars Class B *Gulf States Land & Industries
Bliss (E.W.)	Gulf & Western	1 Aktie 1932# = 2,6 Aktien 1971*	0,63 Dollar 1932, 80 Dollar 1971	#Bliss (E.W.) *Gulf & Western
Michigan Bumper	Gulf & Western	1 Aktie 1943# = 1,5 Aktien 1971*	0,32 Dollar 1943, 46 Dollar 1971	#Michigan Bumper *Gulf & Western
Intertype	Harris-Intertype	1 Aktie 1933# = 6,5 Aktien 1971*	1,80 Dollar 1933 = 450 Dollar 1971	#Intertype *Harris-Intertype
Hart Schaffner & Marx	Hart Schaffner & Marx	1 Aktie 1939 = 35,1 Aktien 1971	10 Dollar 1939, 1.105 Dollar 1971	
Hobart Manufacturing	Hobart Manufacturing	1 Aktie 1933 = 25,4 Aktien 1971	10 Dollar 1933, 1.651 Dollar 1971	
Holiday Inns	Holiday Inns	1 Aktie 1958 = 16,3 Aktien 1971	8,13 Dollar 1958, 825 Dollar 1971	
Minneapolis Honeywell	Honeywell	1 Aktie 1935# = 48 Aktien 1971*	58 Dollar 1935, 6.660 Dollar 1971	#Minneapolis Honeywell *Honeywell

Name des Wertpapiers beim Kauf	Aktie heute	Jahr des Kaufs und Wertpapieranzahl 1971	Kurs im Jahr des Kaufs und Wert im Jahr 1971	
Honolulu Oil	Honolulu Oil	1 Aktie 1932 = 4 Aktien 1971	4,75 Dollar 1932; 1961 Liquidationsausschüttungen auf 4 Aktien = 394 Dollar; danach Liquidationsausschüttungen auf 4 Aktien = 22,72 Dollar; 5 Prozent Zinsen mit Zinseszins über 10 Jahre auf 394 Dollar = 247 Dollar; Gesamtsumme 1971 = 663 Dollar	
Hoover Ball & Bearing	Hoover Ball & Bearing	1 Aktie 1934 = 6,6 Aktien 1971	1,13 Dollar 1934, 237 Dollar 1971	
Interstate Co.	Host International	1 Aktie 1955# =14,4 Aktien 1971*	4,38 Dollar 1955, 561 Dollar 1971	#Interstate Co. *Host International
Houdaille-Hershey Class B	Houdaille	1 Aktie 1933# = 9 Aktien 1971*	1 Dollar 1933, 142 Dollar 1971	#Houdaille-Hershey Class B *Houdaille
Houston Oil	Houston Oil	1 Aktie 1942 = 166,50 Dollar in bar 1957	2,25 Dollar 2,25, 340 Dollar 1971#	#Verzinsung des 1956 und 1957 bei der Liquidation erhaltenen Bargelds über 15 Jahre mit 5 Prozent verzinst, einschließlich Zinseszins
Pacific Portland Cement	Ideal Basic Industries	1 Aktie 1944# = 19,6 Aktien 1971*	2,75 Dollar 1944, 374 Dollar 1971	#Pacific Portland Cement *Ideal Basic Industries
Industrial Acceptance	Industrial Acceptance	1 Aktie 1942 = 32 Aktien 1971	5,90 Dollar 1942 (U.S.), 644 Dollar 1971 (U.S.)#	#Das Tief 1942 an der Montreal Stock Exchange betrug 6,50 bei einem CAD/USD-Kurs von 0,909
Inspiration Consolidated Copper	Inspiration Consolidated Copper	1 Aktie 1932 = 2 Aktien 1971	0,75 Dollar 1932, 102 Dollar 1971	
International Business Machines	International Business Machines	1 Aktie 1948 = 38 Aktien 1971	125,50 Dollar 1948, 13.898 Dollar 1971	
National Department Stores 7% first Preferred	International Mining	1 Aktie 1933# = 17,6 Aktien 1971*	1,25 Dollar 1933, 268 Dollar 1971	#National Department Stores erstrangige 7%-Vorzugsaktien *International Mining

Name des Wertpapiers beim Kauf	Aktie heute	Jahr des Kaufs und Wertpapier-anzahl 1971	Kurs im Jahr des Kaufs und Wert im Jahr 1971	
International Paper & Power Class A Common	International Paper	1 Aktie 1933# = 4,2 Aktien 1971*	0,50 Dollar 1933, 170 Dollar 1971	#International Paper & Power Class A Common *International Paper
International Telephone & Telegraph	International Telephone & Telegraph	1 Aktie 1942 = 4,2 Aktien 1971	1,50 Dollar 1942, 282 Dollar 1971	
Continental Baking Class A	International Telephone	1 Aktie 1935# = 7,3 Aktien 1971*	4,50 Dollar 1935, 491 Dollar 1971	#Continental Baking Class A *International Telephone
General Fire Extinguisher	International Telephone & Telegraph	1 Aktie 1932# = 9,5 Aktien 1971* + 7,9 Aktien 1971†	10,63 Dollar 1943, 1.096 Dollar 1971	#General Fire Extinguisher *International Telephone & Telegraph †American District Telegraph
International Utilities	International Utilities	1 Aktie 1943# = 16,8 Aktien 1971*	3,75 Dollar 1943, 753 Dollar 1971	#Class A *Common
International Utilities Class B	International Utilities	1 Aktie 1942# = 0,12 Aktien 1971*	0,04 Dollar 1942, 5,38 Dollar 1971	#Class B *Common
Jeannette Glass	Jeannette Glass	1 Aktie 1942 = 3,4 Aktien 1971	0,82 Dollar 1942, 97 Dollar 1971	
Celotex	Jim Walter	1 Aktie 1933# = 2,1 Aktien 1971*	0,50 Dollar 1933, 97 Dollar 1971	#Celotex *Jim Walter
South Coast	Jim Walter	1 Aktie 1941# = 2,7 Aktien 1971*	1 Dollar 1941, 124 Dollar 1971	#South Coast *Jim Walter
Holophane	Johns-Manville	1 Aktie 1936# = 16,3 Aktien 1971*	6,50 Dollar 1936, 752 Dollar 1971	#Holophane *Johns-Manville
Johnson & Johnson	Johnson & Johnson	1 Aktie 1946 = 52 Aktien 1971	44 Dollar 1946, 5.174 Dollar 1971	
Butte Copper & Zinc	Jonathan Logan	1 Aktie 1933# = 1 ¼ Aktien 1971*	0,50 Dollar 1933, 81 Dollar 1971	#Butte Copper & Zinc *Jonathan Logan
Sullivan Machinery	Joy Manufacturing	1 Aktie 1932# = 5 Aktien 1971*	3,25 Dollar 1932, 329 Dollar 1971	#Sullivan Machinery *Joy Manufacturing
Kendall Co.	Kendall Co.	1 Aktie 1942 = 15 Aktien 1971	6,50 Dollar 1942, 695 Dollar 1971	
Kerlyn Oil Class A	Kerr-McGee	1 Aktie 1943# = 17,5 Aktien 1971*	3,13 Dollar 1943, 861 Dollar 1971	#Kerlyn Oil Class A *Kerr-McGee

Name des Wertpapiers beim Kauf	Aktie heute	Jahr des Kaufs und Wertpapier-anzahl 1971	Kurs im Jahr des Kaufs und Wert im Jahr 1971	
Lindsay Chemical	Kerr-McGee	1 Aktie 1939# = 5,8 Aktien 1971*	1,88 Dollar 1939, 285 Dollar 1971	#Lindsay Chemical *Kerr-McGee
Warner Bros. Pictures, Inc.	Kinney National Service	1 Aktie 1941# = 4¼ Aktien 1971* + 7,7 Aktien† + Bargeld und 5 Prozent Zinsen mit Zinseszinsen	2,75 Dollar 1941, 278 Dollar 1971	#Warner Bros. Pictures, Inc. *Kinney National Service †Glen Alden
Kirsch Co. Preferred	Kirsch Company	1 Aktie 1946# = 38,6 Aktien 1971*	14 Dollar 1946, 1.686 Dollar 1971	#Kirsch Co. Preferred *Kirsch Company Common
Kirsch Co., Common B	Kirsch Co.	1 Aktie 1946# = 15,4 Aktien 1971*	5 Dollar 1946, 671 Dollar 1971	#Kirsch Co. Common B *Kirsch Co. Common
Lane Bryant	Lane Bryant	1 Aktie 1942 = 26,4 Aktien 1971	8,38 Dollar 1942, 970 Dollar 1971	
Universal Winding	Leesona	1 Aktie 1934# = 60 Aktien 1971*	11 Dollar 1934, 1.275 Dollar 1971	#Universal Winding *Leesona
Lehigh Valley Coal Corp. 6% $50 par convertible Preferred	Lehigh Valley Industries	1 Aktie 1940# = 26 Aktien 1971*	2 Dollar 1940, 205 Dollar 1971†	#Lehigh Valley Coal 6% cv. Pfd. *Lehigh Valley Industries †Einschließlich 1946 im Rahmen einer Rekapitalisierung erhaltenen 7,50 Dollar in bar, zu 5 Prozent mit Zinseszins verzinst
Lerner Stores	Lerner Stores	1 Aktie 1933 = 24 Aktien 1971	4 Dollar 1933, 1.233 Dollar 1971	
Austin, Nichols & Co.	Liggett & Myers	1 Aktie 1942# = 2,3 Aktien 1971*	1,25 Dollar 1942, 138 Dollar 1971	#Austin, Nichols & Co. *Liggett & Myers
Lincoln National Life Insurance	Lincoln National Corp.	1 Aktie 1943# = 39,9 Aktien 1971*	28,50 Dollar 1943, 3.630 Dollar 1971	#Lincoln National Life Insurance *Lincoln National Corp.
Lockheed	Lockheed	1 Aktie 1934 = 6,7 Aktien 1971	0,90 Dollar 1934, 102 Dollar 1971	
Louisiana Land	Louisiana Land	1 Aktie 1943 = 12 Aktien 1971	5,13 Dollar 1943, 624 Dollar 1971	
Magnavox	Magnavox	1 Aktie 1949 = 15,3 Aktien 1971	5 Dollar 1949, 841 Dollar 1971	
Container Corp. Class A	Marcor	1 Aktie 1934# = 20 Aktien 1971*	6,13 Dollar 1934, 777 Dollar 1971	#Container Corp. Class A *Marcor Common
Mengel	Marcor	1 Aktie 1932# = 4 Aktien 1971*	1 Dollar 1932, 155 Dollar 1971	#Mengel *Marcor
Masco Screw Products	Masco Corp.	1 Aktie 1961# = 18 Aktien 1971*	6,25 Dollar 1961, 729 Dollar 1971	#Masco Screw Products *Masco Corp.

Name des Wertpapiers beim Kauf	Aktie heute	Jahr des Kaufs und Wertpapier-anzahl 1971	Kurs im Jahr des Kaufs und Wert im Jahr 1971	
Masonite	Masonite	1 Aktie 1933 = 18,4 Aktien 1971	8,25 Dollar 1933, 1.214 Dollar 1971	
Maytag	Maytag	1 Aktie 1943 = 8 Aktien 1971	2,50 Dollar 1943, 336 Dollar 1971	
McCord Radiator & Manufacturing	McCord Corp.	1 Aktie 1943# = 4,6 Aktien 1971*	1,25 Dollar 1943, 4,6 Aktien 1971	#McCord Radiator & Manufacturing *McCord. Corp.
Butler Brothers	McCrory Corp.	1 Aktie 1932# = 3 Aktien 1971* + 1 Aktie von Canal-Randolph	0,75 Dollar 1932, 114 Dollar 1971	#Butler Brothers *McCrory Corp.
McCrory Stores	McCrory Corp.	1 Aktie 1933 = 2 Aktien 1971	0,38 Dollar 1933, 63 Dollar 1971	
McLellan Stores	McCrory Corp.	1 Aktie 1933# = 1,2 Aktien 1971*	0,25 Dollar 1933, 37 Dollar 1971	#McLellan Stores *McCrory Corp.
McLellan Stores Preferred	McCrory Corp.	1 Aktie 1933# = 10,8 Aktien 1971*	2,13 Dollar 1933, 341 Dollar 1971	#McLellan Stores Preferred *McCrory Corp. Common
National Shirt Shops	McCrory Corp.	1 Aktie 1934# = 7,1 Aktien 1971*	1 Dollar 1934 = 224 Dollar 1971	#National Short Shops *McCrory Corp. Common
Douglas Aircraft	McDonnell Douglas	1 Aktie 1932# = 13,2 Aktien 1971*	5 Dollar 1932, 513 Dollar 1971	#Douglas Aircraft *McDonnell Douglas
McDonnell Aircraft	McDonnell Douglas	1 Aktie 1950# = 48,1 Dollar 1971*	17 Dollar 1950, 1.924 Dollar 1971	#McDonnell Aircraft *McDonnell Douglas
Line Material	McGraw-Edison	1 Aktie 1935# = 12,4 Aktien 1971*	3,63 Dollar 1935, 536 Dollar 1971	#Line Material *McGraw-Edison
McGraw Electric	McGraw-Edison	1 Aktie 1934# = 16 Aktien 1971*	3,75 Dollar 1934, 692 Dollar 1971	#McGraw Electric *McGraw-Edison
McGraw-Hill	McGraw-Hill	1 Aktie 1943 = 36 Aktien 1971	8,50 Dollar 1943, 868 Dollar 1971	
Melville Shoe	Melville Shoe	1 Aktie 1933 = 18,8 Aktien	8,75 Dollar 1933, 1.222 Dollar 1971	
Mercantile Store	Mercantile Store	1 Aktie 1943 = 20 Aktien 1971	21 Dollar 1943, 2.702 Dollar 1971	
Merck & Co.	Merck & Co.	1 Aktie 1940 = 54 Aktien 1971	43 Dollar 1940, 7.087 Dollar 1971	
Sharp & Dohme	Merck	1 Aktie 1943# = 6 ¾ Aktien 1971*	8,63 Dollar 1943, 885 Dollar 1971	#Sharp & Dohme *Merck
Sharp & Dohme 3,50 Conv. Pfd.	Merck	1 Aktie 1932# =13,5 Aktien 1971*	11,50 Dollar 1932, 1.771 Dollar 1971	#Sharp & Dohme $ 3,50 Conv. Pfd. A *Merck Common

Name des Wertpapiers beim Kauf	Aktie heute	Jahr des Kaufs und Wertpapier-anzahl 1971	Kurs im Jahr des Kaufs und Wert im Jahr 1971	
Marion Steam Shovel 7% Pfd.	Merritt-Chapman & Scott	1 Aktie 1932# = 19,8 Aktien 1971*	5,25 Dollar 1932, 581 Dollar 1971	#Marion Steam Shovel 7% Pfd. *Merritt-Chapman & Scott 25.10.1965, Tender plus 5 Prozent Zinsen auf das erhaltene Bargeld
Merritt-Chapman & Scott	Merritt-Chapman & Scott	1 Aktie 1932 = 2 Aktien 1971	0,38 Dollar 1932, 45 Dollar 1971*	*Summe der Liquidations-ausschüttungen
Mesabi Iron	Mesabi Trust	1 Aktie 1943# = 11 Aktien 1971*	1 Dollar 1943, 121 Dollar 1971	#Mesabi Iron stock *Mesabi Trust Units of beneficial interests
Electric Power & Light Common	Middle South Utilities, Pennzoil	1 Aktie 1943# = 1,4 Aktien* + 2,8 Aktien† 1971	1,25 Dollar 1943, 151 Dollar 1971	#Electric Power & Light Common *Middle South Utilities †Pennzoil
Electric Power & Light $6 Preferred	Middle South Utilities, Pennzoil	1 Aktie 1935# = 16,4 Aktien* + 12,7 Aktien† 1971	2,50 Dollar 1935, 966 Dollar 1971	#Electric Power & Light $6 Preferred *Middle South Utilities †Pennzoil
Electric Power & Light $7 Preferred	Middle South Utilities, Pennzoil	1 Aktie 1935# = 18 Aktien* + 14 Aktien† 1971	3 Dollar 1935, 1.062 Dollar 1971	#Electric Power & Light $7 Preferred *Middle South Utilities †Pennzoil
Electric Power & Light $7 Second Preferred	Middle South Utilities, Pennzoil	1 Aktie 1932# = 17,2 Aktien* + 13,5 Aktien† 1971	7 Dollar 1943, 1.034 Dollar 1971##	#Electric Power & Light $7 second Preferred *Middle South Utilities †Pennzoil ##Einschließlich 5,25 Dollar Barausschüttung 1949, zu 5 Prozent verzinst
Midland Steel Products	Midland-Ross	1 Aktie 1932# = 8 Aktien 1971*	2 Dollar 1932, 282 Dollar 1971	#Midland Steel Products *Midland-Ross
Milton Bradley	Milton Bradley	1 Aktie 1957 = 22,9 Aktien 1971	9 Dollar 1957 = 1.030 Dollar 1971	
Minnesota Mining & Manu-facturing	Minnesota Mining & Manu-facturing	1 Aktie 1945 = 48 Aktien 1971	60 Dollar 1945, 6.480 Dollar 1971	
Virginia Carolina Chemical	Mobil Oil	1 Aktie 1942# = 2,4 Aktien 1971*	1 Dollar 1942, 144 Dollar 1971	#Virginia Carolina Chemical Common *Mobil Oil
Monroe Auto Equipment	Monroe Auto Equipment	1 Aktie 1959 = 30 Aktien 1971	10,50 Dollar 1959, 1.346 Dollar 1971	

Name des Wertpapiers beim Kauf	Aktie heute	Jahr des Kaufs und Wertpapieranzahl 1971	Kurs im Jahr des Kaufs und Wert im Jahr 1971	
Lion Oil	Monsanto	1 Aktie 1935# = 7,6 Aktien 1971*	3,50 Dollar 1935, 400 Dollar 1971	#Lion Oil *Monsanto
Moore Corp., Ltd.	Moore Corp., Ltd.	1 Aktie 1935 = 48 Aktien 1971	17 Dollar 1935, 1.842 Dollar 1971	
Motorola	Motorola	1 Aktie 1948 = 13,2 Aktien 1971	11,25 Dollar, 1.184 Dollar 1971	
National Bellas Hess Co., Inc. 7% Preferred	National Bellas Hess, Inc. Common	1 Aktie 1932# = 5,3 Aktien 1971*	0,13 Dollar 1932, 28 Dollar 1971†	#National Bellas Hess Co. Inc. 7% Preferred *National Bellas Hess, Inc. Common †Plus 15,53 Dollar Liquidationsdividenden 1937
National Homes	National Homes	1 Aktie 1945 = 23,9 Aktien 1871	6,75 Dollar 1945, 917 Dollar 1971	
Linen Service Corp. of Texas	National Service Industries	1 Aktie 1939# = 3,9 Aktien 1971*	1 Dollar 1939, 115 Dollar 1971	#Linen Service Corp. of Texas Common *National Service Industries
National Standard	National Standard	1 Aktie 1932 = 22,5 Aktien 1971	7,25 Dollar 1932, 978 Dollar 1971	
Natomas Co.	Natomas Co.	1 Aktie 1932 = 10 Aktien 1971	9 Dollar 1932, 1.013 Dollar 1971	
Nestle Lemur	Nestle Lemur	1 Aktie 1938# = 6 Aktien 1971*	0,25 Dollar 1938, 29 Dollar 1971	#Class A *Common
New Process	New Process	1 Aktie 1955 = 120 Aktien 1971	58 Dollar 1955, 7.380 Dollar 1971	
Newmont Mining	Newmont Mining	1 Aktie 1933 = 36 Aktien 1971	11,50 Dollar 1933, 1.413 Dollar 1971	
Magma Copper	Newmont Mining	1 Aktie 1932# = 11,9 Aktien 1971*	4,25 Dollar 1932, 467 Dollar 1971	#Magma Copper *Newmont Mining
North American Aviation	North American Rockwell, Sperry Rand, TWA	1 Aktie 1932 = 2,8 Aktien von North American Rockwell, 7,3 Aktien von Sperry Rand und 88/1000 Aktien von TWA	1,25 Dollar 1932, 371 Dollar 1971	
Hunt Bros. Packing	Norton Simon	1 Aktie 1944# = 16,6 Aktien 1971*	5,75 Dollar 1944, 1.045 Dollar 1971	#Hunt Bros. Packaging *Norton Simon
Noxzema Chemical	Noxell	1 Aktie 1944 = 12 Aktien 1971	4,50 Dollar 1944, 501 Dollar 1971	

Name des Wertpapiers beim Kauf	Aktie heute	Jahr des Kaufs und Wertpapieranzahl 1971	Kurs im Jahr des Kaufs und Wert im Jahr 1971	
Occidental Petroleum	Occidental Petroleum	1 Aktie 1956 = 3,7 Aktien 1971	0,45 Dollar 1956, 84 Dollar 1971	
Johnson Motor	Outboard Marine	1 Aktie 1932# = 2,7 Aktien 1971*	0,50 Dollar 1932, 120 Dollar 1971	#Johnson Motor no par Common *Outboard Marine
Outboard Motors Class A	Outboard Marine	1 Aktie 1936# = 27 Aktien 1971*	11 Dollar 1936, 1.269 Dollar 1971	#Outboard Motors Class A *Outboard Marine
Outboard Motors Class B	Outboard Marine	1 Aktie 1935# = 2,7 Aktien 1971*	0,63 Dollar 1935, 126 Dollar 1971	#Outboard Motors Class B *Outboard Marine Common
National Container $2 Conv. Pfd.	Owens-Illinois-Glass	1 Aktie 1932# = 12,7 Aktien 1971*	8,13 Dollar 1932, 841 Dollar 1971	#National Container $2 convertible Preferred *Owens-Illinois-Glass Common
Parker Pen	Parker Pen	1 Aktie 1932 = 10,4 Aktien 1971	2,50 Dollar 1932, 273 Dollar 1971	
J.C. Penney Co.	J.C. Penney Co.	1 Aktie 1932 = 18 Aktien 1971	13 Dollar 1932, 1.395 Dollar 1971	
Duval Texas Sulphur	Pennzoil United	1 Aktie 1933# = 7,7 Aktien 1971*	0,50 Dollar 1933, 300 Dollar 1971*	#Duval Texas Sulphur *Pennzoil United
Loft, Inc.	Pepsico	1 Aktie 1938# = 6,06 Aktien 1971*	0,75 Dollar 1938, 427 Dollar 1971	#Loft, Inc. *Pepsico
Hussman-Ligonier	Pet Milk	1 Aktie 1934# = 3,5 Aktien 1971*	1 Dollar 1934, 167 Dollar 1971	#Hussman-Ligonier *Pet Milk
Pfizer (Chas.) & Co.	Pfizer, Inc.	1 Aktie 1943# = 81 Aktien 1971*	29 Dollar 1943, 3.493 Dollar 1971	#Pfizer (Chas.) & Co. *Pfizer, Inc.
New England Lime	Pfizer, Inc.	1 Aktie 1948# = 13,5 Aktien 1971*	4,50 Dollar 1948, 582 Dollar 1971	#New England Lime *Pfizer, Inc.
Philadelphia Life Insurance	Philadelphia Life Insurance	1 Aktie 1945 = 37,1 Aktien 1971	4 Dollar 1945, 714 Dollar 1971	
Philip Morris	Philip Morris	1 Aktie 1934 = 18,9 Aktien 1971	11,50 Dollar 1934, 1.323 Dollar 1971	
Phillips Petroleum	Phillips Petroleum	1 Aktie 1932 = 8 Aktien 1971	2 Dollar 1932, 277 Dollar 1971	
Phillips-Jones	Phillips-Van Heusen	1 Aktie 1942# = 27,6 Aktien 1971*	6,13 Dollar 1942, 690 Dollar 1971	#Phillips-Jones *Phillips-Van Heusen
Pitney-Bowes	Pitney-Bowes	1 Aktie 1933 = 6,4 Aktien 1971	2 Dollar 1933, 215 Dollar 1971	

Name des Wertpapiers beim Kauf	Aktie heute	Jahr des Kaufs und Wertpapier-anzahl 1971	Kurs im Jahr des Kaufs und Wert im Jahr 1971	
Pittston Co.	Pittston Co.	1 Aktie 1943 = 10,9 Aktien 1971	1,75 Dollar 1943, 572 Dollar 1971	
Pittsburgh Railway (Citizens Traction Common)	Pittway Corp.	1 Aktie 1940# = 4,2 Aktien 1971*	1 Dollar 1940, 161 Dollar 1971	#Citizens Traction Common *Pittway
Placer Development	Placer Develop-ment	1 Aktie 1937 = 6 Aktien 1971	2 Dollar 1937, 231 Dollar 1971	
Polaroid	Polaroid	1 Aktie 1955 = 48 Aktien 1971	42,88 Dollar 1955, 5.622 Dollar 1971	
Porter (H.K.) 1st 6s of 1946	Porter (H.K.)	1 Anleihe 1932# = 19.101 Aktien 1971*	50 Dollar 1932, 448.873 Dollar 1971	#Porter (H.K.) 1st 6s of 1946 *Porter (H.K.) Common
Prentice-Hall	Prentice-Hall	1 Aktie 1945 = 108,5 Aktien 1971	51 Dollar 1945, 5.452 Dollar 1971	
Burry Biscuit	Quaker Oats	1 Aktie 1942# = 1 Aktie 1971*	0,25 Dollar 1942, 50 Dollar 1971	#Burry Biscuit *Quaker Oats
Dunhill Int'l	Questor	1 Aktie 1932# = 3,8 Aktien 1971*	0,63 Dollar 1932, 72 Dollar 1971	#Dunhill International *Questor
New York Dock	Questor	1 Aktie 1939# = 10 Aktien 1971*	1,75 Dollar 1939, 220 Dollar 1971	#New York Dock *Questor
Rapid Electrotype	Rapid-American	1 Aktie 1943# = 20,4 Aktien 1971*	2,38 Dollar 1943, 413 Dollar 1971	#Rapid Electrotype *Rapid-American
Raytheon	Raytheon	1 Aktie 1943 = 9,2 Aktien 1971	2,75 Dollar 1943, 420 Dollar 1971	
Starret Corp.	Recrion	1 Aktie 1943# = 1,3 Aktien 1971*	0,32 Dollar 1943, 66 Dollar 1971	#Starret Corp. *Recrion
Reece Button Hole Machine	Reece Corp.	1 Aktie 1934# = 30 Aktien 1971*	10 Dollar 1934, 1.140 Dollar 1971	#Reece Button Hole Machine *Reece Corp.
Reliable Stores	Reliable Stores	1 Aktie 1933 = 8,2 Aktien 1971	0,88 Cent 1933, 123 Dollar 1971	
Dodge Manu-facturing	Reliance Electric	1 Aktie 1942# = 33,6 Aktien 1971*	9,13 Dollar 1942, 953 Dollar 1971	#Dodge Manufacturing *Reliance Electric

Name des Wertpapiers beim Kauf	Aktie heute	Jahr des Kaufs und Wertpapier-anzahl 1971	Kurs im Jahr des Kaufs und Wert im Jahr 1971	
Republic Gas	Republic Natural Gas	1 Aktie 1932# = ½ Aktie 1966*	0,13 Dollar, 26 Dollar† zuzüglich 5 bis 9 Jahre Zinsen auf Liquidations-ausschüttungen 1971	#Republic Gas *Republic Natural Gas †Basierend auf Liquidationsausschüttungen in Höhe von 49,12 Dollar pro Aktie 1961 bis 1966
U.S. Foil B	Reynolds Metals	1 Aktie 1943# = 10,3 Aktien 1971*	2,63 Dollar 1943, 342 Dollar 1971	#U.S. Foil B *Reynolds Metals
Lawyers Title Insurance	Richmond Corp.	1 Aktie 1936# = 106 Aktien 1971*	50 Dollar 1936, 5.830 Dollar 1971	#Lawyers Title Insurance *Richmond Corp.
Art Metal Works	Ronson Corp.	1 Aktie 1933# = 15½ Aktien 1971*	0,63 Dollar 1933, 149 Dollar 1971	#Art Metal Works *Ronson Corp.
Nehi	Royal Crown Cola	1 Aktie 1936# = 24,8 Aktien 1971*	4,25 Dollar 1936, 861 Dollar 1971	#Nehi *Royal Crown Cola
General America Corp.	Safeco	1 Aktie 1938# = 105,6 Aktien 1971*	46 Dollar 1938, 4.686 Dollar 1971	#General America Corp. *Safeco
Eastern States Corp.	St. Regis Paper	1 Aktie 1944# = 1,6 Aktien 1971*	0,63 Dollar 1944, 67 Dollar 1971	#Eastern States Corp. *St. Regis Paper
Plough	Schering-Plough	1 Aktie 1945# = 15,6 Aktien 1971*	13,25 Dollar 1945, 1.402 Dollar 191	#Plough *Schering-Plough
Wahl	Schick	1 Aktie 1932# = 2,9 Aktien 1971*	0,13 Dollar 1932, 15 Dollar 1971	#Wahl *Schick
Weston Electrical Instrument	Schlum-berger	1 Aktie 1933# = 2¼ Aktien 1971*	3,50 Dollar 1932, 350 Dollar 1971	#Weston Electrical Instrument *Schlumberger
Marchant Calculating Machine	SCM	1 Aktie 1933# = 4,3 Aktien 1971*	0,50 Dollar 1933, 100 Dollar 1971	#Marchant Calculating Machine *SCM
Sears, Roebuck & Co.	Sears, Roebuck & Co.	1 Aktie 1933 = 24 Aktien 1971	12,50 Dollar 1933, 2.499 Dollar 1971	
Seton Leather	Seton Co.	1 Aktie 1933# = 10 Aktien 1971*	1,50 Dollar 1933, 155 Dollar 1971	#Seton Leather *Seton Co.
Shell Union Oil	Shell Oil	1 Aktie 1932# = 4,48 Aktien 1971*	2,50 Dollar 1932, 251 Dollar 1971†	#Shell Union Oil *Shell Oil †Einschließlich Shell Oil of Canada Class A, erhalten als steuerfreie Dividende
Hancock Oil	Signal Cos.	1 Aktie 1933# = 19,6 Aktien 1971*	3,75 Dollar 1933, 436 Dollar 1971	#Hancock Oil *Signal Cos.

Name des Wertpapiers beim Kauf	Aktie heute	Jahr des Kaufs und Wertpapieranzahl 1971	Kurs im Jahr des Kaufs und Wert im Jahr 1971	
Signal Oil & Gas Class A	Signal Cos.	1 Aktie 1935# = 32,7 Aktien 1971*	5,50 Dollar 1935, 728 Dollar 1971	#Signal Oil & Gas Class A *Signal Cos.
Signode Steel Strapping	Signode Corp.	1 Aktie 1942# = 18,1 Aktien 1971*	9,75 Dollar 1942, 995 Dollar 1971	#Signode Steel Strapping *Signode Corp.
Simplicity Pattern	Simplicity Pattern	1 Aktie 1954 = 5,2 Aktien 1971	4,88 Dollar 1954, 772 Dollar 1971	
Venezuelan Petroleum	Sinclair Oil	1 Aktie 1941# = ⅝ Aktien 1971*	0,75 Dollar 1941, 90 Dollar 1971†	#Venezuelan Petroleum *Sinclair Oil †Unter der Annahme, dass im September 1968 das Angebot von Atlantic Richfield über den Kauf von Sinclair-Stammaktien zu 145 Dollar angenommen wurde
American Meter	Singer	1 Aktie 1933# = 7,4 Aktien 1971*	5 Dollar 1933, 573 Dollar 1971	#American Meter *Singer
Skelly Oil	Skelly Oil	1 Aktie 1935 = 14,6 Aktien 1971	6,50 Dollar 1935, 770 Dollar 1971	
Skyline Homes	Skyline Corp.	1 Aktie 1963# = 19,8 Aktien 1971*	11 Dollar 1963, 1.183 Dollar 1971	#Skyline Homes *Skyline Corp.
Soss Manufacturing	SOS Consolidated	1 Aktie 1941# = 5,6 Aktien 1971*	1,13 Dollar 1941, 133 Dollar 1971	#Soss Manufacturing *SOS Consolidated
Realty Operators	Southdown, Inc.	1 Aktie 1944# = 13,8 Aktien 1971*	4,25 Dollar 1944, 674 Dollar 1971	#Realty Operators *Southdown, Inc.
Remington-Rand	Sperry Rand	1 Aktie 1933# = 6,9 Aktien 1971*	2,50 Dollar 1933, 263 Dollar 1971	#Remington-Rand *Sperry Rand
Sperry	Sperry Rand	1 Aktie 1933# = 7,3 Aktien 1971*	2,13 Dollar 1933, 278 Dollar 1971	#Sperry *Sperry Rand
Square D Class B	Square D	1 Aktie 1935# = 106,3 Aktien 1971*	17 Dollar 1935, 3.361 Dollar 1971	#Square D Class B *Square D Common
Old Ben Coal new Common	Standard Oil of Ohio	1 Aktie 1935# = 5 Aktien 1971*	0,05 Dollar, 460 Dollar 1971	#Old Ben Coal new Common *Standard Oil of Ohio
Old Ben Coal 7½% debentures 1934	Standard Oil of Ohio	1 1.000-Dollar-Anleihe 1932# = 94 Aktien 1971*	30 Dollar 1932, 10.994 Dollar 1971†	#Old Ben Coal 7½ debentures 1934 *Standard Oil of Ohio †Unter der Annahme, dass die Anleihetilgung 1946 nach Zahlung von 25 Prozent Kapitalertragsteuer auf den Anleihegewinn zum Hoch von 50 im Jahr 1946 in Stammaktien von Old Ben Coal investiert wurde.

Name des Wertpapiers beim Kauf	Aktie heute	Jahr des Kaufs und Wertpapier-anzahl 1971	Kurs im Jahr des Kaufs und Wert im Jahr 1971	
Old Ben Coal first gold 6s 1944	Standard Oil of Ohio	1 1.000-Dollar-Anleihe 1935# = 171 Aktien 1971*	137,50 Dollar 1935, 15.732 Dollar 1971†	#Old Ben Coal first gold 6s 1944 *Standard Oil of Ohio †Bei steuerfreien Anlagen unter der Annahme, dass die Anleihetilgung 1946 zum Hoch von 50 im Jahr 1946 in Stammaktien von Old Ben Coal investiert wurde. Ein Privatanleger, der auf Anleihegewinne 25 Prozent Kapitalertrag-steuer bezahlen muss, hätte im Jahr 1971 13.754 Dollar gehabt.
Starrett (L.S.)	Starrett (L.S.)	1 Aktie 1932 = 16 Aktien 1971	3 Dollar 1932, 304 Dollar 1971	
Stone & Webster	Stone & Webster, Gulf States Utilities, El Paso Electric, Virginia Electric & Power, Sierra Pacific Engineers Public Service $ 5,00 Pfd.	1 Aktie 1925# = (1971) 2 Aktien von Stone & Webster, 4 Aktien von Gulf States Utilities, 2,04 Aktien von El Paso Electric, 6,72 Aktien von Virginia Electric & Power, 0,8 Aktien von Sierra Pacific, 0,09 Vorzugsaktien von Engineers Public Service 5 $	3,76 Dollar 1935, 421 Dollar 1971	#Stone & Webster
Tung-Sol Electric	Studebaker-Worthing-ton	1 Aktie 1932# = 1,4 Aktien 1971*	1 Dollar 1932, 100 Dollar 1971	#Tung-Sol Electric *Studebaker-Worthington
Sunray Oil	Sun Oil	1 Aktie 1933# = 9/10 Aktien 1971*	0,25 Dollar 1933, 52 Dollar 1971	#Sunray Oil *Sun Oil
Chicago Flexible Shaft	Sunbeam	1 Aktie 1935# = 51½ Aktien 1971*	13,50 Dollar, 1.622 Dollar 1971	#Chicago Flexible Shaft *Sunbeam
Sunstrand Machine Tool	Sunstrand Corp.	1 Aktie 1933# = 7,7 Aktien 1971*	1,50 Dollar 1933, 233 Dollar 1971	#Sunstrand Machine Tool *Sunstrand Corp.
Ogden Corp.	Syntex, Ogden Corp., Bunker-Ramo	1 Aktie 1951# = (1971) 1½ Syntex-Aktien plus 50 Cent 1958*, eine Ogden-Aktie, 1⅝ Bunker-Ramo-Aktien	1951 0,94 Dollar (0,44 + 0,50), 174 Dollar 1971	#Ogden Corp. * Um Bezugsrechte auf Syntex-Aktien auszuüben

Name des Wertpapiers beim Kauf	Aktie heute	Jahr des Kaufs und Wertpapier-anzahl 1971	Kurs im Jahr des Kaufs und Wert im Jahr 1971	
Tampax	Tampax	1 Aktie 1949 = 9 Aktien 1971	16,50 Dollar 1949, 2.961 Dollar 1971	
American Hide & Leather 7% Preferred	Tandy	1 Aktie 1934# = 45 Aktien 1971*	17,75 Dollar 1934, 1.912 Dollar 1971	#American Hide & Leather *Tandy
American Hide & Leather 6% cv Preferred	Tandy	1 Aktie 1938# = 29 Aktien 1971*	12 Dollar 1938, 1.232 Dollar 1971	#American Hide & Leather 6% cv Preferred *Tandy Common
Middle States Petroleum Class A	Tenneco	1 Aktie 1935# = 3,3 Aktien 1971*	0,88 Dollar 1935, 97 Dollar 1971	#Middle States Petroleum Class A *Tenneco
Wilcox (H.F.) Oil & Gas	Tenneco	1 Aktie 1935# = 3,8 Aktien 1971*	1 Dollar 1935, 112 Dollar 1971	#Wilcox (H.F.) Oil & Gas *Tenneco
Indian Refining	Texaco	1 Aktie 1933# = 178 Dollar 1971*	1,13 Dollar 1933, 178 Dollar 1971	#Indian Refining *Texaco
Texas Gulf Producing	Texas Gulf Producing	1 Aktie 1942 = 3,7 Aktien bei der Liquidation	2 Dollar 1942, 239 Dollar Liquidations-zahlungen 1964-1969#	#Ohne die nachfolgenden Zinsen
International Rubber	Texas Instru-ments	1 Aktie 1952# = 2½ Aktien 1971*	3 Dollar 1952, 322 Dollar 1971	#Intercontinental Rubber *Texas Instruments
Texas Pacific Coal & Oil	Texas Pacific Coal & Oil	1 Aktie 1934 = 4 Aktien 1964	2,50 Aktien 1934, 274 Dollar Liquidationsaus-schüttungen 1964*	*7 Jahre lang 5 Prozent Zinsen mit Zinseszinsen ergäben 1971 insgesamt 385 Dollar.
U.S. Stores $7 first Preferred	Thorofare Markets	1 Aktie 1941# = 44,8 Aktien 1971*	3,25 Dollar 1941, 683 Dollar 1971	#U.S. Stores $7 first Preferred *Thorofare Markets
Sweets. Co. of America	Tootsie Roll Industries	1 Aktie 1942# = 22½ Aktien 1971*	3,13 Dollar 1942, 444 Dollar 1971	#Sweets Co. of America *Tootsie Roll Industries
Trane	Trane	1 Aktie 1943 = 15 Aktien 1971	8 Dollar 1942, 1.125 Dollar 1971	
Tri-Conti-nental	Tri-Conti-nental	1 Aktie 1941 = 2 Aktien 1971	0,63 Dollar 1941, 64 Dollar 1971	
Tri-Conti-nental warrants	Tri-Conti-nental	1 Warrant 1944 = 1 Warrant 1971	0,69 Cent 1944, 72 Dollar 1971	

Name des Wertpapiers beim Kauf	Aktie heute	Jahr des Kaufs und Wertpapieranzahl 1971	Kurs im Jahr des Kaufs und Wert im Jahr 1971	
General Shareholdings	Tri-Continental	1 Aktie 1942# = 1,1 Aktien 1971*	0,19 Dollar 1942, 35 Dollar 1971	#General Shareholdings *Tri-Continental
Selected Industries	Tri-Continental	1 Aktie 1944# = 1/10 Aktie + 1¼ Warrant 1971*	0,75 Dollar 1944, 93 Dollar 1971	#Selected Industries Common *Tri-Continental
Selected Industries $1,50 convertible stock	Tri-Continental	1 Aktie 1942# = 4½ Aktien 1971*	1 Dollar 1942, 145 Dollar 1971	#Selected Industries convertible stock *Tri-Continental
Thompson Products	TRW	1 Aktie 1938# = 23,2 Aktien 1971*	8,13 Dollar 1938, 1.003 Dollar 1971	#Thompson Products *TRW
United-Carr Fastener	TRW	1 Aktie 1933# = 8,8 Aktien 1971*	1,63 Dollar 1933, 380 Dollar 1971	#United-Carr Fastener *TRW
Whitman & Barnes	TRW	1 Aktie 1934# = 4,4 Aktien 1971*	1,88 Dollar 1934, 200 Dollar 1971†	#Whitman & Barnes *TRW, Inc. †Unter der Annahme, dass 50 Prozent des aus am 01.11.1958 eingezogenen Vorzugsaktien erzielten Erlöses zum Höchstkurs jenes Monats reinvestiert wurden.
Union Bag & Paper	Union Camp	1 Aktie 1933# = 24 Aktien 1971*	5,50 Dollar 1933, 1.005 Dollar 1971	#Union Bag & Paper *Union Camp
Union Gas of Canada	Union Gas of Canada	1 Aktie 1934 = 15 Aktien 1971	2 Dollar 1934, 241 Dollar 1971	
Chicago, Rock Island & Pacific convertible 4½s, 1960	Union Pacific	1 1.000-Dollar-Anleihe 1940# = 8,4 Aktien 1971*	5 Dollar 1940, 554 Dollar 1971†	#Chicago, Rock Island & Pacific convertible 4½ s, 1960 *Union Pacific †Ohne die Barausschüttung von 12,42 Dollar am 17. Oktober 1945
United States Rubber	Uniroyal	1 Aktie 1932# = 8,4 Aktien 1971*	1,25 Dollar 1932, 198 Dollar 1971	#United States Rubber *Uniroyal
United Paperboard	United Board & Carton	1 Aktie 1933# = 5¼ Aktien 1971*	0,50 Dollar 1933, 57 Dollar 1971	#United Paperboard *United Board & Carton
United Piece Dye Works	United Piece Dye Works	1 Aktie 1943 = 1 Aktie 1971	0,10 Dollar 1943, 51 Dollar 1971	
United Piece Dye Works 6½% Preferred	United Piece Dye Works	1 Aktie 1943# = 14 Aktien 1971*	1,88 Dollar 1943, 724 Dollar 1971	#United Piece Dye Works 6½% Preferred *United Piece Dye Works Common

Name des Wertpapiers beim Kauf	Aktie heute	Jahr des Kaufs und Wertpapier-anzahl 1971	Kurs im Jahr des Kaufs und Wert im Jahr 1971	
U.S. Freight	U.S. Freight	1 Aktie 1932 = 12 Aktien 1971	3,50 Dollar 1932, 375 Dollar 1971	
U.S. Home & Development	U.S. Home & Develop-ment	1 Aktie 1967 = 2 Aktien 1971	0,63 Dollar 1967, 78 Dollar 1971	
U.S. & International Securities	U.S. & Foreign Securities	1 Aktie 1933# = 1½ Aktien 1971*	0,32 Dollar 1933, 53 Dollar 1971	#U.S. & International Securities *U.S. & Foreign Securities
Scullin Steel $3 Preference	Universal Marion	1 Aktie 1932# = 5,4 Aktien 1971*	1 Dollar 1932, 124 Dollar 1971	#Scullin Steel $3 Preference *Universal Marion
Van Dorn Iron Works	Van Dorn Co.	1 Aktie 1950# = 26,6 Aktien 1971*	6,25 Dollar 1950, 714 Dollar 1971	#Van Dorn Iron Works *Van Dorn Co.
Engineers Public Service	Virginia Electric & Power, Gulf States Utilities, El Paso Electric	1 Aktie 1934# + 0,1137375 5-prozentige Vorzugsaktien EPS = 8,4 Aktien[(a)] + 5,0 Aktien[(b)] + 2,55 Aktien[(c)] 1971*	k. A.	#Engineers Public Service Common (a) Virginia Electric Power (b) Gulf States Utilities (c) El Paso Electric *Zuzüglich 1,04 Dollar Barausschüttung
Walker (Hiram) Gooderham & Worts	Walker (Hiram) Gooderham & Worts	1 Aktie 1933 = 24 Aktien 1971	3,50 Dollar 1933, 1.014 Dollar 1971	
Eversharp	Warner-Lambert	1 Aktie 1942# = 3,2 Aktien 1971*	2,25 Dollar 1942, 262 Dollar 1971†	#Eversharp *Warner-Lambert †Zuzüglich des Restwerts der Frawley-Aktien
Eddy Paper Corp.	Weyer-haeuser	1 Aktie 1940# = 20 Aktien 1971*	11,50 Dollar 1940, 1.245 Dollar 1971	#Eddy Paper Corp. *Weyerhaeuser
Birtman Electric	Whirlpool	1 Aktie 1933# = 4,2 Aktien 1971*	3,75 Dollar 1933, 410 Dollar 1971	#Birtman Electric *Whirlpool
Nineteen Hundred	Whirlpool	1 Aktie 1942# = 8 Aktien 1971*	5 Dollar 1942, 799 Dollar 1971	#Nineteen Hundred *Whirlpool
Apex Electrical Manufactu-ring	White Consoli-dated Industries	1 Aktie 1941# = 22 Aktien 1971*	6,25 Dollar 1941, 646 Dollar 1971	#Apex Electrical Manufacturing *White Consolidated Industries
White Sewing Machine	White Consoli-dated Industries	1 Aktie 1934# = 9,8 Aktien 1971*	2,63 Dollar 1943, 287 Dollar 1971	#White Sewing Machine *White Consolidated Industries

Name des Wertpapiers beim Kauf	Aktie heute	Jahr des Kaufs und Wertpapier-anzahl 1971	Kurs im Jahr des Kaufs und Wert im Jahr 1971	
Winn & Lovett Grocery	Winn Dixie Stores	1 Aktie 1942# = 54 Aktien 1971*	18 Dollar 1942, 3.105 Dollar 1971	#Winn & Lovett Grocery *Winn-Dixie Stores
Haloid Xerox	Xerox	1 Aktie 1958# = 60 Aktien 1971*	47,50 Dollar 1958, 7.605 Dollar 1971	#Haloid Xerox *Xerox
Zenith Radio	Zenith Radio	1 Aktie 1948 = 36 Aktien 1971	19,75 Dollar 1948, 1.1975 Dollar 1971	

384 Seiten,
broschiert,
24,90 [D] / 25,60 [A]
ISBN: 978-3-68932-016-4

Glen Arnold: Die Deals von Warren Buffett Vol. 2

Am Ende von Vol. 1 hatte Warren Buffett ein Vermögen von 100 Millionen Dollar erreicht. Im zweiten Teil begleiten wir ihn durch die zwei Jahrzehnte, in denen er zum Milliardär wurde. Es war die aufregendste Zeit in Buffetts Karriere, in der er ein Juwel nach dem anderen fand und in der die Berkshire-Aktie von 89 auf 2.600 Dollar stieg. Buffett kaufte unter anderem Disney, Coca-Cola, Gillette, Procter & Gamble und Duracell. Für jeden Deal analysiert der Investmentexperte und Buffett-Historiker Glen Arnold den Investmentprozess und die Geschichten der beteiligten Personen.

Börsenbuchverlag

400 Seiten,
broschiert,
24,90 [D] / 25,60 [A]
ISBN: 978-3-68932-018-8

Glen Arnold:
Die Deals von Warren Buffett Vol. 3

Als wir Buffett am Ende von Band 2 verließen, hatte er ein Vermögen von einer Milliarde Dollar erreicht. In diesem Teil verfolgen wir seine Investments von 1989 bis 1998, als die Berkshire-Aktien um das 14-Fache von 4.700 Dollar auf 68.000 Dollar stiegen. Buffett investierte unter anderem in die folgenden Unternehmen: Wells Fargo, American Express, NetJets und General Re. Für jeden dieser Deals taucht der Buffett-Experte Glen Arnold in beispiellose Details ein und macht leicht nachvollziehbar deutlich, wie Buffett in diesem Jahrzehnt beim Investieren vorging.

Börsenbuch verlag